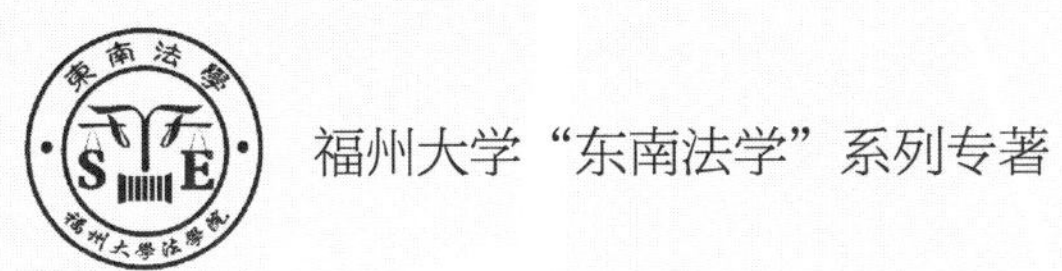

福州大学"东南法学"系列专著

大规模开放在线课程（MOOCs"慕课"）版权制度研究

THE COPYRIGHT SYSTEM RESEARCH OF MASSIVE OPEN ONLINE COURSES

贾丽萍　著

中国政法大学出版社

2020・北京

图书在版编目（CIP）数据

大规模开放在线课程（MOOCs“慕课”）版权制度研究/贾丽萍著. —北京:中国政法大学出版社,2020.7
ISBN 978-7-5620-9576-7

Ⅰ.①大… Ⅱ.①贾… Ⅲ.①网络教学－教学模式－版权－研究 Ⅳ.①D913.404

中国版本图书馆 CIP 数据核字(2020)第 136165 号

出 版 者　中国政法大学出版社
地　　址　北京市海淀区西土城路 25 号
邮寄地址　北京 100088 信箱 8034 分箱　邮编 100088
网　　址　http://www.cuplpress.com (网络实名：中国政法大学出版社)
电　　话　010-58908586(编辑部) 58908334(邮购部)
编辑邮箱　zhengfadch@126.com
承　　印　保定市中画美凯印刷有限公司
开　　本　720mm×960mm　1/16
印　　张　21
字　　数　350 千字
版　　次　2020 年 7 月第 1 版
印　　次　2020 年 7 月第 1 次印刷
定　　价　79.00 元

前　言
PREFACE

随着以人工智能、机器人技术、虚拟现实、量子信息及大数据等技术为代表的第四次工业革命的持续推进，技术渗透到社会生活的方方面面，催生出社会生产、生活的新模式、新形态。近年来，现代技术与教育深度融合，催生出一种新的教育形式——大规模开放在线课程（Massive Open Online Courses）——慕课（“MOOCs”），其秉承着教育资源共享的核心理念和最高愿景，以互联网、人工智能、多媒体信息处理、云计算等为技术支撑，以开放访问和大规模参与为目的，是现代教育与信息技术深度融合的典范。其通过将在线学习、社交服务、大数据分析、移动互联网等最前沿的信息技术手段与教育内容融为一体，强调知识应当突破地域、文化、经济等因素的限制，实现教育资源的全世界、全人类免费共享。

慕课（“MOOCs”）是信息技术时代高等教育领域的一种新的教育模式，是新时期开放资源运动的最新发展，正受到社会的广泛关注。慕课的出现给传统的高等教育改革带来了契机，慕课的规模性、开放性、资源生成性与集成性的特征促使全世界人们共享优质教育资料、扩大教育规模、实现教育平等，实现世界各地人们可以低成本地进行系统化的学习。慕课开放性的课程传播与数以千、万甚至几十万计的大规模的学习者，使得慕课必将成为一所大学，一个学科在世界教育舞台拓展教育范围、提升知名度、树立学术信誉的重要举措。目前我国正在努力“建设一批世界一流大学和一流学科”，发展慕课是我国“建设世界一流大学、一流学科”的重要途径之一。

然而，正是慕课开放性、规模性、在线学习的特征，伴随着慕课在世界各地的兴起，如影随形的是其所面临的版权问题。慕课发展所出现的版权问题，使得本涉多方主体利益的版权法律关系更显复杂。在这种背景下，有必要系统探索慕课发展所带来的著作权法的挑战，回应技术与教育深度融合所带来的版权制度变革需求，全面、系统分析慕课发展对教育及版权制度的影响，梳理国内外教育版权制度理论、立法及司法成果，推动慕课版权制度体系与法律规范的完善。国内目前系统探讨慕课版权法律问题的专著尚未出现，本书具备如下特点：

1. 全面梳理，重点突出。聚焦慕课这一新的教育形式，全面梳理相关国际条约及各主要国家包括中国教育版权法的相关规定，总结提炼国际条约及各国教育版权法立法精神及原则，挖掘其制度异同背后的深层次原因，厘清教育版权法发展的历史脉络，总结提炼教育不断发展中版权制度应对变革的规律。在全面梳理的基础上，针对慕课所带来的版权问题，聚焦“慕课本身的著作权与慕课中使用第三方版权资源著作权限制制度变革的需求”进行深入研究。

2. 设定总论、细化分论。慕课的发展对现行著作权制度的挑战是全方位的。本书初步构建慕课版权制度设计的总体框架，就慕课带来的著作权法立法理念的创新、立法原则的确立以及著作权各制度设计的变革进行总体上的规划布局。在总体框架指引下，进行著作权作品类型、著作权归属、新型作品权项内容、著作权合理使用、法定许可制度以及著作权服务体系完善等细节方面进行论述。形成对慕课版权问题的宏观—中观—微观三个层面总分结合的系统性思考。

3. 紧跟时代，关注前沿。科技发展日新月异，新的教育模式不断涌现。为实现国家新时代教育改革目标，适应不同层面教育群体的需求，灵活多样的技术与教育将进行多种形式的分化组合，必将衍生出丰富的在线课程形式。本书坚持最新的时代发展理念，关注技术、教育及版权法发展的前沿动态，在技术的快速发展，教育模式、方式推陈出新的背景下，版权法内容要与时俱进，实现技术发展、教育革新、版权法创新等技术、社会、法律三者的互相促进与协调发展。

内容简介

CONTENT VALIDITY

慕课在世界各国的兴起而带来的版权问题，主要涉及慕课的可版权性、慕课的版权保护、慕课的版权归属、慕课教育中使用作品的版权问题等。慕课教育的版权问题其本质是信息技术时代的版权制度如何调整自己以适应全球日益重视的教育、知识传播等公共利益保护，以及如何变革以适应新技术的变化速度。

本书以历史研究方法、法哲学研究方法、比较法研究方法、案例分析等研究方法对慕课面临的版权问题进行了系统、全面的分析，并最终提出慕课环境下版权制度的变革建议。本书主要分为七个部分。

第一部分导论。主要介绍本书的选题缘起与写作本书的目的，介绍本选题的国内外的研究现状，提炼本书的研究方法与本书的创新点。

第二部分慕课概述。主要对慕课概念进行界定，慕课起源于美国 2001 年的开放课件运动，随着科技的进步，在线课程不断进行演变，出现多种多样的模式。本部分在回顾慕课产生发展的历史过程中对慕课的概念进行界定，对慕课的各种形式进行分析，最终划定本书研究的慕课的范围，即本书的研究对象为行为主义的 xMOOC。同时，本部分介绍了慕课平台与运营模式，慕课与一般的高等教育模式不同的是，随着慕课平台商业化运营的不断探索和展开，慕课平台运营模式的多样性直接关涉慕课版权制度的设计。

第三部分慕课对版权制度的挑战。慕课秉承“资源开放共享”理念，这与版权的私权保护理念背道而驰。具体表现在，慕课的开放性与版权的地域性、慕课的资源共享与版权私权属性、慕课的资源生成性与高校“二元”的版权归属、慕课的集成性与版权侵权的高风险形成一种悖论。从版权制度的体系化角度分析，传统的版权作品分类、版权归属以及合理使用、法定许可等制度都无法直接适用于慕课，法律规定适用的模糊性与法律的滞后导致慕课开发制作过程中教师、高校及慕课平台的担忧，不利于慕课的可持续性发展。

第四部分慕课的版权性质与版权归属分析。慕课的可版权性是对慕课进行保护的前提，本部分首先从著作权法保护作品的构成四要件的角度，分析慕课的可版权性。接着从现行版权法关于职务作品、委托作品、合作作品的规定对慕课版权归属进行分析，现行版权法归属制度无法很好地涵盖和解决慕课版权归属问题。

第五部分慕课中使用作品的版权问题。著作权法的核心精神是实现作品创作和利用、著作权私益与公益之间的平衡，著作权的限制是这种核心精神的最重要的体现。教育事业事关全人类发展，为教育科研目的使用版权作品，世界上绝大多数国家都规定为合理使用、法定许可。本部分通过对国际公约以及美国、日本、德国等国以及我国的合理使用、法定许可制度的分析，发现慕课中的使用虽然也是教育目的的使用，但由于传统的版权限制制度的适用范围的有限性及作品使用非营利性的要求与慕课的开放、共享、营利性之间存在内在的矛盾和张力，给慕课中版权限制制度的直接适用带来重重障碍。

第六部分国外关于慕课版权问题解决路径分析。慕课起源于美国，并逐渐蔓延到澳大利亚、英国、德国以及我国等国家和地区。本部分介绍了美国、澳大利亚、日本等国关于慕课版权问题解决的经验做法。尤其是对美国、澳大利亚及日本等国慕课版权问题解决的实践进行了系统的论述与分析，并在此基础上分析各国慕课版权问题解决中存在的问题以及可资借鉴的经验，为本书最后部分慕课版权制度的构建奠定基础。

第七部分慕课版权制度的构建。本部分在前文分析的基础上，从慕课版权制度构建的理念、版权制度的设计以及慕课版权制度配套服务体系建设等三个方面进行慕课版权制度的构建。

最终实现慕课版权制度的三个“三位一体”制度构建及“一般+特殊”的法定许可制度设计：“原则+要素+规则”三位一体的合理使用制度；“教师+高校+学生”三位一体的慕课版权归属制度；“内部法律（高校慕课版权政策）+外部法律（版权法）+版权服务体系”三位一体的慕课版权制度。“公益性慕课一般法定许可+营利性慕课默示法定许可”的法定许可制度设计。

教育是系统的知识、信息传递的过程，慕课教育的发展情况关系到文化的繁荣、社会的进步。著作权法的最终目的是推动社会经济、科技、文化的发展。故此，慕课版权问题的解决，无论对于促进慕课的发展，提升国家文化软实力，还是赋予信息技术时代版权法以新的生命力，都是形势紧迫而意义重大的。

目 录 CONTENTS

导 论

一、研究目的与缘起

慕课“MOOCs”（Massive Open Online Courses，大规模开放在线课程,[1] 简称“慕课”），其秉承着教育资源共享的核心理念和最高愿景，以互联网、人工智能、多媒体信息处理、云计算等为技术支撑，以开放访问和大规模参与为目的，是现代教育与信息技术深度融合的典范。“大学已死，大学永存”，意味着从教育理念、教学模式等方面讲，慕课给高等教育领域带来了“颠覆性创新”。慕课具有开放性、共享性、生成性、集成性等特征，是使全世界人们共享优质教育资源、降低教育成本、扩大教育规模、促进教育公平、帮助人们实现终身学习、推动教育改革和教育现代化的重要途径之一。目前我国正在努力“建设一批世界一流大学和一流学科”，以提升我国高等教育综合实力和国际竞争力，大规模开放在线课程（Massive Open Online Course，MOOCs)，是我国“建设世界一流大学、一流学科”的有效途径之一，是实现人们的教育平等，建设学习型社会的重要举措。然而，慕课的规模性、开放性的课程交付方式与动态生成的课程内容等特征使得慕课在发展中遭遇诸多的版权[2]问题。版权和慕课的规模性与交付方式的交集突显出学术自由、高等教育机构的自主权和版权法之间持久的紧张关系。主要体现在，慕课的版权属性、版权归属、慕课课程中对作品的使用，MOOC 的商业运营、增值开发对利益分

---

〔1〕 说明一：大规模开放在线课程（Massive Open Online Courses，英文简称“MOOCs”），中文简称“慕课”，本书中，为行文表述的顺畅，MOOCs、MOOC、慕课、大规模开放在线课程做同一意义的使用。

〔2〕 说明二：严格来讲，“版权”与“著作权”应用于不同法系，在不同的历史阶段亦有所区别，但这并非本书研究重点，鉴于目前在学术界和实务界中二者大多通用，我国的著作权法亦将二者做同一意义使用，故本书将二者做同义语使用。

配格局的冲击等，往往不能被现行的版权法律制度所包容。对于慕课的讨论，现行的研究大多关注的是慕课的新的教学方法、评估方法、潜在的商业模式、提供学分的可行性和高等教育的未来，除少数例外，慕课引发的版权问题却鲜有关注，尤其是教师常常发现自己无法使用长期以来在她们的课程中经常使用的那些相同的资源，引发巨大的校园恐慌。授权的困难性和法律风险的陡增，使慕课平台和慕课教师身处丰富的知识作品中，却对使用第三方资料谨小慎微，从而影响了开发建设慕课课程的积极性，也必然影响慕课课程质量的提升。

慕课的发展已经远远超过版权制度的发展。如果慕课的发展中不重视甚至不考虑版权制度的创新与发展，由于版权问题的羁绊，版权资源无法按照知识组织的逻辑性和知识传授的系统性全面、无缝、有机地嵌入慕课〔1〕，必将构成对慕课可持续性发展的极大障碍。慕课的发展不可阻挡，对于慕课发展中出现的版权问题，我们应该积极主动应对这种挑战，思考如何实现信息化时代慕课与版权制度的对接。

传统的著作权法律，调整和规范着传统的高等学校的教育模式，而信息技术时代的著作权法律制度，为充分发挥慕课的功能，在遵循版权法功能的原则下，进行版权制度的变革创新，实现慕课与版权制度的互融共生、协调发展。

二、研究现状

（一）国外研究现状

自 2012 年，慕课在美国兴起，借助互联网、大数据、流媒体技术迅速席卷全球。根据国际知名第三方在线教育机构 Class Central 的数据，截至 2018 年底，全球已有 900 多所大学推出了至少一门慕课课程，全球慕课课程数量为 1.14 万门，比 2017 年增加了约 2000 门；通过慕课平台学习者用户注册数量由 2017 年的 7800 万人增长至 2018 年的 1.01 亿人，增长率达 29.5%。〔2〕伴随着慕课的发展，慕课版权问题的应对成为各国立法工作者与科研工作者

〔1〕 陈勇：“基于 MOOC 的版权管理和版权保护问题研究”，载《科技与出版》2015 年第 2 期。

〔2〕 李志民：“2018 年全球主要慕课（MOOC）平台发展情况简介”，载 http://www.ict.edu.cn/html/lzmwy/mooc/n20190130_ 56453.shtml，2020 年 4 月 20 日访问。

关注的问题。

2016 年之前，最有影响力的慕课平台有 Coursera、edX、Udacity，由美国哈佛大学、麻省理工学院、斯坦福大学的教授或者这几所顶尖名校设立。当时世界上的比较重要的 25 个慕课平台中，除平台“学堂在线”来自中国、平台 Open HPI 来自德国、平台 FutureLearn 来自英国外，其余的 22 个平台全部来自美国，说明美国这一时期在慕课建设与发展上处于主导地位，而英国和德国也已开始尝试在线教育这一新兴模式。2016 年之后，随着中国、英国、德国、日本以及澳大利亚等国家大力发展慕课的举措的实施，这些国家慕课的发展迅速，到 2018 年数据统计，全球注册学习者用户排名前五位的慕课提供商分别为美国的 Coursera 和 edX、中国的“学堂在线”、美国的 Udacity 和英国的 FutureLearn。故此关于慕课版权问题的研究及相应的立法变革主要集中于美国、澳大利亚、日本、英国等国。

美国：相关研究文献主要集中在四个方面：

（1）新技术对版权制度的影响。Nicola Lucchi、Jennifer D. Choe 等学者展开关于互动多媒体新技术对版权法的挑战的研究，关于数字媒体时代技术保护措施、版权新的商业运营模式的探索研究。

（2）版权与开放存取的研究。Robert C. Denicola、Eric Priest 等学者关注高校教研人员研究成果的版权归属、使用与开放存取问题。

（3）远程教育版权问题的研究。Michael W. Klein、Andrea L. Johnson、Audrey W. Latourette 等学者对远程教育版权归属、版权资源的使用进行研究。慕课是开放教育资源运动的新发展和突破，其起源可以追溯至 2001 年 4 月由麻省理工学院（简称“MIT”）率先启动的开放式课程计划（OCM，Open Course Ware），该计划开创了历史上前所未有的开放教育资源运动，对世界高等教育产生了重要而深远的影响。慕课与 OCM、远程教育等都是使用电视及互联网等传播媒体的教学模式，它们突破了时空的界线，有别于传统的在校教学模式，都涉及版权归属、版权资源的使用等问题，故此，国外关于开放课件计划、远程教育的版权问题的研究可以为慕课（MOOCs）版权问题的解决提供借鉴。

（4）慕课版权问题的研究。慕课大型、开放、在线的特点使得要解决的版权问题具有不同于一般的网络课程、远程教育的独特性。Lauren Fowler、Kevin Smith、Kenneth Crews 等学者从慕课版权归属、高校版权政策、高校图

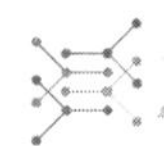

书馆版权服务等方面对慕课面临的版权问题解决进行了研究。

美国的在线教育立法改革：面临慕课在美国的兴起，慕课课程中使用作品的版权问题引发关注与讨论。法律规定的模糊性使得慕课发展中第三方版权资源的使用面临着重重困难，为规避版权侵权的法律风险，每个慕课课程的制作都需要花费大量的资源、时间和精力进行课程的版权清理，但却收效甚微。美国大量的慕课课程实践也逐渐改变了人们对于慕课中使用作品会当然侵害版权利益的传统观念，故此，2015 年 10 月 28 日美国版权局、国会图书馆关于《DMCA 禁止规避技术措施之例外规定第六次修改》（1）（V）中规定，为了教育目的，获得认可的非营利教育机构通过网络平台（该平台本身可以是营利性的）向正式注册的学生提供的大型公开在线课程的教师，可以为批评、评论的目的使用视听作品，即规定非营利性慕课中“视听作品的教育性合理使用”。这是迄今世界上第一个，也是目前为止世界上唯一的明确规定慕课版权问题的法律规定。美国立法上勇于突破立法禁区的勇气和与时俱进的精神对慕课时代各国版权法变革是一个有益的启示。

澳大利亚：澳大利亚意图变革版权法以促进慕课的发展。澳大利亚教育部门特别担心《版权法案》中的“公平处理”（fair dealing）条款不支持在慕课中使用受版权保护的材料。这让澳大利亚大学只能提供学校内部制定的教材，使澳大利亚大学落后于竞争者——美国大学，后者根据《美国版权法》灵活的合理使用条款能纳入第三方的内容。澳洲大学联盟和悉尼大学在给澳大利亚法律改革委员会（ALRC）的意见中说《版权法》阻碍了高等教育部门的创新。2013 年澳大利亚法律改革委员会（ALRC）发布《版权与数字经济报告》，报告中建议引进美国灵活的合理使用制度来应对慕课发展中的版权问题。报告中提出 30 个建议，目的是在《版权法》中引入更多的以原则为基础的方法和更少的规定性的方法。在一个竞争激烈的领域，报告建议版权法改革，保护创作者和他们的市场，提供适当的材料，简化和现代化法律，让澳大利亚的大学在在线教育领域能够与世界上的其他大学进行竞争，为创新和经济发展创造更好的环境。为解决慕课版权问题，澳大利亚正在积极开展相关的调查研究和立法论证。

在上述广泛调研与论证的基础上，2017 年 6 月 15 日，澳大利亚议会两院通过了《2017 年版权法修正案（障碍者获得和其他措施）》（以下简称《修正案》）。《修正案》是对澳大利亚《1968 年版权法》的修正，旨在将《马拉喀什条约》对视障者和其他阅读障碍者规定的限制与例外落实到国内法中，并改善《1968年版权法》在数字环境下的运用，被视为澳大利亚在版权法现代化方面迈出的重要的一步。《修正案》为适应数字技术的进步，促进慕课等在线课程的可持续发展，对原法定许可制度进行更新和简化，通过变革后的法定许可制度，教育机构和集体管理组织能更容易就有关版权材料的教育使用的许可达成协议。《修正案》简化了法案中对教育性机构法定许可的规定，只要教育性机构同意向版权集体管理组织支付合理报酬，就可以复制或传播版权材料。根据《修正案》，在集体管理组织和教育性机构之间一定要有报酬通知。该通知必须规定，教育性机构同意就使用版权材料向集体管理组织支付合理报酬。集体管理组织和教育性机构可以就报酬协商确定合理的数额，如果无法达成协议，可以由版权法庭对此作出决定。

澳大利亚改革了原法定许可制度，扩大了法定许可使用作品的范围，以支持慕课等在线课程发展的同时，保护权利人创作的热情，保护出版商资金的投入与进行相关出版活动的热情，维护“公平、有序、健康”的版权市场。

日本：2012年之后随着慕课在全球的发展，日本开始了发展慕课的历程，日本东京大学在2013年2月22日宣布加入海外慕课平台Coursera，成为最早宣布加入国外慕课平台的日本大学。同年9月初东京大学开始正式在该平台上提供课程。与此同时，京都大学于2013年5月宣布加入edX平台，并从2014年4月开始在该平台发布课程。2013年10月宣布成立“日本开放式教育推进协议会”（Japan Massive Open Online Education Promotion Council，JMOOC），在JMOOC的组织与引导下，2014年相继成立了gacco、OUJ MOOC、OpenLearning三家慕课学习平台。截至2017年3月，这四大平台上提供课程的学校总数超过50所，提供的课程总数已经超过140门，涵盖文、理、工、商多个学科，注册学习总人数超过50万人。[1] 随着慕课课程的不断发展，其过程中不可避免地遭遇了需要应对的法律、伦理等问题。

日本与版权相关的法律有《促进内容的创造、保护及有效利用的法律》《著作权法》《著作权等管理事业法》等，因日本版权相关法律制度特殊性，慕课在日本发展遭遇的版权问题除了其他国家都会遭遇的版权归属、第三方

---

〔1〕 卢晨：“日本慕课课程以及平台建设对我国的借鉴意义”，载《教育现代化》2018年第29期。

版权资源使用问题外，还因其立法的重叠与权利的交叉处理起来更加的困难。

1. 2018 年 5 月《日本著作权法》教学性权利限制的修订

随着全球化和信息通信技术的发展，为促进信息通信技术在教育领域的深入应用，教学性权利限制规定的修订再次成为新一轮日本著作权法修法重点。[1] 在2014年至2016年间广泛调研和大量论证的基础上，2018年《日本著作权法》进行了修订，此次修订主要是为解决新技术背景下基于信息通信技术开展慕课等教学性公共传输使用作品问题。①增加公共传输权利限制规定。2018年《日本著作权法修正案》采取将广泛公共传输从“使用许可+个别付费”更改为“权利限制 +补偿金支付”模式，在促进作品信息技术利用便利化同时，兼顾保护著作权人利益。②建立一站式补偿金支付机制。针对此前教育机构必须分别与各个著作权人协商并支付使用费的不便，《日本著作权法》最新修订设立一站式补偿金支付机制。由于无需与著作权人商谈即可对作品进行自由利用，且支付手续简便，亦可采取诸如按照使用学生人数每年支付一次等灵活形式，极大便利了教育机构合法运用信息通信技术在慕课等授课过程中对作品进行广泛利用。

2. 2020 年 4 月，《日本著作权法》的再次修订——2018 年“授课目的的公共传输补偿金制度”提前实施

按照2018年《日本著作权法》的规定，该法所确定的教学性权利限制制度——“授课目的的公共传输补偿金制度”计划在三年内实施。修订法颁布后，即自2018年11月起，在教育工作者、知识分子及权利者三方的协助下举办《关于教育相关者利用著作物的论坛》，在采纳文化厅、文部科学省建议的基础上，探讨该制度的指导方针及著作权的普及方法等。[2]

然而，因新冠肺炎肆虐，受疫情影响，大城市中各个学校无法在短期内复学，社会各界要求在2020年度无偿使用著作物的呼声高涨，文部科学省（相当于中国的教育部）为缩小地域教育差距，亦鼓励学校导入远程授课，SARTRAS决定在2020年度导入不向学校收取补偿金的特别措施。[3] 日本内

---

〔1〕 郑重：“慕课背景下日本教学性权利限制制度的改革及启示”，载《知识产权》2020年第3期。

〔2〕「改正著作权法第35条運用指針（令和2［2020］年度版）」を公表「授業目的の公衆送信補償金制度」が28日スタートhttps://forum. sartras. or. jp/info/004/.

〔3〕 https://www. nikkei. com/article/DGXMZO57900670Q0A410C2MM0000/.

阁会议于2020年4月10日公布了政令（相当于中国的行政法规），决定于4月28日实施在网络等远程教育中未经许可使用教科书等著作物的著作权法。为此，由教育工作者、知识分子及权利者三方举办的该次论坛，于4月16日公布了关于在教育现场使用著作物的指导方针，即《修订著作权法第35条使用方针（令和2［2020］年度版）》（以下简称“使用方针”）。[1] 也就是说，受新冠肺炎扩散之影响，2018年5月修法中计划在三年内实施的“授课目的的公共传输补偿金制度”提前实施，教育机构在令和2［2020］年度可无偿使用著作物。

英国：Li Yuan、Stephen Powell在《MOOC与开放教育：对高等教育的影响白皮书》一文中提出慕课颠覆性创新理论，认为慕课是对高等教育传统教学理念、教学模式的颠覆性的创新，从慕课对高等教育带来的影响及慕课可持续发展等方面展开研究。慕课不仅仅是对高等教育教学模式的创新，同时也是对高等学校营利模式、利益分配模式的创新，进而必将引起慕课所涉及的版权制度领域的创新。

从以上国外关于慕课版权问题的研究分析，对于慕课版权问题的解决，美国、澳大利亚以及日本首先进行了立法改革以适应慕课等在线课程的发展。在慕课版权问题的解决方面，无论是在版权立法的改革方面，还是大学慕课版权政策的制定实施方面，应该说美国都走在了其他国家的前面。易言之，当美国面临慕课版权问题时，首先高校积极制定版权政策，高校图书馆积极开展慕课版权服务，2015年10月，美国《DMCA禁止规避技术措施之例外规定第六次修改》对慕课中使用视听作品的版权问题进行了规定。同时，美国灵活的合理使用四原则在一定条件下可以解决慕课中使用部分作品的版权问题。加之美国开放存取运动的不断发展，使得慕课课程中使用开放领域的替代资源成为一种选择。综上可见，美国在综合外部法律版权法的改革、内部法律高校版权政策的不断完善，促进开放存取运动等各个方面，努力解决慕课发展中遭遇的版权问题。接下来澳大利亚2017年进行版权法修正，《修正案》简化了法案中对教育性机构法定许可的规定，只要教育性机构同意向版权集体管理组织支付合理报酬，就可以复制或传播版权材料，从而支持慕课

---

〔1〕「改正著作权法第35条運用指針（令和2［2020］年度版）」を公表「授業目的の公衆送信補償金制度」が28日スタートhttps://forum.sartras.or.jp/info/004/.

等在线课程更方便快捷获得相应内容进行课程的建设，以保证澳大利亚慕课的发展。2018 年 5 月，日本修正本国的版权法，采取将广泛公共传输从“使用许可+个别付费”更改为“权利限制+补偿金支付”模式，同时建立一站式补偿金支付机制，简化支付手续，在促进作品信息技术利用便利化同时，兼顾保护著作权人的利益。以上国家面对慕课在线课程对版权法的挑战，积极应对并及时进行调查研究并进行立法改革，给各国关于此问题的解决提供了思路，积累了经验。但总体上，目前国外的版权改革的立法更多的是以一种被动应对的方式进行的，而这种被动应对及碎片化的解决措施对于提高慕课质量，扩展慕课使用的资源，实现慕课可持续发展与商业化运营必将力不从心。

（二）国内研究现状

国内慕课版权问题的相关研究主要集中在三个方面。

一是对我国网络课程、慕课本身所涉及的版权问题的研究。关于网络课程版权问题、慕课版权问题的相关研究文献时间跨度从 2004 年到 2019 年。其中刘建银、陈翁翔（2004 年）主要研究了网络课程的版权问题。郭锐林、张胜辉（2009 年）研究了关于国外远程教育资源共建共享中著作权法律制度。慕课兴起于 2012 年，国际上关于针对慕课与版权问题的研究成果出现是在 2012 年以后，国内关于该问题的研究主要在 2014 年以后，研究成果有谢琳、邹琳、陈基晶、陈勇、叶文芳、丁一、王莉方等从慕课的可版权性、版权归属、慕课课程中作品的合理使用版权问题等方面进行研究，以应对慕课开发过程中绕不开的版权问题。

二是对国外慕课版权制度改革问题的研究。随着国内慕课发展对版权制度改革的需求不断显现，国内学界开始将国外的慕课版权制度改革情况进行研究，以期对我国该问题解决有所借鉴。相关的研究成果有郑重、吕宗澄，徐成、邓莉等对美国、日本、澳大利亚、英国等国家慕课版权制度变革进行考察，主要有美国版权例外的立法考察，慕课背景下日本教学性权利限制制度的改革及启示等方面的成果。这些研究拓宽了我国慕课版权制度研究的视野，有利于促进我国慕课时代版权制度的变革。

三是慕课时代高校图书馆提供版权服务的必要性、可行性及路径的探析。文献发表时间主要集中在 2014 年以后。张丹、龚晓林、叶兰、易晓娥、罗博、孙晓红、王红、陈萍、赵洪波等的文章分析了国外大学图书馆一些提供的版权服务的事项与特点。结合我国高校图书馆的现状，探讨我国高校图书馆的资源优势以及慕课版权服务能力，从而揭示出高校图书馆参与慕课版权服务的有效路径。有效的慕课版权服务是慕课实现可持续发展的需要，高校图书馆必将是提供有效版权服务的重要角色。慕课时代对于我国高校的图书馆带来了挑战，如何应对挑战，提高自己版权服务的能力，以上文献给出了可行性的建议。

慕课是互联网+时代高等教育体制改革经过多年实践摸索出来的一个新模式，2013 年我国的部分高校开始进行慕课项目的开发与建设，慕课持续发展所遭遇的版权问题必然成为知识产权学科最新研究热点。

现有的慕课版权问题的研究文献提出了其所面临的版权性质、版权归属、慕课中使用作品的版权问题，开启了慕课版权问题研究的起点，具有重大的理论及现实意义。但研究的理念与解决对策更多是被动的应对，对于慕课时代版权制度的创新与变革缺乏体系性的整体思考，在问题分析的深度、全面性及逻辑性方面有所欠缺。慕课可持续的发展需要版权制度的保障，故此我们应积极进行版权制度的变革与创新，对慕课版权问题进行系统化、深入的研究，解决慕课面临的版权问题，迎接慕课时代的到来。

三、研究方法

本书综合运用多种方法对慕课面临的版权问题进行较为全面、深入、系统的研究，主要包括以下方法：

（一）历史研究方法

版权法发展的 300 多年的历史，也是一部科技发展史。科学技术发展一直是推动版权法变革的力量。本书通过对各国版权法历史发展轨迹的梳理，加深版权作为作者、传播者、社会公众和国家之间利益调节器功能的认识，也通过透视版权所蕴含的价值来衡量当下版权变革的方向以及版权法未来的发展趋势。慕课是基于互联网、大数据、社交媒体、云计算等最先进的技术而出现的新的教学模式，技术的发展是不可阻挡的，慕课的发展亦不可阻挡，版权制度利益调节器的功能在慕课时代作用的发挥，必然要求版权制度进行相应的变革以适应慕课时代的到来，进而，版权制度在一次次的变革中不断进行自身的蜕变而焕发生命力。

（二）法哲学研究方法

“知识财产的各项权利是特殊的侵犯他人自由的特权”〔1〕，版权是一项知识财产，从分配公平的角度来看，这种特权的适用范围应当予以限制。版权法规定有合理使用、法定许可制度，已将版权私权界定在一个合理的范围之内。慕课的开放性和规模性对传统的合理使用制度、法定许可制度提出了挑战，本书通过对合理使用、法定许可制度背后的立法价值分析，确立慕课中使用作品合理使用的法哲学依据，提出了慕课时代法定学科制度变革的方向及理论依据。

（三）比较法研究方法

“一切认识、知识均可溯源于比较”〔2〕，通过对各个国家民族的法律规则进行比较分析，才可以洞察法律制度与一国的经济社会发展的关系，也才能了解其他国家先进的立法经验和先进的法律制度，进而借鉴以构造自己生活中的法律秩序。慕课起源于美国，兴盛于美国，美国关于慕课版权问题解决的实践与应对走在了世界其他国家之前，其相关的做法可以为我国解决慕课版权问题提供参考与有益的启示。对澳大利亚、日本、德国、英国等国家相关慕课的实践与立法改革的了解有利于我们了解慕课在这些国家所遭遇的版权问题及解决问题的方式方法的探索。通过对各个国家慕课发展及遭遇版权问题的对比，对慕课有了更加全面的认识，对慕课版权问题的解决进行更加全面、深入的思考。

（四）案例分析研究方法

慕课发展遭遇的版权问题主要涉及版权归属，合理使用的适用等问题，书中择取美国关于高校与教师的版权纠纷的经典案例——著名的“谷歌数字图书馆计划”案例，对其判决进行提炼与分析，为本书相关制度的构建提供实证基础。

四、本书的创新点

（一）慕课（MOOCs）——一种新的综合性作品

慕课作为文学、技术、科学领域内的创造性智力成果，具有可版权性，

〔1〕［澳］彼得·德霍斯：《知识财产法哲学》，周林译，商务印书馆 2008 年版，第 15 页。

〔2〕［德］K. 茨威格特、H. 克茨：《比较法总论》，潘汉典等译，法律出版社 2003 年版，德文第二版序。

应当是版权法所保护的作品，同时慕课作为互联网信息技术条件下的生成性课程具有现行版权法八大类作品不具有的独特性。慕课是包含视频，PPT，在线评论、讨论、作业等综合性的作品，其既不同于高等教育传统的作为文字作品的讲义，不同于教学的 PPT 课件，亦不同于远程教育中的视听作品。因为相较于文字作品，它多了视听内容，相较于远程教育中的视频课程它又多了课程后续生成的讨论、评论、作业等文字的东西，故此慕课是一种“互联网+”时代，高等教育领域应用新技术而产生的一种新的综合性版权作品。围绕慕课新作品必将产生新的版权法律关系。慕课的可版权性及作品类型的认定是慕课版权保护体系化研究的逻辑起点，具有极其重要的意义。

（二）慕课（MOOCs）版权归属的多维思考

传统的高等教育领域，关于教研人员作品的版权归属一般仅仅涉及教师与高校两方主体，最多加上出版商形成三角关系。然而，对于作为资源生成性课程的慕课却涉及教师之间、慕课平台与大学之间、大学与出版商之间、慕课平台与出版商之间，学生与教师之间的关系，利益主体众多，法律关系错综复杂。以多方利益主体之间利益的博弈与协调为基础，进行慕课版权归属的多维思考是必要的。

（三）慕课（MOOCs）时代合理使用、法定许可制度的变革创新

我国现行《著作权法》及《信息网络传播权保护条例》规定为学校课堂教学或者科学研究，向少数教学、科研人员提供少量已经发表的作品属于合理使用。为通过信息网络实施九年制义务教育或者国家教育规划，使用他人已经发表的作品制作课件并提供给有限范围内的注册学生作为法定许可。然而慕课的开放性、共享性及集成性的特征，使得现行法的相关规定无法适用于慕课课程中使用的作品。故此慕课兴起与可持续发展必将要求变革现行的合理使用、法定许可等版权限制制度。构建“原则+要素+规则”三位一体的合理使用制度，涵盖慕课中对于第三方版权资源的使用。改革现行的法定许可制度，非营利性慕课使用作品纳入法定许可的范围，营利性慕课使用作品引入“选择退出”的默示许可制度，同时以区块链等技术手段为支撑制定简便快捷的法定许可使用费的支付方式，从而通过变革数字信息时代著作权权利限制制度，保护私权的同时促进作品的传播。

（四）成立 MCM-慕课集体管理组织（MOOCs collective management，MCM）

基于慕课是集合声音、图片、文字、视听作品等要素构成的综合性的作

品，慕课课程的制作必然需要多种类型作品的小比例的使用，而我国现存的著作权集体管理组织如中国文字著作权协会、中国音乐著作权协会、中国音像著作权集体管理协会、中国摄影著作权协会、中国电影著作权协会等都是以作品类型为标准而设立的，无法适应慕课中对作品“多类型小比例”的使用方式。故此，本书建议借鉴美国成立的互动多媒体的集体管理组织（Interactive multimedia collective management，简称 IMC）的做法，在我国成立慕课集体管理组织（MOOCs collective management，简称 MCM），管理的作品涵盖文字、音乐、美术、电影等类型，集体管理组织的成员将包括音乐作曲家、艺术家、作家、视频制作人以及参与互动多媒体制作其他的贡献者、参与者。成立 MCM 以适应慕课中使用作品的小部分、大量、多类型的特点。

第一章

慕课（MOOCs）概述

“MOOCs”（Massive Open Online Courses，大规模开放在线课程），中文译名“慕课”。“M”意为 Massive（大规模），“O”意为 Open（开放），“O”意为 Online（在线），“Cs”意为 Courses（“课程”英文单词的复数形式），与传统的课堂教学不同，慕课只需要一个账号，就可以有多达数万人在网络平台上学习，不受空间和时间限制。慕课是一种以开放访问和大规模参与为目的的在线课程，是现代教育与信息技术深度融合的典范，其以互联网、人工智能、多媒体信息处理、云计算等为技术支撑，秉承着教育资源共享的核心理念和最高愿景，将在线学习、社交服务、大数据分析、移动互联网等最前沿的信息技术手段与教育内容融为一体，强调知识应当突破地域、文化、经济等因素的限制，实现教育资源的全世界、全人类免费共享，为现代教育赋予了新的时代内涵和变革意义。[1] 作为近年来新生的教育形式，慕课正受到社会的广泛关注。慕课对传统教学模式、观念带来了巨大冲击和深远影响，掀起了高等教育教学理念和教学方法的革新，并推动了教育事业的可持续发展。

慕课这种大规模、开放式的在线授课形式，其最早的实践并未关注营利性，属于摸着石头过河状态。最初的研究也局限在从教育角度关注混合慕课的新发展、从教学技术创新角度关注学生学习和教学策略的整合。几年下来，由于慕课的规模效应以及便利性、即时性等优点，慕课热度不减反增。[2] 然而，面对慕课这样一个需要投入巨资和耗费大量资源的新事物，大学仅仅依靠热情、信心和宣传已经远远不够了，只有从商业领域引入一套科学的运作

---

〔1〕 熊才平、何向阳、吴瑞华：“论信息技术对教育发展的革命性影响”，载《教育研究》2012 年第 6 期。

〔2〕 安欣欣、韩静：“慕课（MOOCs）商业模式路径研究”，载《信息系统工程》2017 年第 1 期。

模式，或者说是可持续性商业模式才有可能解决系统性的问题，在保持特征的基础上通过商业化运作来解决各种现实的问题，实现自身的长期发展。[1]近几年，各大慕课平台自身的商业属性得到强化，无论是产品线的丰富，还是收费模式的调整，乃至于领导层的更换，都体现出平台在进一步营利方面所做出的努力和决心。[2] 因此，对慕课实践和研究的深入分析既是现实发展的需要，也是其可持续发展的要求。

第一节　慕课（MOOCs）产生与发展

一、慕课（MOOCs）产生

慕课作为“技术+高等教育”深度融合的典范，最初在美国兴起，被盛誉为“印刷术发明以来教育最大的革新”。[3] 其发展离不开第四次工业革命时期高科技人才需求导致的教育理念的变化与互联网、人工智能、多媒体信息处理等相应技术的支持。

（一）慕课（MOOCs）产生的时代背景

1. 慕课是开放教育资源运动基础上的新发展

慕课是远程教育领域的新发展，也是开放教育资源所推崇的开放教育理念的新发展。[4]麻省理工学院（简称“MIT”）2001 年率先启动开放式课程计划（MIT Open Course Ware，OCW）。MIT 将利用几年的时间，将下属 5 个二级学院的 3300 门课程放在互联网上，免费供全世界任何人使用。MIT OCW 项目的目标是尝试为在线学习建立一个高效的、基于标准的典范，希望其他有兴趣提供在线学习课程的院校效仿，并为他们提供经验和帮助，公开发布并且共享各自的课程材料，共同来推动课程创新运动。[5]

---

[1] 钱小龙：“可持续发展视野下大学慕课商业化运作的整体性分析”，载《现代教育技术》2019 年第 2 期。

[2] 王宇等：“2017 全球慕课发展回顾”，载《中国远程教育》2018 年第 9 期。

[3] 徐家玉：《信息技术背景下高效英语教学理论体系的建构与探索》，湖南师范大学出版社 2018 年版，第 133 页。

[4] Wikipedia：MOOC，2012b.

[5] 张成琦、李立：《计算机教育移动网络课堂的发展探究》，四川大学出版社 2018 年版，第 194 页。

此后，在美国，犹他州立大学、约翰·霍普金斯大学、塔夫茨大学、卡耐基梅隆大学、加利福尼亚大学尔湾分校、圣母大学等高校加入了这一行列。世界各个国家越来越多的高等院校纷纷仿效，相继将部分课程放到互联网上和全世界共享，如法国“巴黎高科”的开放式课程计划。2005 年 5 月，日本早稻田大学、东京大学等 6 所高校启动开放式课程计划，2006 年 4 月正式成立了日本开放式课程联盟，而到 2010 年 1 月，其成员就多达 40 所高校。法国“巴黎高科”（Paris Tech）由 10 个正式成员和 1 个合作成员联合组成，正式成员均为各自学术领域中法国公认的最优秀的工程研究生学校。2005 年 12 月，“巴黎高科”启动了“Paris Tech OCW”项目。到 2014 年 3 月，MIT OCW 已经建设了 2150 门课程，全球大约有 12.5 亿用户访问了开放式课程内容。[1]

MIT OCW 项目最初是以高质量、静态的课件电子出版模式为主，后期发展中逐步加入了课程视频等。[2]在 OCW 的示范和引领作用下，同时加上，云计算、社会化网络媒体等新技术的应用，极大降低了创建与共享教育资源库的成本，推动新的开放教育概念和实践模式不断演进，开创了对世界高等教育产生了重要而深远影响的开放教育资源运动。MIT 所秉持的开放课件、免费共享等思想被完全保留了下来，成为开放教育资源阶段、慕课阶段的重要思想。

慕课是 2008 年出现的一种新型的开放课程模式，成为开放教育资源运动的新发展，其采用在线的方式来实现基于互联网的课程学习、互动、共享和考试。在这个新模式中，课程成了一种将分布于世界各地的授课者和学习者通过某个共同的话题或主题联系起来的方式、方法。[3] 其特征是公开面向广大网友，任何人通过网络都可以接触到它。除了传统课堂上人们所惯常使用的录像资料、阅读材料和练习题外，“慕课”还会为网友提供互动的论坛，以期在师生之间搭建一个交流的平台。毫无疑问，“慕课”虽然属于远程教育之

〔1〕 张成琦、李立：《计算机教育移动网络课堂的发展探究》，四川大学出版社 2018 年版，第 194 页。

〔2〕《MOOC 国际大规模网络开放课程教育平台专题调研报告》，载 http://www.aufe.edu.cn/s/106/t/120/a/27260/info.jspy，2015 年 4 月 16 日访问。

〔3〕《MOOC 国际大规模网络开放课程教育平台专题调研报告》，载 http://www.aufe.edu.cn/s/106/t/120/a/27260/info.jspy，2015 年 4 月 16 日访问。

一种，但它属于新生事物，与网络相伴而生。[1]

2. 一流大学的国际化需求

据麻省理工学院一项针对学习者来源多样性的调查统计分析，截至2013年，注册慕课的学习者遍布世界每一个国家，[2] 并且学习者人数还在随着时间的推移不断增加。在线教育的快速发展使得教育不断走向国际化，高校寻求品牌拓展的需求日益突出。而这注定会加剧高校间的跨国竞争，每个高校既有的声誉和影响力，对在线教育的重视程度与投入多少，都会对其未来的发展和地位产生影响，全球高等教育的版图也会在这一过程中发生改变甚至重塑。而慕课恰好满足了这一需求，通过开设慕课，高校得以参与国际在线教育的发展，通过共享自身优质教育资源，向全世界展现自身实力，开启国际化拓展之路，从而提升学校的国际影响力和声誉。

例如，2012年，杜克大学在Coursera上首次推出慕课，指出"参与慕课是为了提升学校的国际化水平，实现全球拓展的战略目标；同时为了提升学校的声誉，向全世界的教师、潜在的学习者、指赠者展现杜克大学的实力和全新面貌"。[3] 2015年11月，上海外国语大学全英文的"跨文化交际"课程在英国慕课平台"未来学习"（FutureLearn）正式上线，该课程是FutureLearn平台上的中国第一门上线课程。截至课程正式上线之际，来自全球不同地区的11 510多名学员已经通过FutureLearn平台对本门课程进行了选课，[4] 这将有助于提高该高校的知名度和国际影响力。美国新媒体联盟2018年版《地平线报告》指出，未来5年及更长时间，使用尖端技术，如混合现实以及在机构间共享数字课件和其他资源，将成为高等教育的优先任务。2020年4月，清华大学举行"学堂在线"国际版发布会，将汇聚国内外一流在线课程，重点挖掘来自中国高校的一流课程，同时兼顾引进全球性区域性顶尖高校的一流课程。同月，爱课程国际平台正式上线，首批上线的193门课程来自53所国家

---

〔1〕 郭英剑："'慕课'在全球的现状、困境与未来"，载《高等教育管理》2014年第4期。

〔2〕 Deboer J, Stump G S, Breslow L, et al. Diversity in MOOC Students' Backgrounds and Behaviors in Relationship to Performance in 6. 002x, Sixth International Conference of MIT's Learning International Networks Consortium（LINC）, 2013.

〔3〕 Yvonne Belanger, Jessica Thornton, "Bioelectricity: A Quantitative Approach——Duke University's First MOOC", *Inorganic Materials*, 2013, 38（2）: 522~526.

〔4〕 韩晓蓉："上外跨文化交际课登陆英国慕课平台，校长：向世界讲中国故事"，载 https://www.thepaper.cn/newsDetail_ forward_ 1394968，2015年4月16日访问。

“双一流”高校和7所专业特色高校，标志着我国首批高校在线教学国际平台全部面向全球推出。[1]

3. 高等教育成本的大幅攀升

从学生的角度看，接受高等教育是需要考虑成本和收益的投资活动。近年来，高等教育成本不断攀升，而慕课具有高质量和低成本的特点，促使慕课愈来愈受到关注，成为社会广泛认同的优质学习资源。在美国，私立院校往往比公立大学拥有更好的教学条件和质量，可是它们高昂的学费却让很多家庭望而却步。根据《高等教育年鉴》对美国大学教育费用的追踪调查显示，在四年制本科大学中，学费最昂贵的是位于华盛顿的私立乔治·华盛顿大学，该校2007年至2008年度的学费达到了39 240美元。排名第二位的是俄亥俄州的私立讯巧恩学院，每年学费为38 140美元，不包括食宿和其他杂费。目前美国中等家庭年收入大约为46 000美元，也就是说，“一个中等家庭的孩子如果想就读乔治·华盛顿大学，恐怕全家得一年不吃不喝”。和高昂的学费相比，增长的速度更加令人担忧。以全美学费最高的10所大学为例，1999年到2006年间，平均每年学费涨幅为52%，而同时期内美国生活成本上涨幅度为每年21%，学费涨幅达到生活成本涨幅的2倍多。即使有政府的援助，能够取得高校贷款的学生也将面临巨额债务，而他们甚至将一直背负这些债务至中年。[2]

从教育成本上说，使用慕课学习能够为学生省下一大笔钱。现在，大部分的慕课是免费的，或者只对需要课程认证者收取少许费用。例如，参加Coursera网校的大学会为每一位学生支付大约8美元，以便于其使用Coursera平台，如果学生参加一门课程学习，大学需额外支付30美元至60美元，总之，对于学生而言，网校学习几乎是免费的。[3] 慕课极大地降低了教育成本，能够使更多的人享受教育，而且从目前慕课的主要参与学校来看，大部分都是世界级的名校，这对无力承担高昂学费的学生们而言无疑是一大福音。

---

〔1〕“爱课程国际平台上线　我国首批高校在线教学国际平台全部面向全球推出”，载http://china.cnr.cn/gdgg/20200428/t20200428_525071356.shtml，2020年4月20日访问。

〔2〕［美］杰里米·里夫金：“慕课时代：零成本社会的教育”，载《东方企业家》2014年第11期。

〔3〕［美］杰里米·里夫金：“慕课时代：零成本社会的教育”，载《东方企业家》2014年第11期。

（二）慕课（MOOCs）产生的技术支持

在古代社会，因教育范围有限与教育主要依靠经验，教育与科学技术联系并不紧密，新的技术进步对教育产生影响不大。然而，进入现代以来，教育与科学技术结合日益紧密，两者互相促进。1997年，彼得·托瑞拉（Peter Martorella）将教育中的技术形容为“沉睡的巨人”，认为它将极大地改变传统高等教育。[1] 在过去的几十年里，技术在教育领域里越来越广泛地被运用已经印证了这一点。一方面，教育作为提升人们文化水平和综合素质的活动，构成了推动科学技术的发明创造的前提和基础；另一方面，技术的变革和更新反过来又会推动教育的更新、发展与变革，二者是相辅相成、相互促进的。[2]

尤其是第三次科技革命以后，网络信息技术的迅猛发展，首先改变了传统的知识产生与传播的方式，信息来源多样化，信息选择灵活化，信息获取便捷化，知识传播的速度、数量、质量等有质的飞跃。其次，改变了过去课堂中心的知识获取模式，知识信息获取的多元路径与便捷性使教育者拥有知识的权威地位受到威胁，教育者需要适应新技术发展，以更加谦虚和民主的姿态开展教育。再次是新的教育模式的出现，与传统的教育模式相比，教育突破了时间和空间的地理范围，扩大了教学范围。“网络教学从‘基于资源的网络教学’到网络‘多终端同步视频互动教学’；终身学习从固定时间地点的‘在线学习’到脱离时空限制的‘泛在学习’。”[3] 教育发展与新的科学技术的紧密结合，诞生了新的教育理念，不断推动教育从传统走向现代的步伐。

微电子技术、光电子技术、通信技术、网络技术、感测技术、控制技术、显示技术等衍生出的大数据、云计算、物联网、人工智能，VR（虚拟现实技术）、AR（增强现实技术）、MR（混合现实技术）、CR（影像现实技术）等技术手段，正逐渐融入人类社会的工作、学习、生活等各个领域，以信息技术为平台的网络教学等现代教育技术手段也发展迅速。甚至在美国，很多大

---

〔1〕 PeterH，Martorella，*Interactive Technologies and the Social Studies*：*Emerging Issues and Applications*，Alaany，NY：State University of New York Press，2013，3，511～523.

〔2〕 熊才平、何向阳、吴瑞华：“论信息技术对教育发展的革命性影响”，载《教育研究》2012年第6期。

〔3〕 熊才平、何向阳、吴瑞华：“论信息技术对教育发展的革命性影响”，载《教育研究》2012年第6期。

学都为学生免费配备笔记本或平板电脑用于学习和作业，让学生可以通过网络中学习交流、扩展知识。通过移动互联网技术，人们可以利用移动网络和智能移动终端享受移动网络运营商提供的便利服务，随时、随地、随心地享受互联网业务带来的便捷，实现更为开放和灵活的信息沟通模式。[1]

慕课平台需要实现全流程管理，具有明显的技术赋能特征，近年来，各种大型社交网站（如 Facebook、twitter、Googleplus 等）的兴起和流行也使我们在得以结识远在地球另一端的朋友的同时，让我们有机会感受哈佛大学等世界名校提供的教育资源，很多慕课都借助博客、Facebook 等与学习者在课程前、课程中、课程后进行讨论和答疑。[2] 慕课的平台建设及社交网络交互功能的实现离不开技术的支持和维护。[3] 慕课就是在这样的环境下应运而生的，其廉价、快捷的特点适应了信息化时代人们的生活习惯和学习方式。

互联网、人工智能、互动多媒体、云计算等信息技术的快速发展为在线教育发展提供了更加坚实的支撑，“慕课”便是与互联网、人工智能、云计算等技术紧密相联，适应各国希望进一步推进国内教育改革的要求，将新技术与教育结合的典范。在此之前的在线课程缺少数据后台支持，本质上是属于课程视频资源的网上汇聚与发布性质，而“慕课”真正将在线学习、社交服务、大数据分析等最前沿的信息技术与教育内容融为一体，体现开放教育资源运动从单向的资源汇集到互动的教与学的转变。

全球注册学习者用户排名前五位的慕课提供商有美国的 Coursera 和 edX、中国的“学堂在线”、美国的 Udacity 和英国的 FutureLearn 在线教育平台，它们可以说是世界开放教育资源运动的延续和深化发展。诸如，2012 年哈佛大学和麻省理工学院共同建设平台 edX，将其课程向全世界的大学和学习者免费开放，不断吸纳其他高等学校参与合作，通过一个统一平台，向全世界提供更广阔领域的网络教育资源，让更多的人接受高质量的高等教育。2018 年 4 月，我国教育部印发《教育信息化 2.0 行动计划》，指出要以人工智能、大数

---

〔1〕 李慧、张敏：《信息化时代外语教师职业与技能发展研究》，中国纺织出版社 2017 年版，第 166 页。

〔2〕 韩园园：“美国大规模开放在线课程发展现状与问题研究”，浙江师范大学 2015 年硕士学位论文。

〔3〕 杨海涛：“‘慕课’中国化发展的技术驱动与文化引领”，载《吉林广播电视大学学报》2018 年第 4 期。

据、物联网等新兴技术为基础，依托各类智能设备及网络，积极开展智慧教育创新研究和示范，推动新技术支持下教育的模式变革和生态重构。[1] 该计划要求推动教师主动适应信息化、人工智能等新技术变革，积极有效开展教育教学。启动“人工智能+教师队伍建设行动”，推动人工智能支持教师治理、教师教育、教育教学、精准扶贫的新路径。

1. 慕课（MOOCs）平台海量资源信息处理技术支持

传统的网络教育关注课程内容资源的聚集层面，运用自行研发的网络平台进行管理与使用，呈现对特定信息资源从教师（讲授者）向学生（学习参与者）的单向传输模式，比如远程教育、网易公开课等模式。慕课提倡知识的联结、分享与教与学的互动，利用流媒体信息推送技术、测试工具及软件技术、学习分析大数据处理技术等进行资源的汇集、提供与传输，组织学习互动。慕课是信息技术背景下新的课程组织实施模式，实现了由传统单向的教师向学生的“知识传授”向“交流与评估”的师生互动、生生互动的双向互动模式转变。慕课技术平台是核心，有效支持着慕课学习过程中的注册、观看视频、提交作业、测试等各项操作，大规模、开放性的慕课特征决定了平台必须具有处理海量信息的能力。其中最主要的支撑技术是类似 wiki、blog 等简单易用的社会化工具，或是采用已有的机构联盟提供的平台。[2]

当一个学习系统扩展到成百上千甚至十万百万的用户时，技术平台的稳定性与健壮性是课程学习的前提与基础。易言之，技术平台处理能力、稳健性上的隐患将使其他的努力付之东流。比如，佐治亚理工学院提供“在线教育基础”的慕课，快速扩张的用户在使用 GoogleDocs 互动工具时，因技术平台无法同时承载大规模用户使用而产生故障，技术故障又不能得到及时解决而导致暂停。又比如，2020 年初，全球爆发由新型冠状病毒感染引发的肺炎疫情，世界各国开展大规模的在线教学。复杂严峻的形势对我国高校 2020 年春季学期教学也带来严重影响。高校在线开放课程联盟联席会迅即响应教育部《关于在疫情防控期间做好普通高等学校在线教学组织与管理工作的指导意见》，发出《关于支持高校疫情防控与开展教学的倡议书》，号召各成员单

---

〔1〕 教育部《教育信息化 2.0 行动计划》(教技［2018］6 号)。

〔2〕 顾小清、胡艺龄、蔡慧英：“MOOCs 的本土化诉求及其应对”，载《远程教育杂志》2013 年第 5 期。

位同舟共济、共克时艰，充分利用慕课的独特优势及丰富教学资源，尽力保证高校正常教学秩序，减少疫情对大学生学习生活的影响。为协助全国高校在疫情期间做好“停课不停学，停课不停教”，各慕课联盟、各平台企业积极组织人力并开展线上教学方式研究和培训，向高校师生免费开放大量优质慕课资源。例如，中国大学MOOC[1]在疫情期间免费向受影响高校提供8000余门本科慕课课程资源（其中国家精品在线开放课程916门），依托“慕课堂”小程序提供教学服务及学习数据，支持高校免费利用优质课程资源、平台直播工具和慕课堂微信小程序开展网络教学。学堂在线[2]遴选了1200门优质在线课程，可以作为学分课免费提供给各级各类高校。其中包含300门量大面广的通识课和公共基础课，900门优质专业课，充分发挥了在线教育的天然优势，帮助教师实现“线下课堂”到“线上课堂”的融合和迁移。并依托“雨课堂”APP推出技术培训、专家报告、示范课程三大模块免费直播课程。超星集团[3]在疫情期间免费为高校提供488门通识课程、覆盖全部学科的720门专业课程，以及超星平台各类期刊7000余种、超1万集学术视频、100万种电子图书，并免费提供“一平三端”的线上学习平台、直播系统、同步课堂等技术服务。智慧树[4]在疫情期间则提供4000门优质共享课，实现教学周期课调整，并通过“知到-教师版APP”开设教师培训直播课，帮助老师尽快熟悉、掌握新方法。但是，当线上课程并发量过大时，常出现卡顿、掉线、网络延迟甚至崩溃等现象，每门课程教学模式及场景复杂性和差异度也很高。[5] 故此，构建具有巨大的资源容纳与信息处理能力的稳定、通用的技术平台对充分发挥慕课大规模的特点至关重要，也是慕课成其为本身大规模开放在线课程的内在之意。

2. 慕课（MOOCs）学习分析技术

慕课用户的大规模性使得平台每时每刻都承载着海量的数据交换，慕课平台如何有效支持学生学习与互动是在线学习关注焦点，其中的学习分析技

---

〔1〕 https://www.icourse163.org/.

〔2〕 https://next.xuetangx.com/.

〔3〕 https://www.chaoxing.com/.

〔4〕 https://www.zhihuishu.com/.

〔5〕 邹园园、李成军、谢幼如：“疫情时期高校在线教学‘湾区模式’的构建与实施”，载《中国电化教育》2020年第4期。

术的运用对于慕课的发展至关重要。学习分析技术通过对于海量学习者学习兴趣、学习习惯、学习方式等大数据的分析，能告诉我们什么时候学生对课程感到厌倦，男性和女性在学习过程中的反应又有何不同，这一切都能帮助学习者和在线论坛获得更好的表现。[1]基于慕课的学习分析技术中数据的收集来源于学生观看课程视频，测试的完成情况，提交的作业，参加考试、参与论坛等，通过大数据技术对海量的信息数据进行统计分析，发现许多新的问题，并且有针对性地提出改进课程设计、课程测试方式的建议，使得教育资源的提供满足需求侧的要求，甚至使“私人订制”的个性化学习成为可能。

目前，在在线教育领域，已形成远程课程分享、在线答疑、线下私人面授、“线上+线下”相结合、远程外教的实时互动教学“社交+咨询”的私人顾问等分享经济模式，如沪江网[2]、tutorage（原 vipabe）[3] 等企业，共同追求就是打造一个教学资源共享平台，对教师进行自动筛选和分类，跟踪教学效果并给出科学评价和鉴定，学生可根据个性化需求选择自己感兴趣的教师和课程，选择符合自己习惯的学习方式和学习进度。[4] 要实现个性化学习的慕课开发，慕课平台旨向应与慕课开发旨向具有一致性，以实现个性化学习为根本追求，满足个性化学习需求，支持与促进个性化学习路径，实现个性化学习目标，促进技术、课程与学习之间的深度融合。[5] 具体表现为：第一，使受教育者自主选择成为可能。第二，可以很好地照顾受教育者的个别差异，因材施教。第三，教学方式有针对性，必然会收到更好的教学效果。[6] 例如由北亚利桑那大学的弗雷德里克·M. 赫斯特教授提出的 PMOOC（个性化公播课），P 是“Personalized ”的首字母缩写，PMOOC 对在线学习的学生个

---

〔1〕 Cronenweth S. Learning Analytics and MOOCs，http://blog. socrato. com/learning-analytics-and-moocs/.

〔2〕 https://www. hujiang. com/.

〔3〕 https://lp. tutorabc. com. cn/lpgs/DqsrFBrdPs/index. html? fromwhere = Imt2LPocL3，vipabc 是全球首创全年 365 天、24 小时在线英语教学机构。由美国硅谷核心科技团队研发，实现独步全球的云端运算整合服务。独家专利的 DCGS 多元课程体系、随到随学的灵活排课、专业认证的全球师资，为您提供优质且高效的真人在线互动语言学习平台。

〔4〕 张立主编：《2016-2017 中国数字出版产业年度报告》，中国书籍出版社 2017 年版，第 265 页。

〔5〕 冯永华：“促进个性化学习的慕课开发价值取向及实现”，载《现代远程教育研究》2019 年第 5 期。

〔6〕 刘媛媛：“慕课与个性化学习”，载《文教资料》2018 年第 26 期。

性化需求上做了一些变革，比如学生自定学习步调，自我选择开始与结束时间；系统可以自动跟踪学生的学习进程，并给予每个学生恰当的学习建议。

在教育领域，传统的以班级为单位的课堂教学延续了几百年之久，它的优点显而易见：师生互动直接高效，情感交流真实及时，可是师生学习行为转瞬即逝，师生后续反思仅仅只凭记忆，无法做到精确记录，以至于教育在很多人的眼里是一门“艺术”而不是一门严谨的“科学”。当今时代已步入一个“大数据”时代，数据分析日益发挥着巨大的作用，这种状况在飞速发展的今天将会逐渐发生变化。如今，利用慕课学习分析技术，教师的行为，与学生的互动不仅可以完全能够被记录下来，而且能够在活动结束之后进行精确的量化、分析，以期给将来的教学做到精确反馈，增强对教学和学习的深层次理解，实现教学的最优化。[1] 比如斯坦福大学对学习分析技术进行了深入的研究与分析，同时进行着多项关于慕课的学习分析项目，如利用仪表盘来帮助教师监控学生的参与过程，基于作业编码的自动反馈技术，以及学生成绩的预测因子研究等[2]。基于上述项目的分析与研究，构建基于课程的家庭作业模型、课程小测模型、结合机器学习技术与统计学概率模型，能够很好地推断学生的学习兴趣、学习习惯等，从而预测课程学习中遇到的困难，并且结合上述数据进行分析、比对，为学生选择适合自己学习特点的学习模式提供建议。美国普渡大学的“信号”项目，是学习分析技术应用的典型案例。该项目始于2007年，方法是根据策略信息系统（Strategic Information System，SIS）、课程管理系统和课程成绩的信息生成一个学生学习困难水平的“信号”，并利用此信号设计相应的解决方案。[3] 而在澳大利亚，伍伦贡大学的SNAPP项目进一步介绍了学习分析技术的应用情况。SNAPP中提供了一些实用的交互性功能，支持教师进行方便的网络分析，如根据交互数量过滤用户、测量节点中间性、测量连结强度、将社会网络图放大和缩小等，在线教师使用SNAPP可以对论坛数据进行方便实时的社会网络分析，通过分析学生

---

〔1〕 乜勇、傅钢善、张首军主编：《2017年教育信息化发展研究》，西北工业大学出版社2017年版，第94页。

〔2〕 Mackay, R. F.. Learning analytics at Stanford takes huge leap forward with MOOCs. Stanford Report, http://news.stanford.edu/news/2013/april/online-learning-analytics-041113.html.

〔3〕 黄美仪等编著：《基于教育云的智慧校园系统构建》，北京邮电大学出版社2016年版，第10页。

交互形成的网络特征监控论坛的交互过程，如及时发现影响交互质量的社会网络结构、发现需要激励或支持的特殊人群、分析教学策略对于促进交互的效果等。SNAPP 还支持对课程中多个论坛数据的分析，考察学生在课程多个论坛交互过程的网络特征。[1]

慕课时代下的教育不再局限于让学生跟随知名教授学习，还在于它通过对海量用户数据进行精密分析后的结果反馈、课程完善、应用生成、个性化教育发展，这才是慕课对传统教育的颠覆之处，形成真正意义上的智能教学系统（Intelligent Tutoring System，ITS）。[2]

3. 慕课（MOOCs）未来发展的技术支持

互联网、大数据、云计算等是慕课产生发展的必备技术支撑，学习交互的支持技术、学习评价支持技术、学习特殊环节的支持技术等都需要进一步的发展与成熟。慕课的大规模性使得慕课课程论坛支持大量的用户同时在线交流讨论，进而产生了大量混杂信息，而海量的信息，又增加了特定资源的迅速查找与定位的难度。为解决这一问题，通过完善 Wiki 的异步交流功能等方式，以期组织起更有效的交互。[3] 未来对这方面的学习交互支持技术需要进一步研究，实现信息数量丰富的同时，保证有用信息的快速获取。

学习评价是对学生学习效果的评价。传统课堂的面对面的考试模式面对海量慕课学生是无能为力的，为解决对慕课学生的学习评价，目前，部分慕课项目与 PearsonVUE[4] 国际考试中心合作进行学生学习评价，另一种人机结合的评价模式存在考核题目受限的不足。如何杜绝“替学”或“作弊”现象，研究网上监考技术，研究利用“身份跟踪术”（Signature Track）、“击键生物识别术”（Keystroke bio-metrics）等判断学习者、考试者是否为其本人，

---

〔1〕 李爽：《基于学习分析的在线学生支持》，中央广播电视大学出版社 2016 年版，第 228 页。

〔2〕 顾小清、胡艺龄、蔡慧英：“MOOCs 的本土化诉求及其应对”，载《远程教育杂志》2013 年第 5 期。

〔3〕 张振虹、刘文、韩智：“从 OCW 课堂到 MOOC 学堂：学习本源的回归”，载《现代远程教育研究》2013 年第 3 期。

〔4〕 PearsonVUE 简介，美国 PearsonVUE 考试公司，是信息技术、学术、政府和专业客户的电子化考试服务的全球领先者，总部位于美国明尼苏达州的明尼阿波利斯市。PearsonVUE 致力于 Pearson 集团的计算机化考试业务，将目标定位于信息技术行业以及职业资格证书和认证市场。PearsonVUE 在美国、澳大利亚、日本、英国、印度和中国都设立了运营中心，考试网络目前已经涵盖了 145 个国家，在全球拥有近 4000 个授权考试中心和 230 多个 Pearson 专业考试中心。

对学生，提供慕课课程的商业公司进行诚信监督，随着远程控制技术不断发展以及计算机语言学等学科领域技术的提升，主客观相结合的网络大规模的测试方式将进一步完善。同时，对于数学与计算机、电学、物理、化学等部分理工类课程需要进行实验，现阶段可以借助各种虚拟实验软件的支持。未来，为支持这类实践性较强学科的发展，慕课中对特殊环节学习支持技术的研发更要加强。

教育发展需要科技发展提供技术支持。新技术的出现势必带来新的教育方式。无线电推动了远程广播教学，电视带来了远程视频教学，互联网则催生了远程在线教学，移动互联网、在线交流平台等奠定了慕课的技术基础。[1] 可以预见，未来信息技术对教育领域的重大影响是深刻的，比如教育人工智能、虚拟现实技术，这些技术与慕课结合将会产生新的重要突破。[2] 在教育人工智能方面，这是人工智能与学习科学相结合的一个新领域，其主要是通过利用人工智能技术，更系统、更微观、更深入地分析和理解学习是怎样产生的与学习的过程，目的是通过人工智能工具在教学和学习过程中灵活、高效和个性化的使用，以使其促进适应不同学习环境的发展，进而为学习者能够有效地掌握某方面知识创造条件。[3] 而在虚拟现实技术上，其营造了“自主学习”的环境，将传统的“以教促学”的学习方式代之以学习者通过自身与信息环境的相互作用来得到知识和技能的新型学习方式。它能够为学生提供生动、逼真的学习环境，学生能够成为虚拟环境的一名参与者，在虚拟环境中扮演一个角色，这对调动学生的学习积极性，突破教学的重点、难点，培养学生的技能都将起到积极的作用。[4] 因此，教育工作者不仅要关注自己“如何教”，更要去多关注学生“怎么学”。信息时代的每一位教育工作者都必须以敏锐的信息素养、开放的教学理念和学习者的姿态，积极参与新技术、新媒体下教与学方式的变革，比如翻转书包、翻转课堂、微课、思维可视化、3D 打印、图片处理技术、网上会客室、可汗学院、未来学院虚拟现实、学分银行等，这也是信息时代每位教育工作者专业发展的有效途径和

---

〔1〕 王海波：“慕课——继续教育机构的新机遇”，载《教育探索》2015 年第 4 期。

〔2〕 江志斌：“中国慕课模式探索与实践”，载《中国大学教学》2018 年第 1 期。

〔3〕 李文淑：“教育人工智能（EAI）对学习机制的影响”，载《现代教育管理》2018 年第 8 期。

〔4〕 李丽红：《虚拟现实技术在教育领域中的应用及其效果评价研究：以旅游教学为例》，旅游教育出版社 2015 年版，第 28 页。

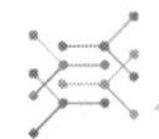

必然使命。[1]

慕课运动方兴未艾，从云计算、大数据到新兴社交媒体，日新月异的信息技术市场使得教育平台建立的成本不断降低，慕课作为新时代信息汇聚与传播的新模式不断发展，今天的慕课在很大程度上依然只是解决了资源的数字化和网络化、时空延伸等问题，但是离课堂教学，离面对面的启发式教学还有一定差距。未来最根本的，是要用人工智能的技术推动慕课新一轮的发展。应该在技术层面把人工智能大数据深度融合到慕课设计、开发、应用服务的过程当中，因此，将来，慕课在教育资源信息的推送、传播，慕课平台的技术支持方面都会有很大的发展空间。

二、慕课（MOOCs）的发展

慕课这一术语是2008年由布赖恩·亚历山大（Bryan Alex-ander）、戴夫·科米尔（Dave Cormier）正式提出的，后用于乔治·西门思（George Siemens）和斯蒂芬·唐尼斯（Stephen Downes）合作开设的一门名叫“关联主义学习理论和连接的知识”大型网络课程中[2]。慕课的理论基础最早可以追溯到20世纪60年代，1962年，美国发明家道格拉斯·恩格尔巴（Douglas Engelbart）提出“增进人类智慧：斯坦福研究院的一个概念框架”研究计划，强调使用电脑辅助学习，并解释了如何将个人计算机与“互联的计算机网络”结合起来，从而形成一种大规模的、世界性的信息分享的效应。[3]慕课实现了个人计算机与互联网的结合，在信息技术的支持下，通过某个话题或某一领域的讨论将信息资源内容和学习者聚集，实现了教师与学习者的连接。从2012年开始，从欧洲到亚洲，从拉丁美洲到大洋洲，慕课在世界各地迅速发展，各国高校相继推出各具特色的慕课平台与课程。

（一）慕课（MOOCs）国外发展迅速

近年来，通过慕课的产生与发展，教育机构在网络上打造出一个开放的空间，让有兴趣学习的使用者，皆能透过参与课程，来增进自我知识。

---

〔1〕 聂凯：《移动网络课堂与信息化教学资源的传播分析》，四川大学出版社2018年版，第140页。

〔2〕 Wiley D. Open ED Syllabus，http://www. open content. org/wiki/.

〔3〕 管会生、高青松、张明洁：“MOOC浪潮下的高校课程联盟”，载《高等理科教育》2014年第1期。

1. 慕课在美国的发展

慕课起源于美国，其发展有三个比较关键的时间点。2008年，当2200名来自世界各地的学生通过网络免费选修了加拿大学者西蒙斯和道恩斯开设的课程“关联主义和关联知识（CCK08）”之后，公开在线课程突然成了大规模的课程，进而首次出现“慕课”这一概念，[1]越来越多的教育工作者逐渐接受并采用了这种课程结构，并成功地在全球很多大学开设他们的慕课课程。2011年秋，来自世界各地的16万人注册了斯坦福大学塞巴斯蒂安·特伦（Sebastian Thrun）与彼德·诺米格（Peter Norvig）联合开出的一门“人工智能导论”的免费课程，[2]慕课“一夜成名”，同时慕课的性质也发生了根本性变化，由关联主义课程（cMOOC，即非营利性机构旨在为现有的学生和教师提供免费网络资源）转变为行为主义课程（xMOOC），慕课逐步走向营利性模式。[3] 2012年，被《纽约时报》称为“慕课元年”。几个大的投资者与美国斯坦福大学、哈佛大学等顶尖大学合作，推出Coursera、Udacity、edX三大慕课供应商。在美国，Coursera、edX和Udacity是最有影响力的慕课平台，截至2017年4月1日，Coursera注册用户逾2400万人，收录2000余门课程；Udacity注册用户超过160万人，收录课程181门；edX收录1379门课程。[4]《时代》杂志称，免费的“慕课”向“大众打开了通向常青藤盟校的大门”。[5]从世界范围内看，作为慕课和最具影响力的慕课平台的发源地，美国慕课的参与人数和水平首屈一指。近年来，越来越多的美国著名高等教育机构纷纷加入慕课大军，为全世界的学习者提供了高质量、低成本的高等教育。[6]

（1）Coursera[7]。Coursera是慕课三大平台之一，由美国斯坦福大学两名计算机教授安德鲁·恩格（Andrew Ng）和达芙妮·科勒（Daphne Koller）于

---

〔1〕韩园园：“美国大规模开放在线课程发展现状与问题研究”，浙江师范大学2015年硕士学位论文。

〔2〕李曼丽、张羽、黄振中：“慕课正酝酿一场新教育革命”，载《中国青年报》2013年5月23日。

〔3〕韩园园：“美国大规模开放在线课程发展现状与问题研究”，浙江师范大学2015年硕士学位论文。

〔4〕吕宗澄、徐成：“美国慕课例外的立法考察”，载《图书馆论坛》2017年第9期。

〔5〕郭英剑：“‘慕课’在全球的现状、困境与未来”，载《高等教育管理》2014年第4期。

〔6〕韩园园：“美国大规模开放在线课程发展现状与问题研究”，浙江师范大学2015年硕士学位论文。

〔7〕Coursera慕课平台，https://www.coursera.org/.

2011 年 11 月创办，旨在同世界顶尖大学合作，在线提供免费的网络公开课程。Coursera 的首批合作院校包括斯坦福大学、密歇根大学、普林斯顿大学、宾夕法尼亚大学等美国名校。Coursera 与高校的合作模式是在双方签订协议达成共识的基础上，由 Coursera 提供技术开发和支持，由各高校授课教师或团队开发和设计在线课程，共同为来自世界各地的学习者提供服务和支持。其课程组织形式主要有授课视频、在线测试和线上线下讨论等，充分体现了以学习者学习需求为中心的设计理念。[1]

Coursera 慕课教学的创新。2015 年 5 月和伊利诺伊大学香槟分校联合宣布，通过 Coursera 平台提供基于慕课学习的工商管理硕士学位教育：iMBA。作为试验性质的项目，首期招生限定在 200 人以内，并于 2016 年 6 月开课。第二期也已于 2017 年 1 月开课。Coursera 的"在线工商管理硕士学位"把全球实时互动课堂、团队项目合作和顶尖授课教授的一对一沟通交流等线下面对面教学、传统校园课堂教学的优势结合起来。2016 年 6 月，Coursera 和伊利诺伊大学香槟分校又启动了"数据科学硕士学位"（Master of Computer Science in Data Science，MCS-DS）慕课项目。相对于传统校园学习，这两个项目的另一优势在于费用低，取得"在线工商管理硕士学位"（iMBA）或"数据科学硕士学位"（MCS-DS）分别只需 2.2 万美元和 1.92 万美元。[2]

Coursera 声称："致力于普及全世界最好的教育"，通过与全球一流大学和机构合作提供在线课程。截至 2016 年 1 月已有 28 个国家的 140 个合作伙伴，开设 1500 多门课程。在 Coursera 未来的发展中，将会和更多大学合作，提供更加多样宽泛的课程选择，提高学生在该平台上的学习质量，并且在全世界范围内吸引更多的学生。[3]

（2）Udacity[4]。Udacity 是 2012 年 2 月，由斯坦福大学创办的营利性机构。Udacity 旨在重塑 21 世纪教育，通过 Udacity 平台给各阶层想学、乐学的人带来可获取的、低廉的、高参与的高等教育，大大缩小了学习者技能与就

---

〔1〕 文源、汤晓伟、耿桂芝主编：《现代教育技术》，江苏大学出版社 2016 年版，第 259 页。

〔2〕 许涛："美国慕课发展的创新模式研究"，载《比较教育研究》2017 年第 8 期。

〔3〕 文源、汤晓伟、耿桂芝主编：《现代教育技术》，江苏大学出版社 2016 年版，第 259 页。

〔4〕 Udacity 慕课平台，https://www.udacity.com/courses/all.

业所需素质之间的差距[1]。Udacity 于 2016 年 4 月起开始建设、启动了在线大学“线下学习社区”。线下学习社区以“专业、专注、领先”为宗旨，以“互动反馈、团队责任、目标设定和管理”为手段，定期为学员提供面对面学习辅导，提高学习效率，加速职业发展，并为学员提供最新行业发展资讯和人力资源需求，为平台上的慕课学习者提供面对面的辅导机会。每周一次的线下面对面学习辅导由受过专业训练的 Udacity 导师负责学习目标设定和管理、一对一答疑解惑和资源提供。[2] 截至 2016 年，Udacity 已经发布了 24 门课程，分为初级、中级和高级 3 个水平，仅限于商学、计算机科学、数学、物理学和心理学几个领域。[3] 到 2019 年，Udacity 已经发布 300 门课程，注册用户人数超 1000 万。[4] 在评价方式方面，Udacity 已与 person 考试中心合作，以此进行测验，能够更加科学地检测学生的学习效果。Udacity 的课程一部分是由教师自行设计的，一部分是与 Google 或 Microsoft 公司等共同设计推出的，其特色在于高度交互性、基于微视频学习的寓教于乐、基于真实情境的学习、高度参与的学习社区。[5]

（3）edX[6]。Udacity 与 Coursera 都是商业性运作，慕课本质上毕竟是一种教育方式，为避免网络教育的过度商业化，2012 年 5 月，哈佛大学与麻省理工学院（MIT）联合发起了名为 edX（教育在线）的网络课程平台，这是一个非营利性的教育平台。两所学校在该非营利性项目中各投入 3000 万美元，旨在以突出的教学设计为学习者提供互动式的在线学习。其课程形式主要由在线视频、网页插入式测试及协作论坛组成，以交互式学习设计为特色，[7] 特征包括：自定义的学习节奏与步骤，在线讨论与 Wiki 的协作学习，互动评价。该平台基于麻省理工学院的 MITx 计划和哈佛大学的网络在线教学计划，

[1] 王颖、张金磊、张宝辉：“大规模网络开放课程（MOOC）典型项目特征分析及启示”，载《远程教育杂志》2013 年第 4 期。

[2] 许涛：“美国慕课发展的创新模式研究”，载《比较教育研究》2017 年第 8 期。

[3] 文源、汤晓伟、耿桂芝主编：《现代教育技术》，江苏大学出版社 2016 年版，第 260 页。

[4] 闫国伦：“国外主要网路课程平台发展及特点分析”，载《中国多媒体与网络教学学报（中旬刊）》2020 年第 1 期。

[5] 文源、汤晓伟、耿桂芝主编：《现代教育技术》，江苏大学出版社 2016 年版，第 260 页。

[6] edX 慕课平台，http://www.ex/org/.

[7] 文源、汤晓伟、耿桂芝主编：《现代教育技术》，江苏大学出版社 2016 年版，第 260 页。

主要目的是配合校内教学，提高教学质量和推广网络在线教育。[1] 除了在线教授相关课程以外，麻省理工学院和哈佛大学将使用此共享平台进行教学方法研究，促进现代技术在教学手段方面的应用，同时也加强了学生对在线课程效果的评价。edX 通过研究线上、线下混合教学模式，提高了传统校园教学和学习的效率。edX 为通过课程学习的学习者颁发签有 X University 的证书，目前已经吸引了超过百万的学习者。此平台不仅作为收集和分析学生学习过程数据的实验室，而且旨在为学生创设一个世界范围内的学习共同体。[2]

在创新模式的发展上，2015 年 8 月，edX 联合亚利桑那州立大学正式启动“全球新生学院”创新项目，在创新慕课教学模式方面更进一步，积极探索慕课和传统校园学习相结合的混合模式。一年后，edX 于 2016 年 9 月再次创新其慕课教学模式，推出“微硕士学位”慕课项目，并于同年 10 月 4 号正式推出了首门课程“用户体验设计入门”（Introduction to User Experience）。该慕课由 edX 联合全球 14 家大学共同设计、开发，涵盖了从用户体验设计、人工智能、网页开发、数据挖掘与分析、Android 系统软件开发到全球商务管理等课程内容，其目的在于满足全球学习者的职业发展需求，缩短学习者取得合作大学硕士学位的时间。[3] 截至 2016 年，已经有来自世界各地的 28 所高校加入了 edX，包括中国的香港大学、香港科技大学、北京大学和清华大学，共计提供有 67 门课程，截至 2017 年 12 月 29 日，超过 140 所学校，非营利组织和公司在 edX 网站上提供或计划提供 1800 多门课程，截至 2019 年 1 月，网站课程数达到了 2325 门，注册用户数达 1800 万。[4]

由此形成慕课三巨头，美国国家传播协会主席罗伯特·舒特博士认为，“MOOC 为全世界的学生提供了进入顶尖大学、接触顶尖学者的机会”。慕课的出现，特别是为“将世界上最优质的教育资源，传播到地球最偏远的角落”的进程，提供了重要契机。[5] 现在，Coursera、Udacity 和 edX 三大慕课平台

---

〔1〕 文源、汤晓伟、耿桂芝主编：《现代教育技术》，江苏大学出版社 2016 年版，第 259 页。

〔2〕 王左利：“MOOC：高等教育国际化加速——访教育部科技发展中心主任李志民”，载《中国教育网络》2013 年第 4 期。

〔3〕 许涛：“美国慕课发展的创新模式研究”，载《比较教育研究》2017 年第 8 期。

〔4〕 闫国伦：“国外主要网路课程平台发展及特点分析”，载《中国多媒体与网络教学学报（中旬刊）》2020 年第 1 期。

〔5〕 吴明华：“‘大规模开放在线课程’的兴起”，载《世界知识》2013 年第 14 期。

获得各方的大量的投资支持，共推出了几千门课程，给世界各地的学习者提供了接触一流大学、一流课程的机会。与传统的网络公开课相比，“慕课”旨在提供更加优质、开放的学习资源和更加主动、完整的课程体验，实现高效的信息传递和知识交换模式，适用于教师授课、专家培训、学科间的交流借鉴等众多方式。在全球开放教育资源运动背景下，“慕课”正以年轻之姿、蓬勃之势吸引着全球范围内的学习者和知名高校的加入。

2. 慕课在欧洲的发展

认识到开放教育资源的重要性，以及受到美国成功发展慕课的案例鼓励，欧洲的教育机构也开始投注相当多的人力及资源来发展慕课。[1] 因应慕课的全球发展趋势，欧洲远距教学大学协会（European Association of DistanceTeaching Universities，简称 EADTU）所主导的第一个泛欧洲慕课计划 OpenupEd，于 2013 年 4 月 25 日创建。OpenupEd 是由欧洲许多国家的教育机构共同参与的，这些机构来自英国、法国、意大利、葡萄牙、西班牙、俄罗斯等地，提供了十二种语言的丰富线上课程，让使用者能根据自己需求来运用课程资源。欧洲委员会（European Commission）的教育文化委员瓦西利乌（Androulla Vassiliou）表示：慕课近年来发展迅速，尤其是在美国，其影响力不可小觑。而这个新创立的 OpenupEd，可以制造出更多创新的学习机会，让有兴趣的学生参与课程，增进自己的能力。瓦西利乌也进一步表示，希望往后有更多的欧洲大专院校可以加入 OpenupEd 计划，共同提供并创立更多元的线上课程。EADTU 主席威尔·斯旺（Will Swann）也认为：“这个泛欧洲慕课的创立，象征了不同国家之间共同的决心及信念。我们希望能发展更多元的课程，并和全球教育机构一同促进未来高等教育的发展”[2]

（1）慕课在德国的发展。为促进不同教育途径间的沟通，促进全民终身学习，方便在职人员接受高等教育，2011 年以来，德国联邦政府举办两轮主题为“教育促升迁：开放型高校”的课程竞赛，以鼓励高校提供继续教育课程。为此德国联邦教研部在 2020 年前共投入 2.5 亿欧元，资助继续教育课程的研究、开发、试验以及最终的开设和可持续发展。其课程内容覆盖网络教

---

〔1〕“大规模网路免费公开课程（MOOC）在英国的发展”，载 http://www.liuxue86.com/a/20130607/1255510.html，2019 年 5 月 25 日访问。

〔2〕“大规模网路免费公开课程（MOOC）在英国的发展”，载 http://www.liuxue86.com/a/20130607/1255510.html，2019 年 5 月 25 日访问。

育、IT 安全、可持续农业等领域。[1] 基于德国全民教育、继续教育的良好观念与基础，德国慕课快速发展。慕尼黑大学、汉堡大学、开姆尼茨大学、吕讷堡大学等都开设了慕课课程，用于特殊教育的学习、职业培训、各学科间的互动交流。

第一，以招优宣传为目的的推广模式。德国慕课发展的动机与美国不同。美国慕课的迅猛发展与其高昂的学费这一教育国情有一定关系。在美国，高等教育对于个人的职业发展不可或缺，高额的学费使求学者不堪重负，而慕课刚好与美国社会高等教育的需求与费用的低廉相契合。而在德国，学费便宜，德国部分高校开设慕课课程的主要原因，是为了做学校推广，吸引更多的优秀生源。特别是一些比较偏远的普通学校，可以通过这种在线教育的方式推介自己的重点专业、知名教授，由此来打开知名度，以获得较好的生源。[2] 以德国吕讷堡大学为例，自 2013 年开始，学校建立了社会学习系统[3]，为全世界的爱好学习者提供免费的开放在线课程，通过博客、论坛等社交媒体学习者可以互动学习、讨论、评价，进行跨学科、跨国界的学术交流与知识分享，同时包括哥伦比亚大学、苏黎世联邦理工学院、伦敦政治经济学院、中山大学等知名教授的课程，以吸引全世界的求学者，从而达到宣传学校、优势学科、知名教授的作用。

第二，多层次、立体的课程体系。德国慕课课程体系建设开始于 2011 年，晚于美国，但发展很快，2013 年的时候，已经基本形成多层次、立体的慕课课程体系。德国慕课形式多样，除了普遍的基于关联主义理论的 cMOOCs，基于行为主义理论的 xMOOCs 外，还有线上线下混合的 bMOOCs，以及小型的 sMOOCs。德国主要的 cMOOCs 平台有“开放课程 2011（open course 2011）”“开放课程 2012（open course 2012）”和“开放教育资源在线课程，CORE13”。

cMOOCs 强调对知识的创造，是对传统高等教育的颠覆性创新与超越，xMOOCs 则是对高等教育传统的面对面教学模式的延伸性突破。xMOOCs 有一

---

〔1〕“德国近四分之一高校开设继续教育课程”，载 http://www.de - moe.edu.cn/article_read.php? Id=12016-20140902-1974，2020 年 4 月 25 日访问

〔2〕MOOCeine Bildungsrevolution? Interviewzu Mas - sive Open On Online Coursesmit Prof. Dr. Rolf Schulmeister undDr. Frank Hoffmann，http://www.uni-hamburg.de/.

〔3〕Social Learing-Systeme：Leuphana University Lneburg On line-Hochs，http://hochschul marketing-magazine.de.

个网络课程平台，平台上有课程视频、讨论区、作业区等，课程由授课教师制作授课大纲，进行课程的教授，课程的主要内容与发展脉络主要由教师引导，学生积极参与，课程的开始、进行过程与结束都在网络平台上进行。xMOOCs 与传统的教学模式相同的是，更注重知识的传授与分享。德国主要的 xMOOCs 平台有 Open HPI、iversity、Open Courses World 等。

第三，前瞻务实的课程内容与制作。慕课成功实现了一种高端的知识交换，德国专家在充分肯定慕课作为很好的学习平台的同时，也通过一些现象（如报名“热”、结业“冷”，某些网络课程热度急速消退等）清醒地看到了慕课背后存在的困难与问题。课程越是自主、多样、开放，越是会出现结构不合理、支持不足、调节不当等原因导致的学生学习困难状况。[1] 德国慕课面临的问题与挑战主要有以下五点：一是对学习者的学习自主性要求较高，慕课的特点决定了其是一种没有监督的学习模式，要想在这样的学习模式下开展高效学习活动，充分发挥慕课的价值和作用，学生必须要具有强烈的求知欲、高度的学习自觉性和自我管理能力才能够得以实现。而对于求知欲不强、学习自觉性和自我管理能力不高的学生来说，慕课教学模式下网络教学视频的学习需要克服更多的干扰，如果无法克服教学中的干扰因素，往往就会使得学习活动流于形式。例如：曾有针对德国高校慕课教育进行的研究表明，在德国慕课教学中，学生听课的中断率高达 90%以上，从而验证了这种情况。也正是因此，如何激励学生善始善终是现阶段慕课教学模式的一大问题[2]；二是学习进程主要依赖网络，容易错失学习过程中的代入感。坐在电脑前与置身现实课堂的感觉是远远不能相比的，前者容易成为网络授课的附庸者，一味跟随授课者的节奏，缺乏灵活性。传统高等教育校园生活的经历、校园文化的熏陶都是在线课程难以替代的[3]；三是语言问题成为知识转化的障碍，目前大多数平台上提供的课程语言为英语，这对非英语国家的参与者来说可能存在一定困难；四是并没有带来教学法的理论革新。慕课本身只是技术性工具，难以给高等教育带来革命性变化，因为现有的慕课课程及其支

---

〔1〕 陈正：“德国慕课发展特点与挑战”，载《世界教育信息》2015 年第 9 期。

〔2〕 魏慧婷：“慕课视域下高校思想政治理论课教学改革初探”，载《科技资讯》2016 年第 24 期。

〔3〕 转引自方鸿琴：“‘慕课’能否引发大学教学模式变革”，载《中国社会科学报》2013 年 9 月 30 日。

撑平台只是在线教育的组成部分，而且自身还处于发展的初级阶段，既有明显优势，也有严重不足。慕课的风行确实加速了高等教育教学的变革进程，但高等教育的变革，如果只是靠慕课的引进，即将信息技术引入教育是远远不够的——这至多只是引起了部分的教学模式、教学内容和教学办法的变更，难以使学生在学习活动中萌生教育改革者所设想的变动[1]；五是许多课程的内容不够深入，还停留在导论阶段。平台把控和教师投入是关键，理论上讲，到慕课平台上选择课程的学习者是抱着极大的兴趣而来的，所以，对他们来说，最在意的是课程质量。哈佛大学埃里克·马祖尔（Eric Mazur）教授在清华大学做的一次报告提到，同一门慕课内容，教师是否出现在视频里，视频是否做得漂亮等，这些形式上的变化对学生的水平提高影响不大。这就说明，内容是大于形式的，学习者更重视的是内容质量，慕课提供者无需刻意降低课程水准和质量去迎合慕课学习者。所以，课程质量是慕课平台需要正视的严肃问题。

为克服慕课发展中的上述问题，德国在课程内容选取方面具有前瞻性与务实性，课程制作水平较高。德国慕课课程的数量尚未达到美国的水平，但慕课课程的质量却不逊色，课程设置前瞻务实，比如智慧城市、新能源、生物化学、心理协商，覆盖社会经济的方方面面，其课程的选择都会兼顾“三个一流”——一流的课题，一流的导师，一流的学校。[2] 如 2011 年 4 月出现的 OP-CO11，主题就直接指向“学习的未来”。而 OP-CO12 以“电子教学趋势”为主题，主要反映国际教育信息化发展趋势。技术方面，大量应用社交媒体技术、云技术、大数据等做前沿技术，创造耳目一新的学习体验与学习氛围。[3]

(2) 慕课在英国的发展。在欧洲，除了德国搭建的慕课平台外，为保持教育信息化的国际地位，进一步推行高等教育国际化的战略以及应对美国慕课的挑战，[4] 2012 年 12 月，英国也推出了自己的“慕课”平台——“未来

---

〔1〕 孟庆宁：“‘慕课’热潮重释：现实困境、行动逻辑与文化反思”，载《江汉学术》2014 年第 4 期。

〔2〕 陈正、尤岚岚：“德国高校 MOOCs 教育利弊得失的经验与启示”，载《高校教育管理》2015 年第 3 期。

〔3〕 The Leuphana University Lüneburg，2014-11-27. http://www. mooc-list. com.

〔4〕 任博洋：“英国‘慕课’的支持策略和学习方式研究”，载《北京广播电视大学学报》2015 年第 1 期。

学习”（FutureLearn），是第一个北美以外面向全球的慕课平台，FutureLearn为全世界提供世界知名大学的免费课程，它在教学质量上的佳绩也为其赢得了声誉，在大规模在线开放课程即“慕课”的设置方面迈出了实质性的步伐。

第一，英国发展慕课的背景与动因。其一，保持其先进的教育信息化的国际地位的需求。英国在教育信息化建设方面素来领先于国际。英国开放大学办学至今已经有40余年的历史，在远距离学习的技术和管理方面积累了丰富经验。FutureLearn兴建前，英国开放大学的教学与管理在很多方面与后来的慕课就有不少相同之处，如都实施开放的入学政策；绝大部分课程都超越校园范围，可在世界任何地方学习等。近年来，英国开放大学还利用iTunes U和YouTube等来帮助传播教学内容，只是在利用技术促进社交合作性学习方面逊于慕课，未能让更多的线上学习者共同学习以及相互学习。[1] 其二，进一步推行高等教育国际化战略的需要。英国慕课的创建首先与教育的国际化及其在经济发展中的地位提升有关。从全球范围看，从1970年到2010年四十年，全球小学生、中学生及高等院校学生数量快速增长。在学人数的增加带来了教育需求的剧增，全球教育支出的数额也因此呈现不断增大的趋势，在各部门的开支中位居第二，仅次于医疗保健的支出，这一增长速度预计在未来相当长的时间内会依然不变。尤其是在经济发展快、居民收入不断提升的发展中国家里，这一趋势更为明显。英国对不断增长的国际教育需求向来保持极高的敏感度，认为这对英国来说，意味着巨大的教育机会，因而大力推动国际教育和增加教育出口成为其重要国策，其从中也获得了巨大收益。早在2011年，英国的教育出口就给英国经济带来了175亿英镑的收入，而教育出口收入的75%是来自在英国学习的国际学生。近年来，海外学生在英国接受高等教育的平均支付费用为每年每生10 000英镑。海外学生为英国的经济做出了巨大的贡献，极大地推动了英国经济的发展，也拓宽了英国学生与其他国家学生的文化交流渠道，提升了英国高等教育的知名度。在此基础上，若能抓住互联网崛起的机会，通过慕课平台吸纳国际学生线上学习，它所带

---

〔1〕 任博洋：“英国‘慕课’的支持策略和学习方式研究”，载《北京广播电视大学学报》2015年第1期。

来的经济效益则是空间容量有限的实体校园所无法比拟的。[1] 其三，应对美国慕课快速发展的挑战。随着美国以 Udacity、Coursera 和 edX 为代表的慕课网络平台的建立，英国难以容忍自己的落后，不仅由开放大学牵头建立了 FutureLearn 这一自己的慕课学习平台，而且还力求在已经领先于世界的学习技术的基础上，使自己的在线教育也处于国际前沿，提出了雄心勃勃的口号："开放大学的革新，必将让世界跟随。"[2]

因此，推动英国创建 FutureLearn 的动因是多方面的，包括：终身学习的教育理念，追求大学的声誉和优质教育资源的共享，开展大学间的互助合作和经验共享，追求教育创新以及实现高等教育的经济价值和文化效益等。同时，英国作为曾拥有广泛海外教育市场、教育信息技术也曾走在世界前列的高等教育强国，在新的国际教育市场正在形成、信息技术不断创新的时代背景下，避免落后、力争上游的奋进心态，使得它必然也要在大规模网络在线学习的开发方面争取走在世界的前列。[3]

第二，英国慕课的发展与特点。英国不是慕课的引领者，但《2016 英国慕课报告》对英国 30 多所高校在 2012 年 5 月至 2015 年 11 月期间提供慕课的情况进行了调查，其中的一项结果表明，尽管依托 Coursera 平台提供的课程所吸引的学生人数是 FutureLearn 平台学生人数的 2 倍，但 FutureLearn 平台的课程结业率比 Coursera 高出 50%。[4] 易言之，经过发展慕课的一系列的举措，英国慕课快速发展，在这个舞台上扮演了举足轻重的角色。据统计，就 FutureLearn 的学员人数而言，在 2017 年新增了 190 万名，而 2018 年新增了 160 万名，即 FutureLearn 平台的学员总数从 2017 年的 710 万名增至 2018 年的 870 万名，截至 2018 年，FutureLearn 仍是全球第五大慕课供应商。[5]

---

[1] 任博洋："英国'慕课'的支持策略和学习方式研究"，载《北京广播电视大学学报》2015 年第 1 期。

[2] 任博洋："英国'慕课'的支持策略和学习方式研究"，载《北京广播电视大学学报》2015 年第 1 期。

[3] 任博洋："英国'慕课'的支持策略和学习方式研究"，载《北京广播电视大学学报》2015 年第 1 期。

[4] McIntyre，C. UK MOOC Report 2016：An insight into MOOCs，MoocLab，2016：3.

[5] "FutureLearn 的 2018 年度回顾"，载 https://www.baidu.com/link? url=Xs00HW-sASlJ6WcHqJfvNRoH9fd5xvWr6DcnEYwuiW-fPZGKGbD8SSmNYNoe4_ hV_ 3SRXuFWEUixLhxK9S7rPq&wd=&eqid=8fd442c2002eabea000000065eaeb503，2020 年 4 月 25 日访问。

FutureLearn 在性质上属于私营公司，FutureLearn 通过与优质机构合作，为学习者提供了一种全新的在线学习方式。[1] 其特点包括：

第一，优质多元的合作机构。与 FutureLearn 合作的机构多元而优质，集结了大量的全世界顶尖一流学府，英国知名文化机构也提供在每一个不同领域最专业最尖端的课程内容和师资力量。FutureLearn 建立之初，伯明翰大学（University of Birmingham）、南安普顿大学（University of Southampton）、兰卡斯特大学（Lancaster University）、圣安德鲁斯大学（University of St Andrews）等 12 所顶尖高校加入其中。[2] 此外，FutureLearn 的合作对象还包括许多知名的组织，例如大英博物馆、英国文化协会、大英图书馆、国家影视学院等。其中，大英图书馆是世界上最大的图书馆之一，它的加入也开启了全球国家图书馆提供慕课开放获取资源的先例；英国文化协会是英国负责教育和文化关系的主要国际组织之一，在全世界 100 多个国家地区有分支机构；英国工程技术学会是世界上最大的工程技术组织之一，在全球 150 个国家拥有 16.8 万会员。[3] 在教育全球化时代，合作可以消除全球机构间的传统壁垒，由此也释放出了更多的创新空间和商业机会。[4]

第二，用说故事的方式学习。FutureLearn 的课程和练习是由合作伙伴英国的名校和教育机构研发提供，这些课程的中心思想和精华以优质的视频和文章的形式呈现出来，为了提高 FutureLearn 平台上课程的完成率，设计者将零散的学习资料用“讲故事”的方式一步步深入，在前进的道路上提出挑战和有用的建议，以帮助学习者不断自我评价和逐步建立对新知识的理解。[5] 并且，针对每一个主题课程，FutureLearn 都开放了讨论区，学习者可以与其他人讨论学到的东西，用互动的小测验来测试所学到的新知识，这些小测验可以提供及时的反馈，最终帮助学习者理解课程掌握知识。[6]

第三，与社交同步。英国对慕课平台的社交功能尤为重视，在平台设计

---

〔1〕 李慧迎：“战后英国大学开放教育资源研究”，湖南师范大学 2019 年硕士学位论文。

〔2〕 张琳琳：“英国‘未来学习’发展原因分析及启示”，载《黑龙江高教研究》2015 年第 9 期。

〔3〕 The Institution of Engineering and Technology. About Us，https://www.theiet.org/about/index.cfm?origin=foot-about，2016-7-12.

〔4〕 包正委、洪明：“英国 MOOC 平台：FutureLearn 创建原因与主要特点探析”，载《中国远程教育》2014 年第 11 期。

〔5〕 李慧迎：“战后英国大学开放教育资源研究”，湖南师范大学 2019 年硕士学位论文。

〔6〕 李慧迎：“战后英国大学开放教育资源研究”，湖南师范大学 2019 年硕士学位论文。

上努力让用户通过对话或参与讨论的方式积极地学习，可以说，社交互动是FutureLearn的学习体验中最核心的内容。[1]社会互动的基本理念是使学习者之间建立联系，每个用户都有自己独立的档案袋，上面记录用户上过的课程、论坛的活动、粉丝和关注者人数。[2]另外，为了进一步强化社交功能，FutureLearn参考了Facebook的“follow（关注）”“like（赞）”等概念。用户在评论区可以专门去找自己关注的人的回复，也可以看到最热门的评论。[3]

第四，可视化的学习进程。FutureLearn平台的个人账号上面可以清楚地看到自己的学习进程，FutureLearn平台的整个交互界面只有三个部分：待办、活动、过程。在“待办”中通过列表形式给出课程概述，已完成的内容和待完成的学习内容。这是一种让学习过程可见的方法，这样学习者就能知道接下来会发生什么，同时还能了解在这门课上自己已经走了多远；在“活动”中可以看到所有人的发言，也可以查看自己的发言或关注的人的发言；在“过程”中可以查看学习完成情况，包括考试成绩等。[4]这种可视化的To do list（待办事项）让用户提前了解每门课的大致安排，做到心中有数，循序渐进。

总之，英国的慕课建设已经取得了重大进展并初步形成了自己的特色，英国正努力逐步达到其保持教育信息化领先地位的目标。[5]2016年，英国公开大学（The Open University）曾宣布，在接下来的三年时间里，将为慕课平台FutureLearn注资1300万美元，以进一步发展该平台，提高访问率及其国际化水平。2017年，FutureLearn的平台新增5所美国大学。据《金融时报》报道，2018年，FutureLearn前七个月的营收约为820万英镑（约合1066万美元）。2019年，英国慕课平台FutureLearn宣布获得来自SEEK Group的6500

---

〔1〕“英国推出独特社交在线学习平台——Future Learn”，载http://www.china.org.cn/chinese/2013-09/24/content_30117262.htm，2020年4月25日访问。

〔2〕易红郡、李慧迎：“从开放大学到未来学习平台——二战后英国开放教育的创新及启示”，载《天津师范大学学报（社会科学版）》2018年第6期。

〔3〕李慧迎：“战后英国大学开放教育资源研究”，湖南师范大学2019年硕士学位论文。

〔4〕易红郡、李慧迎：“从开放大学到未来学习平台——二战后英国开放教育的创新及启示”，载《天津师范大学学报（社会科学版）》2018年第6期。

〔5〕任博洋：“英国‘慕课’的支持策略和学习方式研究”，载《北京广播电视大学学报》2015年第1期。

万美元融资，并将其用于增加平台内容和扩大国际市场。

近年来，FutureLearn在发展历程中也变得越来越具有市场侵略性，从课程完全免费、只收取证书费用，到2017年起对“升级课程”收费。但是，相对于美国的三大慕课平台来说，FutureLearn目前提供的课程数量还十分有限，未能形成完整的课程体系。无论是运营机制，还是课程供给，都是关系到慕课发展前景的重大问题，都是需要FutureLearn逐步加以解决的。除此之外，慕课的认证、管理、评估和证书发放等一系列问题，也同样摆在FutureLearn的面前，这也都是英国慕课必须面对的，与其他国家的慕课平台一样，英国FutureLearn的建设与发展也同样任重而道远。[1]

大型开放式网络课程（MOOCs）为人们提供了更多机会，体验世界级的高等教育，满足全球对高等教育的需求。

（3）慕课在法国的发展。2013年10月，法国政府推出了“法国数字大学”（France University Numerique 简称FUN），开始开发自己的“慕课”课程。该项目旨在利用该平台整合法国各类高等教育机构的教育资源，为全法乃至世界各地的人们学习高质量、多样化的课程提供便利。[2] 该平台的运作主要依靠以下三大公共机构：法国国家信息与自动化研究所（INRIA，负责开发平台）、法国国家高等教育计算中心（CINES，负责托管计算机基础设施及其设计和管理）、法国国家教育与研究网络（RENATER，负责提供网络基础设施）。此外，高校和科研机构的教研组代表和专家都会参与设计平台的功能、确定建立平台的技术手段，以及规划平台的内容与用途。法国国家科学研究中心（CNRS）负责研究教学实践的衍变。[3]

为了在法国数字大学开设首批慕课，几乎所有的大学资源都被调动了起来，因此慕课教学平台创建伊始就发展迅速。法国高等教育与科研部报告显示，截至2014年1月，法国数字大学刚刚上线3个月就有25门注册课程，选修了至少1门课程的注册用户达到8.8万名。86%的注册用户来自法国，7%来自非洲，5%来自美洲大陆。2014年3月，包括大学生、高中生、在职人员、退休人员在内的20余万人在法国数字大学平台上注册并选修了课程，

---

〔1〕任博洋：“英国‘慕课’的支持策略和学习方式研究”，载《北京广播电视大学学报》2015年第1期。

〔2〕邹润民、马燕生：“法国慕课发展情况”，载《世界教育信息》2015年第9期。

〔3〕邹润民、马燕生：“法国慕课发展情况”，载《世界教育信息》2015年第9期。

选修人数最多的课程是法国国立工艺学院（CNAM）提供的“从管理者到领导者”，选修人数达 3.3 万人。[1]

2013 年，Pierre Dubuc 和 Mathieu 共同创办 OpenClassrooms。法国高等教育机构推行的在线教学平台 OpenClassrooms 是目前广受欢迎的大型开放在线课程平台，即法国慕课平台，其目标是通过提供专业的网上培训和认证，为学生提供基于具体主题的在线学习课程，让数字科技的学习成为每个人可以触及的事。[2] 学员可以在 OpenClassrooms 平台上学习代码，以及各种其他科技和数字领域的知识。[3] OpenClassrooms 以线上教育的模式进行，实时跟进学习状况，并提供一对一专门辅导服务，为学员提供专业建议，提升其学习潜能。OpenClassrooms 也是唯一一个被 French State 认可的拥有学历认证能力的网络平台。[4] 2019 年，微软和在线教育领军企业 OpenClassroom 宣布建立新的合作关系，为学生在工作场所接受人工智能（AI）工作进行培训和准备，旨在通过利用 open 班级的流行平台，让更多的学生接受教育，学习需要的技能，结合最新的内容和与希望填补人工智能职位空缺的雇主的内在联系，培养大批高素质的毕业生。雇主们可以接触到优秀的人才来填补高科技职位的空缺，这种模式使学生和雇主受益，他们获得了一条招募新人才的低成本渠道。[5]

未来十年，慕课将重新划分全球大学版图。法国在与其他发达国家和发展中国家的合作方面一直扮演着举足轻重的角色。[6] 2014 年 12 月，我国学堂在线与 FUN MOOC 正式签署战略合作备忘录。双方基于长期发展战略上的考虑和对在线教育的共同愿景，决定利用平台兼容的优势，在慕课领域开展深入合作，包括慕课平台开发、课程研发和课程资源共享等多个合作项目。与此同时，双方期待通过此次战略合作能够创造更大的社会效益和商业价值。

---

〔1〕 邹润民、马燕生：“法国慕课发展情况”，载《世界教育信息》2015 年第 9 期。

〔2〕 “法国科技教育平台 OpenClassrooms 获 600 万欧元融资”，载 http://finance.eastmoney.com/news/1670，20160913663879729.html，2020 年 4 月 25 日访问。

〔3〕 “法国科技教育平台 OpenClassrooms 获 600 万欧元融资”，载 http://finance.eastmoney.com/news/1670，20160913663879729.html，2020 年 4 月 25 日访问。

〔4〕 “法国科技教育平台 OpenClassrooms 获 600 万欧元融资”，载 http://finance.eastmoney.com/news/1670，20160913663879729.html，2020 年 4 月 25 日访问。

〔5〕 “微软和线教育领军企业 Openclassroom 合作 解决 AI 人才紧缺问题”，载 https://finance.sina.com.cn/stock/relnews/us/2019-05-13/doc-ihvhiqax8361618.shtml，2020 年 4 月 25 日访问。

〔6〕 邹润民、马燕生：“法国慕课发展情况”，载《世界教育信息》2015 年第 9 期。

2017年，双方开始讨论，计划在两个平台上实行双边慕课交换，并在2018年初签订了合作协议。由于两个平台都使用Open edX软件，所以极大地提升了课程交换的便利。第一个FUN课程是巴斯德研究所的“结核病”慕课课程，于2020年4月份在学堂在线开课。这门课与深圳市南山区的疾病预防控制中心合作，在他们的帮助下，已经被翻译成中文。课程专注于中国卫生专业人士特别感兴趣的流行病学课题。〔1〕

总体来说，在充满变化和革新的技术领域，实行合作和共同实践是不断进步的必要条件。正如菲奥拉索部长所说，数字化革命是大学的革命，既是机遇又是挑战，这是一个重新思考知识的传承与传播的机遇。〔2〕

3. 慕课在日本（网络公开课程）的动向

2012年之后随着慕课在全球的发展，日本开始了发展慕课的历程，日本东京大学在2013年2月22日宣布加入海外慕课平台Coursera，成为最早宣布加入国外慕课平台的日本大学。同年9月初东京大学开始正式在该平台上提供课程。与此同时，京都大学于2013年5月宣布加入edX平台，并从2014年4月开始在该平台发布课程，2013年10月宣布成立“日本开放式教育推进协议会”（Japan Massive Open Online Education Promotion Council，简称JMOOC）。日本大学通过加盟日本公开课程联盟（Japan Open Course Ware Consortium，简称JOCW），在麻省理工学院开放式课程（MIT OCW）的相关规约中公开网络课程。JOCW的规约是知识共享协议（CC License）（创作共享3.0许可证：Creative Commons Attribution 3.0 License），也是以劳伦斯·莱斯格（Lawrence Lessig）〔3〕为向导的知识共享（Creative Commons，非营利组织名称）推动项目。慕课除了适用此规约之外，还受到其他合同、公共领域（Public domain）、公平交易（Fair dealing）、合理使用（Fair use）等权利的限制。

在日本，JOCW不是国家项目，缺乏持续性，OCW的趋势是将单位认证

〔1〕“慕课交换：学堂在线与法国FUN平台建立合作伙伴关系”，载https://baijiahao.baidu.com/s?id=1597435748250348846&wfr=spider&for=pc，2020年4月25日访问。

〔2〕邹润民、马燕生：“法国慕课发展情况”，载《世界教育信息》2015年第9期。

〔3〕劳伦斯·莱斯格（Lawrence Lessig，1961年6月3日生）昵称赖瑞（Larry），是一位美国学者暨学术与政治的行动主义者，以提倡减少版权、商标、射频频谱上，特别是在科技应用方面的法律限制而出名。他也在号召以国家为基础的行动主义该借由第二次制宪会议以促进政府的实质改革。他是创用CC发起委员、软件自由法律中心（SFLG）委员、阳光基金会咨询委员与电子前哨基金会前任委员。

纳入视野开展大规模公开课程（MOOCs）的 coursera，edX 等。加盟 JOCW 的东京大学开展 coursera 和 edX，京都大学开展 edX，有分散和合并之特点。与 JOCW 活动一样，慕课是由一般社团法人—日本开放式教育推进协议会（Japan Massive Open Online Education Promotion Council-JMOOC）限时设立的。在设立之初，该组织就指明了其在日本发展的基本方针：（1）以日本各个大学的讲义为基础，开展日本语的教育传播；（2）运营费用并不依赖于某一特定团体或企业，而是以各个成员团体和高校的会费作为主要资金来源。同时，JMOOC 也在设立之初明确其行动宣言：（1）扩大学习期满证明的认知度，形成全社会继续学习的基础；（2）与亚洲各国在内容和学习平台上积极合作；（3）确立翻转学习。[1]

在 JMOOC 的组织与引导下，Gacco、OUJ MOOC、OpenLearning 等三家由不同公司开发运营的慕课平台在 2014 年相继成立。截至 2015 年 9 月，已有涵盖了文、理、工、商多个学科的 90 门课程在这三大平台上线，总学习人数超过 40 万人。[2] 2016 年，富士通公司开设名为“Fisdom”的 JMOOC 认证平台，使得 JMOOC 下属的平台数从最初的三个增加到四个。[3] 截至 2017 年 3 月，这四大平台上提供课程的学校总数超过 50 所，提供的课程总数已经超过 140 门，注册学习总人数超过 50 万人。[4]

结合日本文部省的调查结果可以看出，基本上可以说慕课教育具有一定的效果，同时也可以基本认可慕课教育对学生能力的提升作用。日本 JMOOC 的课程认定委员会将慕课课程分为三个类别。第一类是由各个大学提供并开设的大学级别的课程。第二类是由各个职业技术类院校和进修学校以及公共研究机构提供并认可的课程。第三类是由大学提供的特定或者是拓展类课程以及企事业单位提供的课程。同时，慕课教学也存在一些不足。比如慕课课程制作的费用。鉴于每一个课程内容的制作所需要的经费数量大概从 100 万日元到 300 万日元（约合人民币 5 万元至 15 万元），而这些费用还不包含其他间接费用（比如制作人员的聘请以及服务器的维护等），因此，如何在教育

---

〔1〕董少校、卢思语：“19 所高校互认慕课学分”，载《中国教育报》2014 年 4 月 16 日。

〔2〕芥末堆：“日本 JMOOC 的野心是用‘联盟’影响大学和政府”，载 https://www.sohu.com/a/35361729_115563，2020 年 4 月 25 日访问。

〔3〕卢晨：“日本慕课课程以及平台建设对我国的借鉴意义”，载《教育现代化》2018 年第 29 期。

〔4〕卢晨：“日本慕课课程以及平台建设对我国的借鉴意义”，载《教育现代化》2018 年第 29 期。

经费层面上提供必要的资金支持就成了下一个阶段的课题。除了资金层面的支持之外，还需要在著作权等管制的放松等制度方面的支持，人才培养以及在技术层面的支持。[1]

但近年来，日本的在线教育进程发展十分缓慢。日本政府计划于2020年前在义务制教育中实现信息化设备学生人手一台，且一直在积极推进教育信息化。[2] 而由于日本学校受到诸多法律法规和政策的限制，其教育改革仍以政府为主导，在线教育也仍被视为传统课堂教学的辅助手段，没有引起足够重视。

（二）慕课（MOOCs）在国内的发展

1. 慕课在中国发展概况

随着2012年慕课浪潮的迅速发展，国内慕课的发展最初是国内一些知名大学纷纷加入国外知名慕课平台，如2013年5月，北京大学和清华大学加入edX，同年7月，复旦大学和上海交通大学加入Coursera，同年9月，北京大学加入Coursera。清华大学也配备高水平教学团队与edX对接，提供课程，面向全球开放。国内高校及教育部门等在加入国外慕课平台的同时，2013年起，国内高校掀起慕课建设高潮，纷纷着手建设中文版慕课平台，大力开发中文慕课教育资源。上海交通大学建设的“好大学在线”，清华大学组建的“学堂在线”，以及“爱课程网”“智慧树”慕课平台、果壳网“MOOC学院”等慕课平台纷纷涌现，促进了优质教育资源的共建共享。据iiMedia Research（艾媒咨询）数据显示，在政策利好、消费升级和技术浪潮的共同推动下，我国的在线教育市场规模和用户规模正持续扩大，预计2020年中国在线教育市场规模有望增至4538亿元，用户规模将增至3.09亿人。[3] 慕课所具有的独特优势不仅引领着我国全日制高等教育的发展方向，而且也给开放大学和继续教育带来了新的发展机遇。[4]

近年来，受益于中国网民规模的稳步增长以及国内在线教育技术的不断成熟，在线教育不仅吸引了大量用户在线学习，也让越来越多的教育机构加

---

〔1〕 卢晨：“日本慕课课程以及平台建设对我国的借鉴意义”，载《教育现代化》2018年第29期。

〔2〕 吴罗娟等：“日本在线教育的发展历程、特点及其与中国的对比分析”，载《现代教育技术》2017年第9期。

〔3〕 艾媒未来教育产业研究中心：《艾媒报告丨2018中国在线教育行业白皮书》，载https://www.iimedia.cn/c400/63080.html，2020年5月10日访问。

〔4〕 王海波：“慕课——继续教育机构的新机遇”，载《教育探索》2015年第4期。

入在线教育行业大军。据统计，2016 年我国在线教育市场规模达到了 1560.2 亿元，同比增长 27.3%；2017 年在线教育市场规模为 1916.7 亿元，2018 年达到 2321.2 亿元，2019 年达到 2692.6 亿元。[1]

中国慕课建设自 2013 年起步，这几年在快速发展，2016 年，教育部在线教育研究中心于 10 月 11 日发布《2016 中国慕课行业白皮书》，这是中国慕课行业的第一本白皮书。根据白皮书，2014 年核心慕课平台相继上线后，慕课用户规模开始呈现快速增长趋势，2016 年注册用户数超过 1000 万，70%以上的用户选择慕课平台最看重课程资源，职业技能类课程最受欢迎。从国内情况来看，慕课行业由高校牵头，互联网公司、在线教育企业开设平台，国外平台相继进驻，慕课行业发展势头强劲。白皮书分析称，这一发展现状受到教育部先后出台的多项鼓励性政策推动。高校也积极参与慕课的制作，已有超过 30 所“985”高校及多所“211”高校参与慕课课程制作和慕课平台建设，并积极提供优秀教育资源推动慕课行业发展。[2]

我国慕课建设形成了“大带小、强带弱、同心同向、共同发展”的良好局面，开辟了一条满足全民多样化需求的信息化学习道路，为学习型政党、学习型社会、学习型国家的建设作出了重要贡献。几年来，教育部密切关注国内外慕课建设发展态势。当前，我国慕课的数量和应用规模居世界第一，在发展理念、推广方式、学习模式、管理机制等方面形成了自己的特色，创造了中国经验，为世界慕课的发展贡献了中国智慧。[3]

2017 年，慕课在学习者人数、课程数量、参与高校数量上都取得了稳定的增长。慕课以互联网作为实施教学的平台，不仅在网络上是教师和学习群体构建交流互动与学习的平台，也开创了一种新型的知识创新平台，引导学习者创造性地自主探究知识，使得高校与慕课平台之间的合作更加深入。同时，各大慕课平台的商业属性得以加强，纷纷通过收费模式的调整、领导层的更换以及以 B2B 项目为代表的产品线扩展帮助平台实现最大化利益和可持续发展。[4]

---

[1] “2019 中国在线教育高峰论坛市场”，载 https://www.sohu.com/a/275315976_572633，2020 年 5 月 10 日访问。

[2] “教育部发布行业白皮书：慕课用户今年或超 1000 万”，载 http://www.ceiea.com/html/201610/201610111059512422.shtml，2020 年 5 月 10 日访问。

[3] “中国慕课行动宣言发布　努力建设世界一流水平的中国慕课”，载 http://www.ict.edu.cn/html/moocs/mc03/n20190410_57750.shtml，访问日期：2020 年 5 月 10 日。

[4] 王宇等：“2017 全球慕课发展回顾”，载《中国远程教育》2018 年第 9 期。

2018 年，据统计，累计慕课注册人数已经超过 1.01 亿，参与慕课运动的高校也超过 900 所，累计上线课程达 1.14 万门。在线学位项目吸引了更多高校的参与，热度只增不减：2018 年在线学位的总数从 2017 年的 15 个增加到了 47 个，国内的学堂在线也于 2018 年推出了具有国际 AASCB 认证、线上线下混合的大数据专业美国商业分析硕士学位，以及面向大三、大四年级本科生、由教育部认证的美国工商管理硕士学位；国外不少高校也加入到在线学位项目的建设中来，其中甚至还有宾夕法尼亚大学这样的常春藤盟校。另外，随着参与慕课建设的高校越来越多，许多一线教师也参与到慕课的建设中来，所以平台也需要为教师的教学工作提供辅助和支持，方便教师运用该平台进行教学方法的创新，比如，学堂在线平台采用的是 OpenedX 开源平台，致力于为教师提供学生的测试成绩和学习数据来辅助教师更好地了解学生的学习情况。在 2018 年，慕课提供商的重点聚焦在“企业培训”和“在线学位”。[1] 慕课提供商正在利用他们与大学及其数百万学生的合作关系，打入利润丰厚的在线学位和企业培训市场。[2]

2019 年，教育部《关于一流本科课程建设的实施意见》（教高［2019］8 号）即指出，要注重创新型、复合型、应用型人才培养课程建设的创新性、示范引领性和推广性，在高校培育建设基础上，从 2019 年到 2021 年，完成 4000 门左右国家级线上一流课程（国家精品在线开放课程）、4000 门左右国家级线下一流课程、6000 门左右国家级线上线下混合式一流课程。[3] 为贯彻落实教育部《关于一流本科课程建设的实施意见》（教高［2019］8 号），实施一流本科课程“双万计划”，教育部办公厅在先期启动 2019 年国家精品在线开放课程（现国家级线上一流课程）和国家虚拟仿真实验教学项目（现国家级虚拟仿真实验教学一流课程）推荐认定工作后，决定开展 2019 年国家级线下一流课程、国家级线上线下混合式一流课程和国家级社会实践一流课程推荐认定工作，[4] 通过运用新技术提高教学效率、提升教学质量，创新教与

---

〔1〕 李志民：“2018 年全球主要慕课（MOOC）平台发展情况简介”，载 http://www.ict.edu.cn/html/lzmwy/mooc/n20190130_ 56453.shtml，访问日期：2019 年 1 月 30 日。

〔2〕 纪九梅等：“2018 慕课发展概要与未来趋势——以 Coursera、edX、学堂在线、Udacity 和 FutureLearn 为例”，载《中国远程教育》2019 年第 9 期。

〔3〕 教育部《关于一流本科课程建设的实施意见》（教高［2019］8 号）。

〔4〕 教育部办公厅《关于开展 2019 年线下、线上线下混合式、社会实践国家级一流本科课程认定工作的通知》。

学模式，因材施教，促进师生之间、学生之间的交流互动、资源共享、知识生成。2019年11月，为积极响应我国慕课建设的规划，加强高校课堂教学方法改革，高校在线开放课程联盟联席会于北京召开首届"全国慕课教育创新大会暨高校在线开放课程联盟联席会年会"，该年会以"汇联盟众力　助慕课发展"为主题，深入研讨基于慕课的教育教学理念革新与行动变革。截至2019年6月，我国在线教育用户规模达到2.32亿人，较2018年底增长3122万人，占网民整体的72%；手机在线教育用户规模达1.99亿人，较2018年底增长530万人，占手机网民的23.6%。[1]

2020年，面对新型冠状病毒肺炎疫情加快蔓延的严重形势，全国各高校纷纷延期开学。为保证高校的正常教学秩序，减少疫情对高校大学生学习生活的影响，教育部印发《关于在疫情防控期间做好普通高等学校在线教学组织与管理工作的指导意见》，要求采取政府主导、高校主体、社会参与的方式，共同实施并保障高校在疫情防控期间的在线教学，实现"停课不停教、停课不停学"。[2] 例如，中国大学MOOC平台，将为全国高校免费提供慕课课程、教学服务及学习数据支持，并优先服务湖北地区高校。所有受疫情影响延期开学的高校，均可申请免费获得中国大学MOOC平台的教学应用服务的支持，从中国大学MOOC平台慕课课程中选择优质适用的大学生文化素质课、公共课、专业课等课程资源，并免费获取慕课、SPOC、直播等各类教学形式的平台服务。对于教育信息化和网络教学来说，疫情，也许是一次契机。在这个特别的假期，越来越多的人选择通过上慕课，来度过隔离病毒、抗击疫情的个人"宅"时光。据第三方机构数据显示，在2020年疫情期间，教育学习App行业的日活量从平日的8700万上升至1.27亿，升幅达到46%。[3] 突如其来的新冠肺炎疫情给高等教育的慕课建设按下了快进键，越来越多的互联网头部力量也加入到了慕课阵营中。

---

〔1〕"在线教育流量'井喷'：技术保障如何跟上?"，载 http://www.ce.cn/cysc/newmain/yc/jsxw/202004/14/t20200414_34680564.shtml，2020年4月20日访问。

〔2〕教育部《关于在疫情防控期间做好普通高等学校在线教学组织与管理工作的指导意见》，发布时间：2020年2月5日。

〔3〕"在线教育流量'井喷'：技术保障如何跟上?"，载 http://www.ce.cn/cysc/newmain/yc/jsxw/202004/14/t20200414_34680564.shtml，2020年5月10日访问。

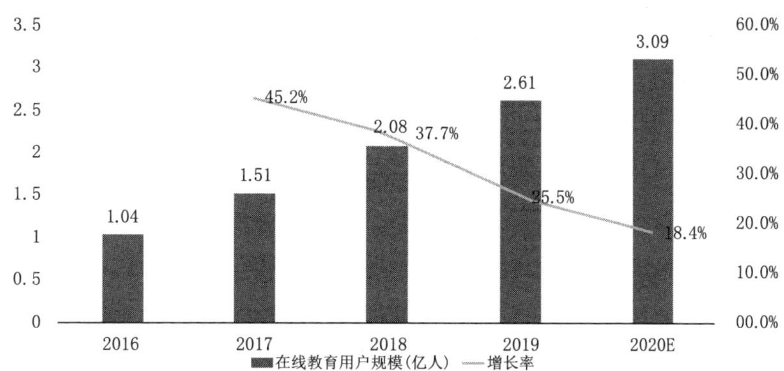

图 1-1　2016-2020 年中国在线教育用户规模及预测〔1〕

2. 中国主要慕课平台

国内目前存在爱课程、智慧树、果壳 MOOC 学院以及百度传课等慕课平台。

（1）“爱课程”。“爱课程”是教育部、财政部“十二五”期间启动实施的“高等学校本科教学质量与教学改革工程”支持建设的高等教育课程资源共享平台。其包含中国大学 MOOC 平台、中国大学资源共享课、中国大学视频公开课、中国职教慕课、在线课程中心等几个部分，涵盖了国内多所大学开设的在线课程，公众可以免费获得更优质的高等教育。“爱课程”是由政府教育部门启动成立的非营利性、非法人、开放性组织。

近年来，“爱课程”影响力不断扩大，荣获第三届中国出版政府奖、2016 中国在线教育二十强等多项业内评比大奖。中央电视台、新华网、《人民日报》《光明日报》《中国教育报》等数十家媒体对“爱课程”进行了持续报道，在社会上形成良好反响，受到了广泛关注和好评。截至 2017 年 12 月 31 日，“爱课程”已上线精品视频公开课 992 门，精品资源共享课 2886 门，覆盖全部学科门类，圆满地完成了教育部交办的任务。在国家精品开放课程项目的示范和带动下，各省级教育行政部门和高等学校纷纷建设省、校级开放课程，初步形成良性循环、开放共享的课程与教学资源生态系统。

〔1〕艾媒未来教育产业研究中心：《艾媒报告｜2018 中国在线教育行业白皮书》，载 https://www.iimedia.cn/c400/63080.html，2020 年 5 月 10 日访问。

“爱课程”充分发挥资源优势，初步建成以中心站为核心，以省级资源平台为依托，以校园应用系统为基石的国家、省、校三级教学应用服务体系，推动在线开放课程在教学中的广泛应用。与江苏、福建、河南、黑龙江等省合作建立省级在线课程中心，建设省级精品在线开放课程。学校云已入驻院校和机构230余所，开设SPOC课程3600余门。“爱课程”注重网络安全，已经通过信息安全三级等保认证。作为国内在线开放课程平台的领跑者，中国大学MOOC为在线开放课程建设和应用提供了全方位优质的技术支撑、教学服务、数据分析和网络运营的安全保障，充分满足各方面的学习需求，越来越广泛深入地服务于高校的教与学。

经过多年深耕，“爱课程”这一品牌已取得了较高的关注度和认可度，成为国际影响力领先、国内规模最大的优质在线开放课程平台，也是国内首屈一指的在线教育知名品牌。进入“互联网+”时代，教育的需求和形态以前所未有的速度发展更迭，课程平台也必须不断进化才能保有创新力和竞争力。“爱课程”在以公益性服务为主的同时，积极探索市场化运营方式，保障服务的可持续发展。“爱课程”将探索与国内其他课程平台间的开放对接，通过打通学习接口，探寻课程、资源及教学基本信息、统计数据等深度共享的有效途径，实现课程资源和应用数据共享，营造开放合作的网络教学与学习空间，从而构建丰富且具有实效的教学环境，对教学资源和线上互动进行科学合理配置，为学生搭建个性化学习平台，满足教师课程设计的需要和学生学习的需要。[1]

(2)“智慧树”慕课平台。作为中国最大的慕课课程平台之一的“智慧树”慕课平台，隶属于上海卓越睿新数码科技有限公司，以“技术推动教育进步，教育推动社会进步”为使命，为各类学校、教育培训机构，各类联盟，各有志于教学活动的个人提供创建在线大学，实现在线教育运营，为联盟创建在线服务平台，为教师线上线下教学、管理、收入等提供支持服务，包含教学设计及培训、课程开发过程组织引导、课程资源制作设计、在线教程制作服务等。客户可以在以下两种支付模式选择一种付费：按不同类别课程报价，一次性支付课程开发费用；不支付课程开发成本，学校将课程收入一部

〔1〕宋永刚：“以创新精神构建在线开放课程服务体系——‘爱课程’的探索与实践”，载《中国大学教学》2018年第1期。

分作为专业服务的回报。

“智慧树”慕课平台管理东西部高校课程共享联盟，苏州国际教育园课程联盟、上海高校课程共享中心、江西高校课程资源共享联盟、教育部职业院校外语类专业教学指导委员会、全国外经贸职业教育教学指导委员会课程联盟、山东省高等学校优质课程共享联盟、青岛高职共享中心、吉林高校联盟、中医药联盟共十大课程联盟，涵盖国内大部分的高校，通过互联互通的课程共享网络，实现高校之间、课程平台之间优质教育资源的共享。

“智慧树”慕课平台本身为营利性质的慕课平台，但其管理的这些课程联盟一般都是在政府部门倡议与指导下，由高校自愿结成，本身不具有营利性。如苏州国际教育园课程联盟，是由苏州市政府发起区域性课程共享联盟，是在教育主管部门的指导下，各成员单位自愿结成的非营利性、非法人、开放性的高校联盟。东西部高校课程共享联盟（WEMOOC）包含30所985高校，80所211高校等上百所大学；2011年成立的上海高校课程中心辐射长三角地区乃至全国39所高校。江西高校课程资源共享联盟是在江西省教育厅的倡议和指导下，由江西高校自愿结成的，推动高校从传统教学模式向现代化教学模式转变的非营利性、非法人、开放性组织。教育部职业院校外语类专业教学指导委员会由教育部成立的非营利性组织；山东省高等学校优质课程共享联盟（shangdongMOOC）由山东大学、中国海洋大学、中国石油大学、济南大学、青岛大学、青岛科技大学、聊城大学等24所山东高校组成。虽然“智慧树”平台本身具有营利性，但其负责管理的这些课程联盟却没有营利目的，课程都是免费提供的，故此，这些课程联盟平台属于非营利性的慕课平台。

（3）学堂在线。学堂在线是清华大学于2013年10月发起建立的慕课平台，是教育部在线教育研究中心的研究交流和成果应用平台，致力于通过来自国内外一流名校，如清华大学、麻省理工学院等学校开设的免费网络学习课程，为公众提供系统的高等教育。[1] 目前平台运行了来自清华大学、北京大学、麻省理工学院、斯坦福大学等国内外一流大学的超过2600门优质课程，获得包括清华大学等高校和edX等平台的慕课在中国大陆地区的独家授权。截至2019年11月30日，学堂在线主站用户数超过3000万，总选课人次

〔1〕 柳宏坤、杨祖逵主编：《信息资源检索与利用》，上海财经大学出版社2017年版，第229页。

超过7800万。为了将优质慕课资源有效应用于课堂教学，学堂在线打造了智慧教学生态解决方案，通过智慧教学软件与硬件的有机整合，解决教育教学中的难点问题，为学校和教育培训机构提供贯穿课前、课中、课后的全方位、全流程服务。其中，雨课堂覆盖师生数超过1800万，成为广受欢迎的智慧教学工具。学堂在线还不断探索和实践慕课应用新模式，构建慕课应用新场景。针对职业教育及终身学习需求，学堂在线打造出训练营、名校认证、企业认证、国际在线MBA项目等在线教育新模式，为高校、企业和学习者服务。

为了更好地促进教育公平，提高教学质量，学堂在线大力践行社会责任，积极开展教育公益活动，旨在通过互联网和信息技术手段，推动优质教育资源的全球共享，让每个人都能享有公平而有质量的教育。2018年3月，学堂在线与云南省南涧县政府合作建立“慕华·南涧互联网学校”，基于慕课搭建了教师成长平台及学生学习平台，并开展了一系列政府与企业、线上与线下、老师与学生、技能与发展、“输血”与“造血”相结合的活动，促进南涧县实现内生性、可持续发展。目前，项目已经普及到南涧县所有学校，赋能1800位老师及教育部门负责人，帮助2.5万名学生获得优质教育资源。2020年2月9日，清华大学主办的在线教育平台“学堂在线”更与快手科技达成战略合作。双方将在教学内容共享、直播技术合作等多个方面开展深层次合作，进一步健全长效合作机制，向社会开放更多教育教学资源，共同促进教育普惠，这既能保障在疫情仍然严峻的形势下师生们在线课程的顺利开展，也是双方共同推动教育普惠的重要节点。2020年4月20日，“学堂在线”国际版正式上线。疫情期间将面向世界各国大学生和学习者免费开放。据介绍，疫情以来中国高等教育通过实施大规模在线教学，实现了“停课不停教、停课不停学”。截至4月初，全国在线开学的普通高校共计1454所，参加在线课程学习的学生达11.8亿人次。[1]

（4）好大学在线。“好大学在线”是由上海交大成功自主研发的中文慕课平台（www.cnmooc.org），2014年4月8日正式上线。联盟是部分中国高水平大学间自愿组建的开放式合作教育平台，为公益性、开放式、非官方、非

---

[1] “‘学堂在线’国际版正式上线　全国在线开学的普通高校共计1454所”，载https://www.eol.cn/news/yaowen/202004/t20200421_1722442.shtml，2020年4月21日访问。

法人的合作组织，旨在通过交流、研讨与协商等活动，组建具有中国特色的、高水平的大规模在线开放课程平台，向成员单位内部和社会提供高质量的慕课课程。[1]

“好大学在线”与中国互联网巨头百度强强联合，完全支持以短视频、强交互为特点的慕课基本教学模式，采用云视频服务平台，建立了基于云题库的练习和测试系统。平台具有学生的作业自评与互评功能，支持课程成绩设定及学习成绩自动统计功能，部分实现了针对移动智能设备的慕课课程学习应用 App。这使得在线学习的高校学生们有希望通过这种全新而自主的学习获得相应课程的学分，甚至通过系列课程的修读，获取辅修专业学位。

平台除了具备国外主流慕课平台功能外，还开发了知识图谱、自适应推送、MOOC+SPOC 部署等特有功能。“好大学在线”的知识图谱，根据课程教学大纲，建立各知识点之间的关系，并与微课视频相关联，可系统直观地显示学生视频学习状态、学习进程和学习效果。“好大学在线”的自适应推送，通过记录学生的学习进程、掌握知识的领域和程度等数据，分析其学习能力，给出学业水平评价，并据此推送难易程度不同的课程学习内容和作业。“好大学在线”与百度合作，将平台构建在中国互联网第一入口、覆盖面最广的百度云服务平台（BCE）上，充分利用中国最大互联网企业丰富的网络资源，为课程大规模传播和覆盖提供了重要的互联网基础保障。[2]

2020 年，为打赢疫情防控阻击战，“好大学在线”启动应急方案，为国内所有高校（优先保证湖北省高校）提供完全免费的平台及课程服务，包括慕课课程、SPOC 平台、在线直播、小程序应用、在线实验（EduCoder）、教学服务支持、学习数据支持等。各高校可以组织教师采用“SPOC+直播+小程序”模式，既充分利用优质的慕课资源和信息技术优势，又充分发挥教师的自主性，实现远程授课或课堂授课。

（5）果壳网 MOOC 学院与百度传课。2010 年 4 月成立的果壳网，是一家泛科学新媒体公司，2013 年进入在线教育领域，旗下产品 MOOC 学院（mooc.

---

〔1〕 柳宏坤、杨祖逵主编：《信息资源检索与利用》，上海财经大学出版社 2017 年版，第 229 页。

〔2〕 “上海交通大学积极探索大规模在线开放课程建设模式”，载 http://www.ict.edu.cn/news/n2/n20151008_28496.shtml，2020 年 5 月 10 日访问。

guokr. com）号称是中文世界最大的 MOOC 社区。果壳 MOOC 学院，首先与 Coursera、edX 等海外慕课教育平台合作，翻译引进海外教育资源，导入用户，进而利用媒体品牌去寻求更多的课程授权，试图打造全球在线教育在中国地区的分发入口。最后，针对那些为了提升知识层次的学生，果壳就可以在商业上大做文章，循序渐进的销售增值服务。[1] 2015 年 7 月底，百度分拆百度外卖业务的同时启动航母计划，随后开始分拆和整合各项业务，加速构建百度生态。百度传课是百度教育事业部的核心业务，百度传课将协同百度搜索、百度凤巢、百度文库、手机百度等内部资源，与外部教育机构等合作伙伴，共同打造一个教育服务平台，贯穿教育服务生态上下游。[2] 同时，推出“光合计划”着力扶植教育机构共建生态平台。目前，百度传课 Geek Club，已建立 23 个省级团队，覆盖 530 余所高校提供学习、就业、留学、创业的个性化发展新业务模式。通过百度传课你可以拥有多媒体教学，PPT 课件、视频课件、音频播放器、摄像头、屏幕共享、手机即时直播、互动画板、小测验等多种学习功能。百度传课是中国新兴的在线教育平台，致力于解决中国教育资源的地域分布的不均衡，精心打造在线课程平台、提供在线直播互动的全方位一站式的专业化教育服务。

（6）人民慕课。2016 年 10 月，人民慕课平台上线发布会在人民日报社新媒体大厦举行。目前，慕课资源更多集中在多家网络媒体推出国外名校的“视频公开课”、国内外各大高校和专业的慕课平台，此次上线的人民慕课将成为舆情行业第一个专业慕课平台，对普及舆情教育培训、提升国内各大政府机构的舆情、媒体素养等方面有着重要的推动意义。[3]

人民慕课的课程体系完善、全面，内容专业、实用。平台采用业内先进的软硬件技术，集合慕课技术、智慧教育、云计算、智能评估于一体，构建了 PC 端、移动 App 端、移动微信端、电视 OTT 端的全生态的网络学习环境，为学习者提供了网络课堂、大数据分析、自适应学习等一整套服务

---

〔1〕 阑夕：“知乎 · 果壳：两枚知识型社区的生存样本解剖”，载 http://www. huxiu. com/article/36261/1. html，2015 年 11 月 25 日访问。

〔2〕 李燕：“百度传课‘12. 3’好课节背后的三大战略逻辑和布局”，载 http://liyan. baijia. baidu. com/article/253918，2015 年 5 月 25 日访问。

〔3〕“优质教育资源在线化　人民慕课平台正式上线”，载 https://baike. baidu. com/reference/20205929/bd58069Vf0tet5F_ zYsJKq-rIdfAMMxbEtLU3kBkT8ctb1sZ1AZzq0DyfaM7mdhSZB75JN-pWaHq7xcXgbDCX-BNLfbwbxrAILVOgA9fRApy15zKuS9RuXM0Kg，2020 年 4 月 15 日访问。

方案。人民慕课平台的所有课程均形成了教学视频、课后作业、在线考试、证书认证等完善的学习链，集 PC 端、移动端等多种教学形式，形成立体化的教学资源，供学习者使用。此外，线上学习+线下培训的学习方式，有助于促进学员与讲师的教授内容更好地理解、融汇，提升学习效率和学习成果，不同系列的课程结束后，考试合格者将获得相应的培训证书，也将为个人的价值提升和职业能力添砖加瓦。作为人民网旗下的新慕课平台，人民慕课将根植于人民网的权威性和资源优势，面向全国提供专业、实用、权威的在线课程，打造多方位、分层次、有体系的公共管理教育在线平台。[1]

2020 年 1 月 14 日，人民慕课获评百度网盘“2019 年十大内容合作伙伴”。至此，2019 年人民慕课已获得两大平台三大优质奖项，分别为：“爱奇艺 2019 年度内容典范品牌”奖，百度付费专栏“优质内容合作机构”奖，百度网盘“2019 年度十大内容合作伙伴”奖。这代表着人民慕课已成为整个知识服务行业中不可或缺的一部分，慕课的线上业务受到业界的广泛关注和认可。[2]

2013 年以来，我国的慕课课程发展迅速，但课程完整的慕课生态系统与价值链还未形成。具体表现在：（1）慕课课程建设水平不高。课程总体数量少，课程内容质量有待提高，课程建设方面不能适应学习者的个性化、多样化的需求。（2）慕课平台功能单一。国内慕课平台基本都以微课视频、文档、随堂测验、讨论、期末考试等模块为主，较少设计有学生参与的活动[3]，同时平台的稳定性不强，数据分析能力薄弱，学习效果反馈机制普遍缺乏或流于形式。慕课平台缺乏专业团队来做市场调研和数据收集，导致在线功能不能满足学习者的需要，只能视作数字化学习资料或参考文献。[4]（3）慕课商

---

〔1〕“优质教育资源在线化 人民慕课平台正式上线”，载 https://baike.baidu.com/reference/20205929/bd58069Vf0tet5F_ zYsJKq-rIdfAMMxbEtLU3kBkT8ctb1sZ1AZzq0DyfaM7mdhSZB75JN-pWaHq7xcXgbDCX-BNLfbwbxrAILVOgA9fRApy15zKuS9RuXM0Kg，2020 年 4 月 15 日访问。

〔2〕冯锦欢：“再获奖？人民慕课凭什么连获三大奖项？”，载 http://yuqing.people.com.cn/n1/2020/0117/c408627-31554010.html，2020 年 4 月 15 日访问。

〔3〕冀付军、李利聪：“我国发展 MOOC 的推进策略研究”，载《中国远程教育》2014 年第 11 期。

〔4〕王应解、冯策、聂芸婧：“我国高校慕课教育中的问题分析与对策”，载《中国电化教育》2015 年第 6 期。

业化运营模式处于摸索阶段。我国高校慕课教育的商业化运营模式仍处于摸索阶段，尚不成熟。2013 年以来，国内教育部门以及很多高校将大量物力、技术、资金投入慕课建设，但各慕课平台自成体系，不同的界面、不同的功能，使得教育资源只能在本校或联盟内共享，无法实现国内优质教育资源的分享共用。慕课进行大规模知识信息的传播，具有潜在的经济价值，但承载着教育目的和文化传播的慕课如何进行商业化，如何通过商业化的运营实现慕课的可持续的发展仍然处于探讨研究阶段，仍然需要进一步的实践。（4）相关政策不够完善。在慕课的发展过程当中，发展方向的确定不仅依赖于对当前社会人才需求的考虑，同时也会受到当前国家政策的影响，政策的制定和实施能够在较大程度上影响到慕课的发展方向和发展战略。较好的政策措施能够对慕课的发展形成良好的激励和支持，促使慕课规模的扩大，从而在更大程度上促进教育公平，并为社会大众带来更多的受教育渠道。这对于我国当前的教育水平的提升、经济的建设和社会的进步都有着十分重要的现实意义和应用价值。因此，国家政策的颁布和实施对于我国慕课的发展来说具有十分重要的意义。通过国家政策的有效调控和指挥，能够指引我国慕课走向正确的发展道路。在我国，虽然慕课的开设已经有了一定的时间，但是相关制度建设却没有跟上。怎样让慕课的重要性体现在我国的法律制度当中，完善相应的法律规范和措施，是当前值得我们深入探究的问题。[1]（5）技术基础薄弱，条件尚有待完善。特别是在 2020 年疫情期间，正常时期稳定有序的线下教学活动受到阻碍而难以开展，在线教学迅速成为一种替代方案流行开来。但是由于同时在线使用的人数过多，平台系统在运行过程中经常崩溃，使得教学过程难以有效推进与完成。

为了促进慕课在我国高等教育中的应用与发展，教育主管部门应该深入了解慕课现象，洞悉其背后的本质规律。要从慕课发展环境、制度、政策、配套措施等层面调动高校、教师等主体参与的积极性，又要为学生创造良好的慕课学习环境，使学生从中受益。近年来，中国的慕课建设与应用呈现爆发式增长，多所高水平大学陆续在国际著名课程平台开课，有关高校和机构自主建成 10 余个国内慕课平台，460 余所高校建设的 3200 余门慕课课程上

---

〔1〕 董婧、毛玉萍：“慕课建设工作现状及存在问题的研究”，载《才智》2016 年第 30 期。

线，5500万人次高校学生和社会学习者选学课程，我国慕课数量已位居世界第一。[1]

面对慕课浪潮，教育部《关于加强高等学校在线开放课程建设应用与管理工作的意见》出台，采取“高校主体、政府支持、社会参与”的方式，集聚优势力量和优质资源，构建具有中国特色在线开放课程体系和公共服务平台。坚持公益性服务为基础，引入竞争机制，建立在线开放课程和平台可持续发展的长效机制。将有效激发学习者的学习积极性和自主性，加快推进适合我国国情的课程开发与应用[2]。按此意见，我国应尽快制定促进慕课发展的制度、标准、规范，统筹规划全局，进行慕课各方利益关系的协调，开展开放教育资源建设的系统研究，进行平台的整合，实现资源的充分利用与共享。

（三）疫情期间慕课（MOOCs）在世界各国的推广应用与发展

慕课秉承着“教育资源共享”的理念，乘着大数据、人工智能、流媒体等新技术的东风，在世界各地迅速蔓延和发展。而2019年底开始至2020年初，新冠肺炎疫情在全球蔓延，全球超过10亿学生受到疫情影响无法正常到校学习，在此期间各国高校纷纷通过在线教学力求“停课不停教，停课不停学”，极大促进了慕课等在线教育在世界各国的应用和推广。同时，针对疫情期间的慕课等在线教育应用，联合国教科文组织也积极采取行动，在其官网上向各国发布推荐了《免费数字教育资源推荐清单》供政府、学校、教师和家长使用，为学生创造学习机会。另外还整理了一份国别学习平台清单，涉及中国、法国、伊朗、意大利、日本、韩国等，旨在保持基于课程的学习的连续性。

1. 各类远程学习平台的数量统计

在联合国教科文组织推荐的远程学习解决方案中，共涉及22个国家或地区的59个相关平台。这些平台基本都具备服务范围广、用户基础和影响力较大的特点，并且其中的大部分平台都是免费服务且支持多种语言的。根据这些平台的属性，联合国教科文组织将其分为数字学习管理系统、自主学习平

〔1〕 陈鹏：“中国慕课向高质量发展”，载 https://www.sogou.com/link? url=6IqLFeTuIyi9rbFxuFxgXSdQRoztLvNXPQZTHpyE8b0igLw0iaXHpKnQRpz4m8ITQNqnoPNPlrhl3FfiuRDc5w，2020年4月15日访问。

〔2〕 教高〔2015〕3号文件。

台、数字学习内容创建工具、大型开放在线课程（MOOC）平台、在线协作平台以及移动阅读应用六大类。其中，数字学习管理系统和自主学习平台项下所包含的平台数量相对较多，分别为22个、12个。在数字学习管理系统类别中的大部分平台可以为学生提供远程教育所需要的资源、设备以及必要工具，部分平台还具备强大的离线功能，进一步增强了使用的便捷性。另外，推荐清单中共包含了7个慕课平台，这些平台中的大部分是针对高等教育的专业性教育平台，教学队伍也多是由专家或名牌大学的老师组成。

2. 远程学习平台的区域分布

从分布区域上来看，联合国教科文组织推荐的远程学习平台名单中，共涉及22个国家或地区。其中，这些平台大部分均位于美国，共26个，占比达44%，Google旗下的Google Classroom、Hangouts Meet，微软旗下的Teams、Skype皆在名单中；其次是中国，共6个，位于第二；印度排名第三，有4个。其他国家或地区中，除了英国有3个、南非和挪威各有2个之外，其余皆为1个。[1]

无从预见慕课等在线教育会以此种方式走进更多的事业和生活学习中，但也正因为慕课原本的存在和自身的优势，给我们在疫情下的学校教学的正常实施提供资源，为学校教学任务的完成和目标的实现提供支持。同时上演的这一场规模空前的线上教学实践 也是对慕课平台资源容纳量和相关技术支持能力的挑战。

第二节　慕课（MOOCs）的概念界定与特征

一、慕课（MOOCs）概念界定

慕课是信息技术支撑的新兴的教育模式，其作为一种在线课程，与高校精品课、远程教育课程、网易公开课、SPOC课程以及微课等网络课程有着千丝万缕的联系，却并不相同。将慕课与相关概念进行辨析，才能更好地理解慕课。

---

〔1〕 赵静、杨雅："全球在线学习平台发展现状报告：联合国推荐59家平台，中国6家入选"，载https://baijiahao.baidu.com/s?id=1661776853384037112&wfr=spider&for=pc，2020年4月30日访问。

（一）慕课（MOOCs）与相关课程概念的辨析

随着信息技术的发展，技术就开始不断地渗入影响着高等教育理念及教育模式，在科学技术与教育互动影响的过程中，出现了远程教育课程、国家精品课、大学公开课、微课、慕课等课程项目，这些课程与传统的课堂教学相比有一个共同点，即均为网络在线课程。但慕课实现了从单纯的教育资源的汇聚到课程教与学互动的转变，故此，慕课与上述的其他在线课程在课程平台的功能及互动性等方面存在较大的差别。

1. 慕课（MOOCs）与精品课程

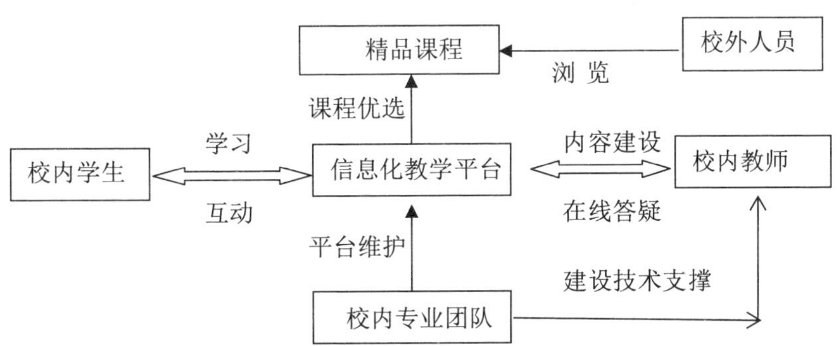

图 1-2 现行高校信息化教学平台建设模式

我国原有的国家精品课程在“学习支持服务”和“在线互动”等方面与慕课项目存在很大不同。国家精品课程只强调“教”的功能，仅进行授课视频和课件的单向上传。如图 1-2 所示，这种模式建立起来国家精品课，往往仅为精彩一课，没有形成精品课统一的课程体系，不能真正达到通过信息化教学平台进行自主学习的目的。[1]而慕课项目则更注重调动学习者“学”的主动性，通过互动多媒体、小测试、提供大数据追踪分析等人性化的服务，给学习者创造耳目一新的学习环境，从而激发学习者的主动性、自觉性和创造性，使以“教”为主的课堂转变成以“学”为主的慕课学堂。推动传统学校的“课堂”向“学堂”转型是 21 世纪教育改革发展的历史潮流和大

［1］ 林沛等：“MOOCs 下一种高校信息化教学平台的改进建设方案”，载《兰州文理学院学报（自然科学版）》2014 年第 1 期。

趋势。[1]

2. 慕课（MOOCs）与公开课

网易视频公开课是一种在线教育产品，2010年产生以来，一直坚持公益和开放的理念，不断拓展服务范围，吸纳优质课程，曾率先在国内推出“国际名校公开课”，并先后与高教社、TED[2]、可汗学院、BBC等知名机构合作，使其涵盖的知识结构愈加完整、深入。[3] 慕课与公开课不同，公开课主要是在网上提供名校、名教授的授课视频，本质上是网络上教育资源的集聚，丰富了网络资源，并不组织进行教学。但慕课不同，慕课是一个完整的系统的课程建设与开展，有课程的设计，课程视频的发布，视频的观看，问题的讨论、作业的提交与评价，课程测试，成绩证明，是一个由高校、慕课平台、教师、学生等各方共同参与完成的一个学习过程。慕课除了进行教育资源网络上的丰富外，更主要的是一门课程网络上的系统学习与考核，互动性是慕课的本质特征。与慕课课程中多元互动的学习方式相比，国内视频公开课平台虽然也开设了讨论区、评论区等互动版块，但在学习者与教师之间的互动、学习者与学习材料之间的互动方面存在明显不足。

众所周知，对于传播行为来说，反馈过程在整个传播过程中的作用重大，反馈过程是传播得以循环继续的关键环节。而在网络公开课的传播过程中，知识共享呈现一种射线型的传播，课程教授者作为传播源头，发散到网络终端前的学习者，除去学习者在一定范围内的小众传播和交流外，至此这一个完整的传播过程就终结了。同时，由于学习者社会环境的差异化，加之传播反馈过程缺失，这使得传播中出现知识累积性障碍，最终会导致传播过程的

[1] 张振虹、刘文、韩智：“从OCW课堂到MOOC学堂：学习本源的回归”，载《现代远程教育研究》2013年第3期。

[2] “TED”由“科技”、“娱乐”以及“设计”三个英文单词首字母组成，是美国的一家私有非营利机构，该机构以它组织的TED大会著称，这个会议的宗旨是“用思想的力量来改变世界”。每年3月，TED大会在美国召集众多科学、设计、文学、音乐等领域的杰出人物，分享他们关于技术、社会、人的思考和探索。TED于1984年由里查德·沃曼和哈里·马克思共同创办，从1990年开始每年在美国加州的蒙特利举办一次，而如今，在世界的其他城市也会每半年举办一次。它邀请世界上的思想领袖与实干家来分享他们最热衷从事的事业。

[3] 管会生、高青松、张明洁：“MOOC浪潮下的高校课程联盟”，载《高等理科教育》2014年第1期。

中止。[1] 而学习信息的反馈是慕课学习的重要特征之一，通过师生间、生生间及时的互动反馈，知识信息在教师、学生之间进行循环传播，从而开启“解决问题——产生问题——解决问题”的不间断过程，激发参与者慕课学习的积极性，提升课程的学习效果。

3. 慕课（MOOCs）与远程教育

远程教育是随着视频技术、音频技术的发展出现的一种教育模式，它打破了传统的“面对面”课堂教学的地域限制与时间限制，扩大了课堂教学授课的时间范围与地域范围，是开放教育资源运动的一种形式。在我国，远程教育主要出现在广播电视大学系统的授课以及职业培训中。慕课与远程教育同属于开放教育理念指导下的一种开放教育运动，但两者区别更大，主要表现在以下几点：（1）开放程度不同。远程教育开放程度有限，一般只针对广播电视大学已经登记注册的学生，而非向社会开放，故此人数有限。慕课是完全的开放性的课程，向全社会开放，只要有网络进行注册，就可进行课程的学习，故此慕课课程人数众多。（2）教学重心不同。远程教育仍然以“教”为主，教育的核心理念与传统的教学未有不同，只是基于新技术的运用改变了课程的教授方式。而慕课课程设计遵循学生的认知规律，符合学生的认知特点，从技术层面确保了“以学生为主、以学为主”的教学原则，打破了以往广播电视大学等继续教育机构“教师讲、学生记、考试靠回忆”的做法。[2]

4. 慕课（MOOCs）与 SPOC 课程

虽然互联网课程是一个更加开放的领域，但是互联网课程走向成熟的关键还是在于是否能够面向教育市场推出满足世界各地不同背景、不同环境下的学习者的学习需求，这就要求课程的小规模定制。SPOC（Small Private Online Courses，小规模限制性在线课程）由加州大学伯克利分校的阿曼德·福克斯率先提出并应用。[3] Small 和 Private 是相对于 MOOC 中的 Massive 和 Open 而言，Small 是指学生规模一般在几十人到几百人，Private 是指对学生设

〔1〕 周婷、叶静：“现代网络媒介的知识传播——以网易公开课为例”，载《新闻世界》2012 年第 6 期。

〔2〕 王海波：“慕课——继续教育机构的新机遇”，载《教育探索》2015 年第 4 期。

〔3〕 易凌云：《互联网教育与教育变革》，福建教育出版社 2018 年版，第 78 页。

置限制性准入条件，达到要求的申请者才能被纳入 SPOC 课程。[1] SPOC 实质上是将互联网资源更加针对性地实施，是在现有的 MOOC 资源的基础上，针对小规模、特定人群的课程实践形式。[2]

相对于慕课的无限制的规模来说，SPOC 的课程规模与现实课程较为一致。SPOC 的基本教学流程是，教授者将课程相关的视频、文档等材料公开给每位参与课程的人，然后通过师生之间的沟通和互动，学习者自主完成课程作业或任务，并参加考核获得课程学习认证。[3] SPOC 与 MOOC 相比较，还有一点不同的是，SPOC 一般会以收费的形式存在。正因为这一点，学生学习起来的主动性会更强，这样，学习的氛围也就会更浓。[4]

根据互联网化的程度，可以将现有的 SPOC 课程划分为两种类型：一种是基于现实课堂的混合式课程，另一种则是完全互联网化的课程。这两种类型的 SPOC 课程虽然在教学流程上大致相似，但是在具体的教学流程上仍存在着一定的差异。首先是学习者的来源和确定不同。对于 SPOC 来说，不是每个学习者都能够适合一门课程的教学要求，而是按照一定的课程选拔机制进行。混合式由于扎根于现实的校园，在校学生成为课程学习者的主要来源，由于在校学生具有一定基础和知识储备，也就减少了课程对于学习者筛选的环节；而完全互联网化式的课程学习者来自世界各地，学习者的水平也不尽一致，需要从全球范围内筛选出合适的教学对象。其次是课程的互联应用程度不同。虽然这两种类型都需要通过互联网实施教学活动，但是完全互联网化的 SPOC 课程除了课程要求和标准通过互联网的课程平台进行发布外，教授者与学习者的互动以及学习者的水平测试也在互联网上进行。[5]

5. 慕课（MOOCs）与微课

微课又名“微课程”，概念始于广东佛山，是“微型视频网络课程”的简称，课程一般不超过 20 分钟，但“麻雀虽小、五脏俱全”，视频中包含与教学主题相关的教学设计、课程素材、学生测验等，结合各项配套措施，形

---

〔1〕 李颖、董彦主编：《现代教育技术应用》（第 2 版），中国科学技术大学出版社 2018 年版，第 273 页。

〔2〕 易凌云：《互联网教育与教育变革》，福建教育出版社 2018 年版，第 78 页。

〔3〕 易凌云：《互联网教育与教育变革》，福建教育出版社 2018 年版，第 79 页。

〔4〕 冯瑶：“微课、慕课与 SPOC 的浅析”，载《商情》2017 年第 29 期。

〔5〕 易凌云：《互联网教育与教育变革》，福建教育出版社 2018 年版，第 79 页。

成一个专注于主题的学习环境，可以说是完全针对教学主题精心设计的“课程资源包”。[1] 微课与慕课相比具有时间短，形式灵活的特点，特别适合在零碎时间，运用智能手机、平板电脑等设备进行学习。微课形式难以被禁锢，具备无限发展潜能的特性，但微课与慕课相比互动性与在线研讨特征不明显。

二、慕课（MOOCs）的类型划分

慕课内容丰富，形式多样，按照不同的标准可以进行不同的分类。[2] 现在比较通用的分类标准是按照学习理论分类法，以 CCK（Connectivism and Connective Knowledge）、MobiMOOC 等课程为代表，主要基于关联主义（Connectivism）学习理论，也被称为 cMOOC。2012 年发展迅速的新型开放课程类型，以行为主义理论为基础的 xMOOC，如 Coursera、Udacity、edX 等。[3]

（一）关联主义的 cMOOC 及课程模式

cMOOC 开端于 2008 年，加拿大学者开设的 Connectivism and Connective Knowledge Online Course（CCK08 课程）慕课课程，其是以关联主义学习理论为基础，即知识是由各个节点进行网络化联结的，学习的过程就是连接专门节点和信息源的过程，那么成功学习慕课课程的五个步骤为：确定学习目标（Orient）、在博客与微博等社交网络介绍和展示自己（Declare）、构建个人学习网络（Network）、参加学习小组和学习社区（Cluster）、关注个人学习进程和内容（Focus）。[4]

---

〔1〕 洋铭科技：“走进翻转课堂、微课与慕课”，载《数码影像时代》2015 年第 5 期。

〔2〕 马克（Sui Fai John Mak）（MOOC：CCK08）按照理论基础将 MOOCs 划分为五种类型，分别为讲授主义的（Instructivist）、认知主义的（cognitivist）、建构主义的（Constructivist）、社会建构主义的（Social constructivist）和关联主义的（Connectivist）。莱恩（Lisa M. Lane）（DS106 课程）认为每一门 MOOC 包括社交网络（Networks）、任务（Tasks）和内容（Contents），根据针对三者的设计侧重点不同，可将 MOOC 划分为三种类型，分别为基于社交网络的 MOOC（Network-based MOOC）、基于任务的 MOOC（Task-based MOOC）和基于内容的 MOOC（Content based MOOC）。

〔3〕 王萍：“大规模在线开放课程的新发展与应用：从 cMOOC 到 xMOOC”，载《现代远程教育研究》2013 年第 3 期。

〔4〕 王萍：“大规模在线开放课程的新发展与应用：从 cMOOC 到 xMOOC”，载《现代远程教育研究》2013 年第 3 期。

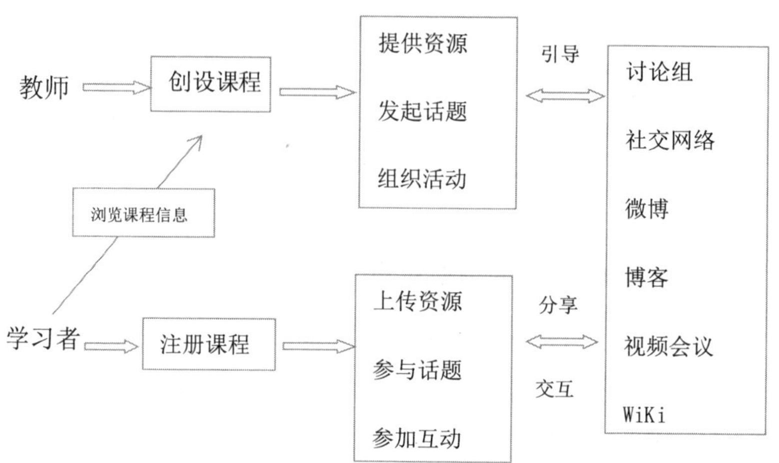

图 1-3 cMOOC 课程运行模式

如图 1-3 所示，cMOOC 的课程运行模式具有如下特征：（1）教师是知识传播的起点。教师创设课程发布到慕课平台，但课程仅仅是知识探究与创造的出发点，教师是课程的发起人、协调者与课程活动的组织者。（2）学生是课程运作主体与知识创造者。cMOOC 的课程学习者在学习过程中主动性强，学习活动的节奏与步骤主要依靠学习者自我管理和调控。在开放的、个性化的学习氛围中，学习者根据习惯与偏好运用微博、讨论组、社交网络等各种社交媒体进行互动式学习，通过资源共享与多角度交互拓展知识的范围，通过交流、协作、构建学习网络，通过社区内不同认知的交互构建新的知识。[1] 在这种课程模式中，教师提供的资源成为知识探究的出发点，学习者产生的内容成为学习和互动的中心[2]

（二）行为主义 xMOOC 及其课程模式

1. 行为主义 xMOOC

xMOOC 与 cMOOC 都是基于网络的大规模在线学习课程，但两者具有不

〔1〕 王萍：“大规模在线开放课程的新发展与应用：从 cMOOC 到 xMOOC”，载《现代远程教育研究》2013 年第 3 期。

〔2〕 李青、王涛：“MOOC：一种基于连通主义的巨型开放课程模式”，载《中国远程教育》2012 年第 5 期。

同的应用模式。与 cMOOC 相比，xMOOC 更接近于传统教学过程和理念。[1]

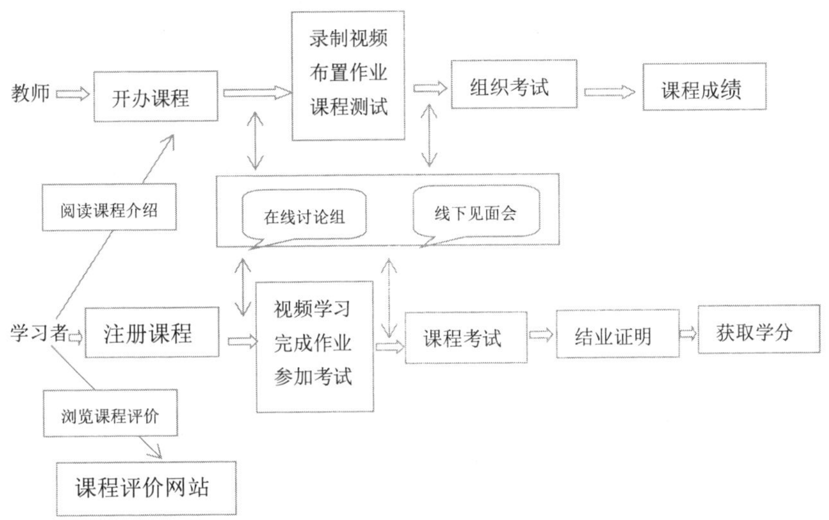

图 1-4　xMOOC 课程运行模式

如图 1-4 所示，一个 xMOOC 课程有预定的课程开始与结束的时间，预参加此课程学习者需要进行网站上相应的注册，成为课程用户，提前了解课程开课时间，阅读课程介绍与了解课程安排。关注课程后，开课通知、考试通知等会发送到注册的邮箱中。xMOOC 课程主要由课程视频、互动讨论、测验考试、成绩证明等四个部分组成。课程视频相对于传统的课堂来说比较短小，同时辅之以及时的课程小测试，课程的四个部分交叉进行，通过这些课程环节的设计，避免学习者疲劳，保证了学习效果：一方面，了解课程内容的掌握情况；另一方面，通过“游戏化”奖励设计，激发学习者学习的积极性。作业成绩在互动多媒体和新兴社交媒体技术的帮助下，实现自我评判打分，学习者互评打分自动获得评估结果。课程设置的讨论板块实现师生间、学习者相互之间的互动讨论，辅之以各地的线下见面会，组成地区学习小组，进行面对面交流。最后，学习者要及时参加课程组织的考试，获得成绩。

基于上述的分析可见，cMOOC 与 xMOOC 两者在形式上都是借助互联网，

---

〔1〕 王萍：“大规模在线开放课程的新发展与应用：从 cMOOC 到 xMOOC”，载《现代远程教育研究》2013 年第 3 期。

公开教学课程，但两者教学理念不同：cMOOC 更关注知识创造与生成，它强调创造性和自主性的网络学习，一般是单个课程，由教师个人组织和实施；而 xMOOC 则更侧重于传统教学模式，更关注知识重现，使学生掌握课堂教学内容。xMOOC 更关注知识重复，它强调视频演示和测验等传统的学习方法，基本上采用公司化运营形式。由于 xMOOC 采用公司化运营形式，其组织更加严密和规范，而且常常会吸引外部资金的投入，无论规模、受益面还是社会影响均远超 cMOOC。

2. xMOOC 课程模式

基于 xMOOC 教师、学生、线上、线下等因素不同的排列与组合，形成多种形式的 xMOOC 课程模式。

（1）完全网络授课模式：这是一种完全网络化的慕课课程模式，慕课平台网上提供课程视频资料，课程团队提供网上教学过程管理，开展网上小测验、进行网上课外资料的阅读，课程的网上讨论、提问与反馈，课程作业的网上提交，学生达到课程要求网上申请获得证书。这是一种没有任何线下见面活动，完全通过网络提供教学服务的模式。

（2）网络课程 + 学生自助式面对面互动模式。学生利用微博、讨论组等社交媒体工具，查找本地区相同兴趣、相同课程的学生，自行组成互助学习小组，安排线上与线下面对面的讨论与学习。例如，Coursera 在每门课的链接上提供了 meetup. com 的链接，学习者可以参加现有的本地学习小组或自己组建一个。[1] 通过线上学习与线下学习者的互动交流，增进彼此的了解，互相督促促进，有利于课程的顺利完成。

以上两种课程模式占据了目前 xMOOC 课程的主流，其特点是，慕课管理团队，包括教师并不与慕课课程学习者见面，所有的学习与课程管理都通过网络远程操作。

（3）“MOOCs 内核教学模式”。这种课程模式是使用线上与线下混合式的教学团队，一部分是线上慕课平台教学团队，另一部分是线下教学团队。这一课程模式虽有线下的教学团队的支持，但线上的课程教学是课程的核心，线下主要是对课程学习的辅导。该模式在发展过程中，是一种“MOOCs-

〔1〕 李明华：“MOOCs 革命：独立课程市场形成和高等教育世界市场新格局”，载《开放教育研究》2013 年第 3 期。

Inside”课程，即“MOOCs 内核教学模式”课程。[1] 该模式发展中出现两种类型，一是“网络课程 + 本地大学教授面对面深度参与教学模式 ”。这种模式线下教学团队由本地大学的教授组成，由参加慕课的学生的本地大学导师进行课程的线下辅导、组织讨论，答疑解惑，甚至推荐阅读资料、布置课程作业，给予慕课学生所需要的本地支持。另一种是“翻转课堂”（Flipped Classroom）。该教学模式由美国的两位教师 Jon Bergmann 和 Aaron Sams 于 2007 年提出，在 2012 年结合 MOOC 学习模式后，亦属于这种“MOOCs 内核教学模式 ”。“翻转课堂”模式先由学生课外的时间、地点观看自制的教学视频，课堂上在教师的指导下，学生进行报告与讨论，解答学生的问题。所谓“翻转课堂”颠倒了传统的课堂上教师与学生的位置与角色，通过线上与线下的结合，既丰富了课程的教学资源，同时又节省了课堂时间，从而使课程探讨的范围更加广泛，探讨的问题更加有针对性，促使学生积极提问、思考，实现了因材施教的差异化教学。

基于线下教学团队组成的多样性，将来的“MOOCs 内核教学模式”会根据现实的需求衍生出更多的具体的模式。比如，线下教学团队的教师或辅导者可以是学习顾问，热心的专业人士，学得好的学生等，他们指导学生可以收费，也可以不收费。这一发展的意义在于，通过线上资源与线下的学习顾问相结合，既调动了网上丰富的信息资源，又激活了网下丰富的人力资源，实践证明，“MOOCs 内核教学模式 ”作为一种纯粹网络的慕课及传统课堂的中间教学模式，受到大多数大学生的喜爱。慕课从少数人喜欢的网上学习方式变为大多数人喜欢的混合式的教学方式，从而奠定了慕课进入主流高等教育市场的教学模式基础，这才是慕课革命的真正意义。[2]

如前所述，慕课出现之前，远程教育、公开课等网络教育聚焦于开放课程的内容资源层面，慕课的出现革新了互联网背景下的课程组织实施模式，由传统课堂根深蒂固的“ 知识传授 ”转变为“交流与评估”的双向互动模式。[3] 而

---

〔1〕 李明华：“MOOCs 革命：独立课程市场形成和高等教育世界市场新格局”，载《开放教育研究》2013 年第 3 期。

〔2〕 李明华：“MOOCs 革命：独立课程市场形成和高等教育世界市场新格局”，载《开放教育研究》2013 年第 3 期。

〔3〕 顾小清、胡艺龄、蔡慧英：“MOOCs 的本土化诉求及其应对”，载《远程教育杂志》2013 年第 5 期。

xMOOC 具有短视频课程设计、新型测评方式、大规模学习者群体、强辐射性等特征，其高质量课程内容，引起了教育、科技、商业等领域的关注[1]。xMOOC 因其广泛的适用性、宽广的受益面、积极的社会影响，成为慕课发展的主流模式，也必将引发人类文明传承方式以及知识学习方式的革命性变革，因此本书讨论研究的对象是 xMOOC 模式。

三、慕课（MOOCs）的特征

肯恩・马斯特斯认为慕课代表的在线学习发展过程有四个阶段。第一阶段，学习者使用文件服务器共享学习资源，包括学习指南等文件，课堂讲稿和记录。[2] 第二阶段，是学习管理系统的使用[3]或虚拟学习环境的开端，通过学习管理系统分发学习资源。聊天室、论坛、维基、在线测试存在但并没有广泛使用。第三阶段，随着在线交流、协同工作以及在线评估的应用越来越多，开始了学习社区和写作学习的时代。在学习管理系统中提供了一些其他 Web 2.0 工具的链接。第三阶段，在一个快速变化的行业和世界，教育学上有一个从对数量和交付的内容的关注向终身学习和学生需要的技能的关注转变。第四阶段代表一个重大转变，学习管理系统变成一个较大的分散的网络中的一个节点。网络就是实现资源与信息交流的计算机集合。更多的人可能注册课程，但选择使用个人博客[4]、个人网站、推特[5]上传视频托管网站（如 YouTube）、社交网站和虚拟世界。这个系统主要用于管理任务和举办论坛。[6] 从以上慕课的教育理念，慕课运作的阶段过程可以看出，“开放、灵活、个性、非正式学

---

〔1〕 王萍：“大规模在线开放课程的新发展与应用：从 cMOOC 到 xMOOC”，载《现代远程教育研究》2013 年第 3 期。

〔2〕 Stephen Colbran and Anthony Gilding：MOOCs，and the Rise of Online Legal Education Citation：63 J. Legal Educ. 405 2013-2014（*Journal of Legal Education*，February，2014）.

〔3〕 A learning management system is software designed for the administration，documentation，tracking，reporting and delivery of online education courses.

〔4〕 A blog is a discussion or information website consisting ofreverse chronological text，image and link entries，known as posts.

〔5〕 A tweet is a text-based message of up to 140 characters sent by users of Twitter，which is an online social networking（or micro blogging）service. See www. twitter. com.

〔6〕 Stephen Colbran and Anthony Gilding：MOOCs，and the Rise of Online Legal Education Citation：63 J. Legal Educ. 405 2013-2014（Journal of Legal Education February，2014）.《MOOC 国际大规模网络开放课程教育平台专题调研报告》，载 http://www. aufe. edu. cn/s/106/t/120/a/27260/info. jspy，2015 年 4 月 16 日访问。

习、混合式学习、协作学习”是 MOOC 的特征。

（一）开放性与灵活性

受教育权是人类的基本权利，“慕课”秉承着教育资源共享的核心理念和最高愿景，强调知识应当突破地域、文化、经济等因素的限制，实现教育资源的全世界、全人类共享。[1] “开放性”是慕课相对于其他在线课程的首要特征。

（1）开放课程：“慕课”在教育对象方面不设置任何制约条件，不分国籍，以学习兴趣为导向，凡是想学的只需一个邮箱就可注册参加，有网络即可成为慕课学习者，确保社会公众获取知识方面机会均等。

（2）开放学习：慕课课程相对于传统的面对面的课堂教学，学习方式更加灵活。学习者可以在课程开设的一个时间段内，均可进行学习。学习的课程选择也十分灵活，可以是基于职业发展的需要选择课程，也可以仅仅因为兴趣而参与课程。因为一般慕课课程并不收费，所以即使中途退出课程一般也不会有损失。慕课实现了教育平等，开放的学习方式使学习者的个性化课程选择成为可能，同时基于大数据的学习分析技术的支持实现了学习方式从共性向个性的飞跃变迁。

（3）开放平台：支持动态和互动开放教育社区的创建，维护一个吸引人的、直观的和稳定的教育者和学习者的用户界面。云计算提供和使用开放标准，使不同的平台和服务交换信息与数据更容易。[2]

（4）开放评价：慕课不是“垄断”对学习结果的评价，传统的学习结果的评价由认可的教育机构、由他们的老师进行，慕课学习效果的评估由教师和学生在学习过程中通过点对点方式进行，或者对学习者进行“按需认证评估”。[3]

（二）生成性与集成性

慕课是一门网络课程，故此，除了具有一般网络课程视频观看、网上课

---

〔1〕 高地：“‘慕课’：核心理念、实践反思与文化安全”，载《东北师范大学学报（哲学社会科学版）》2014 年第 9 期。

〔2〕 Li Yuan and Stephen Powell，“MOOCs and Open Education：Implications for Higher Education”，http://publications. cetis. ac. uk/2013/667.

〔3〕 Li Yuan and Stephen Powell，“MOOCs and Open Education：Implications for Higher Education”，http://publications. cetis. ac. uk/2013/667.

程管理等一般的特征外，同时又是一门多元学习支持、生成式的课程。

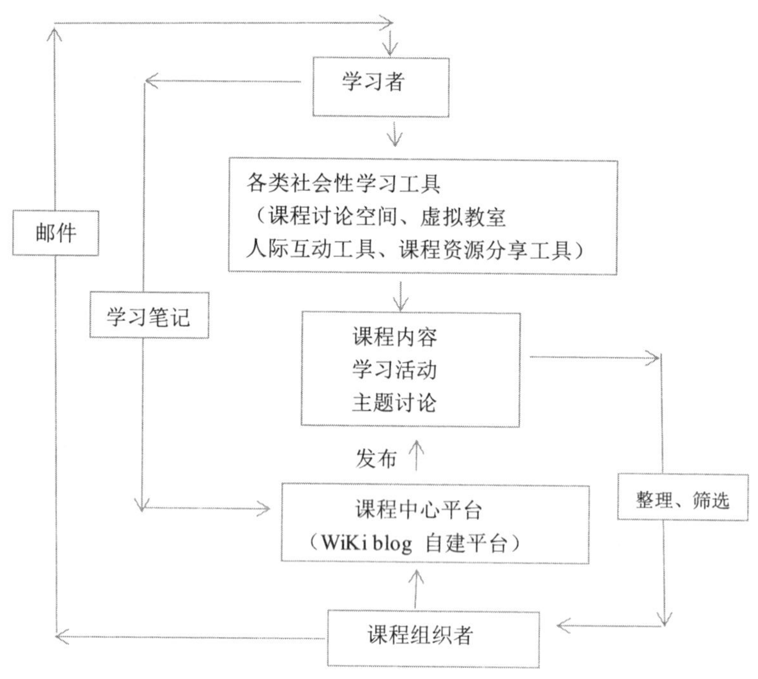

图 1-5　慕课的生成性与集成性

多元互动的学习方式决定学习内容的资源生成性。在公开课、远程教育等一般的网络课程中，教师上传课程视频到课程平台，学习者上网获取视频课程及信息资料。在此过程中，学生很少甚至基本没有与教师的交流，知识是从教师向学生单向流动的，学生对课程内容仅仅是简单的接受者，更勿提及学习者之间的交流。而慕课却与此十分不同，如图 1-5 所示，在慕课中，课程组织者通过课程中心平台（如 Wiki、Blog 等社会化工具）发布课程视频、教学大纲等课程内容，发布各种学习活动，学习者通过课程讨论空间（如 Google groups）、虚拟教室（如 Skype）、人际互动工具（如 Twitter）、课程资源分享工具（如 Facebook）等社会性学习工具，参与到学习中，或通过课程中心平台记录博客，分享课程学习体验或者提出问题，教师通过对上述帖子中内容的阅读、分析，整理出问题集中且意义较大的问题，再将意见通过邮件或平台回馈给学习者。总体上看，慕课是一门双向甚至多向互动的一种学习方式，具体体现在以下几个方面：（1）师生互动。学习者在课程学习中可以进行提问和对学习主题进行讨论，课程组织者对课程内容和学习者生成的内容进行整理和筛选，以文字整理或视频录制形式进行系统解答或者以RSS或者每日邮件等形式与学习者分享，在原有课程基础上引申出更多新的课程内容。同时教师每周会提供一定时间的在线答疑，与学生进行互动交流。（2）生生互动。慕课学习者与传统的网络课程学习者不同，他们可以利用多种社交媒体软件进行互动交流，他们互相讨论、互评作业，甚至可以组织线下的见面交流小组，定期进行交流互动。（3）课程内容设计增加互动。慕课课程视频中穿插很多的小测试，通过这种内嵌式的测试、课程练习以及结果的及时反馈可以增加学习者与学习材料的互动性。慕课中师生间、生生间的社会性互动，有利于对问题的深入探讨，激发学习者探究的兴趣与乐趣，提升学习效果。

传统网络课程内容比较固定，教师的知识结构限定了学习者知识探究的边界。[1] 而慕课中教师发布的课程视频是课程学习的起点，课程内容随着课程主题讨论的展开、课程作业的提交等环节不断扩充，课程内容日益丰富。在慕课的课程结构中，知识、学习和教学是相关的产出。教师是课程的发起者与课堂讨论的组织者，学习者一改传统的只是接受者的角色，参与到课程的建设中，网络的每个成员可以是一个学生，每一个都可以成为老师，每一个都可以设计自己的评估。因此，除课程组织者外，学习者也是提供课程知识的重要来源。[2] 在这种课程学习的互动过程中，慕课的学习内容随课程的不断推进而动态生成发展。

（三）共享资源与个性化学习

慕课奉行“开放共享”的理念，开放是知识共享的前提。开放性使得慕课课程资源能够为世界各地范围内的学习者获取，进而知识、信息跨越国界、语言的界限实现共享。而大数据的信息技术时代，开放的慕课使得慕课个性化教学与学习者个性化学习成为可能。面对海量的慕课学习者，运用大数据的学习分析技术，对学习者的学习习惯、学习轨迹进行追踪，分析学习中遇

[1] 李华等：“面向 MOOC 的学习管理系统框架设计”，载《现代远程教育》2013 年第 3 期。

[2] 《MOOC 国际大规模网络开放课程教育平台专题调研报告》，载 http://www.aufe.edu.cn/s/106/t/120/a/27260/info.jspy，2015 年 4 月 16 日访问。

到的问题，改进课程的互动模式与设计。同时课程资源的数字化，也使得课程资源组合方式更加灵活，可以进行不同的组合形成不同体验的课程，也能够为学习者提供不同的学习体验，从而实现教学的个性化。[1]学习平台上丰富的学习支持软件在实现资源共享的情况下，为学习者的个性化学习需求、个性化观点表达、个性化学习思考、个性化作业等提供了技术支持。慕课平台的资源共享与学习者的个性化学习并不矛盾，相反，资源共享与学习方式的灵活性恰恰是学习者个性化学习的前提。

慕课通过精细化的课程设计，开放性资源共享、动态发展的学习内容，个性化的教学与学习方式、人文化的学习支持，多元学习互动、全面及时的学习评价反馈等方式，使得学习者、教学者和学习环境各要素在以人为本的原则下相互适应，呈现出开放自由、和谐共生的状态，逐步建成具有快乐学习和绿色学习[2]特征的慕课学堂。

第三节　慕课（MOOCs）平台与运营机制

在慕课发展过程中，技术平台的作用独立于传统的大学、教师这些传统的教学内容提供者，逐渐成为教育体系中一个独立的主体，发挥着课程技术支持、课程系统管理以及课程市场运营的作用。在慕课教育中，慕课平台作为单独主体的出现以及专业化运营标志着人文理念与科学精神开始在教育领域携手并进，随着技术的实质性加盟，教育开始突破原有的“教师—学生”二元教育生态格局，进一步彰显了信息技术在现代教育中的独特地位和价值。[3]

一、慕课（MOOCs）平台类型及特征

慕课在创建与运作过程中涉及高校教师、高校、慕课平台及课程项目的

---

〔1〕 顾小清、胡艺龄、蔡慧英：“MOOCs 的本土化诉求及其应对”，载《远程教育杂志》2013 年第 5 期。

〔2〕 张振虹、刘文、韩智：“从 OCW 课堂到 MOOC 学堂：学习本源的回归”，载《现代远程教育研究》2013 年第 3 期。

〔3〕 高地：“‘慕课’：核心理念、实践反思与文化安全”，载《东北师范大学学报（哲学社会科学版）》2014 年第 5 期。

参加者，在这几方主体中，通过慕课平台的课程管理系统实现慕课课程视频与学生学习讨论的联结，平台在慕课发展中起着非常关键的作用，慕课平台是连接高校、慕课设计者教师团队企业及慕课使用者的运行机构，是慕课相关主体之间的桥梁。在目前运作的国内外慕课平台中，创建方式及合作方式亦不尽相同。考察国内外现存的慕课平台，以创建主体为划分标准，主要分为以下几类：

（一）高校自身创办

高校自身创办的慕课平台最典型的就是哈佛大学与麻省理工学院共同搭建的 edX 平台，麻省理工学院和哈佛大学的相关负责人称，他们不仅将利用 edX 这个平台建立一个庞大的全球性在线学习社群，而且还将研究教学方法与技术。[1] 此类平台还有德国波茨坦哈索·普拉特纳学院主办的 OpenHPI、美国乔治梅森大学的马凯特斯中心主办的 MRUniversity 以及斯坦福大学的学习平台 Class2Go。[2]我国如上海交通大学的好大学在线[3]、深圳大学的优课联盟[4]等。

（二）个人创办

在 2016 年之前世界存在的 25 个[5]主要的慕课教育平台中，个人创办的慕课平台的数目最多，共有 14 个，分别为：Coursera、Udacity、Khan Academy、UniversityNow、Codecademy、Udemy、Course Hero、InstaEDU、Skillshare、Grockit、Saylor、OpenLearn、P2PU、Lynda。2016 年之后，个人创办的慕课平台迅猛发展，在上述这些平台中又可以分为两个类别：

---

〔1〕“在线教育的春天来了?”，载 http://edu. ifeng. com/news/detail_ 2013_ 03/07/22842094_0. shtml，2015 年 5 月 25 日访问。

〔2〕《MOOC 国际大规模网络开放课程教育平台专题调研报告》，载 http://www. aufe. edu. cn/s/106/t/120/a/27260/info. jspy，2015 年 4 月 16 日访问。

〔3〕“好大学在线 CNMOOC_ 中国顶尖的慕课平台”，载 https://www. cnmooc. org/home/index. mooc，2020 年 5 月 8 日访问。

〔4〕“优课联盟——共建共享，学分互认”，载 http://www. uooc. net. cn/league/union，2020 年 5 月 8 日访问。

〔5〕《MOOC 国际大规模网络开放课程教育平台专题调研报告》，25 个平台名称如下：Coursera、Udacity、edX、Khan Academy、UniversityNow、Codecademy、2tor、Minerva Project、Udemy、Echo360、Course Hero、InstaEDU、Skillshare、ShowMe、Grockit、StraighterLine、OpenHPI、Saylor、Class2Go、Canvas、MRUniversity、OpenLearn、Noodle、10gen Education、Lynda。发布时间：2013 年 12 月 18 日，载 http://www. aufe. edu. cn/s/106/t/120/a/27260/info. jspy，2020 年 4 月 16 日访问。

（1）个人主办并与高校合作的模式。最典型的就是2012年1月，斯坦福大学的两位教授Andrew Ng和Daphne Koller创办了在线教育公司Coursera。截至2019年1月，Coursera已经达到3300余门课程，参与学习的学生人数众多。2016年，Coursera注册学生2000万，其中中国用户超过百万，截至2019年1月，注册用户3700万。[1] 而成立于2011年的在线教育平台InstaEDU，由毕业于斯坦福大学的Alison Johnston、Dan Johnston和Joey Shurtleff共同创办，则是通过与哈佛大学和麻省理工学院等顶尖大学的1900名老师签署合约，使学生们可以根据科目等选择特定的名校老师，通过视频聊天的方式进行教学。

（2）由个人创办，以整合与UGC[2] 的方式进行内容创新的模式。代表性平台为Khan Academy和Course Hero。目前最著名的个人创办的慕课平台Khan Academy（可汗学院），是由孟加拉裔美国人萨尔曼·可汗创立，是一家非营利教育组织。这一平台中的课程资源由可汗本人制作的网络影片进行免费授课，现有关于数学、历史、金融、物理、化学、生物、天文学等科目的内容，[3] 绝大多数由Salman Khan亲自录制完成。机构的使命是加快各年龄学生的学习速度。而Course Hero平台资源更多是利用网络资源汇集采编而来，甚至允许学生对于视频进行自主编辑，然后在平台上进行传播。截至2019年10月，Khan Academy团队的规模已经发展到200人，其中不仅有老师，还有了研究人员和设计师等，吸引了70多万名教师在这里注册，超过7400万学生在这里畅游，而因为1200名志愿翻译员的参与，Khan Academy的课程被翻译成40多种语言，传播至全球190多个国家。[4] 在2020年新型冠状病毒疫情大爆发之前，每月有1800万学习者使用该网站，从42种语言的10 000个课程中进行选课学习。[5]

---

[1] 闫国伦："国外主要网路课程平台发展及特点分析"，载《中国多媒体与网络教学学报（中旬刊）》2020年第1期。

[2] UGC：互联网术语，全称为User Generated Content，也就是用户生成内容的意思。UGC的概念最早起源于互联网领域，即用户将自己原创的内容通过互联网平台进行展示或者提供给其他用户。UGC是伴随着以提倡个性化为主要特点的Web2.0概念兴起的。

[3] 《MOOC国际大规模网络开放课程教育平台专题调研报告》，载http://www.aufe.edu.cn/s/106/t/120/a/27260/info.jspy，2015年4月16日访问。

[4] "可汗学院：用'慕课'引领教育革命"，载http://www.360doc.cn/article/2253722_868648762.html，2020年5月10日访问。

[5] "可汗学院帮助美国在家上学儿童教育的紧急计划"，载https://new.qq.com/omn/20200325/20200325A0R63W00.html?pc，2020年5月10日访问。

（三）企业与高校合作创办

企业与大学合作创办慕课平台，能够发挥各自的优势。高校主要提供教师、教育资源、课程设计等人文资源，企业主要进行资金、设备及技术的支持。这一类平台中，根据企业与高校合作目的的不同，可细分为合作建设在线教育慕课平台项目以及合作建设在线虚拟大学两类。第一个类别中，企业为大学提供资金、工具、技术等，帮助大学创建与大学某个教育项目相适合的在线形式，如 2tor 与 USC〔1〕的 Rossier 教育学院合作创建了教育学硕士的在线项目。在这些项目的创建中，2tor 的角色主要是开发可以让教授们分享材料、提供教案和交互性课程以及帮助学生的网络平台。同样坚持此模式的还有在线教育产品的公司 Echo360，凭借成立四年多来积累的超过 100 万的学生，其“混合式学习解决方案”获得了超过 3100 万美元的融资，如今服务已经覆盖了全美高校 10%的学生。〔2〕另一类建立在线虚拟大学。获得高达 2500 万美元投资的 The Minerva Project 与 Benchmark Capital 投资公司、美国常青藤高校合作，拟构建一个虚拟的在线哈佛大学。目前国内存在的东西部高校课程共享联盟，苏州国际教育园课程联盟、上海高校课程共享中心、江西高校课程资源共享联盟、教育部职业院校外语类专业教学指导委员会、全国外经贸职业教育教学指导委员会课程联盟、山东省高等学校优质课程共享联盟、青岛高职共享中心、吉林高校联盟、中医药联盟十大课程联盟采取的就是与智慧树隶属的上海卓越睿新数码科技有限公司合作，这十大课程联盟由智慧树开展慕课平台运营服务，为联盟创建在线服务平台，实现在线教育运营。

（四）企业创办

这类平台国外有 StraighterLine、Canvas 和 Code school。其中，Canvas 是在线教育企业 Instructure 开发的慕课平台产品，提供在线课程和出售 Canvas 教育管理软件系统。国内由企业创办的慕课平台主要有智慧树平台与果壳网的 MOOC 学院（mooc. guokr. com）。智慧树是隶属于上海卓越睿新数码科技有限公司，以“技术推动教育进步，教育推动社会进步”为使命，为各类学校、

---

〔1〕 USC（University of Southern California，南加州大学，简称 USC。

〔2〕《MOOC 国际大规模网络开放课程教育平台专题调研报告》，载 http://www. aufe. edu. cn/s/106/t/120/a/27260/info. jspy，2015 年 4 月 16 日访问。

教育培训机构等提供教学设计及培训、课程开发过程组织、课程资源制作、在线教程制作等服务。2010 年 4 月成立的果壳网，是一家泛科学新媒体公司，2013 年进入在线教育领域，旗下产品 MOOC 学院（mooc. guokr. com）号称是中文世界最大的慕课社区。

（五）政府部门（官方）支持创办

美国、英国、德国等国外慕课平台的创建，基于其本国教育体制及国情，政府支持创办的情况很少见，基本属于企业参与创办或者个人、高校各自创办。面临慕课发展的风起云涌，我国的高校参与探索与实践的兴趣高涨。但我国目前的教育体制的囿限，以及慕课建设经验的缺乏，最早出现的大型慕课平台是由国家教育部、财政部共同创办"爱课程"慕课平台。其包含中国大学 MOOC 平台、中国大学资源共享课、中国大学视频公开课、中国职教慕课、在线课程中心等几个部分，涵盖了国内多所大学开设的在线课程，公众可以免费获得更优质的高等教育，促进高校优质教育资源的共享，满足民众日益增长的个性化学习需求，促进学习型社会建设。

上述各种慕课平台，创办人与合作者的合作方式不同，但都会根据平台的性质、资金的状况、课程的设置、教学方法等紧密相连打造网络教学平台的声誉和教育质量。[1]

如今，我国的多个慕课平台，主要有三种创建形式：一是官方发起的，如中国大学 MOOC、学堂在线；二是高校发起的，如上海交通大学的好大学在线、深圳大学的优课联盟；三是企业发起、高校或联盟合作的，如智慧树、超星尔雅、高校邦。不过，我国慕课平台虽多，但发展却是不均衡的。"平台方是慕课资源的组织者、推广者和运营者，平台的号召力决定了平台能吸引到什么老师、什么课程，是否是官方背景、是否和教师职称评选挂钩都会成为平台的潜在竞争力。"[2] "现在，教育部在做'国家精品在线开放课程'评选，我们通过分析评选出的课程发现，中国大学 MOOC、学堂在线、智慧树这三个平台极具优势，约占精品课程的百分之八九十。"比如一共评选 800 门课程，中国大学 MOOC 大约会评上 600 门，学堂在线和智慧树加起来大约

---

〔1〕《MOOC 国际大规模网络开放课程教育平台专题调研报告》，载 http://www.aufe.edu.cn/s/106/t/120/a/27260/info.jspy，2020 年 4 月 16 日访问。

〔2〕王之康："慕课平台建设的'官''民'之思"，载 https://baijiahao.baidu.com/s?id=1622326981490865086&wfr=spider&for=pc，2020 年 4 月 30 日访问。

会评上150门。“从这个角度来看，其他慕课平台就失去了阵地，不存在竞争优势了。”正是因为拥有官方背景和在“国家精品在线开放课程”评选中的天然优势，所以更多老师和课程才愿意涌入这些慕课平台，导致了发展不均衡的现状。[1]

二、慕课（MOOCs）平台的运营模式

从上述的慕课平台的创建主体分析，慕课具有教育公益性的一面，同时具有商业性的一面，考察目前存在的国内外的慕课平台，平台运营模式主要有以下几个类别：

（一）完全营利[2]模式

网络公开课平台的商业潜力巨大，近年来其商业模式从十分模糊到日渐明朗。2016年至2020年，总体来看，各大慕课平台自身的商业属性得到强化。在关注平台功能对学习的支持和服务下，注重经营不同层次和种类的付费业务，保证平台盈利，致力于让用户获得较好的学习体验，使得慕课平台业务线和业务模型更加清晰[3]。从慕课实践看，国外慕课平台获利的方式主要有，UniversityNow、2tor和Minerva Project依靠每学期向学生收取学费来创收；Echo360则是通过每年向学校授权软件的方式来创收；InstaEDU、Skillshare和StraighterLine的营利方式为对课程（视频）进行收费；还有一种营利方式是会员制度，按月收取费用，如Grockit、Code school和Lynda。[4]国内的智慧树慕课平台与果壳网MOOC学院应属于完全营利模式。智慧树慕课平台为联盟、高校、个人提供慕课运营服务，被服务的客户可以在以下两种支付模式选择一种付费：按不同类别课程报价，一次性支付课程开发费用；不支付课

---

〔1〕王之康：“慕课平台建设的‘官’‘民’之思”，载https://baijiahao.baidu.com/s?id=1622326981490865086&wfr=spider&for=pc，2020年4月30日访问。

〔2〕盈利与营利：盈利，盈，满之意，盈利为填平成本等资费后，获得的纯利润。营利，营，经营，即经营后获得的所有利润，不扣除成本等资费，是总利润，非纯利润。慕课平台分为三种情况：本书中完全地以经营赚钱为宗旨的称为完全营利的慕课平台；经营收益仅仅用于慕课制作运营的成本，不以赚取利润为目的的成为半营利的慕课平台；不收取任何费用，慕课的制作与运营由政府投资或基金会资助的慕课平台称为公益性的慕课平台。

〔3〕纪九梅等：“2018慕课发展概要与未来趋势——以Coursera、edX、学堂在线、Udacity和FutureLearn为例”，载《中国远程教育》2019年第9期。

〔4〕《MOOC国际大规模网络开放课程教育平台专题调研报告》，载http://www.aufe.edu.cn/s/106/t/120/a/27260/info.jspy，2015年4月16日访问。

程开发成本，学校将课程收入一部分作为专业服务的回报。果党网 MOOC 学院（mooc. guokr. com）通过与 Coursera、edX 等海外教育平台合作，提过国内外丰富的课程资源，然后采用互联网时代销售增值服务的方式营利。慕课运作中营利方式多种多样，并且将随着慕课的进一步发展，不断出现新的商业模式。

2016 年以来，资本逐渐回归理性。近年来教育创业项目众多，早期孵化的教育项目商业模式逐渐清晰，投资人更青睐 Pe-A 轮、A 轮融资的教育公司，主要是看中其在细分领域的发展优势，以及变现落地可能更快。资本不再只关注用户数和活跃度，更加关注商业模式。[1] 当企业将慕课项目建设作为一项投资，是将教育资源投入到信息资源的市场，由市场决定其受欢迎程度，决定其营利与否，竞争性的市场规则有利于慕课课程质量的提高，有利于慕课的可持续性发展。

同时，慕课平台的开发、建设、管理、运行和维护是一项技术性极强的系统工程，高校作为专事教育和科研学术的机构，本身不适合主导这项工作，因此应该引入专业公司负责这部分工作，充分发挥市场机制在慕课资源建设与配置中的作用，建立、完善在线教育生态系统，努力实现多方合作共赢的局面。[2]

（二）半营利模式

所谓半营利模式，是指慕课课程是免费的，但课程考试或者推荐工作等环节需要收费，而这个费用的收取主要用于支抵慕课开发运营过程中所投入的资金、工具及人力等成本，以维持慕课平台的持续运营。目前，主流平台 Coursera、Udacity、edX 和 Khan Academy 基本属于半营利性的慕课平台。

目前，这类慕课平台所摸索出的收费主要体现在以下几个方面：（1）慕课认证环节收费。授予课程修完认证证书是慕课的一大特色。虽然慕课在美国发展迅猛，但目前受到美国教育委员会承认学分的课程非常少，课程的完成率也比较低。证书是学习过程和学习成果的证明，可以在学习者学业深造和

〔1〕 张立主编：《2016-2017 中国数字出版产业年度报告》，中国书籍出版社 2017 年版，第 266 页。

〔2〕 王应解、冯策、聂芸婧：“我国高校慕课教育中的问题分析与对策”，载《中国电化教育》2015 年第 6 期。

工作申请中起到积极作用，同时也可以督促学习者以认真的态度坚持完成学业。[1]（2）为学生提供雇佣服务收费。就是将慕课毕业生的名字和联系信息卖给潜在的雇主。（3）考试收费。课程是免费的，但考试是收费的。Udacity 和 edX 已经与 PearsonVUE 合作，对每一门慕课课程每人收取几十美元到一百美元的费用。（4）向学校授权内容。慕课平台与一些高校合作，为高校提供平台上的课程资源，供高校学生进行网上学习并获得学分，然后辅之以高校面对面课堂的讨论。在这种“内核式的慕课模式”中，平台向高校收取课程费用。如美国安提俄克大学（Antioch University）与 Coursera 正在进行这种合作。（5）慕课课程学分收费。通过许可协议的方式许可大学使用讲座或整个课程，大学为此（课程或者讲座的权利）向公司支付费用，或通过说服大学接受慕课作为课程学分，学生向公司支付可以在几所大学使用的学分的费用，慕课公司和大学将分享从学费中得到的收入。[2]

如何实现商业上的可持续发展一直是慕课所面临的重要问题。英国学者斯蒂芬·哈格德在其《慕课正在成熟》一文中也曾提到：慕课的焦点问题在于找到商业模式以及所有与规模、可持续性营利、学习认证以及开放性相关的问题。[3] 近年来，各大慕课平台为扩大营利规模推出了不同层次、多种类型的项目和计划，包括平台自身提供的认证证书和企业合作开发与就业培训、职业技能培训相关的业务等。慕课提供商正在利用他们与大学及其数百万学生的合作关系，打入利润丰厚的在线学位和企业培训市场。以 Coursera 和 edX 等提供商在企业培训和在线学位的动向为例。[4] 在企业培训方面，Coursera 的企业培训产品名为 Coursera for Business。据 Coursera 称，它拥有 1500 多家企业客户（包括 60 多家财富 500 强企业），比去年年底的 500 家企业客户增加了 2 倍，Coursera 企业培训（B2B）在 2018 年获得了进一步推

---

〔1〕张振虹、刘文、韩智：“从 OCW 课堂到 MOOC 学堂：学习本源的回归”，载《现代远程教育研究》2013 年第 3 期。

〔2〕在第一个学分计划，大学将支付固定费用或为每个选修慕课学分的学生支付费用，再向学生收费，就像现在为大学学生提供住宿一样。根据其他计划，个别学生将直接支付“学费”给慕课提供者，并将获得转移学分，可以向愿意接受慕课学分的任何大学申请学位。就像高中学生参加跳级课程或大学学生转到另一所学校把获得的学分带到其他地方一样。

〔3〕王宇等：“2017 全球慕课发展回顾”，载《中国远程教育》2018 年第 9 期。

〔4〕李志民：“2018 年全球主要慕课（MOOC）平台发展情况简介”，载 http://www.ict.edu.cn/html/lzmwy/mooc/n20190130_56453.shtml，2019 年 1 月 30 日访问。

动。[1] 而edX企业培训产品名为edX for Business。据edX透露，在过去一年，edX企业业务取得了显著增长，在其客户群中有超过30家财富500强企业（其中4家排名前20位），企业课程入学人数增加了24倍（自2017年11月起）。[2] 在在线学位方面，2018年，Coursera、edX、学堂在线和FutureLearn都宣布并推出了新的在线学位，这四家慕课提供商提供的在线学位总数从2017年的15个增加到47个。其中，Coursera，Udacity和edX推出的第一个在线学位表现良好，根据截至2018年6月注册的学生人数，这三家提供商推出的第一个学位总收入超过8000万美元。这些学位的最初成功促使包括Coursera、edX和FutureLearn等在内的提供商推出了更多的在线学位。目前，许多已宣布的学位尚未上线或处于不接受申请的状态。[3] "新的在线学位的推出"以及"对企业培训的关注"等慕课平台趋势表明，慕课平台提供商对付费用户的关注在稳定转变，免费用户已不再是他们的关注焦点。"企业培训"和"在线学位"或将成为慕课平台提供商们新的收入来源。[4]

我国智慧树受托提供运营服务的东西部高校课程共享联盟，苏州国际教育园课程联盟、上海高校课程共享中心、江西高校课程资源共享联盟、教育部职业院校外语类专业教学指导委员会、全国外经贸职业教育教学指导委员会课程联盟、山东省高等学校优质课程共享联盟、青岛高职共享中心、吉林高校联盟、中医药联盟十大课程联盟中，课程都是免费的，学生注册选课后可直接进行学习，但如需要课程学分则要进行缴费后才能进入到课程的在线学习，故此，我国智慧树所管理的十大课程联盟应当属于半营利性质的，与传统高校的学分费用一样，收益仅仅用于高等教育的成本支出。

（三）公益性（No-Profit）模式

目前存在国外慕课平台中，OpenHPI、Saylor、Class2Go、OpenLearn、P2PU、MRUniversity采用的是非营利的运营模式。比如，Saylor作为一个免费

[1] 李志民："2018年全球主要慕课（MOOC）平台发展情况简介"，载http://www.ict.edu.cn/html/lzmwy/mooc/n20190130_56453.shtml，2019年1月30日访问。

[2] 李志民："2018年全球主要慕课（MOOC）平台发展情况简介"，载http://www.ict.edu.cn/html/lzmwy/mooc/n20190130_56453.shtml，2019年1月30日访问。

[3] 李志民："2018年全球主要慕课（MOOC）平台发展情况简介"，载http://www.ict.edu.cn/html/lzmwy/mooc/n20190130_56453.shtml，2019年1月30日访问。

[4] 李志民："2018年全球主要慕课（MOOC）平台发展情况简介"，载http://www.ict.edu.cn/html/lzmwy/mooc/n20190130_56453.shtml，2019年1月30日访问。

网上高等教育平台，它的资金主要来源于 Saylor 教育基金会；MRUniversity 则是由美国乔治梅森大学的马凯特斯中心提供支持。[1] 国内的“爱课程”平台由政府部门支持创办，该平台没有营利性质。近年来，随着中国慕课的学习者与日俱增，对于超过 2 亿人次的学习者管理需要巨大的人力物力，平台的运营和维护成本很高。对于课程教师而言，大量学习者的加入也催生了一系列的课程编制与实施、评价的难题。并且，国内的慕课平台建设主要集中于高校内，国家教育部门出台相关政策支持慕课发展，虽然一些慕课平台也获得了企业融资，但中国慕课目前仍然主要是国家在推动，缺乏企业力量的强有力支撑，中国慕课仍然以公益性为主。慕课不仅仅是一个教育问题，同时也是个经济问题。中国慕课如想要维持自身的造血功能，甚至获得营利，以保障自身运营和更新，必须要找到适合自身的本土化运营策略，构建完整的商业模式。

随着慕课课程市场的形成及发展，慕课商业性运营将获得进一步的发展空间，比如目前有些半营利性的慕课平台会逐步演变为营利性的慕课平台。

美国的传统文化和社会治理方式决定了非政府机构和各类基金会介入慕课平台的建设。故此美国慕课平台主要分化为两大类：一类为各类基金会或个人捐助的公益性慕课平台；另一类为企业、高校或风险投资者创建的营利性的慕课平台。而 2015 年我国发布的《教育部关于加强高等学校在线开放课程建设应用与管理的意见》，提出采取“高校主体、政府支持、社会参与”的方式，构建具有中国特色在线开放课程体系和公共服务平台。我国慕课平台的建设资金投入以政府财政支持为主，目前存在的爱课程以及智慧树管理的十大慕课平台都属于政府支持或高校投入建设的慕课平台，都属于非营利性质的慕课平台。同时，慕课可持续发展问题必然涉及慕课平台的商业化模式选择与创新问题，所以我国也存在着果壳网 MOOC 学院与智慧树慕课平台这类商业性的慕课平台。

综上可见，不论在国内还是国外，慕课平台的建设都存在公益性与商业化的双轨制的形式，相应的高等教育可以分为教育事业与教育产业两种：一

---

[1] 《MOOC 国际大规模网络开放课程教育平台专题调研报告》，载 http://www.aufe.edu.cn/s/106/t/120/a/27260/info.jspy，2015 年 4 月 16 日访问；李瑞福：“在线教育平台运营模式”，载 http://blog.sina.com.cn/s/blog_e2b73ca00102vn4w.html，2015 年 4 月 16 日访问。

种是与传统的社会事业性质的大学一样，承载着服务于社会的教育使命；另一种，为社会企业性质，用办企业的模式举办社会事业，同样承载着服务于社会的使命。这种采用社会企业模式的大学就是要按市场规律来举办。[1]

本章小结

慕课于2008年产生，2012年以后形成了慕课浪潮席卷全球很多国家和地区，在各国的高度重视下，发展迅速，尤其是此次新冠肺炎疫情给全球教育带来前所未有的挑战，全球超过10亿学生受到疫情影响无法正常到校学习。在此期间各国高校纷纷通过在线教学力求“停课不停教，停课不停学”，上演了一场规模空前的线上教学实践。慕课发展中面临的障碍等深层次问题也不断显现出来，慕课的可持续性发展必须解决好以下几个问题：（1）慕课课程认证与学分认可制度的建立；（2）慕课课程运营的商业模式问题；（3）慕课的版权制度障碍的克服与解决问题。尤其是慕课的可持续的发展所面临的版权问题的解决，必将给慕课的持续发展带来源源不断的活力。通过版权法的制度性保障，慕课作为在线课程强大的知识传播能量才能够得以释放，成为与传统高等教育模式并肩的在线教育模式，两者相互促进，必将带来高等教育领域真正的变革。

---

〔1〕李明华：“MOOCs革命：独立课程市场形成和高等教育世界市场新格局”，载《开放教育研究》2013年第3期。

第二章

慕课（MOOCs）对版权制度的挑战

慕课所带来的是一种所谓的“颠覆性创新”（“Disruptive innovation”），是对世界与中国高等教育领域的冲击，故此，慕课公开讨论的大部分都是关于其以新的教学和评估方法，潜在的商业模式，提供学分的可行性，和高等教育的未来等方面问题。[1] 然而，除了少数例外，[2] 慕课发展中的版权问题讨论却不多。版权是基于文学艺术、科学领域的作品而由作品创造者享有的一种私权，除非有法律的特殊规定，未经版权人许可不得使用作品，否则即构成侵权。慕课具有开放性的特征，注重内容的开放授权，在保护著作权人的基本权利基础上强调创用共享，而在早期我国的资源建设遵循中国著作权法，注重保护版权而非共享。[3] 版权的这种私权属性和排他性恰恰与慕课的开放（open）理念背道而驰，形成一种悖论。[4] 同时，相对于传统的课程，慕课具有内容集成性的特点，是一门课程内容不断丰富的动态生成式的课程。在课程开展过程中，一改传统的大学与教师的二维的版权思考模式，学生、慕课平台都成为版权法律关系的一方，使慕课的版权问题更加复杂。

---

〔1〕 Elissa Korn and Jennifer Levitz, “Online Courses Look for a Business Model”, *Wall Street Journal*, January 2, 2013; “What You Need to Know about MOOCs”, *The Chronicle of Higher Education*, available July 2013.

〔2〕 Kevin L. Smith, “Making MOOCs Easier”, *Library Journal*, January 24, 2013; Brandon Butler, “Issue Brief: Massive Open Online Courses: Legal and Policy Issues for Research Libraries”, Association of Research Libraries.

〔3〕 顾小清、胡艺龄、蔡慧英：“MOOCs 的本土化诉求及其应对”，载《远程教育杂志》2013年第5期。

〔4〕 叶文芳、丁一：“MOOC 发展中的版权制度研究”，载《科技与出版》2014年第2期。

第一节　当慕课（MOOCs）遭遇版权

慕课与信息技术与互动多媒体的发展不同。信息技术与互动多媒体的发展极大的丰富了信息作品交流的途径与渠道，大大降低了作品传播的成本，面对信息互联网、互动多媒体的方便、快捷性的信息交换与传播，作品的著作权人越来越难以控制作品的传播、许可，维权成本越来越大。改变了传统的著作权法所实现的私权与社会公共利益的平衡，给传统的著作权法带来了挑战。易言之，信息技术的发展改变了作品的传播方式，对于作为以作品的创作与传播为核心的版权制度来说，这种挑战是天然的，是内在的一种挑战。

而慕课是在信息技术、互动多媒体技术等各种技术基础上发展起来的一种新的教育模式，具有大规模、在线、开放的特点，使得在当今信息技术时代，实现了知识传播的大爆炸，教育模式的创新，教育水平的极大提升，将对我国乃至全世界的高等教育领域带来革命性的变化。对于全世界的人类来讲，是对信息技术，互动多媒体技术发展等科学技术发展成果的享有，是对全世界人类的福利。故此，慕课是在现行的版权法制度框架内发展起来的，所以，慕课的课程设计及慕课课程资源的选择、慕课的课程传播等方面自然需要遵守版权法的规定。

在全球范围内，对大学而言，一直以来，技术的发展会使大学处于两难境地：一方面信息技术的快速发展，知识信息的数字化使其复制、传播成本降至最低，教育者希望利用互联网、快捷的信息技术来实现知识、思想的开放与自由传播。这就是“自由传播”的基本理念。〔1〕另一方面，现行版权制度等知识产权制度坚持为“激励创新”进行私权保护为理念，“传播控制”则是绝大多数商业机构所信奉的原则，版权一直是远程教育面临的挑战，慕课迅速崛起使版权和远程教育发展计划的讨论重新焕发活力。

慕课“开放共享”与版权“私权保护”理念的不同，使得在版权框架内发展起来的慕课，在其发展过程中不可避免需要面对慕课的“开放性、共享性、生成性与集成性”与版权的“私权性与地域性”之间的内在张力。

---

〔1〕 赵国栋、黄永中、张捷：“西方大学‘开放教育资源运动’研究”，载《比较教育研究》2007年第9期。

一、慕课（MOOCs）的开放性与版权的地域性

“开放性”是慕课最显著的特征，是其称为慕课的前提条件。开放性使一门单独的慕课课程拥有成千上万，甚至几十万的学生，成为名副其实的“巨型课程”。在美国，Coursera、edX 和 Udacity 是最有影响力的慕课平台，截至 2017 年 4 月 1 日，Coursera 注册用户逾 2400 万人，收录 2000 余门课程；Udacity 注册用户超过 160 万人，收录课程 181 门；edX 收录 1379 门课程。[1] 这三大慕课平台学生遍布美国、中国、印度、英国等国家。英国的 FutureLearn（未来学习）慕课平台的学员人数，在 2017 年新增了 190 万，而 2018 年新增了 160 万名学员，即 FutureLearn 的学员总数从 2017 年的 710 万增至 2018 年的 870 万，截至 2018 年，FutureLearn 仍是全球第五大慕课供应商。[2] 在中国，“学堂在线”“爱课程网”“智慧树”慕课平台、果壳网“MOOC 学院”等慕课平台近几年发展迅速，极大促进了优质教育资源的共建共享。

慕课具有开放性、国际化特征，版权具有地域性特征。版权作为一种法定权利，其权利范围和内容取决于一国法律的规定，因此具有地域性。版权的地域性是指，除非有国际条约、双边或多边协定规定，否则，版权的效力只限于本国境内。慕课具有开放性，虽然社会公众必须进行网上注册才能成为慕课课程的学习者，但这种“注册”与传统的大学的学生“注册”意义不同，与远程教育中学生“注册”亦不相同，几种注册在学生的注册的条件要求以及产生的学生数量方面有很大的不同。世界各地的慕课学习者注册与否完全凭借学习者个人的意愿，没有任何的限制，因此，学生分布区域在世界范围内，学生数量庞大。所以，相当数量的慕课学生无法享受“正式注册”学生的同等待遇的学习服务。比如，按照 2002 年美国颁布的《技术、教育和版权协调法案》（简称 Teach 法案）的规定，教学内容只能向正式注册学习该课程的学生传送。

正因慕课的开放性与著作权的地域性特征之间的张力，澳大利亚迪肯大

〔1〕 吕宗澄、徐成：“美国慕课例外的立法考察”，载《图书馆论坛》2017 年第 9 期。

〔2〕 “FutureLearn 的 2018 年度回顾”，载 https://www.baidu.com/link? url=Xs00HW-sASlJ6WcHqJfvNRoH9fd5xvWr6DcnEYwuiW-fPZGKGbD8SSmNYNoe4_ hV_ 3SRXuFWEUixLhxK9S7rPq&wd=&eqid=8fd442c2002eabea000000065eaeb503，2020 年 4 月 2 日访问。

学副校长 简·登·霍兰德（Jane den Hollander）指出：教学内容面向的是拥有大学背景的在校学生，意味着课程内容能够被管控，当把这些内容传递给所有慕课学生时，问题就随之而来〔1〕。慕课中对作品的使用必然涉及管辖地的确定、准据法的选择以及侵权取证等国际私法上的问题，也涉及版权保护的国际公法问题。

二、慕课（MOOCs）的共享性与版权的私权性（专有性）

慕课强调资源的全世界的开放共享，实现教育权的平等，但慕课的课程内容资源却往往是版权法保护的作品，具有私权属性。著作权的私权性（专有性）是指非经著作权人许可或者法律的特别规定，他人不得实施受著作权专有权利控制的行为，否则，构成侵权。易言之，慕课是通过大数据、云计算、新兴社交媒体技术支撑的一种开放的授课模式，但课程的实质内容却是封闭的。版权法对教育资源持“有限共享”，而非慕课倡导的广义共享的态度。〔2〕比如按照美国 Teach 法案，规定教师远程教育课件中资源的使用为合理使用，但为保护版权私权，同时规定教育机构要采取技术措施防止师生在“课程时间”之外访问相关资源或长期保留相关资源。实践证明，在现行版权法框架内慕课的运行与发展，大学图书馆的作用非同小可。从慕课最发达的美国来看，哥伦比亚大学、哈佛大学等在图书馆的帮助下制订了详细的慕课版权政策、慕课版权指南，致力于慕课发展中版权侵权的预防，版权问题的解决。同时，因为对图书馆购买的商业资源的使用必须遵守版权协议，传播方式、范围、对象都有严格的限制，〔3〕这些商业资源无法应用到慕课课程之中，造成许多高校守着图书馆“粮仓”却只能做“无米之炊”。

三、慕课（MOOCs）的生成性与高校传统“二元”的版权归属

慕课是资源动态生成的课程，课程资源是由课程中师生间、生生间的互动产生的。慕课课程学习讨论过程中学生发表的帖子，上传的作业，老师对

---

〔1〕“澳大利亚大学寻求版权法改革以启用大规模网络开放课程”，载 http://www.ipr.gov.cn/guojiiprarticle/guojiipr/201301/17224，2015 年 4 月 25 日访问。

〔2〕陈勇：“基于 MOOC 的版权管理和版权保护问题研究”，载《科技与出版》2015 年第 2 期。

〔3〕陈勇：“基于 MOOC 的版权管理和版权保护问题研究”，载《科技与出版》2015 年第 2 期。

问题的解答等都可能因具有独创性成为版权法保护的作品。那么，这些作品归属于学生、教师，成为个人作品？还是为师生共有，成为合作作品？抑或是归属于学习共同体，成为集体作品的一部分？应该说，这个问题随着慕课的不断发展，尤其是商业性的发展日益尖锐。目前，各国法律并未对此明确规定。同时，大数据时代，学习者的个人数据具有巨大的分析价值与商业利用价值，故此 国内外主要平台都制定了非常清晰的针对用户生成内容的版权政策。如 Coursera 学生在向慕课平台提交内容时，首先要签一个用户协议，协议上虽然明确“ Coursera、授课老师和/或其他用户分享如作业、测验、考试、项目、您提交的其他工作、您在论坛发的帖子等（用户内容）保留所有的知识产权，并对您共享的用户内容负责。在您提供用户内容的范围内，您授予 Coursera 完全可转让的、免版税的、永久的、可分许可的、非排他性的、全球范围的许可来复制、分发、修改、创建基于用户内容的衍生作品、公开表演、公开展示，以及以其他方式使用用户内容。本授权包括授权合作伙伴使用其注册学生、在校学习者或其他独立于本服务的学习者的用户内容。这些条款不应限制 Coursera 对用户内容可能拥有的其他法律权利，例如在其他许可下。我们保留以任何理由删除或修改用户内容的权利，包括我们认为违反本条款的用户内容”。[1] 协议明确用户对生成性内容享有知识产权，但却授予慕课平台任意处理用户内容的权力，从而抽空了版权作品的版权内涵，大大削弱了对学生等网络用户对原创内容版权的保护。

---

〔1〕 Coursera 使用条款：User Content：The Services enable you to share your content，such as homework，quizzes，exams，projects，other assignments you submit，posts you make in the forums，and the like（“User Content”），with Coursera，instructors，and/or other users. You retain all intellectual property rights in，and are responsible for，the User Content you share. User Content does not include course content or other materials made available on or placed on to the Coursera platform by or on behalf of Coursera's Content Providers or their instructors using the Services，the Content Offerings；as between Coursera and its Content Providers，such Content Offerings are governed by the relevant agreements in place between Coursera and its Content Providers. How Coursera and Others May Use User Content：To the extent that you provide User Content，you grant Coursera a fully－transferable，royalty－free，perpetual，sublicensable，non－exclusive，worldwide license to copy，distribute，modify，create derivative works based on，publicly perform，publicly display，and otherwise use the User Content. This license includes granting Coursera the right to authorize Partners to use User Content with their registered students，on－campus learners，or other learners independent of the Services. Nothing in these Terms shall restrict other legal rights Coursera may have to User Content，for example under other licenses. We reserve the right to remove or modify User Content for any reason，including User Content that we believe violates these Terms. https://www. coursera. org/about/terms.

根据国际通用的著作权自动产生的原则，具有独创性的文学艺术作品一经完成，著作权则自动产生，根据著作权归属的一般原则，除非法律另有规定，著作权属于作者，作者即著作权人。在虚拟的学习社区、课程 Wiki 与课程论坛上，提交的具备作品条件的作业、发言、作文等生成性资源，其著作权从其产生时起应当归属于参与讨论交流的教师或者学生用户。然而，edX、Udacity 和爱课程、智慧树等国内外的几乎所有的慕课平台往往一方面承认用户对于创造内容的知识产权，但另一方面，又往往使用慕课平台上的知识产权政策声明或者是慕课平台用户使用协议，要求获得学习过程中生成资源的控制权，以便研究学生的行为习惯用于商业目的，这不仅仅不利于对学生利益的保护，[1] 也是与版权法规定相悖的。

四、慕课（MOOCs）的集成性与版权侵权的高风险性

慕课是可持续扩充的资源集合，是诗歌、图片、视频、目录、课程阅读资料，学生创作作品等的有机组合。慕课作为一种全新的教学模式，是在现行的版权法制度框架内发展起来的，慕课的课程设计及课程资源的使用必然需要遵守版权法的规定，故此，慕课对作品资源的集成化、规模化利用带来两个突出的版权问题。一是慕课制作者清理版权的负担重。美国发展比较成熟的 Coursera、edX、Udacity 慕课平台为避免开发的慕课课程侵犯版权，由负责开发课程的高校图书馆进行课程的版权清理工作。据联机计算机图书馆中心（OCLC）提供的资料表明，清理一门慕课的版权平均要花费 380 小时[2]。二是慕课教师面临的侵权法律风险增加。首先，从现行的版权法的合理使用与法定许可等版权限制制度的使用条件来看，慕课中对版权资源的使用是否符合合理使用、法定许可的版权限制制度，现行法律尚未有明确的规定，应该说，慕课课程开发过程中教师的行为也许就行走在合法与违法的边缘。其次，慕课平台提供商推卸责任。在一般的慕课课程建设中，高校及教师负责制作慕课课程的核心部分，如，教学大纲、视频课件等，慕课平台负责课程的注册、系统的维护等课程管理活动，故此，一般情况下，慕课平台提供商认为使用第三方版权资料及学生课堂延伸阅读的版权资料属于提供内容的高

---

〔1〕 陈勇：“基于 MOOC 的版权管理和版权保护问题研究”，载《科技与出版》2015 年第 2 期。

〔2〕 陈勇：“基于 MOOC 的版权管理和版权保护问题研究”，载《科技与出版》2015 年第 2 期。

校的事情，具体应由高校制定内部政策来规范课程制作时所涉及的版权问题。很多平台提供商实行“告知-拿下”的政策来处理其平台所涉及的版权问题。[1] 如 Coursera 等慕课平台提醒教师尽量不要使用第三方的版权资料，一旦面临侵权指控的风险时，Coursera 有权将慕课课件和相关资料卸载。[2] 中国智慧树大型在线教育平台在其社区版权声明中指出：“本公司网站对于用户发布的内容所引发的版权、署名权的异议、纠纷不承担任何责任。传统媒体转载须事先与原作者和本公司网站联系。提交者发言纯属个人行为，与本网站立场无关。”[3] 授权的困难性和法律风险的陡增，使慕课平台和慕课教师身处丰富的文学艺术作品中，却对使用第三方资料谨小慎微，从而影响了其开发慕课课程的积极性，也必然影响慕课课程的质量。

第二节　慕课（MOOCs）对版权制度挑战的类型化分析

慕课是数字化的教育资源进行网上传播并不断生成的课程，与传统的面对面的课堂教学具有相同的课程资源的组成，课程所需要的教材，教师的授课课件、课堂练习、学生作业、课程考试，以及相关的阅读资料。尤其是教师的授课课件中包含内容丰富、种类繁多的各类作品，如作为美术作品的图片、照片，作为文字作品的诗歌、短文、散文等，作为视听作品的录音录像、电影的片段等。那么，我们不禁要问，慕课课程本身版权性质、课堂资源的版权归属问题，慕课课程的版权人享有的人身权与财产权问题，相应权利如何进行保护？传统的课堂上基于教育目的的作品合理使用制度，是否能同样适用于慕课中对作品的使用？用户生成内容的权项内容与版权归属？易言之，慕课所引发的版权问题包括慕课本身的版权属性及版权内容及慕课中使用作品的版权问题两个方面。

---

[1] 叶兰、易晓娥：“图书馆视角下的 MOOCs 版权问题研究”，载《大学图书馆学报》2014 年第 5 期。

[2] Copyright Resources to Support Publishing andTeaching，http://guides. library. upenn. edu/contrnt. php ? pid=244413&sid=3375306.

[3] 智慧树在线教育：https://www. zhihuishu. com/copy. html.

一、现行版权法无法涵盖慕课（MOOCs）作品类型

研究慕课是否具有可版权性，是进行慕课版权保护研究的逻辑起点，是进行慕课版权制度构建的基础。依据《中华人民共和国著作权法实施条例》第2条表述，作品，是指文学、艺术和科学领域内具有独创性并能以某种有形形式复制的智力成果。现行版权法依据作品的表现形式不同，将作品分为文字作品、美术作品、建筑作品、摄影作品、电影作品和以类似摄制电影的方法创作的作品等八大类作品。慕课作为数字信息时代发展起来的在线课程，运用现代的数字传输技术、数字影印技术及社交媒体技术有机融合了文字、声音、曲艺、舞蹈、图表、表格、图像等元素，形成文学、艺术、科学领域内一个独特的综合性的文学艺术形式。依据著作权法，慕课有特定的主题思想，是思想、情感的表达；作品具有独创性；该表达属于文学、艺术、科学领域内，应当为著作权法保护的对象，但基于上述的作品的分类，慕课因其涉及文字、符号、口头、声音、形象、色彩、线条等多样的表现形式，其不能归入现行版权法“以作品表现形式不同为标准”进行界分的任何一种作品类型。慕课具有可版权性，具有版权保护的必要性，应为版权法保护的对象。故此，慕课作为一种“技术+教育深度”结合形成的新的作品形式，它的出现对版权法保护对象的类型提出了挑战。

二、现行版权制度无法解决慕课（MOOCs）版权归属问题

（一）职务作品制度无法妥善解决慕课中高校、教师、学生三者的关系

现行的版权法中规定著作权归属的一般原则和著作权归属的特殊原则。著作权归属的一般原则即作者原则，是基于文学艺术作品的创作事实而产生的著作权属于作者，这里的作者既包括自然人，也包括法人和其他组织。著作权归属的其他原则主要分为投资原则与合意原则确定著作权的归属。为完成本单位工作任务创作的作品为职务作品，职务作品创作的自然人的版权相对于自然创作的作品会受到一定的限制。依据合意原则创作的作品为合作作品。现有的学术制度将在线课程的所有权作为雇主的大学与作为受雇者的教员之间的问题进行建构：在线课程的所有权是属于开发课程的教员，还是属于为教员开发作品提供资源支持的学校？谁拥有课程的版权？教育机构抑或是教授？“随着科学技术的进步，教师和大学管理者应当重新考虑在线课程资料

的版权所有权 ……”[1] 目前，许多与网络空间有关的知识产权问题，现有的法律无法提供确定性的答案。[2]

慕课课程的实现过程首先是教师进行课件制作、课堂录制，课程制作完成后提交给学校（非必须环节），然后要有慕课平台开展慕课课程的运营服务，学生从慕课平台获取课程资源进行学习，通过慕课平台提供的论坛或依据其他的社交软件进行提交作业、讨论和完成课程测试。相应的慕课平台的构建比较灵活，如上文所述，比较主要的几种构建方式为个人构建、企业构建、高校构建、企业与高校构建、政府部门与企业构建等形式。在没有高校直接参与慕课平台中，不涉及教师与其所述高校之间的雇佣关系，这类平台慕课的开发建设应该是慕课平台与教师直接签订合同而获得，那么作为构建慕课平台的企业或者个人应该是属于委托创作或者合作创作的作品，可以依据现行著作权法规定以委托作品或合作作品的规定解决慕课的版权归属问题。

有高校参与的慕课平台提供的慕课作品更多是慕课平台与高校之间签订协议，高校教师制作慕课，所以这类慕课作品按现行版权法似乎应该可以归属为职务作品。依据我国现行《著作权法》第16条规定，职务作品的规定分为“为完成法人或者其他组织工作任务所创作的”一般职务作品以及“（一）主要是利用法人或者其他组织的物质技术条件创作……（二）法律、行政法规规定或者合同约定著作权由法人或者其他组织享有的……”特殊职务作品两种情况。[3] 以上两种情形完成的职务作品著作权的归属有很大的差别。

与传统的课堂课件的制作不同，慕课是包含文字、视频、图标、图像等多种元素的综合性的作品，制作运营过程中涉及教师、高校及慕课运营平台

---

〔1〕 Roberta Rosenthal Kwall, *CopyrightIssues in Online Courses*: *Ownership*, *Authorship and Conflict*, 18 SANTA CLARA COMPUTER & HIGH TECH. L. J. 1, 2 (2001).

〔2〕 JERE M. WEBB, UCLA ONLINE INST, FOR CYBERSPACE LAW AND POLICY, TRADEMARKS, CYBERSPACE, AND THE INTERNET (1996), http://www. gseis. ucla. eduIiclp/jmwebb. html.

〔3〕《著作权法》第16条规定：“公民为完成法人或者其他组织工作任务所创作的作品是职务作品，除本条第二款的规定以外，著作权由作者享有，但法人或者其他组织有权在其业务范围内优先使用。作品完成两年内，未经单位同意，作者不得许可第三人以与单位使用的相同方式使用该作品。有下列情形之一的职务作品，作者享有署名权，著作权的其他权利由法人或者其他组织享有，法人或者其他组织可以给予作者奖励：（一）主要是利用法人或者其他组织的物质技术条件创作，并由法人或者其他组织承担责任的工程设计图、产品设计图、地图、计算机软件等职务作品；（二）法律、行政法规规定或者合同约定著作权由法人或者其他组织享有的职务作品。”

等多方主体。基于慕课制作的特殊性，其课程的制作过程除了教师智力及时间等大量的付出外，高校提供课程建设的资金支持（中国的高校慕课建设），要辅助进行慕课版权清理和资源的搜索服务（国外大学图书馆提供的服务），并且一般是由高校聘请慕课运营平台进行慕课的运营，慕课平台主要提供课程设计、开发计划管理、课程视频的制作，在线教程管理等项服务。实际上，慕课的制作在慕课平台与高校签订合同的情况下，基本都是高校给教师的工作任务，同时在制作慕课的过程中高校的物质技术条件也是必要、不可或缺的，那么，接下来的问题是，依照现行版权法关于职务作品的规定，慕课应归属于两类职务作品中的哪一类呢？如果按照第一类“为完成法人或者其他组织工作任务”进行认定，那么慕课版权归属于制作者教师，所在高校可以在业务范围内优先使用，这样的归属认定不符合高校在慕课制作过程中投入的人力、物力及技术支持，高校是不会认可的，也是不符合版权归属原则的。如果认定慕课是属于“主要是利用法人或者其他组织的物质技术条件创作”的特殊职务作品，或由于职业的特殊性和院校管理的相关规定，关于其版权的归属，慕课课件的创作主体的教师只享有著作权中的署名权，而其他人身权及所有的财产权都归属单位所有，这样的版权利益归属会降低教师开发慕课的积极性，我们知道慕课制作过程中以教师为主的慕课课程团队需要付出大量的时间精力进行慕课的建设和课程的资源更新完善等工作，尤其是精品课程的打造，教师课程团队付出的时间精力智力更加无法估量。因慕课具有潜在的经济利益，可以进行商业性的开发，尤其是近年来，慕课的营利模式经过不断地摸索创新，商业模式进一步明朗并收效显著的情况下，显而易见，这样的版权归属所带来的版权利益的分配是失衡的。

目前，除了政府机构投资或基金会支持的非营利性（公益性）的慕课平台，在大量的营利性的慕课平台中，对于慕课平台与相关的院校来说，将相关的信息资源以课程的模式投入市场，从而最大程度地实现经济效益。依据著作权法中合作作品、委托作品的规定可以解决慕课归属的部分的版权问题，但依据现行著作权法的职务作品界定慕课的版权归属却出现利益失衡，并且慕课涉及大学、教师、慕课平台、甚至参与的学生等众多的主体，故此 必须明确慕课的版权归属。明确的版权归属，是利益分配的基础，也只有明确了利益分配，才可以保证慕课的创作者能够保持激情，院校和慕课运营平台才

能够获得可持续发展。〔1〕

（二）学生作品的生产已经改变

面对快速的技术进步和法律的不确定性，学者们对课程的版权归属更多地是从显而易见的大学和教员入手，开始寻找答案。〔2〕学者们研究得出的结论和给出的建议都很好，但有一个共同的特点：无报酬的学生贡献的缺位。当学生提交一篇论文到网页，或者发送一个电子邮件给他/她的教授，文本可能具有可版权性。

虽然在现存的网络课程所有权的分析中没有详细关于学生利益的分析，但关于学生学习过程中或参与项目研究中所产生的版权作品的所有权问题存在相应的讨论。比如，学生（研究助理）可能对于课程资料提出联合作者的要求。一个合作作品是由两个或两个以上的作者，在将他们的贡献进行合并的主观意图下所创作的。〔3〕面对学生这种所有权的要求，除非学生进行了大量实质性的研究和承担了写作的职责，否则，这些主张可能会被拒绝。〔4〕在 Spike Lee's Malcolm X 中，美国第九巡回法庭拒绝了一个进行阿拉伯语翻译和改写某些场景的技术贡献者的请求，第九巡回法庭应用两个因素测试：每一个推定的作者的贡献都具有独立的可版权性，以及在作品创作时作者必须有共同创作的意图。〔5〕首先，学生（研究助理）的研究类似于技术贡献：它将融入最后作品成为其不可分割的组成部分，因此不具有独立的可版权性。〔6〕而且，即使研究具有独立的可版权性，教师作者通常不打算与他们的学生（研究助理）成为共同作者。〔7〕

当这些作者在解释独立的学生的贡献时，会产生更困惑的问题。汤森

---

〔1〕周艳敏、浦凯迪：“国内 MOOC 版权研究综述”，载《科技传播》2015 年第 3 期。

〔2〕See Klein, supranote 3, at 144 (stating that the chief issue is whether the faculty or the university have ownership over the Internet courses); see also Laughlin, supra note 3, at 550 (stating that faculty and universities should have “clear ownership policies” in light ofadvances in the Internet courses).

〔3〕17 U. S. C. § 101 (2000).

〔4〕Roberta Rosenthal Kwall, *CopyrightIssues in Online Courses: Ownership, Authorship and Conflict*, 18 SANTA CLARA COMPUTER & HIGH TECH. L. J. 22 (2001).

〔5〕Aalmuhammed v. Lee, 202 F. 3d 1227, 1229-31 (9th Cir. 2000).

〔6〕Roberta Rosenthal Kwall, *CopyrightIssues in Online Courses: Ownership, Authorship and Conflict*, 18 SANTA CLARA COMPUTER & HIGH TECH. L. J. 23 (2001).

〔7〕Roberta Rosenthal Kwall, *Copyright Issues in Online Courses: Ownership, Authorship and Conflict*, 18 SANTA CLARA COMPUTER & HIGH TECH. L. J. 22-23 (2001).

（Townsend）在其文章中专门用一个段落讨论这个问题。她说，如果一个学生因一个创造得到学分，学生将拥有自己的创造，除非作品是合作的，其工作是协助性的。[1] 虽然学生坚持合作作品中的所有权利益，但汤森文章中对这方面没有进一步探讨。如果学生在作品完成中的工作被支付报酬了，情况又要复杂得多。对此，汤森文章中没有提供进一步的分析。[2] 对此，克莱因（Klein）和劳克林（Laughlin）持不同观点。[3] 他们认为，作为大学支持的一部分，处理支付报酬的学生（研究助理）问题并不复杂，从而将他们的贡献等同于处于雇佣作品条款下大学所有权。[4] 克莱因引用俄亥俄州立大学知识产权政策，大学可以主张在研究生论文和学位论文的知识产权，甚至违反学生作者的意愿，并将其上传到网上。[5] 俄亥俄州主张这个权利，部分原因是学生是在大学的帮助与要求下完成作品，[6] 从本质上讲，这个政策将学分等同于学生付出的补偿，从而把学生学位论文等纳入职务作品的范畴。[7] 可见对于学生在高校中学习工作所产生版权作品是否拥有所有权以及拥有何种程度的所有权法律未有明确规定，学者们亦持不同的观点。而互联网的出现，教育模式的创新，使得学生创作作品的途径增加，学生的作品形式亦多样化。

互联网不仅改变了大学课程的交互方式，它还改变学生完成作业的类型、他们与老师相互之间互动的方式，以及他们作品的存储方式。例如，在传统

---

〔1〕 Elizabeth Townsend, "Legal and Policy Responses to the Disappearing 'Teacher Exception' ", *or Copyright Ownership in the 21st Century University*, 4 MINN. INTELL. PROP. REV. 279 (2003).

〔2〕 Elizabeth Townsend, "Legal and Policy Responses to the Disappearing 'Teacher Exception' ", *or Copyright Ownership in the 21st Century University*, 4 MINN. INTELL. PROP. REV. 279 (2003).

〔3〕 Michael W. Klein, " 'The Equitable Rule' : Copyright Ownership of Distance-Education Courses", 31 J. C. & U. L. 165 (2004); Gregory Kent Laughlin, "Who Owns the Copyright to Faculty-Created Web Sites?: The Work for-Hire Doctrine's Applicability to Internet Resources Created for Distance Learning and Traditional Classroom Courses", 41 B. C. L. REV. 572 (2000).

〔4〕 Michael W. Klein, " 'The Equitable Rule' : Copyright Ownership of Distance-Education Courses", 31 J. C. & U. L. 165 (2004); Gregory Kent Laughlin, "Who Owns the Copyright to Faculty-Created Web Sites?: The Work for-Hire Doctrine's Applicability to Internet Resources Created for Distance Learning and Traditional Classroom Courses", 41 B. C. L. REV. 572 (2000).

〔5〕 Michael W. Klein, " 'The Equitable Rule' : Copyright Ownership of Distance-Education Courses", 31 J. C. & U. L. 151 (2004).

〔6〕 Scott Carlson, "Students Oppose Ohio State's Plan to Put Dissertations Online", *CHRON. HIGHER EDUC.*, May 30, 2003, at 33.

〔7〕 Michael W. Klein, " 'The Equitable Rule' : Copyright Ownership of Distance-Education Courses", 31 J. C. & U. L. 151 (2004).

的面对面课程中，大部分工作不会被记录：对草稿的同行评议通常是作为小规模口头项目对待并且许多教授并不保存他们评阅的学生草稿。[1] 然而，当我们进行在线作文课堂教学中，学生将论文上传到“Dropbox”[2] 的课件上，根据讨论区帖子上学生们提出的评论意见进行修改论文，教师的意见通过“插入评论”功能的文字处理软件纳入最后的建议。所有这些草稿，他们的变化，每个人的言论都被教学软件存储，尽管只有一个学生获得了年级论文成绩，但这个过程却是由每个参与者合作完成的。

互联网也改变了课堂互动：同步和异步线程聊天论坛在在线课程与一般的现场课程中是必要的。与普通课堂的问答功能不同，教学软件允许这些讨论每一个字都被记录下来。因为记录将这些讨论固化在一个媒介物上，这些讨论具有潜在的可版权性。[3] 尽管大多数聊天什么都不是，只是一些快速短语的交换和表情符号，达不到版权保护的标准。[4] 在异步讨论中，因为个人上传帖子时有更多的思考时间，所以帖子内容更长些。学生作品的这些变化对于高校内的版权所有权的纷争产生重要的后果。[5] 在在线课程环境中，学生现在生产更多版权保护之作品，所以参与论坛讨论能使他的个人帖子作为集体作品的一部分，轻松地取得版权，或学生可以作为共同作者取得他们在线讨论的版权。[6]

---

〔1〕 See, e.g., ERIKA LINDEMANN, *A RHETORIC FOR WRITINGTeachERS* 29-34 (3ded. 1995).

〔2〕 Dropbox：是一款非常好用的网络文件同步工具，是 Dropbox 公司提供的在线存储服务，通过云计算实现因特网上的文件同步，用户可以存储或共享文件和文件夹。Dropbox 公司成立于 2007 年，提供免费和收费服务，在不同系统下有客户端软件，并且有网页客户端，能够将存储在本地的文件自动同步到云端服务器保存。因为云端服务的特性，Dropbox 的存储成本将被无限摊薄。http://baike.baidu.com/link? url=qh-dunx8qrJkPAII39G7hHiEz0pMxPFrTWlPWrMR3UzRYy5PRFC8miUwA-J2-U5hrezpNPdoTCSltSlifDzYYK，2015 年 5 月 25 日访问。

〔3〕 17 U.S.C. § 102 (a) (2000).

〔4〕 See Daniel C. Miller, *Determining Ownership in Virtual Worlds: Copyright and License Agreements*, 22 REV. LITIG. 435, 446 (2003). [citing Magic Mktg., Inc. v. Mailing Servs. Of Pittsburgh, Inc., 634 F. Supp. 769, 772 (W. D. Pa. 1986)].

〔5〕 See Daniel C. Miller, *Determining Ownership in Virtual Worlds: Copyright and License Agreements*, 22 REV. LITIG. 456, (2003). “[The Internet courses] provide students with the opportunity not only to discuss class topics but also to experience them.” Id. at 456.

〔6〕 See Daniel C. Miller, *Determining Ownership in Virtual Worlds: Copyright and License Agreements*, 22 REV. LITIG. 456, (2003). stating that copyright protection may be extended to sufficiently original and fixed works of authorship by the students.

2000 年以前，很少有期刊文章研究专门解决学生创造的作品所有权问题，并且很少关注学生在具有可专利性的科学和技术研究中的贡献。学生版权诉讼的缺乏通过教授的版权诉讼可见一二：很少有教师对大学提出版权索赔。〔1〕然而，2000 年以后，对教师版权的学术关注激增：有十几个专著、文章，指出解决这一主题意义重大，〔2〕引发这种关注的原因很清楚：互联网和网络课程的出现。然而这种关注只有教师和大学的利益，忽略了使用在线课程资料和为其做出贡献的那部分人。

实质上我们只有通过考虑在线课程中的学生因素才能理解网络对高等教育的影响。事实上，学生参加在线课程材料发展。在慕课中，学生通过完成他们注册课程的作业，参与在线课程资料的发展和建设。因此，考虑课程资源创建中学生的因素，在线课程所有权归属的讨论应当是发生在教师、高校与学生之间的一个三方争端。

三、现行版权限制制度无法适用慕课（MOOCs）中使用的作品

课程通常结合了老师创造（faculty-developed）的原始内容与第三方内容（额外的阅读资料，媒体片段，照片，其他资料的引用等）。通常情况下，教育机构以面对面、网络，或者混合的方式将这些课程提供给已经注册的、验证的，和学院或大学有特定关系（a specific affiliation）的学生。在这个模型中，版权问题众所周知，已经有了适当的政策和版权法律提供指导。然而，慕课课程会破坏这些“传统”的特征。慕课倡导的开放、大规模在线的教育模式使其遭遇法律领域的挑战——课程中使用作品的版权问题。在传统面对面课堂教育中，我国《著作权法》第 22 条规定了为课堂教学使用他人版权作品的合理使用制度。我国《信息网络传播权保护条例》第 6 条之（三）也作

〔1〕 Roberta Rosenthal Kwall, *Copyright Issues in Online Courses: Ownership, Authorship and Conflict*, 18 SANTA CLARA COMPUTER & HIGH TECH. L. J. 1 (2001) A Westlaw “terms & connectors” search of “copyright /p university /p professor” in the federal district court database returned only forty-four hits, several of which were the same case on remand, and only a fraction of those involved claims against the university.

〔2〕 E. g., Carrie Russell, *Who Owns Your Lesson Plans? According to the Copyright Law, Media Specialists May Be In for a Surprise*, SCH. LIBR. J., Feb. 2006, at 31; Ann Springer, *Court Ruling Favors Faculty Rights*, ACADEME, Jan. -Feb. 2006, at 3~4.

了类似规定。[1]为维护著作权私权与社会公众利益的平衡，各国的著作权法都规定有合理使用制度，尤其是美国版权法中关于合理使用的四条标准的阐述[2]最为典型，四条标准明确规定了合理使用的范围、目的及方式等，为各国合理使用制度所借鉴。《信息网络传播权保护条例》第8条规定了远程教育中制作课件的法定许可制度。[3] 然而，慕课是对全世界的学习者开放的，但还存在以营利为目的的慕课平台，其无论是教学特征还是教学资源使用范围都与传统的面对面的课堂教学及远程教育不同，不符合《著作权法》及《信息网络传播权保护条例》适用合理使用制度和法定许可制度的条件。易言之，慕课新的课程传播形式与传统著作权合理使用、法定许可制度之间存在冲突。

《著作权法（修改草案第三稿）》（国家版权局，2012年10月）第42条采用列举与概括相结合的方式规定了合理使用制度，除了列举的十二种合理使用的情形，增加了“（十三）其他情形”的使用。采取这种方式使用作品时，不得影响作品的正常使用，也不得不合理地损害著作权人的合法利益。依据这一规定，大规模、开放性的慕课中使用版权作品并非一定会影响作品的正常使用，并非一定会给权利人的利益带来损害，相反有些情况下，会起到宣传作品的作用。故此，慕课中使用版权作品并非一定被排除到合理使用范围之外，但慕课的开放性使对版权资源的大部分使用无法被现行法合理使用制度包容，同时，慕课商业性增值开发对利益分配格局带来冲击，都使得发展慕课不可避免地要跨越版权这道非技术性门槛。[4]

合理使用、法定许可制度的适用范围是否延及慕课不仅仅是从简单的法律适用上探讨，更重要的是对慕课经营者、著作权人、公民（学习主体）三者间的利益作出价值取舍，[5] 慕课的发展引出版权法中合理使用、法定许可

---

〔1〕《著作权法》（2010年修正）第22条第1款第6项：“为学校课堂教学或者科学研究，翻译或者少量复制已经发表的作品，供教学或者科研人员使用，但不得出版发行。”《信息网络传播权保护条例》（2013年修订）第6条第3项规定：“为学校课堂教学或者科学研究，向少数教学、科研人员提供少量已经发表的作品。”

〔2〕 Digital Millennium Copyright Act [R]. 1998, 10.

〔3〕 为通过信息网络实施九年制义务教育或者国家教育规划，可以不经著作权人许可，使用其已经发表作品的片断或者短小的文字作品、音乐作品或者单幅的美术作品、摄影作品制作课件，由制作课件或者依法取得课件的远程教育机构通过信息网络向注册学生提供，但应当向著作权人支付报酬。

〔4〕 陈勇：“基于MOOC的版权管理和版权保护问题研究”，载《科技与出版》2015年第2期。

〔5〕 邹琳、陈基晶：“慕课教育的合理使用问题研究”，载《知识产权》2015年第1期。

制度变革以及如何变革的问题，这是需要我们进行关注与深入探讨和研究的，它关系着慕课课程质量的提高，而慕课的可持续发展问题，关系到中华文化软实力的提升，也关系到著作权法律制度如何实现在新技术革命时期的蜕变，进一步焕发其生命力。

四、高校图书馆提供资源的版权问题

高等学校图书馆作为高等学校的文献情报中心，担负着为教学和科研服务的双重任务，其主要功能是收集、整理、收藏图书、期刊作品供教师或学生阅览与参考等服务。在传统的教学模式下，学生可以获得图书馆提供的免费的课程相关资源，甚至是电子资源。但慕课学习者能否向图书馆请求其所购买的阅读资料呢？图书馆是否可以沿用传统数字资源使用的许可模式为慕课学员提供其所需的资源？〔1〕 高校图书馆每年购买大量的商业性数据库，拥有丰富的数据资源，在传统的教学环境下提供给教师和学生阅读、使用。然而，慕课的开放性、大规模的特征不符合高校购买数据资源的有限范围内提供使用的协议，故此，出现高校图书馆购买的大量的数据资源却不能使用在本校开发的慕课课程中，这还涉及慕课学生课堂教材及课后阅读资料的使用问题。在传统的面授教学下，教师向学生推荐教材或阅读资料一般不涉及版权侵权问题，因为一般由学生购买或向图书馆借阅课程教材或课程阅读资料。那么，慕课中，教师能否直接在课程平台提供课程教材及阅读资料供学生使用呢？在今天尊重版权，保护私权的时代，这种使用未经授权应该是不被允许的。

慕课教师辛西娅（Cynthia L. Selfe）认为：“我们的课程是免费的、开放的，但大部分的学习者没有渠道或能力去获得课程需要阅读的书籍和材料。”〔2〕 可见，由于教材版权的限制，一些慕课学习者放弃了课程学习。〔3〕

---

〔1〕 叶兰、易晓娥：“图书馆视角下的 MOOCs 版权问题研究”，载《大学图书馆学报》2014 年第 5 期。

〔2〕 “英国牛津大学出版社提供免费公开课程（MOOC）教材”，载 http://edu.cnr.cn/list/201306/t20130602_ 512725730.shtml，2015 年 11 月 25 日访问。

〔3〕 王莉方：“大规模在线开放课程（MOOC）版权特征探析”，载《科技与出版》2014 年第 7 期。

本章小结

互联网、人工智能、多媒体信息处理、云计算等为慕课核心技术，在这些先进的技术支撑下，慕课在共享优质教育资源、降低教育成本、扩大教育规模、促进教育公平、帮助人们实现终身学习、推动教育改革和教育现代化等方面，扮演着“革命性”的角色。然而慕课的开放性、规模性、生成性的特征也带来了慕课制作中的版权问题。同时，慕课制作并不便宜：一是直接成本（录像、权限、人员配备）；二是机构基础设施成本（项目管理、课程减免），慕课巨大的制作成本决定慕课运行的模式多样性，商业性慕课的存在使得版权问题的解决更加复杂化。

慕课对现行版权制度的挑战是在慕课课程逐步开展及发展过程中逐步体现并凸显的。因版权问题的障碍，慕课中使用作品的有限性及慕课学生课外阅读资料的有限性都影响慕课课程内容的丰富和课程质量的提高，不利于学生知识的学习、能力的获取，不利于最大程度释放慕课的正能量。“守着粮仓却无米下锅”是现代版权制度对慕课发展造成的障碍性表现。

为保障慕课的高质量与可持续性发展，充分释放慕课教育的能量，慕课教育版权问题的研究与解决至关重要。目前，慕课的发展已经远远超过版权制度的发展。对于慕课发展中出现的版权问题，我们应该积极主动应对这种挑战，思考如何实现信息化时代慕课与版权制度的对接。传统的著作权法律，调整和规范着传统的高等学校的教育模式，而信息技术时代的著作权法律制度，则应对慕课资源的共建共享制度作出了新的设计，保证《著作权法》与时俱进，从而使慕课能够在版权法等法律制度的规范与保障下实现可持续发展。

第三章 慕课（MOOCs）的版权性质与版权归属

慕课是开放性的在线教育课程，是在远程教育的基础上，因技术的发展与高等教育深度融合而形成的，因此，慕课是否构成作品这一版权性质及其版权归属的研究要从远程教育这一在线课程的相关研究开始。

美国1976年版权法中受版权法保护的作品的定义已经放大到包括用于在线教育课程内容和课件。其所定义的课程内容包括教授的课堂讲稿、幻灯片演示和讲义，课件包括在远程教育中为呈现课程内容而使用的技术。依据著作权法中有关著作权归属的一般原则，著作权由材料的所有权人或者材料的版权持有者获得，课程内容的版权一般由教授获得。但远程教育中的课程制作及传播都与传统的面对面的教学课程有很大的区别，课程的制作除了教师的创造性劳动外，与普通的课程相比需要更多的学校物力和人力的支持，所以远程教育的版权归属问题更复杂，并且取决于很多因素，包括创造课程参与者的性质，大学的参与是否被认为是经常性的。〔1〕

慕课作为一种全新的教育方式，与传统课程及远程教育有相同点与不同之处。相同点在于都是一种为提高人们科学文化素质和水平的创造知识、传播知识的教育活动，不同点在于各自采取的授课方式、考核方式以及课程内容的接收方式的区别。慕课是一门由课程内容及课件为主的资源生成式的课程，课程内容包括教师的讲稿、体现为视听作品的教师演讲视频、幻灯片演示，以及在课程开展过程中学生的参与互动所产生的版权作品等，课件包括在慕课教育中为呈现课程内容而使用的技术。慕课课程制作与传播除教师和高校外需要更多

〔1〕 AUDREY W. LATOURETTE, J. D. COPYRIGHT IMPLICATIONS FOR ONLINE DISTANCE EDUCATION Content downloaded/printed from Hein Online (http://heinonline.org) Thu Apr 23 21: 38: 43 2015, https://www.copyright.com/ccc/basicSearch.do? &operation = go&searchType = 0 &lastSearch = simple&all = on&titleOrStdNo = 0093-8688.

的主体参与。慕课课程内容的综合性及制作过程的复杂性是很多国家现行的著作权法及现行的国际公约所规定的作品类型及版权归属的原则所不能完全涵盖和解决的。故此，对于慕课版权性质的研究及版权归属的分析不仅关系到慕课本身的可持续性发展问题，也是数字经济时代版权制度创新的要求。

第一节 慕课（MOOCs）的版权性质

所谓版权性质是指某种智力成果的可版权性，其内涵和特征符合著作权法保护的作品的要求。著作权是指文学艺术科学领域内因创造性的智力成果所享有的人身权与财产权的统称。依此定义给出著作权作为一项私权发生的领域，针对的对象及享有的权项内容。

一、慕课（MOOCs）的可版权性分析

作品作为著作权的保护对象，在我国《著作权法实施条例》第2条中规定必须具备四个条件：一是发生在文学艺术和科学领域内；二是智力成果，具有一定的主题思想，是一定的思想和感情的体现；三是具有独创性；四是作品的表现形式应当符合法律的规定。首先是发生在文学艺术科学领域内，而非工商领域内，成果满足的是人们的精神文化需求，比如欣赏音乐、绘画作品、雕塑作品、阅读文学作品、欣赏戏剧作品及电影等，给人们带来精神上的享受及精神层面生活品质的提升。作品反映一定主题思想和情感。所谓作品的独创性是指作品由作者独立创作完成，是作者运用自己的智力和技巧，选择作品的构成要素，按照自己的规则和构思进行素材的组织，表达自己内心的情感与感受。易言之，作品是依作者创作性的行为而来，而不是依技艺性等行为而来。如临摹绘画，临摹到以假乱真的程度，临摹的画作也不属于创造性的行为，故此不构成作品，而只能说此人技艺十分高超。表现形式符合法律的规定是指作品必须以一定的形式表现出来，但这种表现形式也要得到法律的承认。一个国家的著作权法保护作品范围及类型的确定除了符合版权法保护对象的一般原则外，作为一个国家上层建筑的法律制度必然无法脱离该国的具体国情，故此，著作权作品类型的界定与一国的发展阶段、经济社会发展水平，知识产权情况密切相关。

将慕课与上述作品的四个条件比对可以发现，慕课完全符合作品的条件。

首先，慕课是互联网技术、云计算及社交媒体技术与教育的结合，是数字、信息技术带来的高等教育领域的创新。慕课是今天人们实现教育权平等的一种途径与方式，让全世界爱学习的人们方便快捷地获取知识，提高全人类的人文和科学素养。慕课是发生在文学艺术、科学领域内的教育方式、学习方式的创新。其次，慕课通过授课教师的视频演讲，课程讲义及幻灯片的演示传递给学生知识、信息和科学技术，通过文字，音频、视频、美术等丰富的形式吸引全世界的学习者，启发学习者主动思考。故此，慕课传达着丰富的知识、思想，蕴含着教育者的个人思考及丰富情感的作品，是教育者自己的视界与客观存在的知识信息的视界相结合的新视界。再次，慕课课程的设计包括课程结构安排、课程内容的选取、知识点的确定、案例的选择等都体现着教育者个人依据经验知识进行的选择、取舍和安排，最后综合而成慕课课程，中间蕴含着教育者大量的创造性思考和劳动，故此，慕课具有作品所要求的独创性或原创性。最后，慕课是综合了视频、音频、文字、美术等作品形式而成的表现形式多样的作品，易言之，慕课课程每个部分的内容都具有法律所规定的表现形式，慕课是综合性的作品，其综合性的表现形式并不影响其可以某种形式复制，并被人们以视觉、听觉等感知器官所感知，慕课符合“作品表现形式符合法律规定”的要件。

综上可见，慕课符合著作权法保护作品的四个条件，应认定为著作权法保护的作品。

二、慕课（MOOCs）所属作品类型分析

著作权法与科学技术相伴相生，只要科学技术日新月异地发展，著作权法保护对象范围就必定处于动态的变化过程中。那么，随着著作权保护范围的日益扩大，面对纷繁复杂的、数量众多的作品，如何进行分类以便进行更好的保护，是各国著作权法的制定者首先要考虑的问题。依据不同的标准对作品可以进行不同的分类，我国著作权法对于作品的分类并未遵循同一逻辑标准，基本的分类方法是借鉴美学分类，兼顾法律的规范目的。美学分类以作品的符号媒介为依据，例如文字、韵律、色彩、线条、声音等。法律规范目的的标准是考虑特定对象在保护规则方面的特殊性予以单列作品类别。在各种作品的具有法律意义的分类中，依据作品的最基本的表现形式即美学标准进行分类，因为对作品分类是为了作品得到更好的保护，作品的表现形式

直接关系作品可以以什么方式利用，通过什么方式为人们带来艺术和精神上的享受，而作品的利用方式也决定着作品版权人所享有的财产权的权项内容。比如文字作品，是指以文字、符号等为表现形式的小说、诗词、散文、论文等作品，是通过文字、符号的排列，语句的组合等表现一定的思想和情感。那么，基于此表现形式文字作品的复制权和发行权是版权者最重要的权利之一。同时基于语言文字的多样化及人们所识语言文字的局限性，翻译权也是很重要的权利。在影视产业日益受到重视的今天，摄制权亦成为文字作品版权者非常重要的权利。美术作品是以其色彩、线条为表现形式，音乐作品以其特有的韵律与和声为表现形式。慕课是信息技术与高等教育结合的典范，其本质是一种全新的教育模式，充分利用现代的信息技术手段进行知识的传授与传播，慕课课程中通过教师个人创作的作品以及运用各类型的作品进行巧妙的搭配形成一门完整的课程，故此，慕课课程因其表现形式的综合性无法归类到我国现行著作权法的任何一类作品中。

（一）慕课（MOOCs）与文字作品

文字作品，是指以文字、数字或数字符号或标记表现出来的作品，但这一类别可能覆盖慕课中所使用的文字、小说、诗歌等方面的内容，但却无法对慕课中视听资料、音乐、图片和图形等元素作出解释。因此，慕课作品不能完全在“文字作品”的主题类别下实现保护。

（二）慕课（MOOCs）与录像制品〔1〕

一说起慕课，人们首先想到就是网上教师的课程讲座录像，故此有人会认为慕课是对教师讲课过程进行录制的录像制品。录像制品，是指电影作品和以类似摄制电影的方法创作的作品以外的任何有伴音或者无伴音的连续相关形象、图像的录制品。〔2〕传统上对教师课堂讲座录制形成的作品的确为录像制品，如“网易公开课”中的课程、“百家讲坛”等播出的课程，然而对于慕课来说，讲座视频只是慕课课程的内容之一，或者说确实为慕课的核心内容，但慕课的本质特征是开放性、大规模、在线互动，慕课课程资源在课程运行过程中进行动态生成，这是一经录制完成即为静态形式的录像制品课程

---

〔1〕我国著作权法第三次修改（送审稿）中将录像制品和电影等视听作品两类作品类型合并成为视听作品，但为了讨论的方便，笔者在此将两者分开进行讨论。

〔2〕《著作权法实施条例》（2013年）第5条之（三）。

所无法涵盖的。

（三）慕课（MOOCs）与电影等视听作品

电影作品是综合性的作品，是集影像、画面、声音综合而成的作品，包含作为主题曲的音乐作品，作为剧本的文字作品，电影某个镜头的美术作品等。从作品综合性这一点来看电影作品和慕课确实毫无违和感，然而两者却存在着以下诸多的不同：首先，作品实现的目的不同。电影作品以演员的姿势、表情和演技带给人们一种思想和情感的表达，是人们的一种娱乐形式。慕课是一种教育方式，是技术发展所带来的教育领域内的创新，是为了知识创造与传播的教育；其次，两者的表现形式也是不同的。电影是以演员的姿势、表情、台词对白、桥段、情节设计为表现形式，比的是编剧的情节设计、导演对作品的解读、演员的演技。在电影作品的欣赏中，作为观众的我们是被动地观看。慕课中课程视频中的教育者不是电影作品意义上的演员，他（她）只是课程知识的设计者及发起者，他们是以自己学识、思想进行知识的讲解和传授，目的是推动学生参与，启发学生积极思考，这是师生互动的过程。也正因这个互动性的过程，引发了两者的第三点的区别。最后，呈现在观众面前的电影作品是一个已经完成的作品，而慕课课程在师生的互动过程中不断产生新的作品。学生在学习过程中提交作业、完成测试或在慕课平台开通的社交媒体上提出问题，引发学生之间的讨论，那么对于具有独创性的作业或对于问题的回答都会构成作品，同时教师在解答学生疑问的过程中，不断地拓展课程内容的广度和深度，也会产生享有著作权的作品，在这个过程中产生的作品与慕课课程视频讲座是不可分割的，两者相辅相成，任何单独的一个都构不成慕课作品，故此，我们说慕课是一门资源生成式的课程，也许生成的资源不一定都能构成著作权法保护的作品，但可以确定的是资源在不断的集聚和产生。

慕课作为一种资源生成式的课程包含文字形式、视听资料、图形等形式，包含了各类作品，但又不属于其中的任何一个类型的作品，其应当是一种新的综合性的作品。既然是一类全新的作品类型，必然具有自身的特点，因其制作过程的复杂性使其版权归属问题相较于传统的作品更加复杂，因其开放和大规模的特征使其具有独特的著作权的内容及权利保护的措施。

第二节　慕课（MOOCs）版权归属

一、一个二维的辩论：大学与教师的所有权

高等教育领域作品的版权归属问题，主要涉及传统的“面对面”课程的版权归属。远程教育课程的版权归属以及今天发展的慕课课程的版权归属问题，从各国教育版权法的规定来看，课程版权归属的讨论主要发生在大学和教师之间，是属于职务作品认定归属，还是合作作品或者是委托作品，但所有的关于高等教育领域作品归属的讨论都在教师与大学的“二维版权归属”的框架内进行讨论，即学者们相关的研究留给我们的法律方法是二维的。

（一）中国慕课版权归属现行法适用性分析

1. 现行著作权法的规定分析

确定高校、教师及平台提供商之间的版权权利分割是慕课课程的版权归属的核心问题。高校与教师的关系，从慕课的实践看，慕课的提供者高校一般与实际的慕课制作人教师之间存在劳动合同，慕课课程制作者与其所在学校或教育机构之间就可能存在职务创作关系，形成的慕课课程可能是法人作品或职务作品。[1]在慕课教师、高校与慕课平台三方的关系中，高校与教师慕课课程制作者与作为投资方的慕课平台之间，因慕课平台是否实质性的参与创作与资金的投入，可能产生两种版权法律关系：一是委托创作关系，二是合作创作，分别对应委托作品与合作作品进行版权归属的认定。

（1）法人作品适用性分析。我国《著作权法》规定：“由法人或者其他组织主持，代表法人或者其他组织意志创作，并由法人或者其他组织承担责任的作品，法人或者其他组织视为作者”，[2] 如上述同时具备法人主持、法人意志、法人承担责任三个条件才构成法人作品。法人作品中作品的创作者和法人或其他组织存在雇佣关系，该类作品的著作权由法人享有，自然人可以领取奖励和工作报酬。据此分析慕课课程的情况，因慕课制作过程的复杂性以及制作中人力、物力、财力等巨大的花费，作为个人无力承担与应对，故慕课一般是由高校或慕课平台主持创作。关于第二个条件，因慕课进行的

[1] 刘建银：“网络课程的著作权归属”，载《开放教育研究》2004年第2期。

[2]《著作权法》第11条第3款。

是一种教育，这一点与传统的面对面教学一样，课程中所传达的意志与思想并非法人的意志与思想，而是作为课程制作者的教师的思想和意志的表达。对于慕课课程责任的承担，从目前的国内外的慕课平台的知识产权相关声明中，明确其本身不承担慕课产生的任何责任，意味着相关责任由提供慕课的高校及其教师承担，但究竟是由高校承担还是两者共同承担目前没有明确的政策。通过上述分析，慕课无法适用法人作品规定来进行著作权归属的认定。

（2）职务创作慕课课程的著作权归属分析。从目前各国版权法规定看，都规定为完成本单位的工作任务所创作的作品为职务作品。我国亦不例外。在慕课中，直接负责慕课的制作者（教师）一般与慕课开发者（大学）之间存在劳动合同（雇佣关系），教师完成慕课制作一般属于完成单位的工作任务，慕课一般属于职务作品。职务作品在各国版权法中都有规定，但就职务作品的版权归属问题，各国立法的设置却截然不同，例如，英美法系国家从法律实用主义角度出发规定职务作品版权归属于单位，大陆法系崇尚自然法理论，认为只有自然人才能创作，故此，只有自然人才能成为作品的原始作者即著作权人，职务作品亦不例外。当然可以通过法定转让的方式将职务作品的版权转让给单位所有。如前所述，我国现行法对于职务作品分为两种情况确定版权归属。

实践中，慕课的制作花费巨大，慕课的课程管理运营需要专业技术的支持，需要巨额资金的投入。根据弗吉尼亚大学的网上学习课程项目主任克里斯汀·帕尔默的估算，考虑助教、版权许可、拍摄、后期制作编辑和硬件等费用，制作一个小时的课程需要花费3000美元。[1]如上所述，慕课与一般的课程不同，制作过程中需要使用所在单位的大量的人力、物力资源，故此，首先，个人无法独自进行慕课制作与传播，慕课的制作一般基于所在高校的任务完成；其次，慕课的制作主要利用了本单位的物质技术条件，可见，慕课作品符合职务作品的两种情形，既为完成工作任务亦是主要利用了本单位的物质技术条件的作品。按照第一种职务作品认定，如所有权利属于创作的教师，考虑到慕课制作中人力、财力等投入，高校受到不公正的待遇，同时

---

〔1〕 MOOCs：An Opportunity for Professors，or Grave Threat，http://www.ecampusnews.com/top-news/moocs-professors-threat-399/.

慕课在将来的运行中的技术支持、人力和财力的大量投入不是教师所能够负担的，故此，此种版权归属制度不适合慕课的特点。但如果就此认定慕课属于职务作品的第二种情形，慕课制作的教师只享有署名权，其他权利由单位享有，基于慕课的经济属性及教师职员的流动性等考虑，这样的著作权归属无疑是对学术自由原则的破坏以及对慕课制作教师意志的不尊重。可见，按照现行著作权法关于职务作品关于版权归属的规定进行慕课版权归属分析，其结果都是不科学、不合理的。也就是说，运用现行著作权法职务作品的版权归属规范慕课作品，会产生利益分配的失衡，不利于慕课制作教师的权利保护，不利于高校参与制作慕课的热情，更不利于慕课的可持续发展。

（3）委托作品、合作作品适用性分析。如上述的分析，依据法人作品、职务作品法定归属的方式确定慕课的版权归属条件并不合适，使用其进行著作权归属的认定也会产生分配不公的结果。慕课创作中使用的作品资源众多，涉及不同的参与者，创作过程涉及的因素众多，导致创作主体间版权法律关系错综复杂。在没有法律明确规定解决这个问题的情况下，应对之法可采取约定归属的办法，以使双方权利义务得以有效落实。[1] 采取约定方法确定著作权的归属形成两种类型的作品——委托作品和合作作品。慕课具有教育公益目的的同时也具有一定经济属性，公益性与商业性为慕课的双轨制的运行模式。慕课平台可以分别委托教师或高校进行慕课的制作，委托创作的慕课著作权的归属依据委托作品的规定划分。慕课平台也可以采取与教师或高校合作的方式进行慕课的制作，当事人可采用合同的方法是约定课程归属，一般来说，在民事法律关系中，约定版权归属的方法，形式灵活，成本较低，体现民法的意思自治的精神，但是，在慕课平台、高校以及教师三方关系的力量对比中，教师明显处于弱势地位，尤其是现实中很多情况是慕课平台直接与高校签订协议，教师并没有出现在协议之中，高校往往将慕课的制作看成是教师的职务行为，教师的地位被忽视，权利得不到应有的重视，所以低社会成本的约定方式也会产生利益分配的失衡。

如上分析，依照我国《著作权法》职务作品、合作作品以及委托作品等方面的规定进行慕课的版权归属认定，会产生利益分配失衡，就其利益分配所产生的激励性而言，这种归属因忽视了创作者或高校的利益，而不利于发

[1] 刘建银："网络课程的著作权归属"，载《开放教育研究》2004年第2期。

挥他们参与慕课创作的积极性，而他们却恰恰是慕课创作的源头活水。

2.《关于实施新世纪网络课程建设工程的通知》分析

我国著作权版权归属的原则兼具英美法系与大陆法系版权归属制度的特点，在电影作品、职务作品等作品的版权归属规定上体现了英美法系注重著作权中财产权的特征，倾向于“依据投资原则”确定著作权的归属；同时版权法对于版权归属问题上也体现了对于作品作者精神权利的尊重，如即使是电影作品、职务作品中创作的自然人至少享有署名权。这种著作权归属的特征，在教育部2000年发布的《关于实施新世纪网络课程建设工程的通知》（以下简称《通知》）中体现得特别明显。《通知》规定：“新世纪网络课程建设工程的支持方式包括全额资助、部分资助和政策支持三种。全额资助指由教育部全额投入项目经费，项目成果的著作权归教育部所有，项目承担者享有署名权。部分资助指由教育部和项目承担者各自按照一定的比例投入项目经费，项目成果的著作权由教育部和项目承担者分享。政策支持是指对申请项目提供政策上的支持，项目经费由承担者自筹，项目成果的著作权由承担者独自享有。”另外，在课程项目建设中，经常出现配套经费、自筹部分经费情况，那么按照投资原则确定的著作权归属时，提供配套经费的那一方，无论是法人还是创作的自然人都可以成为课程项目的权利主体。

慕课是一种网络课程，是在相应的信息技术、云计算和社交媒体软件等的支持下，能够实现网络授课、学习、讨论、答疑、提交作业及最后的测试等环节，是真正意义上的网络课程教学模式。慕课与传统的远程教育等网络课程相比具有开放性与互动性的特征，开放性使得慕课的发展超越一国的边界，吸引了大规模的慕课学习使用者，也带来各国版权制度差异所导致的问题以及课程所蕴含的各国文化的世界传播问题。互动性改变了过去以教师为中心的授课模式，实现学生为主体，教师为引导的新的授课模式，进而引发学生在学习过程中所产生的作品版权保护的思考。版权法对于慕课在线课程的诸多构成要素，授予及时和自动的版权保护，对于这些构成要素，包括概念的解释、图片、图表等，某些人将拥有版权。那么，谁将拥有慕课在线课程的版权？慕课相较于一般的网络课程加入新的权利主体，权利关系的处理将变得更为复杂。慕课课程制作中涉及投资者（不管有多少方）、教师以及教师所在单位等三类，慕课运行过程中涉及教师及学生权利主体。如按照上述的《通知》规定，如果慕课具有全额资助的性质，慕课课程的著作权就应当由投资者享有，但这种著作权的归属模式过于强调投资在作品制作过程中的作用，忽视了课程制作者（教师）在课程中智力投入的重要性，不利于慕课制作者（教师）权利的维护，可能损害教师参与慕课课程开发制作的积极性。同时人力、财力、技术等投入对于慕课课程成果都是不可或缺的。易言之，在慕课教育资源共建中，确定资源的著作权归属极为重要，依据我国现行《著作权法》“全有或全无”版权归属模式进行慕课版权归属划分时，赋予某些人对慕课在线课程的版权时，另一些人会一无所有，最终形成的结果无疑会有害于这个教育事业。

（二）美国慕课版权归属现行法扫描

在美国，外部法律如版权法和内部的法律如法律合同和版权政策，共同决定网络课程资料的所有权。[1]

1. 外部法律——美国教师职务作品制度之演变

外部法律的主要来源 1976 年版权法案，它提出所有权产生于作者。[2] 雇佣作品条款改变了这一基本原则，该法将雇佣作品分为两种类型：①作品由受雇者在工作职责范围内准备，或②为某个特定的目的而“特别的命令或委托”，但要求双方签署明确的书面协议。[3] 这一原则将所有权授予雇主而不是创造者。

美国最高法院在 COMMUNITY FOR CREATIVE NON-VIOLENCE v. REID 案（以下简称 Reid 案）中[4]为适用雇佣作品条款，开发了一个由两部分组成的方法。首先，法院必须决定作品的创造者是一个员工还是一个独立的承包商。[5] 法院列举了 12 个因素决定，是否雇佣方是一个员工，包括：在作品完成过程中，招聘方对作品完成的方式和手段的控制权；完成作品需要的技能；招聘方是否有向雇佣方分配额外项目的权利；提供员工福利；受雇方

---

〔1〕 JOHN D. MCMILLEN, “Intellectual Property: Copyright Ownership in Higher Education: University”, *FACULTY*, & *STUDENT RIGHTS* 42 (Donald D. Gehring & D. Parker Young eds., 2001). at 11.

〔2〕 17 U. S. C. § 102 (a) (2000).

〔3〕 17 U. S. C. § 101 (2000).

〔4〕 COMMUNITY FOR CREATIVE NON-VIOLENCE v. REID, 490 U. S. 730 (1989), https://www.law.cornell.edu/copyright/cases/490_ US_ 730.htm.

〔5〕 Cmty. for Creative Non-Violence v. Reid, 490 U. S. at 751. (1989).

的税收待遇。[1] 尽管Reid案中各方并非身处学术界，但学者运用这些因素发现“大多数教员是他们所在单位机构的雇佣者没有问题”。[2] 例如，克莱因侧重于两个因素：对控制生产的方式和手段的权利，设备和工具的来源，并得出结论，创建在线课程资料的教师成员很容易被视为雇员。[3]

法院决定创造者是一个员工或一个独立的承包商之后，这一方法的第二部分是对作品本身进行分类。[4] 如果创造者是一个员工，法院必须进一步看看创作作品是否属于“他或她的工作范围内”。[5] 尽管Reid案中从来没有满足这个要素，但一些地方法院运用三个因素来判断（米勒案是一个典型），作品在以下条件下是作为“工作范围内”的准备：①它是一种员工执行工作的一种方式；②作品实质上完成于授权的工作时间和空间内；③工作的目的，至少在某种程度上，是为用人单位服务。[6] 克莱恩和劳克林都同意，在典型的教师合同条件下，由一位教授所制作的在线课程材料应当处于“工作职责范围内”。[7] 然而，如果创造者是一个独立的承包商，基于委托或特约而创作了作品，那么，双方必须有签署一个“创作属于职务作品”的书

〔1〕 Cmty. for Creative Non-Violence v. Reid, 490 U. S. at 751-52 (1989). These five factors have been given more weight by a subsequent Second Circuit decision, Aymes v. Bonelli, 980 F. 2d 857, 861 (2d Cir. 1992). The remaining factors are location of the work, duration of the relationship between the parties, the extent ofthe hired party's discretion over when and how long to work, the method of payment, the hired party's role in hiring and paying assistants, whether the work is part of the regular business of the hiring party, and whether the hiring party is in business. *Reid*, 490 U. S. at 751-52.

〔2〕 Gregory Kent Laughlin, "Who Owns the Copyright to Faculty-Created Web Sites?: The Work for-Hire Doctrine's Applicability to Internet Resources Created for Distance Learning and Traditional Class room Courses", 41 B. C. L. REV. 569 (2000).

〔3〕 Michael W. Klein, " 'The Equitable Rule': Copyright Ownership of Distance-Education Courses", 31 J. C. & U. L. 162 (2004).

〔4〕 *Reid*, 490 U. S. at 751.

〔5〕 17 U. S. C. § 101 (2000) (defining that a work-for-hire is a work prepared during one's scope of employment).

〔6〕 Miller v. CP Chemicals, Inc., 808 F. Supp. 1238, 1243 (D. S. C. 1992) [citing RESTATEMENT (SECOND) OF AGENCY § 228 (1) (1958)]; *accord* City of Newark v. Beasley, 883 F. Supp. 3, 7 (D. N. J. 1995).

〔7〕 Michael W. Klein, " 'The Equitable Rule': Copyright Ownership of Distance-Education Courses", 31 J. C. & U. L. 166 (2004); Gregory Kent Laughlin, "Who Owns the Copyright to Faculty-Created Web Sites?: The Work for-Hire Doctrine's Applicability to Internet Resources Created for Distance Learning and Traditional Class room Courses", 41 B. C. L. REV. 575 (2000).

面协议,[1] 否则不予认定属于职务作品。假设在线课程材料是教学文本，所有权问题的解决将取决于大学与教授之间签署的合同的存在和范围。[2]

然而，基于1909年的版权法的案例承认雇佣作品的“教师例外”,[3] 从本质上讲，即使教授被归类为员工，其仍保留出版物或课堂笔记材料的所有权，因为他们基于某些领域的教学和研究而受雇，而不是以大学指定特定的方式受雇。[4] 然而，1976年的版权法中，美国国会没有允许[5]“教师例外”（Congress made no allowance for the Teacher exception）。[6]在这个法案后被引用的两个案件中，第七巡回法庭通过判决附带意见，在这个问题上已经产生分歧。[7] 同样，几个内部法律的来源帮助确定所有权。例如，版权法允许作品的创造者通过合同分配所有权，甚至限制许可。[8] 对于许多在线课程来说，大学和教师进行一个不同于劳动合同的单独的协议，以致大学通过提供

---

〔1〕 Elizabeth Townsend, “Legal and Policy Responses to the Disappearing ‘Teacher Exception,’ or Copyright Ownership in the 21st Century University”, 4MINN. INTELL. PROP. REV. 242 (2003). (stating that the limited categories of work include 1) “a contribution to a collective work; 2) a part of a motion picture or other audiovisual work; 3) a translation; 4) a supplementary work; 5) a compilation; 6) an instructional text; 7) a test; 8) answer material for a test; and 9) an atlas.” [citing 17 U. S. C. § 101 (2002)].

〔2〕 Michael W. Klein, “‘The Equitable Rule’: Copyright Ownership of Distance-Education Courses”, 31 J. C. & U. L. 177 (2004).

〔3〕 Elizabeth Townsend, “Legal and Policy Responses to the Disappearing ‘Teacher Exception,’ or Copyright Ownership in the 21st Century University”, 4MINN. INTELL. PROP. REV. 226 (2003).

〔4〕 Williams v. Weisser, 78 Cal. Rptr. 542, 546 (Cal. Ct. App. 1969) (holding that the professor owns the copyright to his lectures)

〔5〕 SJOHN D. MCMILLEN, INTELLECTUAL PROPERTY: COPYRIGHT OWNERSHIP IN HIGHER EDUCATION: UNIVERSITY, FACULTY, & STUDENT RIGHTS 14 ~ 15 (Donald D. Gehring & D. Parker Young eds., 2001) {stating that “had Congress meant for courts to adopt case law that adhered to theTeacher exception rule it would have expressly indicated this intention in the 1976 Copyright Act” [explaining *Reid*, 490 U. S. at 749 (1989) (stating “In framing other provisions of the Act, Congress indicated when it intended to incorporate existing case law”)] }.

〔6〕 See, e. g., Patrick v. Francis, 887 F. Supp. 481, 486 (W. D. N. Y. 1995); Firoozye v. Earthlink Network, 153 F. Supp. 2d 1115, 1122 (N. D. Cal. 2001).

〔7〕 *Compare* Hays v. Sony Corp. Of America, 847 F. 2d 412, 416 (7th Cir. 1988) (stating that “the reasons for a presumption against finding academic writings to be work made for hire are as forceful today as they ever were”), *with* Weinstein v. Univ. of Ill., 811 F. 2d 1091, 1094 (7th Cir. 1987) (holding that Copyright Act's work-for-hire provision is broad enough to grant ownership to universities absent an institutional copyright policy).

〔8〕 17 U. S. C. § 201(d)(1)(2000).

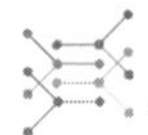

额外的补偿或减少负担课程的方式，大学可以取得完全所有权。[1]

在美国，基于对学术自由原则的尊重与坚持，历来有职务作品“教师例外”的传统。传统上，学院和大学认为教员是所有版权材料的作者——包括书籍和文章，讲座和课程讲义等课程内容，都是教员的财产（尽管斯坦福大学在他的版权政策中断言他是基于教学目的开发课程软件和所教授课程的所有权人）。[2] 这一传统，允许教员要求他们作品的所有权，承认教员对于教学中所创造的版权材料的所有权起源于判例法。1915 年美国大学教授协会（American Association of University Professors，简称 AAUP）成立，其主要宗旨就是推动及保障高等院校内的学术自由。1940 年发表了著名的“学术自由与终身教职原则声明”（1940 Statement of Principles on Academic Freedom and Tenure）。1940 年学术自由的声明通过美国大学教授协会保留下来，声明宣称：“教师在研究与出版方面具有完全的自由，服从他们学术职责的履行。但有经济回报的研究应该立足于与机构官方的一个协议。”然而，对于版权所有权意义，美国大学教授协会在 1999 年的版权声明中强有力地明确表达了关于版权所有权的观点。在学术研究中，是教员而不是机构决定了主题、知识的方法、方向和结论；这是学术自由的本质。如果该机构拥有版权的作品，按照职务作品的理论，它将有权利，例如，决定出版工作、编辑和其他的修改，据以准备衍生作品……甚至完全审查和禁止作品传播。这样的权利，严重地不符合学术自由的基本原则，不能授予给机构。[3]

---

〔1〕 Andrea L. Johnson, *Reconciling Copyright Ownership Policies for Faculty-Authors in Distance Education*, 33 J. L. & EDUC. 450 (2004).

〔2〕 OFFICE OF THE VICE PROVOST AND DEAN OF RESEARCH AND GRADUATE POLICY, STANFORD UNIV., RESEARCH POLICY HANDBOOK: COPYRIGHT POLICY, at § F, *available at* http://www.stanford.edu/dept/DoR/rphI5-2.html (last visited Sept. 29, 2006). In contrast, the copyright policy of the University of Michigan states that the University may claim ownership of faculty-created instructional materials or courseware, including online course materials, where "the University has specifically requested such materials and either invested unusual University resources in them ... or specifically compensated faculty-creators" with additional measures such as added compensation or release time. THE REGENTS OF THE UNIV. OF MICH., UNIV. OF MICH., UNIVERSITY POLICIES: OWNERSHIP OF COPYRIGHTED WORKS CREATED AT OR IN AFFILIATION WITH THE UNIVERSITY OF MICHIGAN § C (1) (b), *available at* http://www.copyright.umich.edu/official-policy.html (last visited Sept. 29, 2006).

〔3〕 AM. ASS'N OF UNIV. PROFESSORS, STATEMENT ON COPYRIGHT (1999), available at www.aaup2.org/statements/Redbook/Spccopyr.htm.

1976年版权法是否采用职务作品“教师例外”这一传统还不清楚。[1] 有争议的是，有机构断言，在雇佣期间所获得并且和大学的预期目标相一致的作品所有权属于大学。尽管如此，许多学院和大学，包括理查德斯·托克顿学院，继续对教师对“学术和审美版权作品”包括课程内容主张所有权的行为给予尊重，在某种程度上是因为学院和大学对于作品的完成并没有贡献出实质性的资源，也没有专门委托特定工作。[2] 最完全的清晰意见来自法官（前）教授理查德·波斯纳在Hays v. Sony Corp. of America[3]（海斯诉索尼公司）案中权威的意见，波斯纳法官在合理的“普遍的假设和实践”情形下，在关于谁拥有版权权利没有明确的协议的情况下，将版权的权利归属于老师，因为“一个学院或大学在他的老师准备学术书籍和文章时不指导监督，并在老师们开发他们的作品时没有提供很充分的装备等辅助”。考虑到废除职务作品“教师例外”的原则这样一个结论对学术机构稳定的实践会造成破坏，考虑到职务作品条款与学术生产条件的不协调，并没有任何迹象表明美国国会旨在废除“教师例外”，故此，如一定要解决这一个问题，那么我们可能得出结论，“教师例外”条款被1976年法案的颁布保存下来。[4] 但尽管有波斯纳法官的判决，1976年的版权法给职务作品的“教师例外”留了很少的余地。1909年版权法允许承认雇主和雇员之间的所有权默示协议，但1976年的版权法第201（b）款要求，如果要改变职务作品的所有权归属，需要双方签署书面协议进行明确约定。在WEISTEIN v. UNIVERSITY ILLINOIS（温斯坦诉伊利诺伊州

---

〔1〕 Courts have split on the issue of whether the Copyright Act of 1976 incorporated theTeacher exception, with most concluding that it did not survive the codification. *See* GEORGIA HARPER, UNIV. OF TEX. SYS., COPYRIGHT LAW IN CYBERSPACE: SCENARIOS ADDRESSING OWNERSHIP, FAIR USE, VICARIOUS LIABILITY AND “CYBERSQUATTING”(TRADEMARKS), http://www.utsystem.edu/ogc/intellectualproperty/cybrscen.htm (last visited Sept. 29, 2006).

〔2〕 GEORGIA HARPER, UNIV. OF TEX. SYS., COPYRIGHT LAW IN CYBERSPACE: SCENARIOS ADDRESSING OWNERSHIP, FAIR USE, VICARIOUS LIABILITY AND “CYBERSQUATTING” (TRADEMARKS), http://www.utsystem.edu/ogc/intellectualproperty/cybrscen.htm (last visited Sept. 29, 2006). opines that “online courses require so much more institutional investment than a textbook did that it is not clear at all that aTeacher exception would be fair in this circumstance.”

〔3〕 Hays v. Sony Corp. of America 847 F. 2d 412 (7th Cir. 1988), http://thelawschoolguys.com/law-students/case-briefs-bank/civil-procedure/hays-v-sony-corp-of-america/.

〔4〕 Robert C. Denicola Copyright and Open Access: Reconsidering University Ownership of Faculty Research, Nebraska Law Review [Vol. 85: 351Citation: 85 Neb. L. Rev. 351 2006~2007.

大学）案件中，法官伊斯特布鲁克（巡回法官 Circuit Judge，另一位前教授）指出，地方法院认为，温斯坦作品落入伊利诺伊州大学版权政策[1]，因为大学资助了他的实习医生项目，同时因为，作为一名临床学教授，温斯坦被要求进行与临床项目有关的写作。地方法院得出结论，作品[2]是该大学的财产而不是温斯坦的，因为它是一个“雇佣作品”，版权法赋予雇主对于雇员职务作品以完整的权利，[3] 除非合同另有规定。“法令一般足以让每一个学术文章为雇佣作品，作品的独占权在大学而不是学者”，[4] 尽管他解释该大学的版权政策承认教授的所有权。如同判例法，评论家对此存有异议，但即使是不情愿，似乎有一个清晰的一致意见，职务作品的规则已经昂首挺进了教师和大学教员的传统的产出作品中。[5]

---

〔1〕 WEISTEIN v. UNIVERSITY ILLINOIS . NO. 85 C 7771，http://www.leagle.com/decision/19861490628FSupp862_ 11353/WEINSTEIN%20v.%20UNIVERSITY%20OF%20ILLINOIS.

〔2〕 a paper describing the clerkship and the data obtained from questionnaires.

〔3〕 17 U. S. C. § 201（b）.

〔4〕 WEISTEIN v. UNIVERSITY ILLINOIS. NO. 85 C 7771，http://www.leagle.com/decision/19861490628FSupp862_ 11353/WEINSTEIN%20v.%20UNIVERSITY%20OF%20ILLINOIS.

〔5〕 Weinstein v. University of Illinois United States Court of Appeals，Seventh Circuit. February 04，1987 811 F. 2d 1091 1987 Copr. L. Dec. P 26，064 86-1426. See，e. g.，Ashley Packard，“Copyright or Copy Wrong：An Analysis of University Claims to Faculty Work”，7 CoMm. L. & POLIcY 314（2002）（“Under the Copyright Act's work-for hire provision，faculty works appear to belong to the universities that employ the faculty.”）；Margaret Smith & Perry Zirkel，“Implications of CCNV v. Reid for the Educator-Author：Who Owns the Copyright?”，63 EDUC. L. REP. 703，711（1991）［“The conclusion that scholarly writings and other faculty work products，meet the scope of employment test of the Act's made for hire provision is virtually unanimous among legal commentators. Congress failed to incorporate the ‘teacher exception’ in the 1976 Act or its legislative history.”（footnotes omitted）］；Leonard D. DuBoff，“An Academic's Copyright：Publishand Perish”，32 J. COPYRIGHT SOC'Y 17，25-26（1984）（“This means that when a university professor publishes in his academic field，the university probably owns the copyright…This result is unfortunate.”）；Todd F. Simon，“Faculty Writings：Are They ‘Works Made for Hire’ Underthe 1976 Copyrigh tAct?”，9 J. COLL. & UNIV. L. 505（1983）［“Colleges and universities appear to have a strong argument，should they want to use it，that scholarly writings fit the course of employment tests used to determine if a work as［sic］made for hire.”（footnote omitted）］. But see Wadley & Brown，James Wadley & JoLynn Brown，“Working Between the Lines of Reid：Teachers，Copyrights，Work-For-Hireanda New Washburn University Policy”，38 WASHBURN L. J.（1999）.（arguing against an all-or-nothing interpretation ofthe work-for-hire rules in the academic context）；Laura Lape，“Ownership of Copyrightable Works of University Professors：The Interplay Between the Copyright Act and University Copyright Policies”，37 VILL. L. REV. 223，246（1992）（“［T］he 1976 Act did not disturb the professors' exception from the work-for-hire doctrine；to the extent that such an exception ever existed，it continues to exist.”）；Russ VerSteeg，“Copyright and the Educational Proces s：The Right of Teacher Inception”，75 IOWA L. REV. 412（1990）（advocating a“teacher exception，”but calling the issue“an open question”.）；Rochelle Dreyfuss，

2. 慕课、远程教育等在线课程版权之争

回顾美国教育版权法的历史，教师和大学的版权之争由来已久，是高等教育的固有矛盾。远程教育的发展，激化了教师与大学之间的版权归属、作品使用之争。1999 年 5 月，美国大学协会（Association of American Universities，简称 AAU）的知识产权特别小组发布了《知识产权和新媒体技术报告》，认为远程教育课程的版权属于大学，但可以向教师支付报酬。同年 6 月，美国大学教授协会（AAUP）发布《远程教育报告》，针锋相对地指出除非是合作创作、委托创作或有协议规定，否则教师应该保留其创作的网络课程的所有权利。不过由于使用了学校的一些资源，教师应该给予学校一些补偿，否则会损害学术自由，还会打击教师参与网络教育的积极性，[1]不利于远程教育的发展。

在美国对远程教育版权问题的解决方面，美国大学协会在这方面提供了有价值的指导方针，并建议根据长期形成的惯例，大学承认教师享有文本、书籍这些传统作品的所有权。[2]然而，关于新的信息技术，应该少关注产品和更多的关注她的创建过程。因此，在确定所有权时必须关注“创建作品时贡献者的状态，创建所需的资源和设施。[3]” 回顾一些学院和大学版权政策表明，许多反映遵从传统的观点，书籍、手稿、文学和视觉作品、文章及由此产生的版权的权益授予给作为作者的教授。[4]而对另一些作品，虽然认识到这样的

（接上页）“The Creative Employee and the Copyright Act of 1976”, 54 U. CHI. L. REV. 590, 593 (1987) (declining to “personally endorse” the commentators' conclusion that universities can claim ownership of faculty output).

〔1〕 刘建银：“网络课程的著作权归属”，载《开放教育研究》2004 年第 2 期。

〔2〕 SINTELLECTUAL PROP. TASK FORCE, ASS'N OF AM. UNIVS., INTELLECTUAL PROPERTY AND NEW MEDIA TECHNOLOGIES: A FRAMEWORK FOR POLICY DEVELOPMENT ATAAU INSTITUTIONS (1999), *available at* http://www.aau.edu/reports/IPReport.html.

〔3〕 Dennis P. Thompson, “Intellectual Property Meets Information Technology”, 34 EDUCOM REvIEW 8 (1999), who states “The question of whether information technology products are more like books or more like inventions ... is precisely the wrong one to sk. It focuses attention on the nature of the product instead of the way it is created. A simple shift of perspective-from attributes of the product itself to the circumstances of its creation-is an essential step in developing a coherent policy for information technology products.”

〔4〕 TRINITY UNIV., TRINITY UNIVERSITY COPYRIGHT POLICY, available at http://www.trinity.edu/home/copyright.htm (last visited Sept. 29, 2006); COLUM. UNIV., COLUMBIA UNIVERSITY COPYRIGHT POLICY, available at http://www.columbia.edu/cu/provost/docs/copyright.htm (last visited Sept. 28, 2006). OFFICE OF THE VICE PROVOST AND DEAN OF RESEARCH AND GRADUATE POLICY, STANFORD UNIV., RESEARCH POLICY HANDBOOK: COPYRIGHT POLICY, at § F, available at http://www.stanford.edu/dept/DoR/rphI5-2.html (last visited Sept. 29, 2006).

所有权，但学校为课程继续使用的目的可以保留许可权利。[1] 相比之下，有一些机构在所有权政策中关于教师技术方面做了泾渭分明的区别，明确宣称在线课程与作为基础的课件的所有权。[2] 对许多人来说，决定机构是否会主张所有权的决定因素，要看学院或大学资源消耗的程度，以及它们是否是“实质性”[3]“例外”[4]“不寻常的”?[5] 作品能否被视为“机构作品”?[6] 2002年版权法案及其修正案（theTeach Act），无疑提供给机构自由裁量权决定应该如何定义这些术语，并且在他们的版权政策中建立所有权的标准。[7]

在美国，遵循“学术自由”原则，传统与教育有关的学术作品，如教材、讲义等版权属于教师，因此，基于同样的原则，教师认为慕课课程版权同这

---

〔1〕 See REGENTS OF THE UNIV. OF CAL., UNIV. OF CAL., U. C. COPYRIGHT: 2003 POLICY ON OWNERSHIP OF COURSE MATERIALS, available at http://www. universityofcalifomia. edu/copyright/systemwide/pocmdiv. html (last visited Sept. 29, 2006) (A) (noting that ownership rights to Course Materials, including copyright "shall reside with the Designated Instructional Appointee" who created them, the University retains a "fully paid-up, royalty-free, perpetual, and non-exclusive worldwide license to any Course Approval Documents for the purpose of continuing to teach the course of instruction for which the documents were prepared, with the non-exclusive right to revise and update them as required for this purpose.")

〔2〕 OFFICE OF THE VICE PROVOST AND DEAN OF RESEARCH AND GRADUATE POLICY, STANFORD UNIV., RESEARCH POLICY HANDBOOK: COPYRIGHT POLICY, at § F, available at http://www. stanford. edu/dept/DoR/rphI5-2. html (last visited Sept. 29, 2006).

〔3〕 COLUM. UNIV., COLUMBIA UNIVERSITY COPYRIGHT POLICY, at §1 (B) *available at* http://www. columbia. edu/cu/provost/docs/copyright. htm (last visited Sept. 28, 2006).

〔4〕 COUNSEL, UNIV. OF N. C. AT CHAPEL HILL, POLICIES AND PROCEDURES: COPYRIGHT POLICY, at § A (2)(2001), *available at* http://www. unc. edu/campus/policies/copyright. html. *See*REGENTS OF THE UNIV. OF CAL., UNIV. OF CAL., U. C. COPYRIGHT: 2003 POLICY ON OWNERSHIP OF COURSE MATERIALS, at § Ill (C), available at http://www. universityofcalifomia. edu/copyright/systemwide/pocmdiv. html.

〔5〕 See, e. g., RIDER UNIV., AGREEMENT BETWEEN RIDER UNIV. AND THE RIDER UNIV. CHAPTER OF THE AAUP: ARTICLE XXXII, § C (3), available at http://www. rider. edu/-aaup/currentcontractiXXII. html (last visited Sept. 29, 2006) (stating that substantial use of University resources that triggers joint ownership of the intellectual property created, includes projects undertaken by the bargaining unit member with the benefit of substantial or unusual funds, facilities, or opportunities to which the bargaining member would ot ordinarily be entitled).

〔6〕 COLUM. UNIV., COLUMBIA UNIVERSITY COPYRIGHT POLICY, at § E (I), available at http://www. columbia. edu/cu/provost/docs/copyright. htm (last visited Sept. 28, 2006).

〔7〕 AUDREY W. LATOURETTE, J. D. COPYRIGHT IMPLICATIONS FOR ONLINE DISTANCE EDUCATION Content downloaded/printed from Hein Online (http://heinonline. org) Thu Apr 23 21: 38: 43 2015https://www. copyright. com/ccc/basicSearch. do? &operation = go&searchType = 0 &lastSearch = simple&all = on&titleOrStdNo = 0093-8688.

些作品一样，属于自己。因为创建和维护在线课程需要教员付出大量的时间，和课程潜在的经济利益，促使教员寻求获得课程的所有权。[1] 但是，为慕课创建课程内容，尤其是课件的时候，会有程序员和图形设计者等许多人的努力，使得版权的归属问题通常比较复杂。因此，可能存在几个当事人都要求对在线课程享有版权的情况，而且，通常情况下，在线课程需要机构更多的实质性的参与，为教员提供技术上的帮助，为教员发展在线课程提供时间（减少其他的工作任务），为支持慕课发展提供的定向基金和支持，以及为促进课程的发展，机构所提供的其他有意义的资源贡献。

例如，康奈尔对利用大学资源进行大量的实质性使用而产生的课件，实施一个公平的所有权利益。[2] 因此，对于超出对学院或大学的设施与财务支持偶然使用而创造的受版权保护的资料，高校通常主张"版权所有权"，[3] 更

---

〔1〕 Developing an online distance education course encompasses tasks that include: modifications to instructional strategies and assignments, the learning of a course management tool and software, and preparation of lectures with streamed video and audio. *See* Zeliff, *supra* note 7, at 56 Johnson, *supra* note 54, at 436.

〔2〕 *See* CORNELL UNIV. BD. OF TRS. EXECUTIVE COMM., CORNELL UNIV., CORNELL UNIVERSITY COPYRIGHT POLICY, available at http://www.policy.comell.edu/cmimages/uploads/polUCopyright.html (last visited Sept. 29, 2006); see also OFFICE OF THE VICE CHANCELLOR AND GEN. COUNSEL, UNIV. OF N. C. AT CHAPEL HILL, POLICIES AND PROCEDURES: COPYRIGHT POLICY (2001), available at http://www.unc.edu/campus/policies/copyright.html. The University of North Carolina at Chapel Hill's policy articulates that exceptional use of University resources, which triggers University ownership of Traditional Works or Non-Directed Works, includes the following: (i) Waiver of fees normally required to use specialized facilities such as equipment, production facilities, service laboratories, specialized computing resources, and studios; (ii) Institutional funding or gifts in support of the work's creation; and (iii) Reduction in levels ofTeaching, service or other typical university activities (e.g., course load, student advising responsibilities, division/department meetings, office hours, administrative responsibilities) specifically to facilitate creation of the work. *Id.* at § V (A) (2) (a).

〔3〕 STATE OF NEW JERSEY AND THE COUNCIL OF NEW JERSEY STATE COLLEGE LOCALS, AFT, AFL-CIO, AGREEMENT 94 (Oct. 15, 2003), available at http://cnjscl.org (follow "Agreements: PDF Full-Time 03-07 Agreement" hyperlink) [hereinafter AGREEMENT, STATE OF NEW JERSEY]. (providing the most recent union contract for state colleges in New Jersey). Universities may also assert ownership claims of online courses as a vehicle to deter faculty from developing courses for competing institutions. *See* Michael W. Klein, "'Sovereignty of Reason': An Approach to Sovereign Immunity and Copyright Ownership of Distance-Education Courses at Public Colleges and Universities", 34 J. L. & EDUC. 199, 206-07 (April 2005) (discussing the instance wherein Harvard Law School Professor Arthur R. Miller developed several videotaped lectures for Concord University School of Law, purportedly the first online law school). In response to this perceived violation of Harvard's prohibition againstTeaching at another institution without administrative approval, and notwithstanding Professor Miller's protests that his conduct did not constitute "teaching," the law school

进一步，和其他机构一样，根据签署的合同，专门分配一个员工创建作品，斯托克顿学院[1]将是版权材料的唯一所有者，或者指派一个轮流的任务，同时随附一个书面的要求版权资料所有权的声明，对接收临时任务所可能产生的任何作品，斯托克顿学院要求成为唯一的版权所有者。[2]值得注意的是，1976 年的版权法案和随后的修改案并没有解决远程学习中课程内容和课件的版权所有权问题。因此，对此问题的决定必须与现存的大学的政策和合同相一致。[3]

在远程教育领域，关于版权作品所有权问题，还存在另一个相关的问题，学院或大学教员是否可以为具有竞争关系的其他学院或大学开发一个在线远程教育课程？慕课作为在线课程，同样面临着这一问题。美国大学协会（AAU）指出，新的信息技术给大学带来这个“承诺”的困境。[4]在“承诺”原则上，其建议“一个大学全职教员，在没有得到本部大学的批准的情况下不应该允许为另一所大学或私人公司……开发商业相关的新媒体技术内

（接上页）revised its faculty manual to require the dean's permission before one serves as aTeacher or consultant to an online university. Andrea L. Johnson, *Reconciling Copyright Ownership Policies for Faculty-Authors in Distance Education*, 33 J. L. & EDUC. 434（Oct. 2004）.

〔1〕 位于美国新泽西州波莫纳，创建于 1968 年。

〔2〕 STATE OF NEW JERSEY AND THE COUNCIL OF NEW JERSEY STATE COLLEGE LOCALS, AFT, AFL-CIO, AGREEMENT 94（Oct. 15, 2003）, available at http://cnjscl. org（follow "Agreements: PDF Full-Time 03-07 Agreement" hyperlink）[hereinafter AGREEMENT, STATE OF NEW JERSEY].

〔3〕 Andrea L. Johnson, "Reconciling Copyright Ownership Policies for Faculty-Authors in Distance Education", 33 J. L. & EDUC. 450（Oct. 2004）observes that many institutions seek to avoid ownership issues related to distance education by "publishing or producing the course materials as works for hire, assigning professors to create the work for additional compensation or release time". Works for hire under the Copyright Act of 1976, § 201, are those prepared by an employee within the scope of his or her employment, and thus are deemed the property of the employer. Pursuant to such classification coupled with the restraints imposed by an institution's copyright policy, faculty rights to copyright ownership of distance education courseware and course content may be limited.

〔4〕 ee INTELLECTUAL PROP. TASK FORCE, ASS'N OF AM. UNIVS., INTELLECTUAL PROPERTY AND NEW MEDIA TECHNOLOGIES: A FRAMEWORK FOR POLICY DEVELOPMENT AT, AAU INSTITUTIONS（1999）, available at http://www. aau. edu/reports/IPReport. htmi AAU recommends that institutions contemplating implementing regulations addressing this issue examine Princeton University's conflict of commitment policy, and notes that it is "quite explicit about requiring faculty to receive permission from the University when they wish toTeach at another school". at n. 22.

容”。[1] 支持这一立场的理由可能类似于哈佛大学的相关表达，在哈佛大学诉亚瑟·R. 米勒教授与康科德大学法学院的案件中，亚瑟·R. 米勒教授与康科德大学法学院签订合同，为康科德大学网上提供的课程创建和提供几个录像讲座，此案中，哈佛大学认为，亚瑟·R. 米勒教授的这种做法，事实上在其是否仍然与哈佛大学保持着关系上会引起公众的困惑，同时使哈佛大学的名字价值被稀释。而与此相反，美国大学教授协会支持教员独立并主动创造作品，教员享有版权，指出，哈佛大学和其他学校采取的立场并不一致，因为还有一些学院和大学，通过合同谈判，给予他们的教员为其他的机构提供在线远程教育课程的权利。密歇根大学以一种彻底的方式解决了这一问题，在它的“大学政策”里，在谈到与大学有联系的受版权保护的作品的所有权时，认为“与利益冲突和承诺原则相一致，大学任命的全职教师不应该以与大学课程、大学教育项目或者教育活动相竞争的任何方式，使用或许可他人使用作品，除非存在事先书面许可”。

慕课对大学资源的依赖性更强，不仅课程规划、设计、制作需要利用大学的人力、技术与设备，而且要得到大学的资助。大学政策设置大学资源被使用的程度作为所有权的基础，被使用的大学资源，用术语表述如“重要的”“实质性”或“异常”作为标准。因为远程和在线教育涉及网络设计师、摄影师、大学教学助理和行政支持等重要的大学资源，所以大学才会主张远程和在线教育课程的所有权。[2] 美国教育理事会（ACE）法律总顾问艾达（Ada Meloy）认为“法律考虑到了大学资源对教学人员产出成果的贡献度，由于慕课对大学的依赖程度更高，所以才会大学对课程及其内容拥有更大的权利”。对此，教师却持不同的观点。因为，大学与慕课平台提供商签订的版权协议会对教师享有的后续权利构成威胁（虽然慕课平台提供商都声称不拥有课程的版权，但是却希望通过协议寻求更多的权利，包括销售权、衍生权、鉴定权、出版权等）。

世界各国通常用版权法对“雇佣作品”（works for hire）的规定来平衡大学

---

〔1〕 JOHN VAUGHN ET. AL., ASS'N OF AM. UNIVS., CAMPUS COPYRIGHT RIGHTS AND RESPONSIBILITIES: A BASIC GUIDE TO POLICY CONSIDERATIONS, at § II. (2005), available at http://www.aaupnet.org/aboutup/issues/CampusCopyright.pdf.

〔2〕 Madelyn F. Wessel University of Virginia September 26, 2013 EDUCAUSE Live! Legal Issues in MOOCs, http://net.educause.edu/ir/library/pdf/LIVE1319.pdf.

和教师之间的利益关系，但是各国规定差异较大。目前，版权法对雇佣作品的版权或者归于教师，或者归于大学的“全有或者全无”（all-or-nothing）的制度模式，不能同时满足慕课环境下教师和大学的利益诉求。当然，学生、出版商、慕课平台提供商的利益保障问题同样值得考虑。〔1〕一般来说，大学和他们的教师分享声誉、学术诚信以及对作品的传播带来的利益，没有证据表明教员将反对通过大学出版他们研究的电子内容。虽然“雇佣作品”条款对于解决互动多媒体作品的作者问题确定提供了一个貌似简单的解决方案，〔2〕但是该条款仅仅适用于某些类型的作品，不能涵盖一个慕课的所有部分〔3〕

美国教育版权法发展的过程，就是教师权益与高校权利之间的此进彼退的博弈过程，与高校有关作品的权利归属的纠结也正说明此类作品完成中无论是教师贡献，还是高校资源两方面的不可或缺性。而随着慕课的出现和兴起，使得原本未明确的网络课程版权归属的争议问题更加复杂，更有明确版权归属问题的迫切性。慕课制作运行过程的复杂性，使得慕课课程制作过程中比远程教育课程要使用更多的学校的资金、工具、技术人员等资源，加之慕课的商业属性，使得慕课版权的归属直接决定着利润的分配，故此，慕课版权归属问题的解决相较于远程教育版权归属问题更加复杂，需要考虑的因素更多。

故此，我们不妨换个思路与角度考虑这个问题，正如哥伦比亚大学版权咨询办公室主任肯尼斯所说，关于慕课，我们一般总结的问题是“谁拥有一个在线课程的版权”，其实，有一个更有用的问题可能是“我们如何能最好的

〔1〕陈勇：“基于 MOOC 的版权管理和版权保护问题研究”，载《科技与出版》2015 年第 2 期。

〔2〕See, e. g. , Michael D. Scott & James N. Talbott, “Interactive Multimedia: What Is It, Why Is It Important and What Do I Need to Know About It?”, 11 COMPuTER/L. J. 585, 591 (1992).

〔3〕For example, photographs, portraits, musical compositions and choreographed works are not eligible for “work made for hire” status: The addition of portraits to the list of commissioned works that can be made into ‘works made for hire’ by agreement of the parties is difficult to justify. Artists and photographers are among the most vulnerable and poorly protected of all the beneficiaries of the copyright law, and it seems clear that, like serious composers and choreographers, they were not intended to be treated as ‘employees’ under the carefully negotiated definition in section 101. Community for Creative Non-Violence v. Reid, 490 U. S. 730, 747 n. 13 (1989) (quoting the Second Supplementary Report of the Register of Copyrights on the General Revision of the U. S. Copyright Law: 1975 Revision Bill, Chapter XI, at 12-13). The Supreme Court emphasized that the legislative history of the Copyright Act “underscores the clear import of the statutory language: only enumerated categories of commissioned works may be accorded work for hire status”.

分配和管理我们的在线课程的权利”。

3. 内部法律——大学的知识产权政策

除了版权立法试图调整教师与高校之间的关系，高校版权政策希望在此方面有所作为；大学知识产权政策成了另一个内部法律的重要来源。[1]

几乎每一个研究型大学都会制定政策解决教员创作作品的版权归属问题。这些政策都对传统的（作品）知识学识不要求所有权，而对那些利用了大学的实质性资源完成的作品（经常适用于远程教育课程）、对大学指定方向完成的作品以及计算机软件等要求享有有限的权利。这些政策是大学对教师作品要求获得有限所有权的一个工具，通过它足以促进开放获取教师研究。教员并不是完全放弃在学术作品上的利益，政策为大学作为雇主在批准学术作品电子形式的发布方面，保留了一个适当的权利。1976 年的《美国版权法》Section 201（b）在雇佣作品的情形下，自动地把版权赋予雇主，“除非双方另有明确签署书面文件的约定”。[2] 大学版权政策通常不能满足这个形式，因此原封不动地保留了雇主所有权的法定的推定。[3]

大学版权政策中建立简单的程序，通过这个程序，教师和学院或大学之间关于版权作品的所有权的纠纷可以解决。而有些大学的相关机构选择任命一个特别委员会，更可取的方式是设立利用版权政策的常务委员会，或者其

---

[1] SJOHN D. MCMILLEN, INTELLECTUAL PROPERTY: COPYRIGHT OWNERSHIP IN HIGHER EDUCATION: UNIVERSITY, FACULTY, & STUDENT RIGHTS 16 (Donald D. Gehring & D. Parker Young eds., 2001).

[2] 17 U.S.C. § 201 (b) (2000).

[3] *ee* Foraste v. Brown Univ., 248 F. Supp. 2d 71, 81 (D.R.I. 2003) (holding that Brown University's copyright policy "is patently inadequate to overcome the presumption of Brown's ownership under the work made for hire doctrine" in a case involving copyright in photographs taken by a photographer employed by the university); Bd. Of Trs. of Cmty. Coll. Dist. No. 505, 109 F. Supp. 2d 976, 981 (C.D. Ill. 2000) (college copyright policy did not rebut the statutory presumption that the college owned copyrights in photographs taken by a staff photographer). *But see Weinstein*, 811 F. 2d 1091 (assuming, in dicta, that a university copyright policy could l eave the ownership of works for hire in the faculty member); *see also* Dreyfuss, *supra* note 126, at 600 ("While many faculty handbooks announce policies favoring faculty retention of copyright, handbooks are unlikely to be considered signed writings within the meaning of the Act."); Wadley & Brown, *supra* note 110, at 423 ("It is unlikely that these policies can satisfy the requirements of the writing envisioned by section 201 (b).") But see Lape, supra note 126, at 248 "If the copyright policy is expressly incorporated by reference into a written employment contract signed by the professor and the university, the policy appears o satisfy both the section 204 (a) and the section 201 (b) writing requirements."

中一个分支机构集中听取和裁决分歧。[1] 请求听证的程序应该清楚地阐述，指定最终裁决者。通常，教务长或者更通常的机构主席，被认为是最后的仲裁者，[2] 但所有权的决定是由其他人，比如斯坦福大学指定研究院院长，或他/或她指定的人。[3] 作为替代，仲裁程序可以用来解决有关版权所有权争端。[4]

随着在线课程的日益增加和互联网带来的变化，自1998年以来，大学出台了明确标准，帮助明确课程的所有权。例如，德克萨斯大学（UT）系统有一个单独的web页面，以对电视课程的版权法律和制度政策进行解释，其中包括样例文件，[5] 以及为教师提供交互式网页，帮助确定所有权。[6] 这些知识产权政策通常是教师手册的一部分，或这些知识产权政策是在线的，如UT系统政策，因此，通过将这些政策引用到教师就业合同中而合并这些政策。[7] 学者们对将这些政策引入教师就业合同的做法是否合乎版权法的规

---

〔1〕 See Klein, *supra* note 78, at 249-50 (comparing the informal procedure which exists at the University of Michigan-where a community member requests formal dispute resolution with the Provost who appoints an ad hoc committee-with the preferable standing committee approach to handling disputes exercised at Columbia University and the University of North Carolina).

〔2〕 comparing the informal procedure which exists at the University of Michigan - where a community member requests formal dispute resolution with the Provost who appoints an ad hoc committee-with the preferable standing committee approach to handling disputes exercised at Columbia University and the University of North Carolina.

〔3〕 SOFFICE OF THE VICE PROVOST AND DEAN OF RESEARCH AND GRADUATE POLICY, STANFORD UNIV., RESEARCH POLICY HANDBOOK: COPYRIGHT POLICY, at § 2 (A), available at http://www.stanford.edu/dept/DoR/rphI5-2.html (last visited Sept. 29, 2006). (indicating that the Dean of Research shall consult with the Office of Sponsored Research, the Office of Technology Licensing, and the Legal Office in making his or her determinations).

〔4〕 Michael W. Klein, "Sovereignty of Reason : An Approach to Sovereign Immunity and Copyright Ownership of Distance-Education Courses at Public Colleges and Universities", 34 J. L. & EDUC. 252 April 2005 (noting that the University of Washington submits unresolved disputes to a single arbitrator for binding arbitration, and Carnegie Mellon community members may seek binding arbitration that is consistent with the Rules of the American Arbitration Association).

〔5〕 Univ. of Tex. Sys., Administrative Policy: Regarding Creation, Use and Distribution of Tele course Materials, http://www.utsystem.edu/OGC/IntellectualProperty/telecrs.htm (last visited Nov. 5, 2006).

〔6〕 Univ. ofTex. Sys., Who Owns What?, http://www.utsystem.edu/OGC/IntellectualProperty/whowns.htm (last visited Nov. 5, 2006).

〔7〕 Michael W. Klein, "The Equitable Rule: Copyright Ownership of Distance-Education Courses", 31 J. C. & U. L. 177, 179, 182 (2004).

定，持有不同意见：版权专家克莱因引用任期和解雇案例支持这一命题——只要就业合同是由双方签署的，[1] 而学者 Kwall 则认为，规章制度和政策本身必须被签署才有效。[2]

学者们还研究了大学侵犯课程版权情况下教授可以采取的法律补救措施，以及大学面对此种侵权指控时可以采取的诉讼防御策略。一名教员可能因五个传统版权的权利的侵权而起诉大学或其管理员：复制、修改、发行、公开演出和公开展示。[3] 补救措施包括金钱赔偿和禁令救济，因此，如果成功，教员能够禁止大学对材料的使用。[4] 尽管大学可能承担侵权责任，DMCA 为大学作为网络服务提供商（ISP）提供几个"安全的港口"。[5] 如果侵权涉及四个指定的类别之一，如"用户指导下信息在系统或网络上的存储"，大学可能免于承担版权责任。在一个关于数字远程教育的专门报告中，版权办公室指出，第 512 节的意思是通过保护大学促进网络教育。[6]

在学术自由的原则下，根据美国大学教授协会在远程教育教师权利和责任的声明中，教授通常拥有他们发展的课程和材料的权利，修改和教学的权利，除非与机构具体协议另有约定。对一个慕课，机构可能贡献了意义重大的基础设施和生产投资，对于许多慕课来说，这包括教学设计、材料开发、摄像和额外的教学助理等。大量的机构投资于课程使得课程所有权问题复杂化。[7] 美国教育委员会建议，当一个机构要制定或修改慕课的知识产权政策时，需要考虑下面的所有权问题：①界定慕课中教育课程作者的所有权，依据教员政策和手册，传统或习惯的权利（包括其他问题），教师是否可以为所

---

〔1〕 Michael W. Klein, "The Equitable Rule: Copyright Ownership of Distance-Education Courses", 31 J. C. & U. L. 190-91 (2004).

〔2〕 Roberta Rosenthal Kwall, "Copyright Issues in Online Courses: Ownership, Authorship and Conflict", 18 SANTA CLARA COMPUTER & HIGH TECH. L. J. 13 (2001).

〔3〕 17 U. S. C. § 106 (2000).

〔4〕 17 U. S. C. § 502, 504 (2000).

〔5〕 Georgia Holmes & Daniel A. Levin, "Who Owns Course Materials Prepared by a Teacher or Professor? The Application of Copyright Law to Teaching Materials in the Internet Age", 2000 BYU EDUC. & L. J. 184-85 (2000).

〔6〕 See U. S. COPYRIGHT OFFICE, REPORT ON COPYRIGHT AND DIGITAL DISTANCE EDUCATION 100 (1999).

〔7〕 http://net. educause. edu/ir/library/pdf/PUB9014. pdf.

在单位以外的大学或机构准备课程作品。[1] ②澄清机构和教师将如何分享由慕课教育课程生成的任何版税；③区分是教师的主动创建的慕课课程，还是基于与机构的合同而创建，或者是职务作品。④所有权依赖于大学对课程所付出的时间、资源和提供技术帮助的程度。澄清大学实质性资源的类型，这些决定着大学能够享有课程所有权。[2]

二、二维所有权框架的局限性

慕课依赖云计算、WiKi、facebook 等社交媒体软件、大数据等技术的支持，改变了传统的一个在线课程或一组课程材料是一个静态实体的情况，在任何一个慕课课程的开展过程中，每个交换被存储，课程是一个处于不断进化、发展中的作品。[3] 同时数字技术的发展与应用，反映了后现代写作理

---

〔1〕 This issue is likely to be addressed as well in the context of a college or university's conflict of interest policies wherein an institution requires that a professor seek approval from administration before assuming teaching responsibilities for another academic institution. A case on point is that of Harvard Law School Professor Arthur R. Miller, who in 1998 videotaped eleven lectures for a course on civil procedure to be offered by the Concord University School of Law, an online degree granting institution. Notified that he had violated Harvard policies barring faculty from teaching at another educational institution during the academic year without first securing the dean's permission, Professor Miller asserted that his activities did not constitute teaching in that he was not "giving" lectures at another institution. Expressing concern that others might view the tapes as reflective of Mr. Miller's joining the Concord faculty, Law School Dean Robert Clark requested that Mr. Miller terminate his contract with Concord. Subsequent to that event, the Law School amended its faculty manual to set forth a new rule stating that any faculty member who desires to serve as a teacher, consultant, or researcher for an Internet based university must first secure permission from the dean, and additionally, must have the conduct approved by a vote of the corporation that governs the University. Amy Dockser Marcus, "Seeing Crimson: Why Harvard Law Wants to Rein In One OfIts Star Professors-Arthur Miller Moonlighted Plenty on TV; the Web Is a Very Different Matter-'Any Student Can Have Him'," WALL ST. J., Nov. 22, 1999, at Al; *see also* Klein, *supra* note 78 for a brief reference to the Miller case.

〔2〕 AUDREY W. LATOURETTE, J. D. COPYRIGHT IMPLICATIONS FOR ONLINE DISTANCE EDUCATION Content downloaded/printed from Hein Online (http://heinonline.org) Thu Apr 23 21: 38: 43 2015https://www.copyright.com/ccc/basicSearch.do? &operation = go&searchType = 0 &lastSearch = simple&all = on&titleOrStdNo = 0093-8688.

〔3〕 Cf Klein, *supra* note 203, at 150 (describing the ongoing maintenance associated with online coursework).

论，[1] 打破了传统的作者的观点。[2]

（一）雇佣作品条款不适用于学生

雇佣作品条款并不适用于课堂上学生，因为大学与学生之间并非雇佣关系。[3] 早在1891年，美国法院就表示，大学与学生之间是合同关系。[4] 并且这个合同是客户和服务提供者之间的合同，[5] 合同中学生的期望通过大学完成，而不是相反：通过学生注册和支付学费完成，学生可能会从大学购买各种服务。[6] 易言之，学生支付学费，大学通过其代理机构执行教学与管理，分数不是补偿。即使大学颁发奖学金或助学金，这并不是把学生变成一名员工。[7] 由于这些原因，任何一个学生在在线课程中的具有独立可版权性的贡献，无论是论文、网页或讨论，应该属于学生，[8] 可能是一个合作作品，[9] 或更有可能作为一个集体作品中的单独的贡献。[10] 更有趣的是，如果法院裁决雇佣作品适用于教授，那么大学和学生排除教员可以各自的主张

---

〔1〕 后现代主义写作，作为一种明显区别于现代主义的写作方式，在写作上是一种零度的、非中心化的、多元化、跨文体的写作，它要求写作者以大众化的角色参与和从事写作，用雅俗共赏或者通俗易懂的语言形式写作，写作过程中放弃思想主题的设定，打破文体界限对写作的妨碍和规范，让作者的思想感情作无边的漫游，并从写作中获得身心的解放感和享受感，让读者在阅读当中也体验到这种感受。彭卫红："后现代性写作的特征"，载《学术界》2005年第6期。

〔2〕 See generally Univ. of Tex., Blackboard: What Faculty Can Expect, http://www.utexas.edu/academic/blackboard/about/atut/faculty.html (explaining that online courses can include student submissions with assignments and chat rooms) (last visited Nov. 5, 2006).

〔3〕 See Sandip H. Patel, Note, "Graduate Students' Owner ship and Attribution Rights in Intellectual Property", 71 IND. L. J. 502 (1996)

〔4〕 Eileen K. Jennings, "Breach of Contract Suits by Students Against Post secondary Education Institutions: Can They Succeed?", 7 J. C. & U. L. 191 (1980-81).

〔5〕 See Sherri L. Burr, "A Critical Assessment of Reid's Work-for-hire Frame work and Its Potential Impact on the Market place for Scholarly Works", 24 J. MARSHALL L. REV. 119, 137 (1990).

〔6〕 ROBERT M. HENDRICKSON, THE COLLEGES, THEIR CONSTITUENCIES AND THE COURTS 211 (2d ed. 1999).

〔7〕 ROBERT M. HENDRICKSON, THE COLLEGES, THEIR CONSTITUENCIES AND THE COURTS 228 (2d ed. 1999). [citing Townsend v. State, 237 Cal. Rptr. 146, 149 (Cal. Ct. App. 1987)]; See Sandip H. Patel, Note, "Graduate Students' Owner ship and Attribution Rights in Intellectual Property", 71 IND. L. J. 502 (1996).

〔8〕 See Sandip H. Patel, Note, "Graduate Students' Owner ship and Attribution Rights in Intellectual Property", 71 IND. L. J. 502 (1996).

〔9〕 17 U. S. C. § 101 (2000).

〔10〕 17 U. S. C. § 201 (c) (2000).

所有权。另一个因素是合同条款的位置。大学生合同的条款大多存在于大学的出版物中，如在课程目录、课程的安排表、学生手册、招生和招聘文件中[1]。而大学版权政策包含在一个不同的出版物中，如教师手册或甚至一个公共网站中，解决教师问题，不会扩展到学生。

（二）网络技术使“单一作者的传统观点”成为需解决的问题

数字技术改变了传统的单一作者的观点，尤其是当我们考虑聊天室和论坛。成分理论家（Composition theorist）莱斯特（Lester Faigley）承认这种现象，在十年前他仔细考察了同步聊天如何改变了课程动态。[2] 当然他的观察在现在对于任何普通互联网用户来说，已经是老生常谈了：当进行聊天时，学生更容易得到讨论主题，并且同时发生多个讨论。[3] 他把这个技术与后现代写作理论联系起来，学生参与课程讨论使传统课程动态系统失去平衡，并且作为单独的碎片进行重组课程。[4] 在本质上，尽管老师提供教学大纲，大学提供设施，但是，学生通过技术夺取控制，而不是根据一个愿景重组课程，无数单独的声音以一种出乎意料的方式重建课程。[5]

关于在线课程的版权问题，现行的法律更关心创造性的作品，而不是作者，所以，当莱斯特的结论应用到现有的法律中时，我们发现的是对于在线课程资料的潜在的所有权纠纷的问题，而不是答案。金斯伯格（Ginsburg）列出了不同国家版权法共享版权的原则，包括：①作者应该是使作品概念化，并且指导作品发展的人，而不是简单地遵循命令执行工作的人，②机器对作品的产生的贡献越大，作者越要更多地展示“她的角色如何决定了作品的形式和内容”。[6]莱斯特的观察结果使得这两个方面都成了需要解决的问题。在

---

[1] ROBERT M. HENDRICKSON, THE COLLEGES, THEIR CONSTITUENCIES AND THE COURTS 211 (2d ed. 1999).

[2] LESTER FAIGLEY, FRAGMENTS OF RATIONALITY: POSTMODERNITY AND THE SUBJECT OF COMPOSITION 167 (1992).

[3] LESTER FAIGLEY, FRAGMENTS OF RATIONALITY: POSTMODERNITY AND THE SUBJECT OF COMPOSITION 168 (1992).

[4] LESTER FAIGLEY, FRAGMENTS OF RATIONALITY: POSTMODERNITY AND THE SUBJECT OF COMPOSITION 184-85 (1992).

[5] LESTER FAIGLEY, FRAGMENTS OF RATIONALITY: POSTMODERNITY AND THE SUBJECT OF COMPOSITION 185, 199 (1992).

[6] Jane C. Ginsburg, "The Concept of Authorship in Comparative Copyright Law", 52 DEPAUL L. REV. 1063, 1072, 1074 (2003).

网络世界，老师可能概念化和进行指导，但学生并不是简单地服从命令。[1] 聊天和在线讨论不可能处于支持它们的技术之外，但以一个后现代观点看，所有的作者在决定作品内容方面都有一个角色，即使他们对于作品最终的形式难以控制。金斯伯格写道：美国判例法承认我将称之为“偶然的作者”的可能性，创造性是偶然发现而不是意志行为召唤的。[2] 因此，莱斯特的理论与这个法律概念（accidental authorship）完美结合。莱斯特的结论提升了个人创造作品中作者的重要性。

大学政策保护个人教授的产品，所以，大学可以实现经济利益。[3] 依据第九巡回法庭在 Aalmuhammed 案中的决定，认为作者是“对艺术效果进行控制的人，这样的方法似乎明智的”。[4] 但在网络教室，教授很快就失去了最初的控制，以致课程在整体上是一个在实时聊天或异步讨论中交流的结果。[5] 因此，在一个在线课程的产品中，大学可能授予作为创造者教员权利，或者将承认教育创造中的“教师例外”是良法。然而，法院可能承认与网络技术有关的作者观念的变化，并且允许每个参与课程讨论或聊天的学生主张所有权。

三、慕课（MOOCs）版权归属的特殊性

在慕课中所要解决的所有权问题范围相当广泛，包括传统上被视为教师财产的书籍和文章等作品，涉及信息技术的慕课课程，这一产品的建设是一个更复杂的努力，从而使所有权的归属更加复杂化。[6] 关于慕课课程的所有权涉及以下几个问题：

（1）谁有责任和/或权利修改或更新课程？

---

〔1〕 LESTER FAIGLEY, FRAGMENTS OF RATIONALITY: POSTMODERNITY AND THE SUBJECT OF COMPOSITION 185 (1992).

〔2〕 Jane C. Ginsburg, "The Concept of Authorship in Comparative Copyright Law", 52 DEPAUL L. REV. 1086 (2003).

〔3〕 "Faculty members and their institutions often compete over ownership of online distance-education courses because each side believes the courses will be profitable on the open market." Michael W. Klein, "'The Equitable Rule': Copyright Ownership of Distance-Education Courses", 31 J. C. & U. L. 173 (2004).

〔4〕 Aalmuhammed v. Lee, 202 F. 3d 1227, 1233 (9th Cir. 2000).

〔5〕 "Electronic discussions both invite participation and seriously limit a teacher's ability to control the direction [the students] take." LESTER FAIGLEY, FRAGMENTS OF RATIONALITY: POSTMODERNITY AND THE SUBJECT OF COMPOSITION 185 (1992).

〔6〕 ee supratext accompanying notes 71~82.

（2）一旦他或她的离开机构，教授能否继续利用课程授课？

（3）一旦他或她的离开机构，学院和大学是否能够继续提供慕课课程？

（4）学院或大学教员是否可以为具有竞争关系的其他的学院或大学开发一个在线远程教育课程？

在这里需要注意的是学术文章和书籍的著作权通常归属于教师本人，这点与慕课课程材料、课件、软件、视频等是不同的，应当区别对待。慕课课程本身的所有权归属目前各国著作权法都没有相应的规定，最先开始慕课归属权探索的同样是发生在进行慕课开发运营项目的大学和慕课平台。从目前各国慕课发展的实践看，慕课资源知识产权的所有权，不同机构采取不同的方法，课程资料的所有权通常是慕课平台基于一个“版权”或“知识产权”的政策来解决的。[1] 如 FutureLearn 慕课平台的知识产权条款：“平台将尽可能最大程度地执行其版权。”[2] Coursera 慕课平台的版权与商标政策：“尊重我们的用户、参与机构和其他第三方的知识产权，并期望我们的用户在使用服务时也可以做到这一点。我们已按照相应法律采纳并实施 Coursera 版权和商标政策，包括《千禧年数字版权法案》。”[3] 我国的智慧树慕课平台的版权声明：“本公司系该网站上所有页面设计、页面内容的著作权人，对该网站所载、凡本网站未注明来源的作品，包括但不限于网站所载的文字、数据、图形、照片、有声文件、动画文件、音视频资料等拥有完整的版权，受著作权法保护。严禁任何媒体、网站、个人或组织以任何形式或出于任何目的在未经本公司书面授权的情况下抄袭、转载、摘编、修改本网站内容，或链接、转帖或以其他方式复制用于商业目的或发行，或稍作修改后在其他网站上使

---

〔1〕 Madelyn F. Wessel University of Virginia：*EDUCAUSE Live! Legal Issues in MOOCs*.

〔2〕 Terms and conditions - FutureLearn：If any Online Content and Courses IPR or FutureLearn IPR vests in you, whether by operation of law or otherwise, you duly assign to us all right, title and interest (whether legal or beneficial) in such Online Content and Courses IPR or FutureLearn IPR, as the case may be, throughout the world to the fullest extent possible, including any and all renewals and extensions of such Online Content and Courses IPR or FutureLearn IPR. You unconditionally and irrevocably waive any and all moral rights you may have either now or in the future existing in or in connection with the Online Content and Courses or the Website. https://www.futurelearn.com/info/terms.

〔3〕 Terms of Use | Coursera, Copyright and Trademark Policy：Coursera respects the intellectual property rights of our users, Content Providers, and other third parties and expects our users to do the same when using the Services. We have adopted and implemented the Coursera Copyright and Trademark Policy in accordance with applicable law, including the Digital Millennium Copyright Act, https://www.coursera.org/about/terms.

用，前述行为均将构成对本网站版权之侵犯，本网站将依法追究其法律责任。”[1] 国内外大部分的慕课平台都严格保护本网站所载内容的著作权，未经许可不许复制及转载。易言之，对于包括慕课课程著作权的网站所有内容的著作权以网站上“知识产权声明”的方式进行一个笼统的版权归属的划定，归属于开发慕课平台的公司。在慕课本身版权归属亦未明确规定的情况下，慕课平台越来越多占有过去曾经属于大学机构的一系列教育资产和流程的所有权。

慕课版权归属相较于其他的在线课程，其特殊性主要体现在以下几个方面：一是慕课是一门资源动态生成的课程；二是慕课是一种教育模式，同时又具有经济价值，能够进行商业性的开发运营；三是慕课制作运营过程中涉及的主体众多，形成的法律关系复杂。

（一）慕课在线课程材料的动态发展

传统上，人们认为一个在线课程是静态的和不变的，[2] 从而，关于在线课程的所有权核心框架的争论只有“教师与高校”两个维度。但数字技术与后现代的写作理论改变了这一考虑。“学生也可以通过（虚拟大学）与其他学生提出问题和交换意见方式参与作品的创作，这所有的过程都可记录。大学用这些贡献能做什么？这些可以促成一个集体作品吗？它是一个合作作品吗？”[3] 我们通过与 MUD's（Multi-User Domains）和 MOO's（MUD，Object Oriented）虚拟世界的类比，可以理解这个问题。[4] MUD's（Multi - User Domains）和 MOO's（MUD，Object Oriented）是开发人员创建的虚拟空间，在此不同的参与者进行互动。[5] 通过文本和越来越多的图形，每个玩家创造了一个阿凡达（avatar）[6] 代表在这个世界上他或她自己。随着时间的推移，

[1] 智慧树在线教育：https://www.zhihuishu.com/copy.html，2020 年 4 月 22 日访问。

[2] The fixation requirement is interpreted as “sufficiently permanent or stable to permit it to be perceived, reproduced, or otherwise communicated for a period of more than transitory duration.” Kwall, *supra* note 12, at 8 quoting MAI Sys. Corp. v. Peak Computer, Inc., 991 F. 2d 511, 518 (9th Cir. 1993).

[3] Raquel Xalabarder, “Copyright and Digital Distance Education: The Use of Pre-Existing Works in Distance Education Through the Internet”, 26 COLUM. J. L. & ARTS 101, 105 n. 6 (2003).

[4] See Daniel C. Miller, “Determining Ownership in Virtual Worlds: Copyright and License Agreements”, 22 REV. LITIG. 439 (2003).

[5] See Daniel C. Miller, “Determining Ownership in Virtual Worlds: Copyright and License Agreements”, 22 REV. LITIG. 445 (2003).

[6] See Daniel C. Miller, “Determining Ownership in Virtual Worlds: Copyright and License Agreements”, 22 REV. LITIG. 449 (2003).

玩家不断地向这个虚拟的世界中添加角色、房屋、设备，甚至虚拟景观。在《阿凡达》的空间里，参与者是他的世界的共同创建者，他的作品和他的选择塑造他的游戏经验。在创建世界中积极的角色表明玩家可能有权与创造者一样获得同样的版权保护。在某种程度上，玩家创造者的创造是对创造者世界的回应：这些作品导致一个潜在的共同所有权的情况。[1]

大量利用网络技术的课堂目前与《阿凡达》的空间的玩家一样面临着同样的问题，老师通过开发各种不同的必要部分创建了课程，如网络页面，包含一个教学大纲和课程内容。但是作为学生为完成课程要求，如参与聊天或上传论文时，聊天内容和论文就加入到课程中。因为这些增加的内容被教学软件服务器存储，他们成为课程的固定的一部分，从而改变了课程。[2] 慕课课程在学期开始时只包含单独的作者的作品，但在课程学期结束时，他们存储成百上千的学生论文和讨论的帖子，这些作品混合学生的言论、同学评审的建议和教师的评论。因此，大学和教师需要意识到，四个月前开发的在线课程与在学期末的时候不再是一回事，并且发布讨论和上传论文的学生可能对所产生作品的所有权有利害关系（有份）。

（二）慕课具有公益性与经济属性双重性

1. 扩展法律来控制信息市场的用户

“我们现在是一个信息经济时代，经济实力很少取决于有形资产的所有权，更多在于信息生产和传播的控制。”[3] 传统上，版权人并不为作品的控制担忧，因为信息的有形传播涉及生产的高成本，和较少的出版商和经销商这种中心化的传播渠道。[4] 对知识产权的所有权提供的法律保护反映这个结

〔1〕 See Daniel C. Miller, “Determining Ownership in Virtual Worlds: Copyright and License Agreements”, 22 REV. LITIG. 457-58 (2003).

〔2〕 SJOHN D. MCMILLEN, INTELLECTUAL PROPERTY: COPYRIGHT OWNERSHIP IN HIGHER EDUCATION: UNIVERSITY, FACULTY, & STUDENT RIGHTS 5 (Donald D. Gehring & D. Parker Young eds., 2001); see also 17 U.S.C. § 101 (2000) (defining “fixed work”).

〔3〕 Niva Elkin-Koren, It's All About Control: Rethinking Copyright in the New Information Landscape, *in* 11 INFO. LAW SERIES, COMMODIFICATION OF INFORMATION 81 (Niva Elkin-Koren & Neil Weinstock Netanel eds., 2002).

〔4〕 Niva Elkin-Koren, It's All About Control: Rethinking Copyright in the New Information Landscape, *in* 11 INFO. LAW SERIES, COMMODIFICATION OF INFORMATION 81 (Niva Elkin-Koren & Neil Weinstock Netanel eds., 2002).

构：由于书籍的印刷和运输需要极大的成本，所以版权保护的公告阻止侵权，[1]然而，互联网相对低的访问成本和互联网去中心化的本质，使得信息市场的那些人（版权人和出版商等）意识到，对于信息的传播，现在他们完全不可能进行实物控制。[2]这些市场参与者鼓励国会和法院扩展法律以保护他们的投资，如《千禧年数字版权法案》（the Digital Millennium Copyright Act，DMCA）或 click-agree 最终用户许可证协议。[3] 这样法律的扩展改变了原有对信息创造者和参与者交易中的法律保护，变成了对用户的法律控制。[4]效果是，那些运用这些法律的人，通过将基于自由交流文化转化为信息市场资源而使利润和经济潜力最大化。[5]

2. 高等教育的一个新利润动机

大学的"田园"生活是"象牙塔"，是大学教师与学生免受政府和商业腐蚀影响的避难所。[6] 美国最高法院的判决写道："大学通过在众多的声音

---

〔1〕 U. S. COPYRIGHT OFFICE, CIRCULAR 3: COPYRIGHT NOTICE, 1-2 (2004) (explaining that the use of notice prevents innocent infringement defenses and thereby gives the copyright owner a control over the copyrighted work).

〔2〕 SNiva Elkin - Koren, It's All About Control: Rethinking Copyright in the New Information Landscape, *in* 11 INFO. LAW SERIES, COMMODIFICATION OF INFORMATION 81, 83, 85 (Niva Elkin-Koren & Neil Weinstock Netanel eds., 2002). ("Contracts are employed to restrict or prohibit altogether certain uses of the work that are otherwise permissible under copyright law.")

〔3〕 Niva Elkin-Koren, It's All About Control: Rethinking Copyright in the New Information Landscape, *in* 11 INFO. LAW SERIES, COMMODIFICATION OF INFORMATION 82 (Niva Elkin-Koren & Neil Weinstock Netanel eds., 2002). ("Contracts are employed to restrict or prohibit altogether certain uses of the work that are otherwise permissible under copyright law.")

〔4〕 Niva Elkin-Koren, It's All About Control: Rethinking Copyright in the New Information Landscape, *in* 11 INFO. LAW SERIES, COMMODIFICATION OF INFORMATION 84 (Niva Elkin-Koren & Neil Weinstock Netanel eds., 2002). ("Contracts are employed to restrict or prohibit altogether certain uses of the work that are otherwise permissible under copyright law.")

〔5〕 Niva Elkin-Koren, It's All About Control: Rethinking Copyright in the New Information Landscape, *in* 11 INFO. LAW SERIES, COMMODIFICATION OF INFORMATION 81 (Niva Elkin - Koren & Neil Weinstock Netanel eds., 2002). ("Contracts are employed to restrict or prohibit altogether certain uses of the work that are otherwise permissible under copyright law.")

〔6〕 Risa L. Lieberwitz, "Confronting the Privatization and Commercialization of Academic Research: An Analysis of Social Implications at the Local, National, and Global Levels", 12 IND. J. GLOBAL LEGAL STUD. 109, 116 (2005) (stating that academic freedom does not justify faculty's alienation from society and social concerns).

中发现真理的思想交换的方式，在一个民主国家中起着至关重要的作用”[1]，“因此，大学是一个思想的市场”。[2] 随着互联网的普及，思想市场现在有了经济价值，所以使大学产生了通过控制信息传播获取潜在利润的动机。[3] 新的信息技术给大学提供远程教学的机会。[4] 虽然远程教育已经存在了150年，但是函授或无线电广播课程中缺乏互动和闭路电视或音频会议的互动限制了远程教育的效用。但是，互联网不仅为信息的交付，而且为师生之间的互动提供了支持技术：网站、电子邮件、在线讨论、同步聊天、音频和视频（在线的或可下载的），像“Blackboard”[5] 课程课件允许方便地访问和管理。[6] 互联网作用并不局限于远程教育的使用，个别教授设计课程网站，通过电子邮件接受作业，针对传统的面对面课程，为促进团队工作开设论坛讨论区。一些大学甚至要求所有课程的在线教学，而其他的学校通过技术培训或技术支持，鼓励教师在课程中融合数字技术。[7]

因为市场和需求，大学已经接受了网上教育。几乎一半的大学生超过25岁，并且许多学生有工作，有家庭，住在校外。大学已经认识到这些学生的不同需要，2000-2001年，超过一半的提供两年制和四年制的学校提供了远程教育课程，89%的公立四年制大学也提供这些课程。[8] 在线课程的注册人数从1997-1998年的大约134万人增加到2006年的大约500万人。[9] 这种增长也会影响传统的学生。例如，菲尔勒迪金森大学（Fairleigh Dickinson University）要求所有本科生每年至少需要选择一门远程学习课程。[10] 进一步，

---

[1] Sweezy v. New Hampshire, 354 U. S. 234, 250 (1957) .

[2] Keyishian v. Bd. of Regents, 385 U. S. 589, 603 (1967).

[3] Keyishian v. Bd. of Regents, 385 U. S. 589, 603 (1967).

[4] Keyishian v. Bd. of Regents, 385 U. S. 589, 603 (1967).

[5] “Blackboard”，是由美国的 Blackboard 公司开发的数位教学平台。数位教学意指数字化教学，老师和学生可以在多媒体、网络组成的平台内进行各种课程方面的交流。“Blackboard” 在线教学管理系统，正是以课程为中心，集成网络“教”“学”环境。教师可以在平台上开设网络课程，学习者可以自主选择要学习的课程并自主进行课程内容学习。不同学习者之间以及教师和学习者之间可以根据教学的需要进行讨论交流。“Blackboard” 为教师、学生提供了强大的施教和学习的网上虚拟环境，成为师生沟通的桥梁。http://baike.baidu.com/view/1969844.htm，2015年5月25日访问。

[6] Keyishian v. Bd. of Regents, 385 U. S. 589, 603 (1967) . See Klein, supranote 205.

[7] Keyishian v. Bd. of Regents, 385 U. S. 589, 603 (1967) . See Klein, supranote 205.

[8] Keyishian v. Bd. of Regents, 385 U. S. 589, 603 (1967) . See Klein, supranote 205.

[9] Keyishian v. Bd. of Regents, 385 U. S. 589, 603 (1967) . See Klein, supranote 205, at at 146.

[10] Keyishian v. Bd. of Regents, 385 U. S. 589, 603 (1967) . See Klein, supranote 205, at at 148.

许多混合课程要求学生在课堂上以及虚拟讨论或完成在线活动。[1]

在线教育的市场效果是惊人的：远程教育具有2250亿美元的潜在市场。[2] 巨大的市场潜力鼓励大学不仅提供更多的在线课程，而且追求利益驱动的举措，如eCornell或AllLearn，是一个由牛津大学、斯坦福大学、耶鲁大学支持的远程教育公司[3]，以营利为目的的虚拟大学的出现，如凤凰城大学，都提供了高等教育市场由潜力的证据。[4] 即使在与利润无关的领域里，也更加关注在线教育，因为，在最初的开发成本之后，从长远来看，网上教学可能是省钱的，因为它们是可重复使用的，可以满足巨大的学生数量。[5]

网络技术有许多潜在的教学好处，但注重扩大入学和财政的考虑使斯坦利·N. 卡茨教授（Prof. Stanley N. Katz）认为，"现在，在许多大学里，被称为远程教育的大多不是一个教育观念，这是一个经营理念"。[6] 我们看到这个问题反映在大学版权政策里。虽然大学历来很少对教师或学生的版权作品提出所有权要求，但现在一些大学已经开发政策，专门处理在线资料问题。[7] 即使他们没有保留完整的所有权，但这些大学的版权政策相较于版权法，往往给予该机构更多的知识产权。如作为市场参与者，大学通过拉伸版权和合同法，要求在线课程所有权和控制信息的使用者让渡更多的版权。

慕课作为开放性的在线课程，极大地扩展了知识传播的范围，使知识、信息等无国界地传播，推动社会文明的发展与进步，造福人类社会。同时大量的机构投资于课程，对商业慕课提供者来说，越来越多的学校课程内容具有潜在的利润。慕课具有经济属性，是将信息知识作为资本进行市场运作的资本运动，慕课制作与运行成本很高，免费模式造成的经费不足是慕课的可持续发展的极大障碍，于是，在慕课发展的实践中，商业化成为慕课发展壮大的一种必然的选择，国外许多慕课得到风险投资，慕课商业模式也一直处

---

〔1〕 Keyishian v. Bd. of Regents, 385 U. S. 589, 603（1967）. See Klein, supranote 203, at at 148.

〔2〕 Keyishian v. Bd. of Regents, 385 U. S. 589, 603（1967）. Johnson, supranote 191, at 434.

〔3〕 Keyishian v. Bd. of Regents, 385 U. S. 589, 603（1967）. Klein, supranote 205, at 148.

〔4〕 Keyishian v. Bd. of Regents, 385 U. S. 589, 603（1967） Katz, supranote 15, § 3~4.

〔5〕 Keyishian v. Bd. of Regents, 385 U. S. 589, 603（1967） *See* Kwall, supranote 210, at 2 (stating that on-line course materials can be used for multiple semesters without further compensation to the faculty).

〔6〕 Keyishian v. Bd. of Regents, 385 U. S. 589, 603（1967） Katz, supranote 15, § 3~3.

〔7〕 Keyishian v. Bd. of Regents, 385 U. S. 589, 603（1967） SeeJohnson, supranote 191, at 433~434.

于探索之中。比如在慕课三大平台中，除 edX 之外，Coursera、Udacity 都进行一定的收费。营利项目包括：人才招募服务费、广告费、学分认定费、证书获取费、特定技能学习和培训费等。[1] 慕课的商业化运营能产生一定的经济利益，将慕课中部分的教育事业变为教育产业。（这部分需要根据慕课发展情况进行修改，很多慕课已经盈利）慕课平台的商业潜力巨大，近年来其商业模式从十分模糊到日渐明朗。2016-2020 年，总体来看，各大慕课平台自身的商业属性得到强化。随着慕课公益性和经济属性的并行发展，双重性的特征给传统的高等教育领域版权归属制度带来挑战。

（三）慕课（MOOCs）课程参与主体众多

传统上，大多数教师开发和交付自己的课程，而从慕课课程的建设本身看，需要从教学设计、内容选择、技术手段等多方面配合，需要专业化的课程支持团队。从慕课的制作运行的整个过程分析，慕课会涉及教师、高校、慕课平台、学生甚至出版商多个利益相关者。那么围绕着慕课制作和运营在教师与高校之间、高校与慕课平台之间、慕课平台与出版商之间、学生与慕课平台之间产生复杂的版权关系。

1. 教学人员制作慕课

传统上，课程通常把原始的由教师原创的内容与第三方的内容（额外的文字、媒体视频、图片、从其他材料的引用等）结合在一起。一般来说，教育机构把课程以面对面的方式，在网上，或以混合类课堂的方式提供给一定范围内的学生，在这个模型中，相关的版权问题有合适的政策和版权法律规定进行指导。然而，慕课的开放性与集成性特点破坏了这些“传统”的特征，版权如何适用于慕课课程？[2]

慕课具有经济价值，对商业的慕课提供者来说，越来越多的校园课程内容已经盈利或者具有潜在的利润。例如，由一个特定学院的教授开发和教授的具体慕课课程通过慕课平台可以由其他学院和大学使用。这引发了教师和机构之间的所有权的问题。当教师出版书籍，机构制度政策通常允许教员和出版商之间直接签订合同，并且给予作者版税。然而，MOOCs 通常基于机构和

---

〔1〕 陈勇：“基于 MOOC 的版权管理和版权保护问题研究”，载《科技与出版》2015 年第 2 期。

〔2〕 Copyright Challenges in a MOOC Environment EDUCAUSE 2013 EDUCAUSE. The text of this EDUCAUSE brief is licensed under the Creative Commons Attribution-Non Commercial-No Derivatives license, http://net. educause. edu/ir/library/pdf/PUB9014. pdf，2015 年 5 月 25 日访问。

平台提供者之间的协议，教师可能会或可能不会从他们对课程的知识贡献中获得收益。慕课提供者 Udacity 采用图书出版者的模式，与作为个人的教员签订协议，每一个学院或大学的区别不仅在于本身的历史和文化名声，也在于其教师专长和教学产品。慕课“松绑”机构价值，提供对明星教师访问权和学习体验，把那些以前只提供给与学校有从属关系的人的学习体验提供给社会公众。

当一个教员开发和提供一个慕课课程，但现在他离开学院或大学，教师和机构还能否继续使用该课程，这取决于谁（教员、机构或平台提供者）拥有慕课的版权。这个问题也是慕课中是教师的角色问题：“作者”或者是“offring”教师？在一个传统环境下，版权政策通常发育良好，课程和版权其内容通常属于教授。这些政策同样适用于慕课吗？慕课潜在的商业价值及教育人员的流动性，决定慕课发展中必须解决慕课版权归属问题。在学术自由的原则下，根据美国大学教授协会（AAUP）的关于远程教育中教员的权利与责任的声明，教授通常对他们的课程和他们开发、修改和教授的材料拥有权利，除非他们和机构有签订的协议作出相反的表示。

对于慕课课程，机构可能贡献了重要的基础设施和生产投资。对于许多慕课来说，这些贡献包括教学设计、材料开发、摄像和额外的教学助理，这些只是其中一部分，这些实质性的机构投资使慕课课程的所有权问题复杂化。

以上这些方面确实是一个问题，教师和慕课平台签订合同，机构怎么办？机构和慕课平台签订合同，教师的贡献怎么办？它仍然是一个悬而未决的问题。

2. 机构提供资金、设备

慕课并不便宜，慕课的开发与运行管理需要大量的资金、技术、工具的支持，如果该机构为开发一门慕课提供重要的机构资源和基础设施（例如，一个电视录像制作人）——与此相对的，为相同或类似的校园课程也提供这些资源——这是否能改变所有权归属？该机构可以提出更大的所有权要求吗？根据美国教育理事会（ACE）总法律顾问艾达（Ada Meloy）的观点：“法律考虑机构资源对教员的产出所做贡献的程度，因为慕课的内容对机构资源依赖的程度越大，一个机构对于课程和它的内容就可以要求更大的

所有权。”〔1〕

3. 学习者——慕课用户的贡献

传统上，学生拥有自己在课堂上和整个学术生涯中创造内容的所有权。然而，慕课的学生可能不被认为是机构意义上的学生，他们不需要获得学分，不支付定期学费（如果有的话），并且没有在学术机构注册。然而，参加慕课的个人经常要提交作业，参与讨论。谁拥有这些内容？机构在保护慕课学生的作品方面有利益吗？应该有吗？

学生在向慕课提交内容的时候，可能并没有意识到所有权的影响。每个慕课平台标准的用户协议——经常授予慕课提供者对用户生成内容许可和分配的永久的权利。标准协议的一个例子（所有慕课平台基本上措辞相同）说明了一点：一旦用户提交或分发帖子到网站，据此你授予了主人（慕课平台提供者）一个在世界范围内，非独家的、可转换的、可转让的、全部付清的、免费的、不折不扣、永久的、不可撤销的权利和许可、转让、展示、表演、复制、修改、分发、重新分配和其他的使用，你授予了慕课提供者以全部或部分的方式，任何形式和任何媒体格式，通过任何媒体渠道（现在已知和以后开发的）利用用户帖子的权利。易言之，通过参与慕课，用户同意授权平台提供者使用用户内容做任何他们想做的事情的全面许可。

学习者还有一个问题：他们的数据的权益归属。《福布斯》杂志表明，一个用户的数据按照公司的估值可以高达 200 美元，故此，慕课条款和条件通常试图角逐对学习者数据的使用权，甚至拥有决定数据使用的权利，也就不足为奇了。〔2〕

2013 年《数字时代学习原则和权利法案》，强调学生在线学习环境包括慕课环境下的知识产权。它指出：学生也有权创建和拥有与他们参与的网络课程相关的知识产权和相关的数据。在线课程应该鼓励开放和共享，同时教育学生保护和许可他们的数据资料和创作的作品的各种方式。服务条款的任

---

〔1〕 Copyright Challenges in a MOOC Environment EDUCAUSE 2013 EDUCAUSE. The text of this EDUCAUSE brief is licensed under the Creative Commons Attribution-Non Commercial-No Derivatives license. http://net. educause. edu/ir/library/pdf/PUB9014. pdf.

〔2〕 Stephen Haggard: The Coming Copyright Problem And Its Impact on Students and University, http://moocnewsandreviews. com/the-coming-mooc-copyright-battle-and-its-impact-on-student-and-university/, 2015/11/9.

何变化慕课服务商都应该清楚地传达，未经学生的同意，他们不得削弱最初的隐私和知识产权条款。这是目前所存在的唯一明确表达用户生成内容归属的法案，对学生权利的保护具有重要意义。[1] 在决定学生慕课中产生的知识财产所有权方面学院和大学能有（或想要有）什么作用，也是我们应该思考的问题。

4. 慕课平台提供者的技术支持

慕课课程运行与管理中需要专业的技术团队的支持，对于以知识的传播与创造为主要任务的高校机构来说，并不擅长这项工作，故此，慕课中，专业性、独立性的慕课平台成为一个单独的主体进入慕课项目。对于非商业慕课平台提供者来说，为保证课程体系的完整性，为收回其在慕课建设中付出的人力、物力投入；对商业慕课平台提供者来说，为收回和倍增他们的投资，以及扩展自己的品牌，两种课程平台提供者一般都会寻求对课程内容的全面的许可权利。对 Coursera、edX 和 Udacity 平台服务条款的一个简要比较揭示了，学院和大学签约之前应该仔细评估许可条款。简而言之，每个慕课平台提供者建立自己的对材料的所有权声明，对用户创造的内容建立自己的所有权声明。考虑到高校机构在创造和分享知识的任务中所承担的中心作用，关于许可条款的审查更应深思熟虑、谨慎。

在今天的混合学习文化背景下，用户不得不放弃他们所参与慕课的 IP 权利意味着什么？共享被限制时，会发生什么？当前的许可表明慕课平台提供商是他们的内容和用户生成内容的所有权人。到目前为止，慕课许可使传统教育价值观和商业企业之间的界限越来越模糊。[2]

（四）慕课主体间版权法律关系复杂

关于慕课，学者最担心的是关于内容的权利，权利归属确定是进行著作权保护的前提与基础。慕课作为大数据等信息技术为支撑的课程，从规划设计到讲义编写，再到汇总合成是一个系统工程，众多的课程参与者致使期间的版权归属问题一改过去教师高校的二维模式之争，变为三维甚至多维模式

---

〔1〕 叶兰、易晓娥："图书馆视角下的 MOOCs 版权问题研究"，载《大学图书馆学报》2014 年第 5 期。

〔2〕 Copyright Challenges in a MOOC Environment EDUCAUSE 2013 EDUCAUSE. The text of this EDUCAUSE brief is licensed under the Creative Commons Attribution-Non Commercial-No Derivatives license, http://net. educause. edu/ir/library/pdf/PUB9014. pdf.

版权归属的思考。

1. 高校与教师之间版权归属

慕课制作过程中教师智力投入与单位人力、物力、信息基础设施等方面的投入都是必不可少的。关于慕课课程的版权归属各国法律均没有对此进行明确规定，目前各国基本依据本国版权法关于职务作品和远程教育相关法律规定进行调整，或者以高校知识产权政策应对慕课版权归属问题。慕课发展实践中，国外高校制定各自的版权政策，大部分大学都拥有网络课程版权，例如哈佛大学规定对教师学术作品自动地非独占使用权利。有一些学校采取“所有权共享”，如宾夕法尼亚大学，有少部分学校的课程版权属于有条件的教师个人所有，如麻省理工学院。〔1〕就我国目前的存在的一般的收费在线课程来看，版权大都属于开设、录制课程的学校、公司或教育机构，大多数课程讲授人是不享有版权的，在录制课程前，课程讲授人会以合同的形式将版权中的一系列相关财产权利转让给教育机构，自己只享有署名权等人身权利。〔2〕

因慕课相较于传统的面对面授课及远程教育课程的特殊性，原有的法律法规并不能完全合理解决慕课版权归属的问题。而且因各国著作权法相关规定亦有所区别，大陆法系国家在著作权归属方面更加注重对智力投入者、作品创作者利益的保护，英美法系国家将著作权法等知识产权制度作为一种经济激励的工具，更加注重作品及著作权的经济利益和价值，故此，在应对著作权归属问题时会给作品投资者的作用以足够重视。我国的著作权法在著作权归属方面更多借鉴了英美法系国家的规定，同时也一定程度上尊重作品创作者的权利，如在我国职务作品的制度中，无论是一般职务作品还是特殊职务作品，作为作品的创作者至少都享有署名权这一著作权的人身权。慕课中最核心部分的课程要素、教学技术、课程视频、课程作业布置等都是教师完成的，所在机构与平台只是提供资金、工具等创作条件，从自然法理论与公共政策出发，慕课课程版权应当属于开发教师，然而，这与目前主导的慕课

---

〔1〕 Massive Open Online Courses：Legal and Policy Issues for Re-search LIBRARIES，http://www.arl.org/stor-age/documents/publications/issue brief-mooc-22oct12.pdf Straumsheim C. When MOOC Profs Move，http://www.inside ighered.com/news/2014/03/18/if-mooc-instructor-moves-who-keeps-intellectual-property-rights.

〔2〕 叶文芳、丁一：“MOOC发展中的版权制度研究”，载《科技与出版》2014年第2期。

版权属于教育机构出现了矛盾。未来随着慕课逐渐成熟，随着慕课参与者对相关法律、政策等的深入理解，大学与教师对慕课版权的归属关系可能出现诸多变化。[1]

2. 高校与慕课平台版权归属问题

国内外现存的慕课平台在其知识产权声明或版权声明中均明确承认高校及教师等对于课程享有的知识产权，但是却同时要求拥有对课程中资源、图片、文字、视频文件等的复制、表演等一系列非常宽泛的权利。而且，从发展趋势来看，慕课商业性开发使得慕课平台寻求拥有更多的权利，比如包括重新分配权、衍生权、鉴定权、重新销售权等。[2]圣克鲁兹大学教师联盟2013年3月对大学提出一个挑战，声称Coursera正在攫取大部分教授关于讲座的知识产权。密歇根大学与Coursera的合同安排描述得很简单：首先看到收益的是平台，最后一个才是大学。故此，高校与慕课平台之间版权归属问题的研究与解决对于慕课可持续化发展至关重要。

3. 慕课平台与出版商之间合作促使学习资源更加丰富

慕课是开放性、规模性传播科学、信息知识的平台，出版商拥有大量的数据知识等信息资源，两者合作还是对抗的选择将产生截然不同的后果。对抗则两伤，合作则两利。2013年5月，Coursera与全球知名大型的出版商合作[3]的实践证明，通过在慕课课程中以免费的方式提供课程的相关阅读资料：一方面，大大丰富了慕课课程资源，提升慕课课程质量，增进学生学习效果；另一方面，出版商也从中受益。合作使得出版商的图书通过慕课平台展现在全世界的学习者面前，起到了营销的效果，尤其是相应的纸质版图书的销量提高，电子书的销量也很巨大。

4. 慕课平台与学生之间版权问题

慕课平台与学生之间的版权归属问题主要涉及两个方面：一是学生慕课学习过程中生成性资源，学生的帖子、作业、小组项目成果等的版权归属问题；二是慕课大规模性，使得学习者生成数据数量巨大，大数据时代对数据的分析蕴含着极大的教育价值与商业价值。正是因为认识到海量的学生用户

[1] 王莉方："大规模在线开放课程（MOOC）版权特征探析"，载《科技与出版》2014年第7期。
[2] 王莉方："大规模在线开放课程（MOOC）版权特征探析"，载《科技与出版》2014年第7期。
[3] Coursera的初步合作对象包括牛津大学出版社、圣智学习出版社、约翰·威利出版社等。

数据资源的商业价值，很多的慕课平台都在知识产权声明中要求数据的使用权。故此，慕课中用户生成资源的版权问题以及用户数据资源的归属是慕课版权的一个重要问题，是归属于学生、归属于学生所在的高校抑或是慕课平台尚无定论。

本章小结

慕课是一个由教师、高校机构、出版商、学生共同贡献的多平台数字跨界混搭内容，由高校或商业性公司进行全球传播。[1] 对其本质内容和特征的把握是准确认定慕课版权性质及应对版权归属问题的关键。

（1）关于慕课的版权性质。慕课是以信息技术软件为支撑进行科学文化传播，是对高等教育领域教学模式的创新与改革，集合声音、视频、教师讲解、图片、图标等为一体，同时在师生互动过程中不断产生作品的资源生成性的课程，是现行著作权法中作品类型所不能涵盖的。

（2）关于慕课的版权归属。从各国著作权法的规定看，虽然“职务（雇佣）作品”条款对于解决慕课的著作权归属问题确定提供了一个貌似简单的解决方案，但是职务作品“全有或全无”的著作权分配方式无法公平弥补慕课参与各方付出的资源。委托作品与合作作品中教师地位边缘化，利益维护不足，亦无法实现著作权法利益平衡的制度目标。

对慕课的版权归属问题的研究，是进行慕课形态下版权制度研究的起点，涉及慕课的署名权、修改权、保护作品完整权等人身权由谁行使、如何行使，涉及慕课名誉权的归属与利润的分配。要解决教师离开机构之后，慕课的制作与使用问题，机构是否可以继续使用慕课，教师离开后能够继续使用其参与开发的慕课，教师在接受单位的任务开发一门慕课后，能否再次接收其他机构的委托开发相同或者不同的慕课等问题。

当慕课通常地落入商业教育范畴的时候，关于慕课的所有权的争夺将成为热点。通过上面的分析可见，现行著作权的著作权作品类型及归属的规定

---

〔1〕 Stephen Haggard：The Coming Copyright Problem And Its Impact on Students and University，http://moocnewsandreviews.com/the-coming-mooc-copyright-battle-and-its-impact-on-student-and-university/，2015/11/9.

对于慕课不能适用或仅仅具有有限的适应性，因此，给慕课作品一个新的分类和界定，给慕课作品设计一个合理、科学、可执行的版权归属制度是保证慕课可持续发展，支持高等教育改革的重要举措，也是慕课形态下著作权制度创新变革的必然要求。

第四章 慕课（MOOCs）中所使用作品的版权问题

在教育教学发展过程中，经历着传统的面对面的课堂教学、远程教育课程以及今天的大规模的在线开放过程，秉承着知识传播、促进发展的教育理念，体现了科学技术影响下教育模式、教学方式的一次次的创新与变革。而无论何种教育方式，课程内容都是核心，直接决定着教育的质量。慕课作为科学技术与高等教育结合的典范，课程中对视听资源、文字、图片资源等丰富的文学艺术作品资源的使用是保证慕课课程质量的关键。而在知识经济的时代，随着知识产权保护水平的提高，保护范围的扩大，课程内容的构成要素中必然包含大量的受到版权法保护的资源，故此，课程内容的有效提供依赖于版权制度的保驾护航。[1] 慕课中使用作品的版权主要涉及三个层面的问题：一是版权限制制度在慕课中的适用分析；二是版权限制制度适用慕课的局限性分析；三是慕课中使用作品的许可支付报酬问题。

第一节 版权限制制度在高等教育领域的适用分析

作品的创作是个人性的，而作品使用具有社会性，故此，著作权法的核心精神是实现作品创作和利用之间，著作权私益与公益的平衡，著作权的限制是这种核心精神的最重要的体现。著作权限制制度是“调整著作权的完美工具”，[2] 在著作权国际公约及各国著作权法中都有规定。所谓的著作权限制制度是著作权法为保护表达自由、信息、知识的获取等公共利益及增进公共

---

〔1〕 黄吉瑾、张心全：“远程教育与版权制度的协调发展———谈美国《技术、教育和版权协调法案》及启示”，载《南京广播电视大学学报》2004 年第 2 期。

〔2〕 转引自朱理：《著作权的边界——信息社会著作权的限制与例外研究》，北京大学出版社 2011 年版，第 22 页。

福利之目的所规定的约束著作权与有关权之财产权的行使范围，使范围外的特定行为不构成著作权的侵权行为且不必承担侵权行为之责任后果的豁免规范体系。高等教育领域涉及的著作权的限制制度主要有两个方面：一是教学科研目的的使用。为“教育和科学研究”规定的限制，包括合理使用和法定许可两个方面。为教育目的使用版权作品，版权人的权利都会受到相应的限制，限制的程度会基于使用作品方式的不同而有所区别。二是介绍评论性使用。我国现行《著作权法》第22条“（二）为介绍、评论某一作品或者说明某一问题，在作品中适当引用他人已经发表的作品”与《信息网络传播权保护条例》（2013年修订）第6条：“通过信息网络提供他人作品，属于下列情形的，可以不经著作权人许可，不向其支付报酬：（一）为介绍、评论某一作品或者说明某一问题，在向公众提供的作品中适当引用已经发表的作品……”

慕课被认为是“500年来高等教育领域最深刻的变革”[1]，本质上是一种全新的教学模式，故此，慕课中使用作品的版权问题必然主要在“为教育和研究目的”使用版权作品的范围内进行研究与讨论。

一、教学科研中的合理使用

著作权的合理使用是指根据法律的明文规定，不必征得著作权人同意而无偿使用他人已发表作品的行为。合理使用是知识产权领域的概念，版权客体作为思想表达的文化因素，是知识产权领域专有权限制最多、最复杂的部分[2]。教育和研究机构是公民获取信息和知识的重要场所，他们承载着知识和信息的创作和传播的任务，对这些场所内的某些使用行为规定版权的限制和例外，能够方便公民不受阻碍地获取和传播信息，从而促进社会民主和表达自由。

（一）国际条约的规定

1.《伯尔尼公约》《TRIPS协议》等国际条约中的规定

教育机构对学生进行知识传播，启发进行知识的创造，为未来社会进步和知识创新培养人才，为此目的，它们需要用便利的手段对学生进行授课和

〔1〕 Reil L R. Inaugural Address（September21, 2012）, http://president. mit. edu/speeches-writing/inaugural-address.

〔2〕 王红珊：“数字经济下的版权改革与合理使用——以澳大利亚版权改革为例”，载《上海商学院学报》2014年第4期。

教育。为了使教学方法适应新的学习环境，吸引学生的注意力，提高学生的学习技巧，教育者需要利用现代书籍、报纸、杂志、摄影、录音、录像、幻灯、广播节目及其他媒体。[1]研究机构承载着知识创造，技术研发的任务，是科学技术和知识创新的重要推动力。为了在原有的基础和最新的技术水平上继续研发，研究机构需要大量获取已有的信息，掌握最先进的科学技术和理解最新的研发现状，相互交流信息和经验，以便研发和大力传播科技成果，推动知识创新，促进社会发展。为此，它们需要从各个方面、利用各种手段方便地获取已有的知识和信息。如果教育和科研机构在进行上述活动时，要按照著作权法的要求层层授权许可，支付报酬，必然会极大降低知识资源创造与传播的速度，大大延缓科学文化、技术的进步，不利于社会的发展。故此，世界各国均把"教学科研"的合理使用制度作为版权限制制度的重要内容，这更是为版权的国际条约所重视。

《伯尔尼公约》第10（2）条，本同盟成员国法律以及成员国之间现有或将要签订的特别协议得规定，可以合法地通过出版物、无线电广播或录音录像使用文学艺术作品作为教学的解说的权利，只要是在为达到目的的正当需要范围内使用，并符合合理使用。规定"为教学解说"之作品的合理使用，同时对著作权的这种限制和例外适用规定"三步检测法"标准。《伯尔尼公约》第9（2）条规定，本同盟成员国法律得允许在某些特殊情况下复制上述作品，只要这种复制不损害作品的正常使用也不致无故侵害作者的合法利益。《伯尔尼公约》对合理使用的判断规定兼具抽象性与具体性的标准。"三步检测法"规定为后来的《TRIPS协议》所吸收，成为其第13条"限制与例外"规定的来源。亦成为1996年《世界知识产权组织版权条约》第10条的"限制与例外"的来源。

根据《伯尔尼公约》第10（10）条，这里的"教学"包括教育机构、市立与国立学校和私立学校的教学活动，超出此范畴的教学，如针对普通公众的一般教学应被排除。应该说，即使在当时的教育水平下，这一解释也是太过狭窄，这种解释明显排除了成人教育。然而，《伯尔尼公约指南》在该条紧

〔1〕 Educational Multimedia Fair Use Guidelines Development Committee, "Fair Use Guidelines For Educational Multimedia", Washington D C . July 17, 1996, § 1.2.

接着提到了《突尼斯示范法》[1] 允许“为了用于学校、教育、大学和职业培训”而公开表演作品的广播节目。当然，即便《伯尔尼公约指南》所提及的《突尼斯示范法》允许职业培训中援引该条不具备法律效应，由于这一条款的授权性规范性质，在满足公平惯例的前提下，各成员方既可以在其内国法，也可以在双边协议中明确将成人教育与当今蓬勃开展的网络远程教育纳入“教学”范畴。[2]

2.《欧盟信息社会版权指令》等欧洲国家的规定

《欧盟信息社会版权指令》(以下简称《欧盟著作权指令》) 第3项规定：在下列情况下，成员国可以在复制权和向公众传播权方面规定例外或限制：(a) 仅为教学的举例说明目的或科研目的而使用，只要指出了来源，包括作者姓名，除非结果表明指出来源是不可能的，并以实现正当的非商业性目的为限；《欧盟著作权指令》理由陈述（42）指出在为了非商业性教育及科研目的、包括远程教育适用例外或限制时，有关活动的非商业性质应根据活动自身的性质确定。组织构成及有关机构的资金来源方式在此问题上不起决定作用。根据这个规定，能够适用教育和科研限制和例外的受益方已经超出了一般意义上的教育和科研机构，任何从事非商业性教育活动的当事人都可以利用。[3]

（二）美国的规定

著作权的国际公约和各国的著作权法都规定了合理使用这一著作权的限制制度，各国在符合其所签署的国际公约的要求下，根据各国的具体情况，决定国内法规定何种著作权的限制以及限制的形式。著作权的限制和例外反映的是特定国家的社会历史和政治文化。因此，在各国的合理使用的制度中，种类不同，内容差异也较大，但是，有一点合理使用的情形大多数国家的著作权法却是一致的，那就是为教育和科研目的的合理使用制度。

1. 1976 年《美国版权法》的规定。《美国版权法》的第 110 节授权非营

---

〔1〕 该《示范法》全称为《为发展中国家制定的关于版权的突尼斯示范法》（The Tunis Model Law on Copyright for Developing Countries）1976 年由 UNESCO 和 WIPO 共同制定。

〔2〕 王清：《著作权限制制度比较研究》，人民出版社 2007 年版，第 175 页。

〔3〕 朱理：《著作权的边界——信息社会著作权的限制与例外研究》，北京大学出版社 2011 年版，第 22 页。

利教育机构在课堂上对版权作品进行表演和展示的合理使用的权利。[1] 1976年版权法案包含的合理使用的例外仅仅适用于传统教室而不是在线教育（在Teach法案之前没有授权给在远程学习进行合理使用的权利）。《美国版权法》第107条规定“为教学（包括在课堂上分发多份拷贝）、学术交流或研究之目的”使用版权作品为合理使用，不属于侵权。在具体案件中判断某一行为是否属于合理使用，应当考虑下列四个因素：①使用的目的和特点，包括这种使用是具有商业性质还是为了非营利的教育目的；②版权作品的类型；③使用的作品中，被使用作品与整个作品的比例和使用内容的实质性；④使用行为对拥有版权作品的潜在市场或价值所产生的影响。值得注意的是，这四个因素并没有给法院提供一条认定什么构成合理使用判断的鲜明的界限，[2] 相反，法院表示，特殊情况下必须考虑内在的公平。

在适用合理使用四要素时，并不要求四个因素同样满足，相反，合理使用的判断实行个案分析的原则，根据实际情况来决定这一使用是否可以作为版权限制中的一个可接受的豁免。

（1）关于非营利性与商业性。非营利的教育目的解释在课堂或者远程教育中使用版权资料作为合理使用中发挥显著的作用，一旦变成商业性使用，声称合理使用作为防御的可用性明显削弱（有人敦促这种使用无效，根本不适用合理使用），如果不再是纯粹的教育目的，一般会建议依照获得的许可证许可使用或支付版权费。例如，如果一个教员或他/她的机构致力于在市场上将一个在线远程教育课程销售给其他的机构，这种行为可能会因为具有商业特征，从而使其没有资格享有合理使用的权利。

---

〔1〕 17 U. S. C. A § 110 (1) (2005) . The section sets forth the following exemption to copyright infringement claims regarding certain performances and displays: (1) Performance or display of a work by instructors or pupils in the course of face-to face teaching activities of a nonprofit educational institution, in a classroom or similar place devoted to instruction, unless, in the case of a motion picture or other audiovisual work, the performance, or the display of individual images, is given by means of a copy that was not lawfully made under this title, and that the person responsible for the performance knew or had reason to believe was not lawfully made. *Id.* Pursuant to § 110 (1) it is thus permissible, within the confines of a traditional classroom, to perform or display works such as a play, movie, poem or photograph.

〔2〕 See Andre Hampton, Legal Obstacles to Bringing the Twenty-First Century into the Law Classroom: Stop Being Creative, You May Already be in Trouble, 28 OKLA. CITY U. L. REV. 223, 231 (2003) (quoting Carol M. Silberberg, "Preserving Educational Fair Use in the TwentyFirstCentury", 74 S. CAL. L. REV. 617, 627 (2001).

（2）关于作品性质。一般认为，更多的事实和更少创造性的受版权保护的材料，就越有利于合理使用的应用。相比之下，对具有高度创造性的材料，如音乐、电影、短篇小说、虚构的作品等，适用合理使用构成障碍，使用建议获得许可。“将作品中加入一些新的东西、有了更深一步的目的或不同的特征的”这种作品的“转换性使用”在合理使用的决定中一般获得支持。”[1]

（3）关于使用作品的比重及性质。作品多大部分被利用是一个非常主观的问题，这个问题促使颁布了众多指导方针。1976 年版权法的立法历史表明，“课堂指南”是由代表有关各方如作者、出版商和专业教育协会发展起来的，其为在课堂上使用版权作品的复制件进行合理使用申请提供清晰的程序说明。对受保护的作品因分发而进行的更多的复制，指南建议，副本的使用必须满足短暂（简洁）、自发性、累积效应和通知性。因此，你可以复制一篇不到 2500 字的完整文章，但如果这篇文章是一个时下正在解决的强化主题，那么在有限的时间内获得许可是不合理的。一般作品被利用得越少，越有可能被考虑是合理使用，然而，即使复制受版权保护的作品的一小部分，如果这部分代表作品的本质或心脏，可能会不利于合理使用的申请。多小才算小呢？这取决于整体版权作品：1 分钟的商业使用，45 秒证明太大，以至于不会获许合理使用申请；而一本书的一个章节，在合理使用标准下会被视为可接受。[2]

（4）受保护作品的市场影响。这一要素被美国最高法院解释为合理使用防御可行性的决定性因素。[3]在传统的面对面的课堂教学中和有限的副本传播，一个人只需要考虑潜在的市场价值影响，以受版权保护的作品（课堂上

---

〔1〕 JOHN VAUGHN ET. AL., ASS´N OF AM. UNIVS., CAMPUS COPYRIGHT RIGHTS AND RESPONSIBILITIES: A BASIC GUIDE TO POLICY CONSIDERATIONS (2005), available at http://www.aaupnet.org/aboutup/issues/CampusCopyright.pdf.

〔2〕 Guidelines for copying works for teaching purposes were promulgated by the Association of American Publishers and the Author's League of America. For an adaptation of these guidelines, see UNIV. OF TEX. SYS., GUIDELINES FOR CLASSROOM COPYING OF BOOKS AND PERIODICALS, http://www.utsystem.edu/ogc/intellectualproperty/clasguid.htm (last visited Sept. 29, 2006). In making multiple copies of copyrighted works for classroom use, the guidelines suggest these limits: (i) Poetry: (a) A complete poem if less than 250 words and if printed on not more than two pages or, (b) from a longer poem, an excerpt of not more than 250 words. (ii) Prose: (a) Either a complete article, story or essay of less than 2, 500 words, or (b) an excerpt from any prose work of not more than 1, 000 words or 10% of the work, whichever is less, but in any event a minimum of 500 words.

〔3〕 See Harper & Row, Publishers, Inc. v. Nation Enters, 471 U.S. 539 (1985).

学生所使用的副本）的销售来确定合理使用是否适用。在线教育装置允许教育者把各种形式的知识财产放置在互联网上，再加上远程教育的潜在巨大的观众，如果作品被广泛传播，极大地增强了对创造者/所有者版权造成巨大的市场伤害的可能性。此外，由于根据著作权法规定教学豁免不适用于远程教育（因为它不被认为是致力于通常的课堂教学，其版权材料的传输可能被视为重播），2002 年教育法案出台前，这些参与网络教育者通常是依照这个法定方案必须获得版权所有者的许可或获得昂贵的授权版权，因为版权所有者准确地感知严重市场伤害的风险。[1]

《美国版权法》第 107 条：专有权的限制——合理使用。第 110 条：专有权的限制：某些表演和演出的免责，通常被称为"课堂豁免"，在符合特定的条件的场合下，为课堂中的表演和展示提供了一种完全的著作权人独占性豁免。[2] 针对教育领域的版权作品的使用，美国 1976 年的版权法通过提供至关重要的著作权人独占性豁免，承认了教育在社会中独特的地位及其重要性。美国四要素的合理使用的立法具有概括性、灵活性，这种开放性的版权限制与例外的立法方法为大量不经许可的使用留下了空间，为未来新情况的出现提供了一个足够的安全阀。

2. 2002 年 Teach 法案。美国国会为版权持有者保护市场的愿望和教育者将版权作品融入其在线课程的期望之间保持平衡，对这种两难困境的解决办法导致了 2002 年 11 月 1976 年版权法案修正案的通过，其标题为《技术、教育和版权协调法案》（Technology，Education and Copyright Harmonization Act，简称 Teach 法案），Teach 法案修改了 1976 年《美国版权法》第 110（2）条。[3]

---

〔1〕 AUDREY W. LATOURETTE, J. D. COPYRIGHT IMPLICATIONS FOR ONLINE DISTANCE EDUCATION Content downloaded/printed from Hein Online (http://heinonline.org) Thu Apr 23 21: 38: 43 2015https://www.copyright.com/ccc/basicSearch.do? &operation=go&searchType=0 &lastSearch=simple&all=on&titleOrStdNo=0093-8688.

〔2〕 翁朱华："开放教育资源：实现全民教育的有效手段——2007 国际开放与远程教育理事会常设校长会议综述"，载《开放教育研究》2007 年第 4 期。

〔3〕 WhileTeachers in traditional classrooms could perform or display all types of copyrighted works under § 110 (1) of the Copyright Act, those in online distance education could only perform copyrighted non dramatic literary or musical works. *See also* Kristine H. Hutchinson, Note, *TheTeach Act: Copyright Law and Online Education*, 78 N. Y. U. L. REV. 2204, 2213 (2003). (noting "[A] distance educator could show stills from a motion picture, but could not show even portions of the film itself… [This] caused students in online courses to have less engaging and effective educational experiences.")

认识到传统的面对面课堂与远程教育之间的差距[1]，寻求进一步加强在网络教育中使用受版权保护资料的能力。该法案扩大了教师可以进行数字传输受版权保护的材料的范围至在远程教育课程和混合式的学习模式中，在混合式的学习模式中网上材料是用来补充传统的面对面的教学的。

（1）规定远程教育者扩展的权利的前提条件。Teach 法案赋予的权利适用于任何非营利认证教育机构。[2] 被允许表演和展示的作品是课程必要的部分，并且该行为要在类似于传统的课堂的“可调节的教学活动”中在老师的监督下进行。

（2）适用的作品范围：范围包括非戏剧性文学作品或音乐作品的完整性的表演，或者其他任何形式作品的合理或者有限的部分，并且，一个作品在网络课程中可以展示的部分与传统的面对面教学展示的部分相差无几。

按照 Teach 法案，只允许使用通常被使用在传统的课堂中的材料，可调节的教学活动不包括以下：学生使用的数字形式的补充或研究资料，比如作品储备或以电子形式储备在图书馆中；对教科书、线上讲义或者其他资料的使用，这些材料在高等教育领域通常是学生购买的与课程有关的独立使用的资料；或教师为课堂教育目的发布整篇的期刊文章。Teach 法案，本质上是将老师豁免和合理使用防御应用于在线教育。值得注意的是，在网络远程教育的背景下，戏剧文学和音乐作品（例如，电影和戏剧）、视听作品和录音资料的表演必须都是“合理的和有限的”片段。[3]

---

〔1〕 One commentator described the pre-TEACH Act copyright laws covering distance education as “draconian” in that the distance educator was only permitted to use still image displays such as slides or video frames, and non dramatic literary or musical works such as textbook pages, poetry, symphony, or pop music. Dahl, *supra* note 32, at 1 (citing Dr. Fritz Dolak, copyright and electronic resources librarian at Ball State University).

〔2〕 The American Library Association sets forth the standards for accreditation as follows: “For higher education, regional or national accrediting agencies recognized by the Council on Higher Education Accreditation or the U. S. Department of Education provide authorized accreditation. For primary and secondary institutions, applicable state certification or licensing agencies provide accreditation.” KENNETH D. CREWS, AM. LIBRARY ASS'N, THETeach ACT AND SOME FREQUENTLY ASKED QUESTIONS (2006), http://www. ala. org/ala/washoff [WOissues/copyrightb/distanceed/teachfaq. htm [hereinafter AM. LIBRARY Ass'N, FAQS].

〔3〕 Thus, while theTeach Act does expand the rights afforded distance educators to use copyrighted materials to make it more comparable to the discretion enjoyed by educators in the traditional face-to-face classroom, notably there is “still a considerable gap between what the statute authorizes for face-to-faceTeaching and for distance education.” UNIV. OF TEX. SYS., THETeach ACT FINALLY BECOMES LAW, http://www. utsystem. edu/ogc/intellectualproperty/teachact. htm (last visited Sept. 29, 2006) [hereinafter UNIV. OF TEX. SYS., FINALLY BECOMES LAW]. While there are no limits and no permission required for showing or

版权持有者担忧经由远程教育他们受版权法保护的表达被非法传播的可能，为了应对这种担忧，Teach 法案对开展远程教育并期望从此计划中获益的教员和机构施加了额外的要求与限制。机构决策者、信息技术人员和教师只有满足法定需求和在法定的限制内操作，才可以合理使用指定的版权材料[1]依照 Teach 法案，学院或大学必须要通过它的信息技术人员，应用技术保护措施提供用户的身份验证，以合理地防止受版权保护的材料被其他人（而不是注册的学生）未经授权地访问和下载控制，阻止学生未经授权地保存或传播作品。[2]

3.《DMCA 禁止规避技术措施之例外规定第六次修改》。2015 年 10 月 28 日美国版权局，国会图书馆关于《DMCA 禁止规避技术措施之例外规定第六次修改》中“视听作品的教育性和衍生性使用”部分之（1）规定：“对于《美国版权法》第 101 条所界定的电影（包括电视节目和视频），为了批判或评论之目的，且仅仅为了使用前述电影之片段，可以在下列情形下实施规避行为：……（iv）为了教育目的，高等院校的老师或者学生可以实施规避行为，且符合下列条件之一：（A）规避行为是在相关内容被合法获得并解密后，通过使用向公众提供的、能够复制电影的截屏技术实施的；（B）或者，在电影研究或者其他需要详细分析电影、媒体之片段的课程中，该电影是合法制作、合法获得的，存储在受内容扰乱系统保护的 DVD、受高级访问限制系统保护的蓝光光碟或者受技术措施保护的电子介质上，并且实施规避行为的人合理地认为截屏软件或者其他非规避的替代手段不能达到高品质内容所要求的水平。”此条规定了高等学校的老师和学生在课堂教学中，为批评或评论的教育目的，可以破解合法获取的电影、电视节目等视听作品的技术保护措施，即这种使用无需许可、无需支付报酬，依法破解作品内的技术保护措施后依法使用（仅仅为了使用前述电影之片段）。[3]

（接上页）performing copyrighted works related to the curriculum in any medium in the traditional classroom, the distance educator must “pare down” some of the audiovisual works and dramatic musical works into reasonable and limited portions.

〔1〕 *See* CREWS, MEANING AND IMPORTANCE OF THETeach ACT, *supra* note 44.

〔2〕 17 U. S. C. § 110（2）（D）（ii）（Iaa-bb）（2002）.

〔3〕《美国版权法最新修订文本翻译稿》策划：腾讯研究院法律研究中心，负责人：司晓、张钦坤、田小军；翻译：曹建峰、李潇璇、罗治兵、李思羽、田咏竹；校对：曹建峰。http://mp. weixin. qq. com/s? _ _ biz=MjM5OTE0ODA2MQ==&mid=400448222&idx=1&sn=927c16377f42dfa28372132b49e22577&3rd=MzA3MDU4NTYzMw==&scene=6#rd，2015 年 11 月 13 日访问。

（三）日本的教育目的合理使用的规定

日本现行著作权法从1970年颁布，到2009年止，因科技、经济、社会的巨大变化已经进行了大小26次的修订。在日本，著作权法关于因教育目的使用他人作品的问题，规定了教科书登载，复制、播放以及考试使用几种，分别为合理使用和法定许可。

《日本著作权法》（2009年修正，下同）第五小节“著作权的限制”规定，第35条和36条规定了非营利的教育目的使用版权作品的合理使用。《日本著作权法》第35条，在学校和其他教育机关中进行的复制等。第1款，在学校和其他教育机关（以营利为目的设立的学校和其他教育机关除外）中担任教学的人以及听课的人，为了在教学过程当中使用，在必要的限度内，可以复制已经发表的作品。但是，按照该作品的种类、用途以及复制的数量、复制的方式，著作权人利益会受到不当损害的，不在此限。第2款，已经发表的作品，在前款规定的教育机关的教学过程中，在向直接听课的人提供或者提示该作品原件或者复制品加以使用的情况下，或者按照第38条第1款的规定通过上演、演奏、上映或者口述方式加以使用的情况下，可以向在该课堂以外的场所同时听课的人进行公众传播（在自动公众传播的情况下，包括传播可能化）。但是，按照该作品的种类、用途以及公众传播的方式，著作权人的利益会受到不当损害的，不在此限。

第36条，作为考试问题的复制。第1款，已经发表的作品，在为了入学考试或者其他技能考试或者检测目的的必要限度内，可以作为考试或者检测的问题进行复制或者公众传播（播放或者有线播放除外，但在自动公众传播的情况下，包括传播可能化。下一款规定相同）但是，按照该作品的种类、用途以及公众传播的方式，著作权人的利益会受到不当损害的，不在此限。第二款，以营利为目的进行前款规定的复制或者公众传播的人，应当向著作权人支付相当于普通许可使用的补偿金。

从上述规定可见，《日本著作权法》规定了学校和其他教育机关（以营利为目的设立的学校和其他教育机关除外）可以在教学过程中对作品进行复制、上演、演奏、上映、口述以及公开传送的方式加以使用；已经发表的作品，可以使用在入学考试、技能考试（非营利性考试）中作为考试或检测的问题进行复制或者公众传播。但以上的使用按照该作品的种类、用途以及复制的

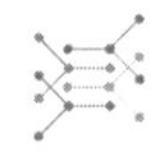

数量、复制的方式，著作权人的利益会受到不当损害的，不在此限。[1]《日本著作权法》规定了教学过程中和考试中两种情况的版权作品的合理使用，一是面对面授课课程中对作为授课资料的作品进行复制和分发；二是将面对面授课内容进行录制，并将视频同时进行远程教育转播。但以“不能不当损害著作权人的利益”为限定标准，这种概括加列举相结合的合理使用制度的立法方式类似于美国的规定。同时规定，对于其他教学性公共传输，例如，将面对面授课预习和复习所需资料通过电子邮件进行发送，将按需授课的讲座视频等资料进行发送，录播室类远程实时通信授课等所涉作品使用，则必须要取得著作权人许可。从慕课等新型大规模教学性公共传输在日本兴起以来，为便利教育机构、教育人员等开展慕课利用著作权作品，日本社会出现修订教学性权利限制规定的强烈呼声。[2] 为适应慕课等在线课程发展，回应社会关于改革的呼声，日本在 2018 年与 2020 年分别对著作权法的著作权限制制度进行了修订，但这两次修订对合理使用的规定变化不大，更多是针对法定许可制度的变革。

（三）英国教育目的合理使用的规定

英国是合理使用制度的首倡者，《英国版权法》（全称《版权、设计与专利法案》）第三章“涉及版权作品的允许实施的行为”中第 32-36 条是关于教育目的使用作品的规定，规定了为教育目的使用作品的五类合理使用制度。

1. 为教学或测验而实施对文字作品、戏剧、音乐或艺术作品的复制；在教学或教学准备过程中，以制作电影或者音频轨道之方式对录音制品、电影或广播进行复制；为设置问题，向接收测试者传送问题或者回答问题等测试之目的而实施的行为。以上三种行为构成合理使用均要求该教学满足为非商业性的目的，由施教者或受教育者所实施，附有充分的说明这三个条件。第 32 条规定：为教学或测验而实施之行为：①在教学或教学准备过程中，对文字作品、戏剧、音乐或艺术作品进行的复制，在符合以下条件时，不构成对版权的侵犯。（a）由施教者或受教者所实施，（b）非经复印手段实施，并且（c）附有充分的声明，并且该教学为非商业性目的。②在教学或教学准备程

[1] 关于日本合理使用制度的规定，可参见《十二国著作权法》翻译组译：《十二国著作权法》，清华大学出版社 2011 年版，第 378 页。

[2] 郑重：“慕课背景下日本教学性权利限制制度的改革及启示”，载《知识产权》2020 年第 3 期。

中，以制作电影或者音频轨道之方式对录音制品、电影或广播进行复制的，若该复制行为符合下列情形，则不构成版权之。（a）是由施教者或受教者实施的，并且（b）附有充分的声明，且试教学为非商业性目的。（2A）已为公众所获取之文字、戏剧、音乐或艺术作品，在教学或教学准备过被复制的，在下列情形下：该复制并不侵犯其版权。（a）是对作品的合理使用，（b）是由施教者或受教育者所实施，（c）非经复印之手段实施的，以及（d）附有充分的声明。（2B）第30条第（1A）款（可为公众所获取的作品）之规定，既适用于第30条第（1）款，也适用于第（2A）款。（3）为设置问题、向接受测试者传送问题或者回答问题等测试之目的而实施的行为，当该问题附有充分声明时，不构成版权之侵犯。（3A）第（1）款、第（2）款或第（2A）款所述之复制，或者为第（3）款所述之目的实施的任何行为，当要求其附带声明不具有操作性或其他情形时，不要求其附有声明。[1]

2. 为教育之用的选集汇编已出版的文字、戏剧作品的部分篇章。第33条，为教育之用的选集（1）在满足下列情形的汇编中收录已出版文字、戏剧作品的部分篇章（a）以在教育机构使用为目的，且在标题或任何发行商发行的或以其名义发行的广告中作出声明，并且（b）主要包含不享有版权的材料，不构成对作品版权的侵犯，若该作品本身并非以在教育机构使用为目的，且该收录附有充分声明。（2）依第（1）款之规定，5五年内同一发行商发行的汇编作品中不得收录同年内同一作者的两篇以上的作品节选。（3）关于任何篇章，第（2）款所涉及的“同一作者的作品节选”（a）应包含该作者与他人之合作作品的节选，并且（b）若相关篇章出自该种作品，则应包含任何作者之作品的节选，无论其系独立完成或与他人合作完成。（4）本条款所涉及之“教育机构对作品的使用”是指此类机构为教学目的所实施的任何行为。[2]

3. 教育机构活动中对作品的表演、播放和放映。第34条，教育机构机构活动过程中对作品的表达、播放或者放映。（1）向包括教育机构中的教师、学生以及与该机构的活动有直接联系的其他人在内的观众，对文字、戏剧或者音乐作品进行的表演，若（a）是在该机构的活动过程中由教师或学生进行

---

〔1〕《英国版权法》（全称：《版权、设计与专利法案》）第32条规定，《十二国著作权法》翻译组译：《十二国著作权法》，清华大学出版社2011年版，第588~589页。

〔2〕《英国版权法》（全称：《版权、设计与专利法案》）第33条规定，《十二国著作权法》翻译组译：《十二国著作权法》，清华大学出版社2011年版，第589~590页。

的，或者（b）是为教学之目的由任何人在该机构中所进行的，则不属于侵权意义上的公开表演。(2）教育机构以教学指导为目的，为上述观众播放或放映录音制品、电影或广播的，不构成基于版权侵权目的的所进行的公开播放或者放映。(3）为前款之目的，仅为学生家长的人不是与教育机构之活动有直接联系的人。[1]

4. 教育机构制作的广播录制品中使用作品，附有充分声明并且教育目的为非商业性的。第35条，教育机构制作的广播录制品。(1）为本单位之教学目的、教育机构制作或以其名义所制作的广播录制品，或者此类录制品之复制品的，当其附有充分声明并且该教育目的为非商业性的，则该制作行为不侵犯该广播以及收录其中的作品之版权。（1A）教育机构场所内的人将广播之录制品或者此类录制品之复制品向公众传播的，若该广播之录制品或者此类录制品之复制品之制作依据第（1）款不构成版权之侵犯，且位于教育机构场所之外的人无法接收该传播的，则其并不侵犯版权。（2）为本条之目的，本条款并不适用于依第143条有关许可方案所确定或一定程度上确定的许可的颁发。(3）依本条款制作而不构成侵权之复制品随后被处分的，且依其后所有处分之目的，处分行为均侵犯版权，则该复制品应被认定为侵权复制品。为此目的，处分是指销售、出租，或者为销售、出租而要约、展示，或者在教育机构场所内向该场所外的任何人传播。[2]

5. 教育机构对出版作品之复制，及教育机构出借复制品，附有充分声明且该教学为非商业个性的目的。第36条规定教育机构对出版作品片段之复制：

（1）教育机构或者以其名义可以在本条款所允许的范围内为教学目的而对已出版文字、戏剧或者音乐作品的片段进行复制的，当其附有充分声明且该教学为非商业性目的时，该复制行为不侵犯作品的任何版权。（1A）在第（1）款规定情形下，当制作复制品附上声明无操作可能性或其他原因时，则无需进行声明。(1B）教育机构为教学指导之目的，可以在本条款所允许的范围内制作或以其名义制作出版物之片段的复制品，而不构成对其版面设计版权的侵犯。

---

〔1〕《英国版权法》（全称：《版权、设计与专利法案》）第34条规定，《十二国著作权法》翻译组译：《十二国著作权法》，清华大学出版社2011年版，第590页。

〔2〕《英国版权法》（全称：《版权、设计与专利法案》）第35条规定，《十二国著作权法》翻译组译：《十二国著作权法》，清华大学出版社2011年版，第590页。

（2）教育机构根据本条款，在任一季度，即在1月1日到3月31日、4月1日到6月30日、7月1日到9月30日或者10月1日到12月31日，对任何作品的复制量均不得超过作品总量的百分之一。

（3）若在某种程度上，对有关的复制行为可以经由授权获得许可并该复制品的制作者明知或者应当知道此事实的，则该复制不有本条款之授权。

（4）授权教育机构基于教育目的复制已出版作品片段的许可，不得包含意图可复制（付费或免费）的作品部分限制在本条款所允许的比例之下的条款，否则该条款无效。

（5）依本条款制作不构成侵权之复制品随后被处分的，且依其后所有处分之目的，处分行为均侵犯版权，则该复制品应被认定为侵权复制品，所有处分为此目的，“处分”是指销售、出租，或者为销售、出租要约、展示，或者向公众传播。36A 教育机构之出借复制品。教育机构出借作品之复制品的行为不侵犯作品之版权。[1]

综上可见，英国版权法规定了比较宽泛的为教育目的合理使用作品的范围。世界上多数国家的著作权法中将关于为教育目的使用作品进行汇编教科书式地定性为版权作品的法定许可使用，[2] 而英国著作权法将此种使用作品的行为定性为无需许可、无需支付报酬的合理使用行为。

（四）德国教育目的合理使用的规定

德国现行著作权法于1965年颁布，于1974年、1985年、1990年、1993年进行了重要的修订，其详细列举和规定了合理使用的各种情形。

《德国著作权法》2009年文本约有200条，其中第47、53（3）条为关于教育科研目的合理使用作品的规定。

第47条，学校播放。1. 本法允许学校以及师范和教师进修机构将学校广播电视播放的著作转录成音像制品，并且制作个别的复制件。本规定亦适用于青少年福利教济机构和国营农村教育机构或者类似的国家负担的机构。2. 该音像制品只能用于课堂教学，并应当最迟自转录学校广播电视播放起至下一学年结束前消除，除非付给著作人适当报酬。

---

〔1〕《英国版权法》（全称：《版权、设计与专利法案》）第36、36A条规定，《十二国著作权法》翻译组译：《十二国著作权法》，清华大学出版社2011年版，第590~591页。

〔2〕中国的《著作权法》，《德国著作权法》第46条

第53条，为私人使用或者其他自用的复制。3. 如果复制为其目的所需，为自用目的，本法允许制作或者让人制作著作的短小片段、短小篇幅的著作，或者报纸、期刊出版或者公开提供的个别文章的复制件，（1）旨在为学校、非营利培训和进修教育机构，以及职业教育机构参与课堂教学的必要人员，进行课堂教学，或者（2）旨在进行国家考试，和为学校、高等学校、非营利培训和进修教育机构，以及职业教育机构的必要人员进行考试。只有经权利人许可，才得复制专门用于学校课堂教学的著作（最后一句于2008年1月1日附加）。

关于为学校教学目的的合理使用体现在该法的第47条学校广播电视播放作品的复制使用中。为教育目的，学校、师资培训机构以及其他青年教育机构可以录制单篇作品或经过转录制成的音像作品的复制品，并在学校范围内播放，只能用于课堂教学，并在本学年结束时消除。如果继续保留，则不属于合理使用，须向著作权人支付适当报酬。第53条是关于为学校课堂教学和考试而进行作品复制的合理使用，即学校、非营利培训和进修教育机构，以及职业教育机构参与课堂教学的必要人员为进行课堂教学和国家考试以及为学校、高等学校、非营利培训和进修教育机构，以及职业教育机构的必要人员进行考试允许制作或者让人制作著作的短小片段、短小篇幅的著作，或者报纸、期刊出版或者公开提供的个别文章的复制件。但同时明确规定，对于“专门用于学校课堂教学的著作”不适用此限制。

（五）韩国、巴西等教育目的合理使用的规定

1. 韩国：《韩国著作权法》第32条关于考试目的复制作品的合理使用制度。第32条（考试题目的复制）不以营利为目的而进行学校的入学考试，或其他知识、技能考试的，可以在必要范围内复制已公开发表的作品。（2009年4月22日修正）

2. 巴西：《巴西著作权法》（1998年）第四章著作权的限制第46条第6项规定，不以营利为目的，以教学为目的在教育机构进行舞台和音乐表演。

3. 澳大利亚、智利、墨西哥等国家，对于学校及其他教育研究机构的使用作品的行为也作了专门的规定。[1]

---

〔1〕具体内容可以参见 Lucie Guibault，“The nature and scope of limitations and exceptions to copyright and neighboring rights with regard to general interest missions for the transmissions of knowledge：prospects for their adaptation to the digital environment”，prepared for UNESCO，June2003，p. 11 .

（六）中国教学科研中的合理使用规定

我国《著作权法》第22条，《信息网络传播权保护条例》（2013年修订）第6、7条均规定为学校课堂教学或者科学研究目的，为图书馆合理使用作品的制度。《著作权法》第22条规定："在下列情况下使用作品，可以不经著作权人许可，不向其支付报酬，但应当指明作者姓名、作品名称，并且不得侵犯著作权人依照本法享有的其他权利……（六）为学校课堂教学或者科学研究，翻译或者少量复制已经发表的作品，供教学或者科研人员使用，但不得出版发行……"《信息网络传播权保护条例》第6条："通过信息网络提供他人作品，属于下列情形的，可以不经著作权人许可，不向其支付报酬；……（三）为学校课堂教学或者科学研究，向少数教学、科研人员提供少量已经发表的作品……"相对于美国开放式的合理使用制度的立法技术，我国采纳的是列举式的封闭式的立法方式。

由于《伯尔尼公约》在合理使用的条件和类型方面给予各成员国立法充分的自由空间，因此，各成员国著作权法中合理使用的规范千差万别，但都将学术研究、个人学习、课堂教学纳入合理使用的范畴。教育和研究机构承载着传播知识和创造知识的社会使命，是社会文化和文明发展的重要推动力，通过合理使用著作权限制制度确保公众的知识获取利益，同时充分发挥了作品的社会效益。

二、教学科研中的法定许可

法定许可制度是各国著作权法普遍采用的一种制度，是指根据法律明确规定的情形，使用他人已经发表的作品的，无须取得著作权人许可，但应当按规定支付报酬的制度。法定许可制度作为著作权的限制制度，其所设定的法定许可的种类、内容和范围，以实现著作权人和使用者的利益平衡为目的，但因一国的社会现状、经济发展水平等不同，法定许可使用情形规定不尽相同。

（一）《伯尔尼公约》、WPPT条约中的规定

国际条约对著作权限制与例外的规定从来都是国际会议讨论的热点。《伯尔尼公约》柏林文本（1908年柏林会议召开）规定了"机械录音的法定许可"，罗马文本（1928年罗马会议）规定了"广播电台播放作品的法定许可"，《伯尔尼公约》规定了两种法定许可的使用，没有关于教学科研法定许

可使用的规定。相较于《伯尔尼公约》，其他国际条约不再那么明显地规定上述两类法定许可，而是或含糊其辞[1]或直接援引《伯尔尼公约》的某些规定，不再对法定许可制度作出专门的规定。1994年的TRIPS协议第9条第1款要求成员国无论是否是《伯尔尼公约》的签署国，都必须遵守《伯尔尼公约》第1条至第21条以及公约附件，进而其公约中所包含的“机械录音法定许可”和“播放作品的法定许可”也应该是TRIPS协议成员国所遵守的协定，TRIPS协议直接援引了《伯尔尼公约》的法定许可的规定。直到1996年《世界知识产权组织版权条约》（WIPO Copyright Treaty，简称WCT）和《世界知识产权组织表演和录音制品条约》（The WIPO Performances and Phonograph Treaty，简称WPPT）出现例外。WCT通过一个议定声明将法定许可带入了网络世界，[2] 为网络环境下著作权法定许可的适用开启了先河，允许缔约方制定适用于网络环境的新的著作权的例外与限制，WPPT延续了WCT的做法，WPPT规定了为教学或科研目的复制录音制品的法定许可，所复制的制品仅在复制国之内使用，无需取得录音制品的录制者的许可，但应当向录制者支付合理报酬。[3]

（二）澳大利亚的规定

1. 2017年之前的教育机构的法定许可的规定。澳大利亚现行版权法是1968年制定的版权法（1969年5月1日生效），20世纪80年代以后，1980年、1984年、1986年澳大利亚频繁修改版权法。1988年再次修订版权法，规定了六种法定许可，之一即为教育目的的法定许可：教育机构为了教育目的，可以复制已经出版期刊中文章的合理部分，但复制数量有一定的限制，并应支付给著作权人一定的报酬。奥地利现行版权法为1968年制定的版权法，1996年进行修订，增加了“教育机构为教学复制音像作品”为法定许可（第56C条）。

2. 2017年《澳大利亚版权法修正案》简化教育性机构法定许可规定。2017年6月15日，澳大利亚议会两院通过了2017年《版权法修正案（障碍

[1] 1961年《保护表演者、录音制作者和广播组织的国际公约》（简称《罗马公约》）第15条第2款对法定许可的表述十分含糊。

[2] 中国人民大学知识产权教学与研究中心、中国人民大学知识产权学院编：《知识产权国际条约集成》，清华大学出版社2011年版。

[3] 郑成思：《知识产权论》，法律出版社1998年版，第544页，转引自张曼：《著作权法定许可制度研究》，厦门大学出版社2013年版，第94页。

者获得和其他措施）》（下称《修正案》）[1]。《修正案》是对澳大利亚《1968年版权法》的修正，旨在将《马拉喀什条约》对视障者和其他阅读障碍者规定的限制与例外落实到国内法中，并改善了《1968年版权法》在数字环境下的运用，被视为澳大利亚在版权法现代化方面迈出的重要的一步。《修正案》包括了四个方面的内容：一是加强障碍者对版权材料的获取，使其与2015年12月10日澳大利亚批准的世界知识产权组织（WIPO）的《马拉喀什条约》相一致；二是创建一个新的、简化的例外，允许图书馆、档案馆和某些文化机构创建保存副本；三是更新和简化教育法定许可规定，使教育机构和集体管理组织更容易就有关版权材料的教育使用的许可达成协议；四是协调发表和未发表作品、电影和录音制品的版权保护期。其中第三项简化教育性机构法定许可规定。《修正案》简化了法案中对教育性机构法定许可的规定，只要教育性机构同意向版权集体管理组织支付合理报酬，就可以复制或传播版权材料。根据《修正案》，在集体管理组织和教育性机构之间一定要有报酬通知。该通知必须规定，教育性机构同意就使用版权材料向集体管理组织支付合理报酬。集体管理组织和教育性机构可以就报酬协商确定合理的数额，如果无法达成协议，可以由版权法庭对此作出决定。

根据《修正案》，如果满足以下条件，教育性机构可以根据法定许可复制或传播作品：其一，在集体管理组织和教育性机构之间有适用于作品的报酬通知；其二，作品不是电脑程序、电脑程序的编译或包含于广播信号中的作品；其三，复制或传播作品的数量不会不合理地损害版权所有人的合法利益；其四，复制或传播符合集体管理组织和教育性机构之间的任何协议，及版权法庭作出的任何相关决定。与之相似，如果满足以下条件，教育性机构也可以根据法定许可复制或传播广播信号：其一，在集体管理组织和教育性机构之间有适用于广播的报酬通知；其二，版权材料是广播或包含在广播中的作品、录音制品或电影；其三，复制或传播广播仅仅是为了机构的教育性目的；其四，复制或传播符合集体管理组织和教育性机构之间的任何协议，及版权法庭作出的任何相关决定。

版权所有人有直接许可教育性机构的权利，如果已经采取这种许可，则

---

〔1〕 修正案于2017年6月22日签署，大部分内容于2017年12月22日生效，关于未发表作品版权保护期的规定将会在2019年1月1日生效。

法定许可将不适用。然而，如果教育性机构选择通过法定许可机制获得许可，而不是从版权所有人那里直接获得许可，根据《修正案》，其不能阻止教育性机构获得法定许可。另外，与图书馆和档案馆法定许可的修正条款一样，《修正案》也废除了旧法第五部分对教育性机构的强制性记录要求。[1]

（三）日本关于教育法定许可制度

教学性权利限制规定一直是《日本著作权法》权利限制制度中的一项重要内容，自1970年《日本著作权法》制定之初就予以规定。随着1998年、2003年、2009年至2018年、2020年等历次修订，教学性权利限制规定的适用对象与使用行为所辖范围不断扩大。1998年根据《日本学校教育法》的修订规定，扩大教科书对象，使《日本著作权法》第33条第（一）项中教科书对象学校包含中等教育学校、第（四）项高等学校包括中等教育学校后期课程等。2003年《日本著作权法（修正案）》扩大使用行为范围，使之涵盖教育机构中儿童及学生复制、课程中实况转播教材等公开传输、考试题目公开传输及放大教科书复制。2008年《日本身心障碍儿童及学生用教科书等普及促进法》通过，其立法宗旨是贯彻教育机会均等理念，促进出版社发行身心障碍儿童及学生使用教科书，例如扩大字体教科书、点字教科书、声音教科书、为发育迟钝儿童及学生特别编写教科书，并配套以各种必要措施为身心障碍儿童及学生有效利用该教科书提供援助，使其与正常儿童及学生一样，享受应有的教育服务。[2]

在《日本著作权法》（2009年修正）第五小节“著作权限制”中与教学科研有关的法定许可制度有教科书登载（第33条），以营利为目的制作放大教科书进行的复制（第33条之二），学校教育节目的播放（第34条），营利性的作为考试问题的复制（第36条）第4项。

1. 第33条，教科书等的登载

第1款，已经发表的作品，在学校教育目的的必要限度内，可以在教科书（指供经过文部科学省审定或者文部科学省拥有著作名义的小学、中学、高中或者中等教育学校以及其他类似学校中教育使用的儿童用书或者学生用

〔1〕“国际视野下澳大利亚版权法修正案”，载 http://ip.people.com.cn/n1/2018/0417/c179663-29930578.html，2020年4月26日访问。

〔2〕郑重：“慕课背景下日本教学性权利限制制度的改革及启示”，载《知识产权》2020年第3期。

书）上登载。

第 2 款，按照前款规定在教科书上登载作品时，应当通知作者，同时应当考虑本规定的目的、作品的种类及其用途、通常的使用费标准以及其他因素后，向著作权人支付文化厅长官每年规定的补偿金。

第 3 款，文化厅长官作出前款规定的社偿金标准规定时，应当在官报上公布。

第 4 款，前三款的规定，准用于在和高等学校（包括中等教育学校后期课程）的函授教育学习用书以及教科书有关的教师指导用书（限于该教科书的发行者所发行的教师指导用书）上复制已经发表的作品。

2. 第 33 条之二，为了制作放大教科书等进行的复制

第 1 款，已经在教科书上登载的作品，为了供由于视觉障碍、发育障碍以及其他障碍使用在教科书上登载的作品在困难的儿童或者学生学习之用，可以放大使用对该教科书中的作品的文字、图形进行的复制。

第 2 款，希望制作前款规定的教科书和其他复制品（除了采取盲文形式复制外，只限于复制登载在该教科书中的作品的全部或者一部分。本款下面称为教科用放大图书）的人，在事先通知该教科书的发行者的同时，如果以营利为目的发行该教科用放大图书，还必须按照前条第 2 款规定的补偿金标准向该作品的著作权人支付文化厅长官每年规定的补偿金。

第 3 款，文化厅长官按照前款作出补偿金规定时，应当在官报上公布。

第 4 款，按照《关于促进障碍儿童和学生教学用的特定图书等普及的法律》第 5 条第 1 款或者第 2 款的规定，提供登载在教科书中的作品的电磁记录的人，在该提供的必要限度内，可以使用该作品。

3. 第 34 条，学校教育节目的播放

第 1 款已经发表的作品，在学校教育目的的必要限度内，可以在面向符合《有关学校教育法令》规定的教育课程标准的学校的播放节目或者有线播放节目中，播放或者有线播放该作品，或者以该播放对象所在地域范内（指《播放法》第 2 条之二第 2 款第 2 项规定的播放服务对象地域，该法中没有规定的播放，则指《电波法》第 14 条第 3 款第 3 项规定的播放地域。以下同）同时接收该播放为目的，对该作品进行自动公众播放（包括在连接至供公众使用的电信线路上的自动公众传播服务器中上载信息的传播可能化），以及在该播放节目用或者有线播放节目用的教材中登载该作品。

第 2 款按照前款规定使用作品的人，应当通知作者，并向著作权人支付

合理数量的补偿金。

4. 第 36 条，以营利为目的的使用（第 2 款）

已发表作品作为考试问题的复制。已经发表的作品，为营利目的的必要限度内，以营利为目的进行入学考试或者其他技能考试或者检测目的的复制或者公众传播的人，应当向著作权人支付相当于普通许可使用的补偿金。[1]

（四）德国关于教育法定许可的规定

德国现行版权法是 1965 年颁布的，期间进行了频繁的修订。1985 年修订增加了“教堂、学校或教学使用汇编物的法定许可”（第 46 条），规定学校、非营利性培训或职业教育机构对已经发表作品的部分内容或者小篇幅的语言著作、音乐作品、美术作品和摄影作品进行汇集编排，为课堂使用，允许将该汇编物复制、传播和公开提供。使用前对作品的权利人进行通知。2002 年《德国著作权法》的修订增加了“为课堂教学与科研公开提供已出版著作物”，规定本法允许未谋求营利目的，为学校、高等学校、非营利性培训或者进修教育机构以及职业教育机构的课堂教学，仅向特定范围的参与课堂教学者，或者为特定范围人的科研之目的，公开提供已发表作品的部分，短小篇幅的著作，以及个别的报刊文章（不包括著作和电影作品），但应当支付适当报酬。[2]

《德国著作权法》2009 年文本约 200 条规定，其中第 46、52 条以及第 137 条 K 是关于教育科研目的使用作品法定许可的规定。

第 46 条，为教堂、学校或者课堂教学使月的汇编物。(1) 如果著作的部分内容或者小幅的语言著作或者音乐著作、单独的美术著作或者单独的摄影著作在发表之后成为集大量著作人著作的汇编的组成部分，并且根据其特点只为学校、非营利性培训或者进修教育机构，或者职业教育机构的课堂教学，或者教堂使用，则本法允许将其复制、传播和公开提供用于学校课堂教学公开提供的著作始终应当取得权利人许可（该句于 2008 年 1 月 1 日新增）。在复制件或者公开提供时应当明确表明汇编物的用途。(2) 本条第 1 款适用于为一般学校音乐教学而使用音乐著作的汇编物。专业音乐学校除外。(3) 只

[1] 《十二国著作权法》翻译组译：《十二国著作权法》，清华大学出版社 2011 年版，第 377 ~ 378 页。

[2] 该条在 2012 年 12 月 31 日后即不再适用。

有将利用本条第 1 款权利的意图通知著作人，或者在其住址、居住地不明的情况下，以挂号信的方式通知独占利用权人，并且自信发出两星期后才得开始复制，或者公开提供。如果独占利用权人的住址或者居住地也不明确，得在联邦公报上发表通知。（4）对于本条第 1 款和第 2 款允许的利用，应当付给著作人适当报酬。（5）如果著作不再符合著作人的信念而且著作人不愿继续使用该著作并且基于此原因已收回现有的利用权（第 42 条），著作人得禁止本条第 1 款和第 2 款允许的使用。本法第 136 条第 1 款、第 2 款的规定准用。[1]

第 52a 条，为课堂教学和科研公开提供。(第 52a 条在 2012 年 12 月 31 日过后不再适用，2000 年 12 月 3 日至 2008 年 12 月 31 日和 2012 年 12 月 31 日的期限，通过著作权法 2006 年 11 月 10 日文本和 2008 年 12 月 7 日文本得到延长——见第 137k 条[2]）（1）只要为以下目的需要，并且有理由证明未谋求营利目的，本法允许：①为学校、高等学校、非营利性培训或者进修教育机构，以及职业教育机构的课堂教学，仅向特定范围的参与课堂教学者，公开提供已发表著作的短小部分，短小的著作，以及个别的报刊文章；或者②仅为特定范围人的科学研究之目的，公开提供已发表著作的部分，短小篇幅的著作，以及个别的报刊文。（2）只有经权利人许可，才得公开提供为学校课堂教学使用的著作。只有经权利人许可，才得在本法适用范围内，于电影院通常正式利用起两年之内，公开提供电影著作。（3）本法允许本条第 1 款规定情况下，为公开提供所需的复制。（4）对于本条第 1 款规定的公开提供应当支付适当报酬。该要求只能过著作权集体管理组织主张。

但需要注意的是，本条规定按照本法第 137k 条为课堂教学和科研公开提供的过渡规定“本法第 52a 条规定在 2012 年 12 月 31 日后不再适用”，易言之，现行法不存在“为课堂教学和科研目的公开提供”作品法定许可的规定，上述情况的使用需要经权利人许可并支付报酬。

（五）韩国关于教育法定许可的规定

《韩国著作权法》制定于 1957 年 1 月 28 日，并先后进行了 18 次修正，最

---

〔1〕《德国著作权法》第 136 条复制与发行：1. 对于前法允许而本法不允许的复制，本法允许本法生效前开始的复制件制作予以完成。2. 本法允许发行根据本条第 1 款制作的或者本法生效前已经制作的复行本条第 2 款所指复制件时，本法允许不付酬。

〔2〕《德国著作权法》第 137k 条为课堂教学和科研公开提供的过渡规定：本法第 52a 条规定在 2012 年 12 月 31 日后不再适用。

近一次较大修改后于2006年12月28日正式公布（法律第8101号），2007年6月29日起施行。现行著作权法于2009年7月31日以法律第9785号公布，从2010年2月1日起施行。《韩国著作权法》（2009年7月修正）第二分节“著作财产权的限制”第25、32条是关于教育目的使用作品法定许可制度的规定。

第25条，（基于学校教育等用途使用）。①高中及以下的学校为了教育的目的，可以在必要范围内复制已公开的作品。②根据特别法律、《幼儿教育法》《初、中等教育法》《高等数育法》而设立的或由国家或地方政府经营的教育机构，可以基于课堂教学目的在必要范围内复制、公开表演、广播或者交互传播已经公开的作品的一部分。如果考虑作品的性质、使用目的和方式所必须，可以使用作品的全部（2009年4月22日修正）。③在第②款规定的教育机关接受教育的人，为了教学目的，可以在必要范围内复制或交互传输已经公开的作品。④根据第①、②款利用作品的，应当按照由文化体育观光部长官决定和发布的补偿标准向著作财产权人支付补偿金，但是，第②款规定的高中及以下学校复制、公开表演、广播或交互传播的，不支付补偿金。（2009年4月22日修正）。

如前所述，《韩国著作权法》在第25条规定课堂教学的法定许可：“根据特别法律——《高等教育法》而设立的由国家或地方政府经营的教育机构，可以基于课堂教学目的而在必要范围内复制、公开表演、广播或者交互传播已经公开的作品的一部分。如果考虑作品的性质、使用目的和方式所必须，可以使用作品的全部。以上述方式利用作品的时候，应当按照由文化体育观光部长官决定和发布的补偿标准向著作权人支付补偿金。”

（六）新加坡关于教育法定许可的规定

1987年的《新加坡著作权法》第52条，“教育机构多种复制权法定许可”第11款[1]针对书籍的部分或全部的复制规定了相应的法定许可。1987

---

〔1〕 Article 52（11）of Copyright Law 1987 of Songapore：“Where copies of the whole or a part of work，not being copies stated in the record to be copies to which subsection（9） or（10） applies，are made by or on behalf of the body administering an education institution and，by virtue of this section，the making of those copies does not infringe copyright in the work，that body shall，if the owner of the copyright in the work make a request，in writing，at any time during the prescribed period after the making of the copies，for payment for the making of the copies，pay to the owner such an amount by way of equitable remuneration for the making of this copied as is agreed upon between the owner and the body or，in default of agreement，as is determined by the Copyright Tribunal on the application of either the owner or the body.”

年之后，《新加坡著作权法》经历了 1988 年、1999 年和 2006 年三次修订，前两次修订没有对上述的法定许可作出调整，然而，2006 年的第三次修订对"教育机构多种复制权法定许可"，即第 52 条第 11 款增加了（C）项，[1] 按照这一新增加的内容，教育机构享有的法定许可不再仅限于教育机构之间使用或向特定订购者传播，而是可是面向一般公众进行传播，极大地拓展了教育受众阶层，使得信息和知识能够快速和普遍地在社会上进行传播。

（七）中国关于教育法定许可的规定

我国《著作权法》第 23 条规定制作"教科书的法定许可"，"为实施九年制义务教育和国家教育规划而编写出版教科书，除作者事先声明不许使用的外，可以不经著作权人许可，在教科书中汇编已经发表的作品片段或者短小的文字作品、音乐作品或者单幅的美术作品、摄影作品，但应当按照规定支付报酬，指明作者姓名、作品名称，并且不得侵犯著作权人依照本法享有的其他权利。前款规定适用于对出版者、表演者、录音录像制作者、广播电台、电视台的权利的限制。"《信息网络传播权保护条例》（2013 年）第 8 条规定"制作课件的法定许可"，"为通过信息网络实施九年制义务教育或者国家教育规划，可以不经著作权人许可，使用其已经发表作品的片断或者短小的文字作品、音乐作品或者单幅的美术作品、摄影作品制作课件，由制作课件或者依法取得课件的远程教育机构通过信息网络向注册学生提供，但应当向著作权人支付报酬。"

法定许可立法理由正如澳大利亚"版权法委员会"所说："授予创作作品的作者公平的回报，并与他对社会所做的贡献相一致，同时也鼓励进一步创作作品。另一方面，由于版权本身的垄断性，法律应该尽可能地确保所授予

[1] Article 52 (11) (c) of Copyright Law 2006of Singapore Where—— (a) the whole or a part of work is communicated by or on behalf of the body administering an education institution; (b) the communication is not communication to which subsection (11A) or (11B) appliesand (c) by virtue of this section, the communication does not infringe copyright in the work, that body shall, if the owner of the copyright in the work makes a request in writing, at any time during the prescribed after the communication, for payment for the communication, pay to the owner such an amount by way of equitable remuneration for the communication as is agreed upon between the owner and the body or, in default of agreement, as is determined by a Copyright Tribunal on the application of either the owner or the body.

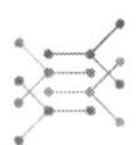

的权利没有被滥用，而相关的学习、研究和教育活动没有受到不正当的阻碍。”[1] 从上述各国法定许可制度发展变迁的历史可见，法定许可制度在平衡著作权私权与社会公益之间发挥着重要的作用。而且，随着科技的发展，新的作品和新的传播方式的出现，法定许可适用主体、作品范围、使用方式等不断扩展，法定许可制度在信息技术时代发挥着越来越重要的作用。

第二节 版权限制制度适用慕课（MOOCs）的局限性分析

教育是人类文化与文明不断延续和深化的重要保障，正因如此，在著作权领域各国法律都会对教育和与教育相关的活动给予一定的立法和政策的倾斜，通过对教育科研活动中使用已经发表的作品设定合理使用或法定许可制度，防止著作权权利人滥用权利而给代表社会公益的教育活动带来不利的影响。慕课亦是一种教育，慕课教育利用现代网络技术实现“线上”教学，新技术背景下的教育呈现了与传统教育不同的新特征，正是这些新特征带来合理使用、法定许可等版权限制制度的适用问题。[2]

一、版权限制制度的“有限性”与慕课（MOOCs）的“开放性”

版权限制制度是基于表达自由、知识信息的传播、公益慈善等原因对著作财产权中的许可权和获得报酬权进行限制的制度，为了实现私益与公益、本权与他权的平衡，这种限制应当是适当的，有限度的，落入著作权限制制度范围的对著作权使用行为限度正如《伯尔尼公约》所表述的“不损害作品的正常使用也不致无故侵害作者的合法利益”。为了保护著作权私权不被不适当地损害，各国著作权限制制度设计时，一般规定合理使用作品传播范围的有限性。我国著作权法规定适用合理使用制度的教学方式是课堂教学。《信息网络传播权保护条例》提供作品的对象是教学、科研人员，并且数量要求是“少数”，远程教育中制作课件的法定许可使用作品，要求“通过信息网络向注册学生提供”，图书馆合理使用作品服务“本馆馆舍内服务对象”，可见都

〔1〕 Copyright and digital economy report，http://www.alrc.gov.au/news-media/media-release/alrc-releases-copyright-report Published on 13 February 2014.

〔2〕 邹琳、陈基晶：“慕课教育合理使用问题研究”，载《知识产权》2015 年第 1 期。

对著作权限制制度通过限定适用范围进行反限制。通过这些反限制从而保证接触作品范围的限定与人数的少量，从而避免对作品的使用、传播造成损害。这都与慕课的“虚拟教学”和大规模开放特征不符。慕课具有大规模、开放性的特征，慕课是信息技术时代开发教育资源运动的进一步发展，倡导“开放共享”知识信息，慕课施行在线开放注册，加之名校名师的效应，使慕课课程成为学习者人数众多的“巨型课程”。慕课学习者来自世界各地，在线进行观看视频、参与讨论、提交作业、参加考试等，慕课的开放性的极大地扩大了接触作品人员的范围，在线性又极大降低了人们接触作品的成本，这些都改变了传统的著作权限制制度要求的有限性，造成了合理使用制度、法定许可等著作权的限制制度适用于慕课的困难。

慕课对合理使用、法定许可著作权限制制度的影响很大，随着各国慕课的发展，也引发了各国关于慕课与合理使用、法定许可著作权限制制度关系的思考，比如澳大利亚教育部门担心其版权法中的“公平处理”（fair dealing）条款不支持慕课对版权材料的使用[1]。在美国，因应远程教育发展对版权制度挑战而出台的 Teach 法案，对远程教育使用作品的豁免仅针对“临时性复制”，并且在技术措施的保护下，限制传播范围。故此，Teach 法案无法为慕课中的合理使用提供指导。

二、版权限制制度的“非营利性”与慕课（MOOCs）商业化运营

世界各国一般都要求合理使用作品是非营利性的使用。美国、日本、巴西包括我国的合理使用制度均有非营利性使用的规定。例如美国合理使用的条款包含在《1976 年版权法》中，在传统的面对面的非营利性的教育事业中，教员有权使用受版权法保护的作品。同时，通过美国 2002 年的《技术、教育与版权协调法案》将这种权利扩展到非营利组织远程教育机构，合理使用是基于这样一个前提：非营利的教育目的的组织的使用。一旦商业前景和预期收入因素进入考量范围，合理使用原则会受到显著影响。甚至有学者认为，一旦使用从非营利教育目的转向商业目的的使用，合理使用的申请无可

---

〔1〕“澳大利亚大学寻求版权法改革以启用大规模网络开放课程”，载 http://www.ipr.gov.cn/guojiiprarticle/guojiipr/201301/17224，2020 年 4 月 25 日访问。

争辩地是无效的。[1]

慕课教育无论从慕课课程制作成本还是课程运营成本都远远高于传统教育，资金来源必然是慕课的可持续性发展面临的首要问题。除了政府投资和基金会的资助、捐款外，商业性的运行必然是解决慕课进一步发展的重要的途径。

从上述慕课平台的五种创办形式看，其中政府创办的由政府投入资金与资源进行创办，具有非营利的公益性外，其他四种都存在营利的可能性。目前国外运作的慕课平台有很多是进行完全的商业性运作的。国内的慕课平台果壳网的慕课学院及智慧树慕网自己提供的课程具有商业性。慕课的革命性意义并非在于出现了一种新的网上教学模式，而是出现了网上课程交易平台，形成课程市场，这个平台将把高等教育市场由平行变为纵向，由分散变为集中，由相对本地的变为世界的。[2]慕课课程市场的形成使教育产业化，这必将触动传统的主流高等教育提供教育证书的根基，进而引发世界各地高等教育领域的变革。

慕课采取的是大规模的课程“生产”方式，具有极大的经济规模，慕课的运营必然出现公益性慕课平台与商业性慕课平台并行的双轨制的运营模式，慕课平台的商业模式成为合理使用制度适用于慕课的关键性障碍，慕课课程大量、多类型作品的使用对现行法规定的法定许可制度亦带来挑战，同时，慕课课程平台运营的多样性也使得慕课中使用作品版权问题的解决变得更加复杂。

本章小结

慕课以其开放性、共享性推动了全球的知识共享和教育开放，打破了那些阻碍现代教育普及的阶级和地域屏障，给全球的学习者一种全新的学习体

---

〔1〕 AUDREY W. LATOURETTE, J. D. COPYRIGHT IMPLICATIONS FOR ONLINE DISTANCE EDUCATION Content downloaded/printed from Hein Online (http://heinonline.org) Thu Apr 23 21: 38: 43 2015https://www.copyright.com/ccc/basicSearch.do? &operation=go&searchType=0 &lastSearch=simple&all=on&titleOrStdNo=0093-8688.

〔2〕 李明华：“MOOCs 革命：独立课程市场形成和高等教育世界市场新格局”，载《开放教育研究》2013 年第 3 期。

验。“慕课把教育作为一项基本人权，世界上任何人只要有能力、肯上进，都可以学到他们所需的技能。”[1] 正是在这一宏伟目标的推动下，慕课从美国迅速蔓延全球，是未来高等教育信息化的重要推动力。然而由于传统的版权限制制度适用范围的有限性及作品使用非营利性的要求与慕课的开放、共享、营利性之间内在的矛盾和张力，给慕课中版权限制制度的直接适用带来重重阻力，慕课制作面临版权问题的重重障碍。教师和高校在制作慕课时，无法像传统课程一样坦然地使用第三方版权资料，而是缩手缩脚、如履薄冰，因为一旦面临侵权指控（或者指控的可能性），慕课平台将“撤下”课程，使得慕课课程制作所付出的时间，精力、物力等都付之东流，也使得慕课平台面对众多的课程注册学习者十分被动。因为版权法制度上的障碍，使得慕课使用的课程资源受限、课程质量难以提高，无法发挥慕课的最大程度传播优秀文化资源的功能。

---

〔1〕 Coursera 创始人之一 Daphne Koller 在 2012 年 6 月的一次 TED 演讲中所言。

第五章 国外关于慕课（MOOCs）版权问题的解决

慕课的产生与兴起为教育资源更加广泛的传播，得到更加充分利用提供了平台和条件。然因慕课开放、共享的特点与版权的私权属性之间的内在张力，慕课制度无法与版权制度进行顺利对接，随着慕课的不断发展，慕课中面临的版权问题不断凸显，为解决其发展中面临的版权障碍，各国都在积极地进行数字经济时代中慕课形态下版权制度创新的思考、探索与研究。

第一节 主要国家慕课（MOOCs）版权问题解决的探索

一、美国教育版权法的适用性及慕课（MOOCs）版权问题的应对

（一）美国教育版权法的适用性

1.1976 年版权法[1]的适用性

第一，《美国版权法》第 110 条专设的教育免责条款的适用性。《美国版权法》在第 110 条之（1）（2）专门规定了为教育教学使用作品免责的条款。第 110 条：专有权的限制和某些表演或演出的免责。由第 106 条之规定，以下行为不视为侵犯版权的行为：

（1）非营利性教育机构中的教员或学生，在课堂上或者用于教学的类似场所面授教学活动中表演或展出作品；涉及电影或其他音像作品时，以违反本法非法制作的复制品表演或展出单个图像，且负责该表演者知道或有理由知道该复制品不是合法制作的除外。

（2）其创作或者营销主要为了为媒体教学活动的内容而通过数字网络传

[1] 这个美国版权法的版本包括了截至 2010 年 12 月 9 日美国国会通过的《著作权清理、说明及订正法案》对美国著作权法所作出的全部订正，所以包括 Teach 法案的内容。

输的表演或展出的作品除外，以违反本法非法制作或者获得，且政府传输机构或者有资质的非营利性教育机构知道或者有理由认为复制品或录音制品并非合法制作或者获得的复制品或录音制品进行的表演或展出除外，由传输或者在传输中表演非戏剧文学或音乐作品或者其他作品的合理有限内容，或者以与课堂教学中通常展出的可比量展出作品，假如（A）作为政府机构或者有资质的非营利性教育机构的系统媒体教学活动的正常课堂内容的表演或展出，由教员指导或者实际监督资料；（B）表演或展出与传输的教学内容直接有关或者系该内容的重要辅助的资料；（C）在技术可行之范围内，表演或展出仅向以下人员传输，且传输仅限于由其接收——（i）所传输的课程的正式注册的学生；（ii）政府官员或者雇员，作为其部分职责或工作。（D）传输组织或机构（i）制定有关版权的政策，向教师、学生及相关职员提供准确阐述并促进遵守合众国有关版权的法律的信息资料，并提示学生所使用的与课程相关的资料可能受版权保护；（ii）涉及数字传输时——（I）采用技术措施以合理防止（aa）传输机构的传输的接收人在课堂以外以可访问的形式保存作品（bb）接收人擅自以可访问的形式向他人传播作品。（II）未从事可以合理预料期的干预版权所有人使用的防止保留作品或者擅自传播作品的技术措施的行为。[1]

上述规定作品的免责适用于传统的“面对面课堂”和媒体教学中对表演和展出作品的且非营利教育机构对作品的使用。同时规定在技术可行之范围内，表演或展出仅向课程的正式注册的学生以下人员传输或者作为其部分职责或工作政府官员或者雇员，采用技术措施以合理防止（aa）传输机构的传

---

〔1〕《美国版权法》第（2）项中“媒体教学活动”，对于由本条项下的数字传输的作品表演或展出，指由教员控制或实际监督的作为课堂体验的组成部分而使用作品的活动，类似于课堂上的现场表演或展出。该术语非指在一门课程的一节或多节课上使用，通常由高校学生为购买或者获得以便单独使用和保存，或者通常由中小学生购买或者获得以便自己占有和单独使用的作品（如教材、阅读清单或任何媒介形式的其他材料）、复制品或录音制品的活动。就第（2）项而言，资质认定——（A）对于提供后高中教育的机构，应由高等教育委员会或者合众国教育部承认的地区性或全国性认证机构确定；（B）对于提供中小学教育的机构，应由相关的州认证或许可程序认定。就第（2）项而言，政府机关或认证的非营利性教育机构，对于在数字传第（2）项授权的材料的表演或展出中因自动技术过程而暂时或临时存储材料，不承担侵犯版权的责任。依本目存储在传输机构控制或者运营的系统或网络上的材料，不得以预期接收人以外的任何人通常可以获得的方式在系统上或网络上保存。系统或网络上以预期接收人通常可获得的方式保存副本的时间，不得超出为便利传输而制作副本所需的合理时间。

输的接收人在课堂以外以可访问的形式保存作品（bb）接收人擅自以可访问的形式向他人传播作品等等限制。很显然，开放、在线的慕课一定不符合版权法第110条（1）（2）关于教育免责条款中对“地点和时间”的限制性规定。

第二，《美国版权法》第107条版权法合理使用的适用性——判定MOOC课程使用第三方版权资料的合法性。第107条专有权的限制：合理使用。有第106条及第106条之二的规定，为了批评、评论、新闻报道、教学（包括用于课的多件复制品）、学术或研究之目的而使用版权作品的，包括制作复制品、录音制品或以该条规定的其他方法使用作品，系合理使用，不视为侵犯版权的行为。任何特定案件中判断对作品的使用是否属于合理使用时，应考虑的因素包括：（1）使用的目的与特性，包括使用是否具有商业性质，或是否为了营利的教学目的；（2）版权作品的性质；（3）所使用的部分的质与量与作为整体的版权作品的关系；（4）使用对版权作品之潜在市场或价值所产生的影响。作品未发表这一事实本身不应妨碍对合理使用的认定，假如该认定系考虑到上述所有因素而作出的。此规定即称为美国版权法的“合理使用四要素”判断标准。

《美国版权法》[1] 第一章第107条关于合理使用四要素，以合理使用四要素判断慕课对作品的使用，会出现版权人最担忧的一种情况，即如果将作品未经许可上传到慕课平台，那么远远超出传统课堂与远程教育的，数目巨大的慕课学习者，将会对作品市场造成影响，所以不能适用合理使用制度。另外，慕课具有商业属性，具有经济价值，非营利的教育目的解释在课堂或者远程教育中使用版权资料作为合理使用中发挥显著的作用，一旦变成商业性使用，声称合理使用作为防御的可用性明显削弱（有人敦促这种使用无效，根本不适用合理使用制度）。

2. 1998年《千禧年数字版权法案》（DMCA）适用性分析

1998年10月28日，美国时任总统克林顿签署的《千禧年数字版权法案》（DMCA）是自1976年以来美国对版权法所作的最重要的一次修改，是美国国会为符合世界知识产权组织（WIPO）的《版权公约》（WCT）和《表演及录

---

〔1〕 刘建银、龙柚杉：“美国对数字远程教育的版权立法”，载《电化教育研究》2004年第2期。

音制品公约》（WPPT）的要求而对国内的版权法所作的修改。该法将非营利的公共图书馆、教育机构排除在承担刑事责任的范围之外。但是，鉴于与远程教育有关的诸多利益群体对待网络传播的立场大相径庭，《千禧年数字版权法案》未对1976年《美国版权法》第110条第（2）项教学使用作品的豁免条款作出相应修改。

美国《千禧年数字版权法案》规定了“通知+删除”的避风港条款，慕课平台一旦面临作品版权人的抗议，可基于其网络服务提供商的身份进入“避风港”，从而实现对版权侵权责任的豁免。

2. 2002年Teach法案的适用性

如上所述，1976年《美国版权法》第110条第（1）项、第（2）项、第107条合理使用及第112条第（b）项规定，在课堂教学中，也即在传统的“面对面的教室”或“类似的专门用于教学的地方”，对版权作品演示或展示，可适用合理使用制度，就是说使用他人享有版权的作品可以不经作者同意，且不需支付报酬。但这些规定是在数字化技术特别是因特网技术蓬勃发展之前制定的，随着数字传播技术的发展，远程教育也将趋向广泛普及，远程教育的核心是课程内容，而课程内容的有效提供依赖于版权制度的保驾护航，因此，1976年版权法已经不适用于目前交互性和开放性极强的远程教育。同时，1998年美国的《千禧年数字版权法案》并未对1976年版权法相关条款作出修改，易言之，在实践操作中，将远程教育扔排除在“合理使用”的大门之外，远程教育机构及其人员利用版权作品制作和传播课程内容时，需要取得每个版权人的授权，并偿付一定的报酬，对教育机构的精力和财力造成很大的牵制，阻碍了远程教育的顺利发展。[1] 随着技术的发展，网络的发展和教育形式的变化，原先的豁免条款引起了诸多社会团体的不满，因此，引发教育界强烈呼吁对法案进行新的修改。

迫于上述现实需求，2002年11月，美国时任总统布什签署了Teach法案，对1976年《美国版权法》作了修改，将合理使用延及到了数字化环境下的远程教育。为达到此目的，Teach法案扩大了合理使用作品教育地点的范围，即不再局限于1976年《美国版权法》传统的“面对面的教室”或“类似的专

[1] 黄吉谨、张心全：“远程教育中的版权合理使用及相关问题——谈美国《技术、教育和版权协调法案》及启示”，载《网络法律评论》2004年第2期。

门用于教学的地方”，而是没有任何限制，可以使用在远程教育触及的世界上的任何地方。Teach 法案相较于 1976 年《美国版权法》相关规定，扩大了可以使用的演出或展出作品的范围。同时，为切实有效保护版权人的权益，对远程教育机构及其信息技术人员、教师在“制定版权政策、提供版权信息、对学生版权警示及限制传播对象”等方面作了具体的要求。

Teach 法案是美国在远程教育兴起之际，为解决其所面临版权制度障碍而制定的。应该说法案制定时间上具有及时性，看到了远程教育对高等教育改革的重要意义，在其即将兴起之时，对版权法进行修改，将合理使用制度推及数字环境，解决远程教育发展中的版权障碍，促进与保护了远程教育的发展。从制定的内容上看，法案的制定具有科学性与可操作性。法案一方面规定远程教育中可以合理使用作品，但同时对于作品使用的方式、数量、范围进行限制，通过技术措施保护版权，以防止作品适用地域范围、保存时间范围的扩大，造成对版权人利益的损害。Teach 法案要求对作品的合理使用必须是经认证的非营利性教育机构，必须在可控的人数范围内，故此，Teach 法案不适用于慕课。[1] 但 Teach 法案的出台表明美国版权法的与时俱进，反映出美国版权法的实用主义理念，这种特点和理念也必将在慕课遭遇的版权障碍问题中得到体现。[2]

（二）美国慕课参与者慕课版权问题的应对

面临慕课的兴起，美国研究图书馆协会（Association of Research Libraries，ARL）于 2012 年 10 月出版白皮书，提出五个方面探索慕课版权问题：①慕课课程中引用的资料是否符合“合理使用”原则；②课外阅读材料的版权界定问题；③慕课课程本身的版权归属问题；④《千禧年数字版权法案》相关条款的适用性问题；⑤残障学生的课程可获得性问题。[3] 慕课版权问题是信息网络时代慕课的可持续发展面临的主要问题。慕课平台、高校图书馆等慕课的参与者都积极地加入到克服与解决慕课版权问题的探索及实践中。

---

〔1〕 Teach 法案的内容已经为美国版权法内容所吸收，成为第 110 条的内容。

〔2〕 2015 年 10 月 28 日美国版权局，国会图书馆关于《DMCA 禁止规避技术措施之例外规定第六次修改》，明确向正式注册的学生提供的大型公开在线课程（MOOC）的教师，可以实施规避技术措施行为。

〔3〕 Butler B. Massive open online courses: Legal and policy Issues for research libraries, http://www.arl.org/storage/documents/publications/issue brief-mooc-22oct12.pdf.

1. 灵活的“合理使用四要素”的应用

美国对于作品使用合理使用的判断并未像有些国家采取行为逐项列举的方式，而是采用开放的立法模式，确立合理使用四要素作为判断的标准和依据。“任何特定案件中判断对作品的使用是否属于合理使用时，应考虑的因素包括：（1）使用的目的与特性，包括使用是否具有商业性质，或是否是为了营利的教学目的；（2）版权作品的性质；（3）所使用的部分的质与量与作为整体的版权作品的关系；（4）使用对版权作品之潜在市场或价值所产生的影响”[1]，易言之，是否构成合理使用需要通过案件具体地评价。美国开放、灵活的合理使用标准为慕课中作品的合理使用预留了空间，当然这个空间很小[合理使用对于慕课是适用的，但适用的范围与传统的教学科研（academy-internal teaching and learning）目的的使用范围相比更小，受到的限制更多]。相对于其他国家封闭式的合理使用的立法模式，开放式的立法更能适应科学技术日新月异的变化，更符合知识产权制度体系开放、动态的特征。

2. 充分发挥慕课平台版权政策的作用

对于美国研究图书馆协会（ARL）提出五个慕课面临的版权问题，现行法律规定是模糊、不清晰的，慕课平台与慕课参与的高校进行研究探索，尝试解决问题。首先是慕课平台进行行动，制定慕课平台版权政策，其中 Coursera 慕课平台的版权指南最为详细，最具有代表性。

Coursera 是当今最著名的慕课五大平台之一，从建立开始，Coursera 的发展就非常迅速。Coursera 与高校在开发慕课中，由高校授课教师负责慕课课程的设计与制作，Coursera 进行技术开发，提供技术支持。版权法下的教师例外法案，允许在面对面以及远程教育的教学环境下和在确定条件下的课程使用受版权保护的资料，然而 Coursera 是一个营利目的的公司，这些例外需要使用版权作品的实体是一个非营利机构，这种教师例外不适用于通过 Coursera 提供慕课课程。同时，慕课开放的环境不符合 Teach 法案“有限范围传播”要求。

依照 Coursera 版权问题指南，建议反对使用有版权的材料，除非获得许可与合理使用，而获得版权许可的步骤及合理使用的标准都有详细的规定。Coursera 平台慕课课程中使用版权作品的指南：

[1] 《美国版权法》第 107 条。

（1）综合性指南。Coursera 在它的版权指南明确以下内容为被禁止使用的材料：政治漫画、盖蒂图片[1]、流行的电影、电视节目、流行歌曲和商标，这些指导方针明确这样的内容只能获得许可或在有充分的合理使用理由的情形下使用。

公有领域作品是不再受美国版权法保护的作品。美国政府作品也不受版权保护。根据课程的性质，公共领域的资源可能非常有用。开放访问或通过 Creative Commons 许可的作品也可以未经许可被用于 Coursera 中。高校图书馆联络员能够协助识别可以使用在你的 Coursera 课程公共领域和授权资源。只要可行，Coursera 建议教师创建自己的内容，而不是依靠现有的图形或图表，一个教师可以自己创建图表等。此外，只要有可能，教师应该提供他们希望学生看到的文章、图片或简报的链接，而不是复制文章、图像或视频。但教师应该确保提供网站链接并且向学生指示内容的网络来源是合法的，也就是说，教师所链接的网站应该是有权存储或者发布这个内容的。另一个最佳实践是提供一个顶级链接（a top level link），这样学生就可从原始来源查看内容，作为一般规则，深层嵌入的内容不应该被直接指出。

在所有情况下，教师应该在他的幻灯片或其他课程资料中明确材料的原始来源。包括创作共享许可资料，要求标明原始材料的来源。这样的致谢（确认）也是良好的学术实践。如果在一个特定的幻灯片中包括来源的标示或作品的使用有害于教学的整个流程，那么，致谢（确认）可以放在一个演讲的结尾。侵权指控的主要结果是，课程将立即从 Coursera 网站撤下。Coursera 已经有代理人接受所谓的“拿下”通知，因此可以利用《千禧年数字版权法案》为网络服务提供商提供保护的安全港条款，迅速行动，删除有争议的内容。由于课程被撤下会导致的详细审查与课程中断，所以，教师应该采取一切预防措施防止这种情况的发生。

（2）合理使用作品。在一门课程中复制、展示受版权保护作品，是否为合理使用，应当进行合理使用四要素的分析。[2] 转换性使用或者对作品的批评或者评论性的使用有利于合理使用的认定。下面关于 Coursera 课程合理使

---

〔1〕 盖蒂图片（Getty Images）是在 1995 年由马克·盖蒂和乔纳森·克莱恩成立的图片社，把零散的图片库业务带入数字化时代，网站还提供免版税的图片下载。

〔2〕 使用的目的、被使用作品的性质、作品的用量以及对作品潜在市场的影响。

用的评判是有科学性的，但它们不是决定性的，每次使用应该评估合理使用的四个因素。

文本资料。使用从书、文章或者其他文本材料截取的短的引述，纳入一个讲座和或相应的幻灯片一般为合理使用，不需要许可。长的文本资料的引述需要著作权人的许可。著作权人可能是，也可能不是作者，许多出版商在出版一篇文章或书的时候，要求转让版权，学术交流图书管理员可以帮助决定谁拥有为请求许可方面的版权。在教师是作品作者的情况下，不管它是一篇文章或一本书的一部分，出版商更可能授予许可。当学生被鼓励购买被引用作品的时候，出版商也更有可能授予许可。因此，只要有可能，教师应该推荐购买被摘录的这本书或文章，包括链接到可以购买一个特定文章的网站，一个特定的文章可以通过开放访问存储库（例如，Pub Med Central）、一个学术的社团或大学的资源获得。

图片（包括图表和数据）。当使用插图、图表和图形是课程知识点讲解中必不可少的，并且，数据的图表在课程中是要受到评论和批评性评估的情形下，合理使用的理由就非常充分。低分辨率的格式内容图片的交付也增强了合理使用的理由。在可能的情况下，如果描绘这一主题的图片不是特定的，应该使用一个许可的替代（例如 Creative Commons 许可图像）或公共领域图片（咨询部门的图书馆联络员协助定位这些材料）。如果使用照片的目的仅仅是填补空间或用于修饰演讲幻灯片，在不减损课程体验的情形下，这些图像通常被移除，以减少清理版权的负担。

视频和电影。任何电影或视频的使用，逐个进行使用合理使用评价是至关重要的。Coursera 指南指出：未获得许可不应使用“流行”的电影。鼓励教师尽可能地使用纪录片、教育、历史电影和视频（咨询部门的图书馆联络员协助定位这些材料）。教师还应该寻找特别授权或公共领域的电影。电影或视频剪辑不应超过教学知识点的需要。当电影或视频片段的观看因与教师的讨论或评论而被中断的情形下，合理使用的理由更充分。当一个实质性的剪辑的视频是纳入一个课程，不是在与导师讨论融合在一起的情况下，应该寻求许可。将视频的大部分纳入一个课程会减弱合理使用的理由，增加课程遭受被撤下的可能性。如果您的课程需要使用“受欢迎”或当前的材料，对合理使用和许可选择，你应该咨询教育设计师和学术交流图书馆员。无论何时，只要有可能，提供一个电影或视频的链接是更好的选择。在这种情况下，学生将直接按照链接，查看视频，然后返回到讲座。

音乐与录音。无论使用音乐或其他录音，逐个进行合理使用的评估是至关重要的。Coursera 准则指出“流行”的音乐不应该未经许可使用。鼓励教师尽可能使用老的或古典音乐。教师还应该寻找特别授权或公共域录音（向你的部门的图书馆联络协助定位这些材料）。音乐片段不应超过教育上知识点的需要。听音乐剪辑时被与老师的讨论和评论打断的情形，合理使用的理由更充分。当一个实质性的剪辑录音纳入一个课程，不是在与老师讨论融合到一起的，应该寻求许可。把音乐或者其他录音重要的部分纳入会减弱合理使用的理由，增加课程遭受“撤销”通知的可能性。如果你的课程需要使用“受欢迎”或当下的材料，对合理使用和许可选择，你应该咨询与教育设计师和学术交流图书馆员，尽可能提供一个链接到音乐或录音。在这些情况下，学生们会被定向到跟踪链接，听录音，然后回到课堂。

（3）获得版权许可的步骤。如果你决定在课程中纳入受版权保护的资料，需要获得许可，应遵循以下步骤：①决定谁是版权持有者。不一定是作家、作曲家或作品的创作者。版权可能被分配出版商或第三方许可方。大多数出版商在其网站上提供一个关于请求许可信息的链接。[1] 如果身份不容易识别，学术交流图书管理员还可以协助确定谁是许可合同的一方；②为你课程中使用的版权作品提交请求。在你的请求中详细说明作品的名字，你打算使用作品的数量，这项作品将如何使用（包括课程名字和慕课平台的名字）。为什么作品对于课程至关重要，和你的联系信息。埃默里大学提供了一个很好的慕课中使用版权保护作品的许可信函的示例。[2] 信函中包含的过去在慕课中使用作品而使得作品销量增加的例子。这对于获得许可是一个非常有效的策略；③等待响应。权限请求时间范围可以从几天到几个月都有可能，因此要发展慕课课程，教师应该有相应的计划；④权衡反应。如果许可，要求支付若干费用，确信遵守例如归属和使用的规定。如果请求被否认或请求支付版税被认为过于昂贵，教师必须选择或者从课程中删除受版权保护的材料或选择替代性的作品。许可被拒绝后继续使用版权作品或不支付所需费

---

〔1〕 常见的许可机构列表，http://www.k - state.edu/copyright/use/cra.html.

〔2〕 http://cfde.emory.edu/Teaching/ coursera course prep / copyright issues.html.

用使用版权作品，会增加课程被“撤销”的可能性和遭受其他法律行动的可能性。〔1〕

表 5-1 国外主要慕课平台的版权政策

平台 项目	课程使用第三方版权资源	学生课堂延伸阅读的版权资料	平台自建资源的版权	平台自建资源的版权	平台课程资源使用条款
			用户生成内容的版权	课程资源的归属	
Coursera	一般不建议课程使用任何未经授权许可的第三方版权资料，不推荐使用流行音乐	不能提供全文下载，除非得到授权	归 Coursera 和参与机构所有，平台可以任意使用用户生成内容	归属教师或大学	可以下载资料作为个人非商业用途。除此以外，不能复制、转播、分发、发布、商业使用或者转换任何资料。也不能修改或者创造资料的派生作品
edX	建议教师尽量使用公开获取、公共领域及开放获取的资源。第三方版权资源（包括图书馆所购买和许可的数据库）在没有获得版权人许可的情况下，不能随意使用	未提及	归用户所有，但平台可以任意使用用户生成内容	归属教师或大学	个人非商业目的可以使用与课程相关的文本、录像、考试资料、图片等教学资料。尽量将课程以开放许可协议发布

〔1〕 以上 Coursera 使用版权作品指南来源于 Christine Fruin Guidelines for Using Copyrighted Material in Coursera MOOCs http://guides. uflib. ufl. edu/copyright.

续表

平台 项目	课程使用第三方版权资源	学生课堂延伸阅读的版权资料	平台自建资源的版权	平台自建资源的版权	平台课程资源使用条款
			用户生成内容的版权	课程资源的归属	
Udacity	未提及	未提及	归用户所有，但平台可以任意使用用户生成内容	归 Udacity 和参与机构所有；以知识共享 3.0 版本的“署名-非商业使用-禁止演绎”方式许可他人使用课程资源	不能复制、转播、分发、发布、商业使用或者转换任何资料。也不能修改或者创造资料的派生作品

如表 5-1 所示，在国外最著名的三大慕课平台中，除 Coursera 制定有版权政策外，edX 与 udacity 也制定有各自的版权政策，如平台课程资源使用条款中所示，对课程资源使用进行严格限制。虽说慕课具有开放性，倡导资源共享，但慕课制作成本巨大，同时具有商业属性，故此，在发展潜力巨大的教育产业领域，各慕课平台对于自己开发建设的慕课资源执行严格的保护政策。一般平台对用户对于课程资源的使用限定在一个特定的时间段内，超出这个时间，用户不允许继续接触课程资源，更不允许对课程资源进行传播。

3. 提高高校及图书馆版权服务的能力

在数字信息时代，美国的数字化、网络化程度最高，进而无论是远程教育还是慕课最先发端于美国并不断壮大。美国慕课发展最早，出现后迅速发展，包括当今世界发展最早，目前也占据世界前五名的 Udacity、edX 和 Coursera 三大慕课平台。故此，慕课发展中版权问题的探索首先开始于美国。在高等教育领域里快速增长的大型开放在线课程引发了校园里的图书馆能够或者应该为这些课程提供什么服务的探索。

实践证明，图书馆在慕课的发展中发挥着不可或缺的作用。在慕课发展中，图书馆以各种不同的方式为解决慕课版权问题提供服务，如有的图书馆开设培训课程，培养教师慕课课程资源的检索能力，有的图书馆为慕课课程视频制作提供支持，甚至有的图书馆尝试独立制作慕课，在多种形式的参与中，图书馆为慕课的发展提供版权服务是其参与慕课最有效的方式。

传统课堂上教师可以自由使用的资源，在慕课课程制作时，教师发现无法继续放心地使用了，应该说这首先带来的是教师心理上巨大的恐慌，以及给学校带来巨大的侵权指控压力。为了减少挫败，并给予课程更好的指导，杜克大学图书馆版权与学术交流办公室在杜克大学涉足慕课的早期，就和教师们一起着手解决慕课课程发展中所面临的版权挑战。

杜克大学于 2012 年开始参与慕课课程制作，图书馆反应迅速，率先开展针对慕课的版权支持服务，内容丰富，手段多样，建立了一套完整的版权服务支持体系，并且将其纳入日常工作的范畴，由专人来负责，为本校师生参与慕课提供强而有力的版权支持。[1]

（1）杜克大学图书馆版权服务的背景及准备工作。杜克大学在制作慕课过程中发现，Coursera 平台对于第三方版权资料的引用有着十分严格的规定，若违反这些规定，课程将面临被 Coursera 卸载的风险。这些规定阻碍了教师在制作课程时对第三方资源的使用，打击了教师制作慕课的积极性。为了排除版权带来的困扰，杜克大学的版权与学术交流办公室（Office of Copyright and Scholarly Communication，OCSC）[2]开始尝试探讨如何为在校师生提供慕课环境下的版权支持服务。由于慕课涉及十分复杂的版权问题，版权服务的工作量十分惊人。预计到这项工作将给图书馆带来巨大的工作负担，2012 年 7 月，学校的教务长办公室出资，为图书馆聘请了一位实习生，每周工作 15 小时，辅助 OCSC 理相关版权事宜。这名实习生已经获得北卡罗来纳州中央大学的图书馆学硕士学位，并且在校期间研修过知识产权的相关课程[3]。

（2）慕课版权服务指导方针。Coursera 版权指导方针强烈不赞成对第三方版权材料的使用，“禁止”使用的材料有：政治漫画、盖蒂图片、流行的电

---

〔1〕张丹、龚晓林：“大学图书馆参与 MOOC 版权服务的实践及启示——以杜克大学图书馆为例”，载《图书情报工作》2014 年第 10 期。

〔2〕OCSC 隶属于学校图书馆，并由馆员凯文·史密斯（K. Smith）担任主管，长期以来为学校师生提供版权咨询及学术交流服务。经过多年的工作积累，该办公室具有丰富的版权处理经验。

〔3〕Fowler L，Smith K. Drawing the blueprint as we build：Setting up a library-based copyright and permissions service for MOOCs. DLib Magazine，2013，19（7）：7~8.

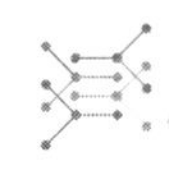

影、电视剧、流行歌曲和商标。[1] 但是，在有些情况下，对于特定的课程从流行文化获取内容是不可或缺的。例如，逐行修辞分析报纸社论或指出极其讨人厌的好莱坞电影视频处理的错误。因此，杜克大学的指导方针不禁止教师使用特定类型的内容。然而，图书馆会问开设慕课的教师，特定的材料对课程教授是否具有实质性的必要，或者一个公共领域或知识共享协议许可的替代方法是否可能实现同样的目的，如果老师认为必不可少的材料，指导方针为他们提供援助在“判断在课程何种情况、方式使用构成合理使用”，正如同合理使用规则没有一条明确界限一样，杜克大学的版权指导方针是灵活的。[2]

因为慕课中作为课外读物的版权作品很可能因缺乏作为合理使用的理由，对于任何书或期刊文章指导方针选择了不依赖于合理使用。相反，指导方针要求寻求版权所有者授权许可或找到开放领域的替代品。[3]

（3）杜克大学图书馆慕课版权服务流程。由于在 Coursera 讲座视频课程内容中包括大量的个别项目，由我们版权与学术交流办公室审查每位老师课程中欲使用的文本、图片、视频、录音，检查是否存在潜在的侵权危险是不可行的。对于这一问题的解决，杜克大学图书馆向每位教员提供一份通用的合理使用指导列表，协助他们决策，同时教员们因其任何特殊使用的要求，鼓励与图书管理员联系。[4]

第一，与老师交谈。在慕课课程开发的早期，OCSC 员工将与老师联系讨论老师课程需要利用的内容，分析可能遭遇的版权问题，未雨绸缪。对于老师认定必须使用的非公有领域的第三方的版权资源，OCSC 员工会发送表格，了解教师对于该材料的详细使用情况：你会用这个材料教授什么课？你是否会修改它，批评它？你是作者、内容的创造者吗？你愿意提供一个链接，通过它，学生可以选择购买材料吗？（尽管我们不需要所有的学生都去购买，但

---

〔1〕 Coursera, “General copyright guidelines”, last modified March 23, 2013. (Registration required for access.)

〔2〕 Lauren Fowler; Kevin Smith: Drawing the Blueprint As We Build: Setting Up a Library-based Copyright and Permissions Service for MOOCs July/August2013 Volume 19, Number 7/8 D-Lib Magazine.

〔3〕 In May 2013, Coursera announced a significant agreement with a number of major publishers. See the announcement, and a news story about it from Library Journal.

〔4〕 In addition to the guidelines drafted at Duke, a similar guide about copyright and MOOCs from the University of Pennsylvania can be found here.

为学生提供一个购买整本书的机会，可以增加版权所有者的允许使用的意愿。）材料会嵌入视频中吗？材料将包括在学生可以下载的幻灯片里吗？你愿意链接到内容，然后在讲解过后重新回到讲座吗？

第二，提供版权服务。杜克大学图书馆根据了解到的上述情况，一般提供三个方面的版权服务：版权资料“合理使用”指导与咨询，与版权人协商获得许可或寻找替代的开放资源。

版权资源“合理使用”的指导与咨询。合理使用是传统的著作权法的一项限制制度，作为著作权私权与教育、教学的目的公共利益平衡的工具，其依然是图书馆及读者的核心权利，必须充分利用。慕课环境中，某些情况下对于作品的合理使用的原则依然适用，但相对于传统的课堂教学，其使用将受到更多的限制。[1] 在慕课环境下，“合理使用”与否的界限该如何界定？如何在复杂的慕课版权环境中，充分享受“合理使用”豁免权带来的便利，又有效规避相关的法律风险，这成为慕课参与者们最为关心的问题之一。面临海量版权资源的审查，杜克大学图书馆高屋建瓴，制定了一个统一的版权指南，帮助教师解决“合理使用”判断的难题。[2]

版权指南于2012年8月发布，制定的目的是为了帮助大家在复杂的慕课环境中，在合理使用范围内使用受版权保护的材料。“版权指南”中关于“合理使用”的界定尽可能清晰，以帮助教师作出准确的判断。然而，为了避免不必要的版权纠纷，指南建议，第三方版权材料必须是为实现教学目的所必要的，非必要性的内容应尽量删除。在细则中，版权指南对于课程中使用图像，录音、视频文件、音乐、文字作品等分别界定了“合理使用”的范畴，同时明确引用这些资源类型时的注意事项。这个指南发布之后产生了重大影响，版权指南成为杜克大学师生在参与慕课时的版权参考依据；另一方面，其他大学图书馆也纷纷效仿，成为制定慕课版权问题应对的指导性文件。

辅助查找可替代的开放获取资源。对于慕课课程中引用的受版权限制的资源，OCSC人员还帮助教师定位相关的开放资源，包括开放存取期刊、机构

---

〔1〕张丹、龚晓林：“大学图书馆参与MOOC版权服务的实践及启示——以杜克大学图书馆为例”，载《图书情报工作》2014年第10期。

〔2〕Guidelines for using copyrighted material in Coursera MOOCs，http://www.dlib.org/dlib/july13/fowler/07fowler.html.

资源库等媒体网站，像 Flickr[1]，维基共享资源[2]和 Vimeo[3]，找到开放的替代品。图书馆对常用的 OA 资源[4]进行系统清理、分类汇总，同时大力鼓励教师将自己的学术作品上传到杜克大学的开放获取仓库——杜克空间，从而使参与课程的学生方便获取。[5]与此同时，2013 年 5 月，Coursera 宣布与 Chegg[6]合作，圣智学习出版公司、麦克米兰高等教育出版社、牛津大学出版社、SAGE、WILEY 等 5 家出版机构通过 Chegg 的数字版权管理（Digital Rights Management，DRM）阅读器提供电子教材。教师在课程制作期间，可以免费引用这些教材，而学生在课程开放期间可以免费阅读。课程结束后，学生可以通过出版社购买该电子教材的完整版本或通过 Coursera 购买精简版本。这部分资源通过与出版社合作，已获得授权，可以自由使用，图书馆引导教师予以充分利用。同时，提升了平台的竞争力。

第三，版权许可申请。当课程中必须使用的版权资源，无可替代的开放资源，必须要进行版权许可的时候，杜克大学图书馆与版权人接触，争取获得授权。同时，为了使申请过程更为快捷，申请人必须提供资料的详细信息，包括题名、作者、日期、URL[7]、页码、视频的时间码等。对于有大规模的

---

〔1〕 Flickr：雅虎旗下图片分享网站，一家提供免费或付费数位照片存储、分享之线上服务，也提供网络社群服务的平台。期重要特点就是基于社会网络人际关系的拓展与内容组织。这个网站功能之强大。已经超出一般的图片服务，比如除了图片服务，还提供联系人服务和组群服务。

〔2〕 维基共享资源，是一个多媒体资料库。2004 年 9 月开始启动，它的目的是作为一个自由的图像、音乐以及可能还包括文献和演讲等的资源中心，并提供给所有的维基内媒体计划使用。这个资料库是一个存放自由开放的图片、声音及其他多媒体档案的地方，是维基媒体基金会的计划，上载的档案可以在其他的维基计划中使用，包括维基百科、维基教科书、维基新闻以及 wiki. yeefe. com 等。

〔3〕 Vimeo 是一个高清视频播客网站，与大多数类似的视频分享网站不同，Vimeo 允许上传 1280X700 的高清视频，上传后 Vimeo 会自动转码为高清视频，源视频文件可以自由下载，它达到了真正的高清视频标准。Vimeo 允许每月上传 500MB 的高清或普通视频，用户可以定制视频的显示尺寸。

〔4〕 开放存取（Open access 简称 OA）。

〔5〕 Duke Space，http://dukespace. lib. duke. edu/dspace/.

〔6〕 Chegg is an online textbook rental company in the United States based in Santa Clara, CA. The company was created in the United States by three Iowa State University students in 2001. It was founded by entrepreneurs Osamn Rashid and Aayush Phumbhra. The name Chegg is a contraction of the words chicken and egg, based on the founders' experience after graduating from college: they couldn't land a job without experience, but couldn't get experience without a job, or a chicken and egg type quandary.

〔7〕 URL 统一资源定位符是对可以从互联网上得到的资源的位置和访问方法的一种简洁的表示，是互联网上标准资源的地址。互联网上的每个文件都有一个唯一的 URL，它包含的信息指出文件的位置以及浏览器应该怎么处理它。

入学率和相对较少访问限制课程的教育目的使用材料，处理这类问题，无论对于教育者还是版权持有者来说都是相对较新的领域。对于许可请求，在许多情况下，版权人根本不回应我们的要求。而对于我们收到的版权人回应，授予许可的价钱都是不可预测的,[1]而美国的版权税计算中心（Copyright Clearance Center）（简称“CCC”）[2]，它通常是当我们的校园使用超出了合理使用的范围时获得许可的来源，但它的“数学”的计费方法（简单的单页费用乘以页面的数量和学生的数量）导致过高报价，故此对于慕课使用的许可请求不是一个好的设置。该计费方法还忽略了慕课使用产生的重要的营销优势（许多版权所有者已经承认），当慕课中使用了作品的剪短摘录部分后，意味着整个作品已经推荐给数量庞大的慕课参与者。[3]

第四，成功率。从 2012 年 8 月到 2013 年 5 月，15 门课程在版权许可和服务上共花费 294 个小时。慕课中使用的材料，总共提交 172 个许可请求，其中 52 个是老师自己发送的请求，120 个是 OCSC Permissions Intern（实习生）发送的。关于对这些请求的反馈，有 86 个获得免费的许可，34 个视支付的许可使用费用而定。在获得这些许可的过程中，常常需要二次请求——提供更详细的关于作品使用的信息。除了这些反馈，很多时候，当我们能够为教师的工作找到作为替代开放存取或知识共享协议许可资源，也算是成功。许可请求断然被拒绝，没有任何谈判的余地，有 7 次，仍然还有 42 个许可请求没有任何的回音；其中的一些请求仍然悬而未决，而对于其他的请求我们不再期待任何答复。[4]

第五，教师反馈与改进服务。为了衡量版权许可服务的成功和确定改进的区域，2013 年 5 月的早些时候，图书馆在慕课的教员中进行一个调查，从 15

---

〔1〕 例如，曾经出现从免费许可从一本书 40 页的摘录到一篇两页的文章 50 000 美元的授权费的巨大悬殊。

〔2〕 美国的版权税计算中心（Copyright Clearance Center）（简称“CCC”）CCC 是一家全球版权经纪公司，对世界最热门的印刷和在线内容（图书、期刊、报纸到博客和图片）进行授权和许可。CCC 成立于 1978 年，为非营利性组织，通过简化授权流程和支持内容创造者的知识产权为全球组织提供授权服务。

〔3〕 Lauren Fowler；Kevin Smith：Drawing the Blueprint As We Build：Setting Up a Library-based Copyright and Permissions Service for MOOCs July/August2013 Volume 19，Number 7/8 D-Lib Magazine.

〔4〕 虽然过程有时会令人很沮丧，尤其是当没有回复或明确被拒绝的时候，但是，杜克大学图书馆觉得这个成功率以及对于教学方法的促进和提升，认为图书馆在此项服务方面的投资是值得的。

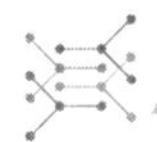

名被调查的教员中，收到了 10 名教师的调查反馈。[1] 根据教师反馈，与著作权有关问题影响了他们的课程。4 名教师认定为获得许可的过程是一个极其重要的屏障，5 名教员认为许可过程是非常重要的。8 名教员认为，许可过程中的延迟非常重要或很重要，一个教师称，“最大的问题是时间，因为，直到最后一刻，我们才知道是否获得许可，如果未获得许可，在一个课程中，几乎不得不重做演讲”。[2] 为解决许可时间不好把握这一问题，杜克大学图书馆改进了一些做法，根据版权持有者对慕课的版权请求一般需要多长时间，创建了一个清晰的时间表。易言之，版权申请服务刚开始运行时，图书馆没有设定严格的时间期限，后来进行了修正，增加了相关内容。图书馆要求教师必须在课程上线的 10 周前提交申请，以保证工作人员有足够的时间进行处理。如果在课程上线前的 6 周，申请依然没有得到回复，图书馆将建议教师寻找其他替代资源。[3] 有必要对获取许可需要经历的步骤进行更清楚的解释，对于版权所有者经常不及时回复这样一个事实，有必要对教员解释。

（4）高校版权政策对课程资源使用的指南及经验。

第一，使用图像。指导方针表明，当老师只希望从一个来源利用一些图像，如果图像的使用是为批评或评论的目的，教师通常可以依靠合理使用。但如果是使用海报，则因海报具有商业性，并且与教育中的特定的知识点联系也并不十分紧密，则需要请求授权许可。但对于授权许可的结果却差异巨大，原因是版权作为一种私权，权利人可以放弃，即分文不取，亦可能索要高价，因为文学艺术作品估价本身就具有一定的难度。当然还可能完全拒绝授权。

第二，使用音乐。在大多数情况下，教师对我们的课程要用音乐，很多情况下音乐的使用是作为背景音乐使用，意图烘托出理想的课程氛围，而不是作为课程要讨论的特定的主题使用，那么这种使用必将非合理使用，最好删除音乐或与知识共享协议的替代品来替代它。实践中，杜克大学图书馆提

---

〔1〕 auren Fowler; Kevin Smith: Drawing the Blueprint As We Build: Setting Up a Library-based Copyright and Permissions Service for MOOCs July/August2013 Volume 19, Number 7/8 D-Lib Magazine.

〔2〕 auren Fowler; Kevin Smith: Drawing the Blueprint As We Build: Setting Up a Library-based Copyright and Permissions Service for MOOCs July/August2013 Volume 19, Number 7/8 D-Lib Magazine.

〔3〕 张丹、龚晓林：“大学图书馆参与 MOOC 版权服务的实践及启示——以杜克大学图书馆为例”，载《图书情报工作》2014 年第 10 期。

交许多歌曲片段的许可申请，但只有一个请求收到了响应，响应是关于得到项目更多的信息的要求，这个响应到达的太晚以至于来不及将资料纳入慕课课程中。[1]

第三，使用视频。对受欢迎的电视节目和电影片段的成功申请具有戏剧性的不同。并且我们发现如果将资料内容嵌入到流演讲视频中，一些权利持有人愿意授予许可，但如果它可以下载情况就不同了。然而，总的来说，对于视频授权许可的高成功率告诉我们，慕课课程中资料的来源没有必要完全避开大众媒体。不过，考虑到不确定性，我们建议他们有一个后备计划，可以是使用不同的内容，修改课程，或者链接到一个可用的视频资源，因为一些电视和电影制作公司做免费的在线视频剪辑的内容，学生只需遵循这个链接进行观看，然后返回到课程。当然还有一个必须注意的问题，即链接的内容应该避免侵犯版权的。例如，Geo-blocking web[2] 内容是一个主要的问题；某些国家的学生可能观看不到 YouTube 视频，加拿大的大学提供的课程链接了加拿大广播公司的一个视频，数百名 Coursera 学生报告访问视频遇到问题，但在接到学生报告之前，大学工作人员没有意识到这个视频对于加拿大之外的用户来说是被封锁的，所以，链接视频的做法对只有有限的网络连接或设备的学生来说，是不利的。当链接到外部网站特别是个人网站，因慕课学生的大规模性，还存在另一个潜在的问题是网站处理增加流量的能力，当 Coursera 课程的学生被要求访问谷歌文档 Google Docs spreadsheet（谷歌电子表格）时，[3] 谷歌服务器崩溃了。为解决这两个可能存在的问题，杜克大学教师现在要求在链接到外部网站之前，教师需要向他们的 CIT 顾问咨询，[4] 这样潜在的问题就可能预测和避免。

---

〔1〕 Lauren Fowler; Kevin Smith: Drawing the Blueprint As We Build: Setting Up a Library-based Copyright and Permissions Service for MOOCs July/August2013 Volume 19, Number 7/8 D-Lib Magazine.

〔2〕 在一个国家的 IP，不允许访问另一个国家的网站。To prevent unauthorized access to the XXX, Party X shall ensure that access to the XXX is strictly restricted to the jurisdictions set out in the Territories, through deployment of strict safeguards in the form of geo-blocking technology using security measures that are no less robust than prevailing industry standards in each Territory（"Geo-Blocking"）.

〔3〕 Debbie Morrison, "How NOT to Design a MOOC: The Disaster at Coursera and How to Fix It", *online learning insights: a Blog about Open and Online Education*, February 1, 2013.

〔4〕 张云丽："美国高校图书馆开展 MOOC 版权服务的实践及启示——以杜克大学图书馆为例"，载《山东图书馆学刊》2014 年第 6 期。

慕课版权问题是一个全新的挑战，从美国的慕课发展实践看，图书馆参与 MOOC 的合理使用的指导，寻找免费资源及版权许可服务等方面发挥了非常重要的作用。在各高校图书馆开展的慕课版权服务中，杜克大学图书馆的服务最全面、细致、最人性化。虽然这个服务面临困难，对所需使用材料实际上获得许可的成功是不均匀的，但来自于教师的整体上的反应是积极的，并且，图书馆认为，为支持慕课的发展，这项服务对于慕课教师来说是一个富有成果的和明智的方式。杜克大学图书馆对于慕课版权问题的应对探索，对慕课版权问题的解决提供了实践数据和经验，为慕课版权制度的设计提供有益的探索。

4. 慕课平台开设“教育版权”课程

慕课发展中面临的版权归属及版权作品使用的侵权问题带来的恐惧和不确定性经常困扰着教育工作者，也阻碍了创造性的教学。Coursera 平台在“教育版权”模块开设“教育工作者和图书管理者所需版权知识”课程。课程分为“欢迎来到版权法”“版权法框架的思考”“拥有版权”“教师和图书馆的版权例外”“合理使用的理解与应用”五个模块，通过丰富的实际的案例介绍美国版权法，目标是为参与者提供一个实用的框架，分析他们在职业工作中遇到的版权障碍，明确教师在开发慕课课程中应当注意的版权问题。课程中研究如何将版权法应用于课堂和网上教学以及图书馆，主要介绍《美国版权法》中第 110 条图书馆和教育教学中的版权例外的规定。课程目标定位合理，内容具有针对性，对于慕课课程的制作者和开发者必须具备的版权知识进行系统而明确的介绍。教育工作者和图书管理员具备了相应的版权知识，提高了其职业素养，有利于在慕课课程开发中避开侵犯版权作品的使用，将侵权行为杜绝在课程制作阶段，防患于未然。[1]

5. 积极进行开放存取（Open Access，简称 OA）资源库的建设

按照 Coursera 版权问题指南进行的版权清理和版权许可活动，耗时、费力，时间上又不确定。因此，在面临着慕课课程要使用的课程资源来说，开放资源很多时候更有效率，对于教员和学生来说更加重要。慕课项目出现之前，教师并未真正重视开放获取的理念，因此，即使图书馆的开放资源运动

---

〔1〕“教育工作者和图书管理员所需版权知识”，载 https://www.coursera.org/learn/copyright-for-education，2015 年 11 月 14 日访问。

开展了十多年，但很多开放的资源库库存并不丰富，因此使用率也低。杜克大学图书馆在对慕课提供版权服务的同时，采取各种方法让教师重视开放存取资源，积极鼓励教师支持开放存取资源库的建设，从而丰富库存资源。一个故事将说明开放存取日益增长的利益。一位教员准备开发他的第一个慕课，希望他的学生能够阅读一些自己的文章，当我们代表向出版商代表获取许可时，遭到拒绝。我们的教授们猛然觉醒，对讨论开放获取也是一个机会。正如事实证明的，所有的文章都发表在期刊上，期刊允许作者存储他最后的手稿，并且作者完全拥有文章。所以教师们上传的那些文章并且该教授坚持免费链接给注册该门课程的学生。这个教授询问同事，是否他们也能把自己已经发表的文章存储在他们机构的数据库中，以至他也可以为他的慕课学生使用这些资源。[1]

（三）慕课版权立法——《DMCA 禁止规避技术措施之例外规定第六次修改》

依据《美国版权法》第 1201（a）（1）条之规定[2]，根据美国版权局局长之提议，国会图书馆馆长第六次决定“禁止规避版权保护系统之技术保护措施的例外规定”。技术措施最早见于《世界知识产权组织版权条约》（WCT）和《世界知识产权组织表演和录音制品条约》（WPPT），其后美国 1998 年《千禧年数字版权法案》（DMCA）将其纳入其中，禁止公众规避保护

---

〔1〕 Peter Hirtle MOOCs, Copyright, and the Library http://blogs.cornell.edu/dsps/2013/06/19/moocs-copyright-and-the-library/.

〔2〕《美国版权法》第 120 条版权保护的规避。（a）涉及规避技术措施的违法行为。（1）（A）任何人不得规避有效控制获取本篇保护的作品的技术措施。前句含禁止性规定于本章颁布之日起 2 年期间届满时生效；（B）（A）目所含禁止性规定不适用于特定作品种类中的版权作品的使用人，此类使用人在此后的 3 年期间依据本篇非侵权上述特定种类的作品的能力因该禁止性规定而受到——依（C）目所确定的——不利影响；（C）在（A）目规定的 2 年期间和此后每 3 年期间，经版权局长建议——该局长应咨询商务部负责通信与信息的部长助理，并报告该部长助理对建议的意见——国会图书馆长在为实施（B）目而制定细则的过程中，应就版权作品使用人依据本篇非侵权使用特定种类的版权作品的能力在此后 3 年期间是否会受到（A）目禁止性规定的不利影响，作出决定。在制定上述细则时，国会图书馆长应审查：（i）使用版权作品的可能性；（ii）为非营利性存档、收藏或教育之目的而使用作品的可能性；（iii）关于禁止规避运用于版权作品的技术措施的规定对于批评、评论、新闻报道、教学、学术或研究的影响。（D）国会图书馆长在依照（C）目制定实施细则的过程中认定版权作品使用人的非侵权使用受到或者可能受到不利影响的，应当公布此类作品；在随后 3 年期间（A）目所含之禁止性规定不得适用于上述使用人（E）无论是（B）目排除适用（A）目所含之禁止性规定的例外，还是依据（C）目在制定细则过程中作出的认定，均不得在执行本目除外的本篇其他规定的诉讼中作为抗辩使用。

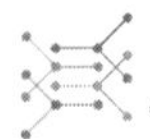

版权作品不被非法访问、复制的技术措施，即使为了合理使用等正当目的。我国相关版权法律法规含有类似规定。然而，在互联网时代，尤其是智能设备成为人的身体的自然延伸的今天，技术措施确实妨碍了使用者对版权作品的非侵权使用。

美国国会于1998年通过的《千禧年数字版权法案》（DMCA）禁止规避保护一部版权作品之获取途径的技术保护措施，但DMCA注意到这一规定可能会给版权作品使用者以非侵权方式使用版权作品带来不利影响，所以授权国会图书馆馆长，根据美国版权局局长的提议，在DMCA生效两年后，每隔三年进行一次行政立法活动，决定哪些类型的版权作品可以不受该禁止规避义务约束，以及具体的适用情形。

2015年10月28日美国版权局、国会图书馆关于《DMCA禁止规避技术措施之例外规定第六次修改》中——“视听作品的教育性和衍生性使用”部分之（1）“对于《美国版权法》第101条所界定的电影（包括电视节目和视频）〔1〕，为了批判或评论之目的，且仅仅为了使用前述电影之片段，可以在下列情形下实施规避行为“（v）为了教育目的，获得认可的非营利教育机构通过网络平台（该平台本身可以是营利性的）向正式注册的学生提供的大型公开在线课程的教师，可以实施规避行为；前提是慕课提供者在同《美国版权法》第110（2）条之规定相一致的范围内，通过该网络平台在技术可行的范围内限制向正式注册的学生以外的人传输相关内容，制定版权政策并向教师、学生以及相关工作人员提供版权信息材料，并采取技术措施合理防止进一步向他人非法传播相关作品，或者防止通过该平台接收作品的人在课程结束之后依然保留相关作品；且符合下列条件之一：（A）规避行为是在相关内容被合法获得并解密后，通过使用向公众提供的、能够复制电影的截屏技术实施的；（B）或者，在电影研究或者其他需要详细分析电影、媒体之片段的课程中，该电影是合法制作、合法获得的，存储在受内容扰乱系统保护的DVD、受高级访问限制系统保护的蓝光光碟或者受技术措施保护的电子介质上，并且实施规避行为的人合理地认为截屏软件或者其他非规避的替代手段

〔1〕《美国版权法》第101条：“电影作品”指由系列相关联的图像组成的作品，这些图像与配音（如有声音）一起连续播放会产生的一种动感。

不能达到高品质内容所要求的水平。"[1]

此规定是为教育目的，慕课中使用视听作品的规定。按此规定，教师为了批评、评论之教育目的，可以将视听作品（仅仅限于前述电影之片段）使用在慕课课程中。为保护作品的版权，同时规定慕课平台和教师、技术人员承担相应的责任和义务：（1）该网络平台在技术可行的范围内限制向正式注册的学生以外的人传输相关内容；（2）制定版权政策并向教师、学生以及相关工作人员提供版权信息材料；（3）采取技术措施合理防止进一步向他人非法传播相关作品；（4）防止通过该平台接收作品的人在课程结束之后依然保留相关作品；（5）慕课中合理使用排除的作品。即以下两类作品慕课中使用不受合理使用的限制，需要授权许可，包括："主要通过数字化网络传输，作为媒体辅助教学活动的一部分表演或展出而销售的作品"；"以违反美国版权法非法制作和获取的复制品表演或展出，且提供传输的政府机构或经认证的非营利性教育机构知道或有理由知道该复制品或录制品不是合法制作和获取的"。[2]

二、澳大利亚应对慕课（MOOCs）版权问题的实践

（一）澳大利亚慕课版权政策

二战后，随着美国版权产业在全球的迅速发展，澳大利亚日益重视版权产业在国家经济发展中的作用，其版权立法开始逐渐趋近于美国法。当前澳大利亚的版权法是国际上最高水准的版权法之一。

在慕课的浪潮中，澳大利亚开始进行慕课的制作及传播，墨尔本大学已经通过 Coursera 提供了少量的慕课课程。迪肯大学也开发了一系列慕课课程。澳大利亚慕课课程开展中同样面临版权问题的障碍。墨尔本大学使用的是自己创造的内容以及诸如知识共享材料之类的公开许可内容或自身已取得许可的材料。作为澳大利亚八大名校之一的西澳大学的慕课版权政策较为具体，

---

〔1〕 2015 年 10 月 28 日美国版权局，国会图书馆关于《DMCA 禁止规避技术措施之例外规定第六次修改》一（1）（V）.

〔2〕《美国版权法》第 110（2）条规定。2015 年 10 月 28 日美国版权局，国会图书馆关于《DMCA 禁止规避技术措施之例外规定第六次修改》中一"视听作品的教育性和衍生性合理使用"规定的限制条件："前提是 MOOC 提供者在同美国版权法第 110（2）条之规定相一致的范围内使用作品"。

具有一定的代表性。

西澳大学图书馆关于慕课版权指南[1]。指南介绍慕课版权作品使用的一些关键的原则，并且为免费的资源提供建议。在此版权指南中主要分为制作慕课需要知道的、可以做的以及不可以做的三个部分。

1. 制作慕课，关于版权，你所需要知道的

当你向被西澳大学和许多大学所使用的大规模网络公开课程平台-Coursera平台交付课程时，一旦涉及他任何人或者机构所创造的资料的使用，对这些资料的版权问题的思考是至关重要的。最重要的是要知道：Coursera是一家营利性公司。因此，许多允许课堂使用受版权保护的材料常见的教师例外，未经许可并不适用于Coursera课程。

2. 可以做的（推荐做法）

一般来说，Coursera建议老师：（1）创建自己的内容；（2）一般限制对第三方版权材料的使用，除非第三方材料的使用对于课堂的教学至关重要的情况；（3）获得授权。对任何人任何内容的使用都要获得授权，除非明确获得关于资料再利用的总体上的许可。（4）使用在公共领域的内容；（5）创作共用许可证，是一种版权所有者授予明确许可，可以使用他们的作品；（6）指明归属与致谢。包括幻灯片中任何原始材料或者其他材料的归属。在幻灯片的序言部分或者讲座的最后呈现致谢，但这也取决于权利持有人的任何特殊要求。

3. 禁止做的（避免做法）

慕课制作过程中需要使用第三方的版权作品的时候，必须注意以下几点：（1）如果Coursera发现潜在的侵权行为，你的课程可能会立即被撤下；（2）不要等到最后一分钟！因为，联系版权持有者，支付的费用要求，或寻找替代内容需要大量的时间；（3）避免链接可能侵犯版权的内容；（4）不要以为版权不适用。请注意，任何类型的音频、视频或文本内容可能受到版权法支配，包括网站截图，书的封面，组织的标志、图形（甚至从免费使用的数据库而来），地图、在线视频、录音……

---

〔1〕 http://guides.is.uwa.edu.au/mooc-copyright，这个页面包含在生产在线课程时有关版权问题（特别是在Coursera平台）并提供基于资源的再用寻找“开放”内容的建议。2015年4月13日访问。

4. 其他需要注意的

即使你是出版内容的创造者，你也不一定拥有版权。如果你的作品已经发表，检查与出版商签署的协议。该资料在 Coursera 中的使用，可能需要在使用前获得许可。Coursera 服务条款规定，学生只能为自己的目的访问课程材料，他们不应该更广泛传播。[1]

（二）慕课的发展对澳大利亚版权法带来的冲击

1.1968 年《澳大利亚版权法》的版权例外

1968 年澳大利亚版权法案包含了许多教育机构非支付报酬的例外，主要包括：s 28-版权材料的表演，包括在课堂上播放音乐和电影；s 44-包括在收集的材料中一个简短摘录；SS135zg、135 zmb-对版权资料非实质性部分的复制；s 200 -为教育目的作品的使用与广播（在课堂上手工复制作品，例如，在黑板上复制、考试复制、复制声音播放）；S200 AAAaaa-教育机构代理服务器的网络缓存。[2] 版权法 200AB 还有一个广泛的例外。例外涵盖了非营利性教育教学的使用，[3] 这种使用必须一种特殊情况，不得与版权材料的正常利用相冲突和不应不合理地损害的所有者的合法权益。[4] 版权法在 ss 40 和 103 c 条款中也提供了为研究或学习的公平交易的版权例外。[5] 然而，需要注意的是，这些例外不能支持延伸到教育机构的使用，只适用于私人的研究和学习。[6]

澳大利亚版权立法的具体例外清单长达十多页，不如美国合理使用例外体系灵活。澳大利亚教育部门对版权法案中“公平处理”（fair dealing）条款能否适用于慕课表达了担忧。在提交给澳大利亚法律改革委员会（Australian Law Reform Commission ，简称 ALRC）的意见中，澳洲大学联盟表示，尽管澳大利亚的大学根据法定许可每年给商业出版商支付 2 亿多美元的学术期刊获取费，并支付 3000 万美元的内容传递费，但现在这些内容不能用于传授

---

〔1〕 Copyright and Coursera courses http://guides. is. uwa. edu. au/mooc-copyright.

〔2〕 See Copyright Act 1968（Cth）s 200AB《澳大利亚版权法》Ch 11.（第 11 章）。

〔3〕 Copyright Act 1968（Cth）s 200AB.

〔4〕 Copyright Act 1968（Cth）s 200AB（Ibid s 200AB.）.

〔5〕 Ibid ss 40, 103C, 248（1）（aa）. See also Ch 7.

〔6〕 De Garis v Neville Jeffress Pidler Pty Ltd（1990）37 FCR 99; Haines v Copyright Agency Ltd（1982）64FLR 185.

MOOC 课程。[1] 墨尔本大学版权办公室的经理海伦·汤姆森（Helen Thomson）说墨尔本大学为了使用第三方内容所依赖的法定许可制度不能适用于慕课，如上分析，澳大利亚现行版权法现有例外条款对于慕课使用作品都帮不上忙，因此，必须寻求解决办法或找到替代方案。

2 对 1968 年《澳大利亚版权法》版权例外的批评与担忧

在 ALRC 开展的“版权与数字经济”的调研中，版权咨询小组-学校（CAG 学校）提出，当前的教师例外呆板和存在着实际问题。例如，在互动白板上从一本书上引用一段不属于学术上的例外。[2] CAG 学校也提出“在课堂的屏幕上展示艺术作品与在同一块屏幕上展示一首诗不同”,[3] 并且“澳大利亚学校为教室里学生分发书籍摘要而付款”。[4] CAG 学校提出：至于作品的多少比例可以提供给学生，根据内容的提供是通过学校的内部网、学习管理系统，或者通过给每个学生发副本方式的不同有不同的规则……在一个学习管理系统的时代，一所学校向学生提供内容最有效的方式是通过学校内部网或学习管理系统，如课堂上的集中的内容交互系统和网络互动白板，如 135zmd（3）条款，但符合法定许可使用现代教育工具却很困难…… 这与鼓励学校接受数字技术来提高效率和教育的政府政策完全背道而驰。[5]

澳大利亚大学提出，《澳大利亚版权法》也限制了澳大利亚大学可以提供通过大规模网络公开课方式传递课程内容。现有的版权例外是不够灵活，不允许这种使用的。[6] 然而，版权代理机构提出，通过网络公开课的内容传播可以由法定许可制度涵盖，并且相比于其他国家的安排更全面[7]。澳大利亚知名教育者说，需要改革法律以支持创新，让澳大利亚的大学在在线教育领域能够与世界上的其他大学进行竞争。澳洲大学联盟和悉尼大学在给委员会的意见中说《澳大利亚版权法》阻碍了高等教育部门的创新。澳大利亚法律改革委员会（ALRC）把大学的建议提交给政府，教育部门现在很可能与版权

---

〔1〕 陈勇：“基于 MOOC 的版权管理和版权保护问题研究”，载《科技与出版》2015 年第 2 期。

〔2〕 Copyright Advisory Group—Schools, Submission 707. Copyright Agency submitted that it had never sought payment for this use, even if the use could be measured; Copyright Agency, Submission 727.

〔3〕 Copyright Advisory Group—Schools, Submission 231.

〔4〕 Copyright Advisory Group—Schools, Submission 707.

〔5〕 Copyright Advisory Group—Schools, Submission 707.

〔6〕 Universities Australia, Submission 754.

〔7〕 Copyright Agency, Submission 866.

所有者对峙着。一些基于慕课的版权法调整建议被提了出来。比如澳大利亚斯文本科技大学的版权官 怀特黑德（Derek Whitehead）认为，应为慕课引进一项宽泛的合理使用例外条款[1]，怀特黑德说："合理使用的灵活性意味着美国能更容易利用新机会发布在线内容。""很多机构基本赞成给澳大利亚版权法引进一项宽泛的合理使用例外条款。澳大利亚数字联盟、教育产业和大的互联网公司像其他机构一样都基本赞成合理使用例外条款。"但是，那些对版权所有权拥有主要利益的人或许有不同见解。怀特黑德说："虽然版权所有者利益通常位于美国，但他们未必赞成将合理使用制度延伸到其他国家。"[2]

对于许多利益相关者，封闭式公平交易例外太过局限与呆板。例如，CSIRO 提出，是否一些活动属于法定的公平教育目的之一的"研究或学习"，它并不总是清楚的，这可能意味着，方便促进科学技术的传播和信息交流的使用可能被避免，尽管这种使用对著作权人的合法利益没有或只有很小的影响。如果适用一个更一般的例外可能会减轻这种担忧，然后将关注的焦点放在对著作权人合法利益的影响上。[3]

（三）关于引进"合理使用"的争论

2012 年，澳大利亚法律改革委员会出版《版权与数字经济报告》，建议对因现行版权法（2017 年修订前）的"公平交易"规定过于封闭和呆板，将美国式的合理使用制度引入澳大利亚，使版权法更具弹性以适应科学技术的发展。这一建议一经提出，引起版权利益相关方的关注，对是否应当引进美国式的合理使用引发争议。

1. 支持方——版权通过限制权利人垄断来推动创新

澳大利亚法律改革委员会认为，合理使用的引进使得版权法能够更好地适应新技术的发展和新的商业模式。教育作为引人注目的公共利益之一，合理使用无疑要更好地服务教育。地区的教育部门要求版权法中"更公平"政

---

〔1〕"澳大利亚大学寻求版权法改革以启用大规模网络开放课程"，载 http://www.ipr.gov.cn/guojiiprarticle/guojiipr/201301/17224，2015 年 4 月 16 日访问；陈勇："基于 MOOC 的版权管理和版权保护问题研究"，载《科技与出版》2015 年第 2 期。

〔2〕"澳大利亚大学寻求版权法改革以启用大规模网络开放课程"，载 http://www.douban.com/note/263351351/，2015 年 4 月 16 日访问。

〔3〕CSIRO, Submission 242.

策平衡。[1] 版权咨询小组（CAG）（学校）编制一个表格，比较澳大利亚、美国、加拿大版权法中适用于教育规定的大量的区别，研究结果表明：“澳大利亚版权法中平衡的破坏足以认可为教育目的对版权材料有限的免费使用的公共利益。”[2] 澳大利亚大学表示，依据为社会利益的目的使用第三方的版权资料的能力，澳大利亚大学比大型的商业企业处于“更糟位置”。[3] 商业新闻机构可以依靠新闻报道的公平交易例外，但为大学教育目的的合理使用却没有同等具体的例外。利益相关者共同认为现行的版权制度使澳大利亚企业、大学、学校和个人与存在合理使用例外的美国和其他国家相比处于劣势。[4] 澳大利亚大学提出，澳大利亚版权法限制澳大利亚大学通过慕课提供课程内容的方式[5]，限制了研究中对文本和数据技术的应用。[6] 在其看来，澳大利亚大学在版权材料的合理使用这方面，与同行相比正处于比较劣势。“谁知道，未来僵化的版权例外会阻碍什么新技术的出现呢?[7]

合理使用例外对于一个特定的使用，需要相互竞争的利益的平衡。特别是合理使用的第四公平因素的建议，合理使用例外是为了保护版权所有者的市场。[8] 如果一个使用对权利持有人市场有重大影响的；如果它不公平地剥夺了他们应该享有许可收入，那么，这种使用可能不是合理使用。引入澳大利亚版权的一个广泛的、灵活的合理使用制度应该灵活和公平地调整数字环境下所有者和使用者之间的利益。

2017 年修正前的版权法的限制与例外允许的行为与大多数人的合理预期与行为之间不匹配，这种不匹配正在破坏版权制度，使版权法声名狼藉。合理使用能更好符合消费者的期望。合理使用将意味着，普通的在以对版权人市场完全无害的方式，甚至有益的方式使用受版权保护的材料的时候，不侵

---

〔1〕 See, eg, Universities Australia, *Submission* 754; Copyright Advisory Group—Schools, *Submission* 707; Universities Australia, *Submission* 246; Copyright Advisory Group—Schools, *Submission* 231.

〔2〕 Copyright Advisory Group—Schools, *Submission* 231. See also arguments made in Copyright Advisory Group—Schools, *Submission* 707.

〔3〕 Universities Australia, *Submission* 754.

〔4〕 See, eg, Universities Australia, *Submission* 754; Copyright Advisory Group—Schools, *Submission* 707; Universities Australia, *Submission* 246; Google, *Submission* 217.

〔5〕 A point also made by Copyright Advisory Group—Schools, *Submission* 707.

〔6〕 See Ch 11 for a discussion of text and data mining.

〔7〕 Universities Australia, *Submission* 754.

〔8〕 The fairness factors are discussed further in Ch 5.

犯版权。相较于现行复杂具体的例外的集合，公众更容易理解合理使用，合理使用的例外看起来更合理，这甚至可能增加更广泛的对版权法的尊重和遵守。

2. 反对方——fair use 缩小权利范围

很多版权所有者和其他人认为，合理使用引入澳大利亚将损害权利持有人的利益。[1] 现行版权法的公平交易（fair leading）条款严格限定了使用目的和使用形式，而合理使用（fair use）则并非是具体使用情形的规定，而是以四要素为判断标准，使其判断存在非常大的不确定性。故此，合理使用会缩减版权权利的范围，破坏控制使用版权内容的能力，并削弱许可安排和其他收入来源。[2]

一些利益相关者对“合理使用提供了应对不断变化的环境灵活性”这一观点提出质疑。[3] Viscopy 董事会表示，尽管美国长时间内有合理使用条款，但它的版权法要“定期接受议会的审议”。[4]一些人认为，现有的公平交易防御系统足够灵活以应对技术变革。[5] 支持合理使用利益相关者一般会说，教育的使用应该在版权例外中予以考虑，并且教育应该是一个说明性的目的。[6] 然而，许多利益相关者反对合理使用的引入，反对的最常见论据是，这种例外会损耗著作权人的市场，特别是书籍市场和专门为教育目的生产的版权资料的市场。

---

〔1〕 For example, Australia Council for the Arts, *Submission* 860; AIATSIS, *Submission* 762; Australian Independent Record Labels Association, *Submission* 752; NRL, *Submission* 732; Australian Society of Authors, *Submission* 712; Australian Guild of Screen Composers, *Submission* 687; Alberts, *Submission* 672; MEAA, *Submission* 652; Country Press NSW, *Submission* 651.

〔2〕 For example, Australian Independent Record Labels Association, *Submission* 752; Foxtel, *Submission* 748; AFL, *Submission* 717; Cricket Australia, *Submission* 700; Hillsong, *Submission* 671; Australian Major Performing Arts Group, *Submission* 648; Music Council of Australia, *Submission* 647; Screenrights, *Submission* 646; Pearson Australia, *Submission* 645; COMPPS, *Submission* 634; Community Newspapers Australia, *Submission* 489.

〔3〕 Foxtel, *Submission* 748; Australian Education Union, *Submission* 722; Queensland Law Society, *Submission* 644; Springer Science and Business Media, *Submission* 639; Viscopy Board, *Submission* 638.

〔4〕 For example, Viscopy Board, *Submission* 638.

〔5〕 APRA/AMCOS, *Submission* 664.

〔6〕 See, eg, CSIRO, *Submission* 774; Universities Australia, *Submission* 754; Copyright Advisory Group—TAFE, *Submission* 708; Copyright Advisory Group—Schools, *Submission* 707; Education Services Australia, *Submission* 661; National Archives of Australia, *Submission* 595.

市场方面的伤害。如果没有版权法的保护，许多重要的教育资源可能不会创建。例如，如果使用书籍的学生或教育工作者不向书籍的作者和出版商支付报酬，那么作者和出版商写作或出版教科书的动机可能就被破坏了。教育的公共利益被创造动机的“虚弱的”版权法破坏了。如果引进新的版权例外或者法定许可被废除，澳大利亚教育材料的许多出版商表示了对他们市场潜在的危害的担忧。[1] 例如，牛津大学出版社的作者表示，出版商投资他们的专业知识、研究，需要花费大量时间、努力和金钱，并专门设计生产来支持所有年龄学习者和澳大利亚定制课程教育材料。[2] 扩大教育机构例外将阻碍教育内容的开发和投资，包括对数字经济和平台的投资。[3] 约翰·威利出版社（John Wiley & Sons）[4] 提出：“素质教育材料，特别是针对一个特定的澳大利亚的课程，花费大量的时间，创造者和版权持有者的资源和技能发展和努力应该得到认可。”[5] 这位出版商也说：“许多文本和资源的主要市场就是学校和教育机构，所以允许任何免费使用延长（尤其是数字领域）将大大降低出版商产生的各种创新和教育材料的能力和激励，而这些教育材料是教师和教育家所依赖的。”[6]

为澳大利亚学校提供教育材料的另一个出版商提出，他们严重依赖通过法定许可接受的基金：删除该补偿，你将删除创造的能力。删除新创意产品，出版商将不得不稀释教育工作者可得到的教育资料的质量。稀释资源意味着教育质量的稀释。[7]

对创造者和专门为教育机构生产教育资料来说，提交课程包授权方案“确保是一个健康的、充满活力和可行的市场。这个收入流对个人和小型的创

---

〔1〕 For example, Penguin Australia, Submission 669; Allen & Unwin, Submission 582; International Association of Scientific Technical and Medical Publishers, Submission 560; RIC Publications Pty Ltd, Submission 456; Office Link Learning, Submission 379.

〔2〕 Oxford University Press Australia, Submission 333.

〔3〕 Australian Publishers Association, Submission 225.

〔4〕 John Wiley & Sons, Submission 239. John Wiley & Sons，约翰·威立出版社（John Wiley & Sons Ltd）创建于1807年的纽约曼哈顿，是北美最古老的独立出版公司之一。经过200多年的发展，威立已经在全球学术出版、高等教育出版和专业及大众图书出版领域建立起了卓越的品牌，成为全球唯一一家业务涵盖这三大领域并处于领先地位的独立出版商。

〔5〕 John Wiley & Sons, Submission 239.

〔6〕 John Wiley & Sons, Submission 239.

〔7〕 RIC Publications Pty Ltd, Submission 456.

造者”尤其重要。[1] 出于说明目的使用可能几乎没有争议，教师可以通过教学工具，比如交互式白板使用作品的复制件……然而，允许老师复制版权作品（小或大部分）并且分发他们的学生，似乎与作品的正常利用存在强烈冲突。[2]

利益相关者强调，一个新的例外，在数字环境下对创造者和版权持有者特别有害。在新的数字时代，创造者和版权持有者已经努力打击盗版和维持成功的商业模式、新的数字格式和分销渠道。[3] 例如，音乐出版据说已经被互联网上未经授权的复制传播严重影响，对于这些专业出版商来说，通过扩展法定许可和非报酬例外的范围而进一步削弱财务生存能力的做法，可能会得到完全的关闭市场这个意想不到的后果。[4] 另一个出版商警告说，允许更多的教育目的的无偿使用会“导致作家的收入流枯竭”。[5] 在一个销售和版税在一年左右，以后存在下降趋势的行业里，对于创造者来说，一个合理的安全的收入来源被认为是特别重要的。[6] 许可费用的支付是“给创造者特别需要的稳定性”。[7]

澳大利亚出版商协会（APA）提出：除了关于现有的最微小的免费使用，如在白板上复制资料等，或者这种使用落入 200AB 条款的范围，教育部门有权免费试用版权资料外，其他免费使用没有令人信服的理由。[8] 澳大利亚出版商协会（APA）也认为这是最公平的，由出版商分享教育机构在获取版权资料方面收获的价值，而不是必须资助教育机构。不同的用途有不同的价值，但澳大利亚出版商协会（APA）提出，这一点在决定教育部门应该支付的公平报酬时可以考虑，但不能就简单地归为免费的使用。[9] 在 ALRC 看来，教育的重要性并不意味着创造者在澳大利亚就要资助教育。ALRC 接受版权法需

---

〔1〕 ALPSP, Submission 562.

〔2〕 ALPSP, Submission 562.

〔3〕 For example, Allen & Unwin, Submission 582.

〔4〕 AMPAL, Submission 189.

〔5〕 Spinifex Press, Submission 125.

〔6〕 Walker Books Australia, Submission 144.

〔7〕 Walker Books Australia, Submission 144.

〔8〕 Australian Publishers Association, Submission 225.

〔9〕 Australian Publishers Association, Submission 225.

要帮助确保作者、出版商、电影制造商和其他创作者有动力去创造。[1] 在《版权与数字经济报告》中，公平例外的建议明确指出，当决定一个特定的使用包括教育的使用是否为合理使用时，对著作权人利益的损害应当被考虑。

2014年3月，美国版权办公室前首席顾问大卫·卡森（David Carson）在澳大利亚参加悉尼版权研讨会上说，美国法官被给予过多许可裁量，希望澳大利亚不要步美国后尘；美国版权法中的定义正在被误解。大卫·卡森认为，fair use曾经用于对书、电影的批评、评论，现在这种情况已经改变；他认为，给予法官更多裁量权是非常危险的，与版权法对著作权保护的基本价值相背离。[2]

合理使用制度作为版权法调整的版权人与社会公众之间的“利益平衡器”，肩负着双方利益均衡保护的义务，合理使用制度引入澳大利亚的提法引发其国内利益相关者基于各自的立场发表各自的态度，无论是支持者抑或是反对者，其相关的利益诉求立法者都应当认真考虑并审慎对待的。

（四）ALRC《版权与数字经济报告》版权法改革建议

澳大利亚法律改革委员会（ALRC）于2014年2月13日发布《版权与数字经济报告》。报告之前历经18个月的调查，在此期间，产生的ALRC两个咨询文件，进行了100多次磋商和收到了850多个提交的文件。许多产业举行了圆桌会议，举办顾问委员会专家见面会，为ALRC工作提供评论和反馈。[3]

1. 引入“合理使用”或“改革现有公平交易例外”以涵盖教育

在澳大利亚《版权与数字经济报告》中建议引进美国灵活的合理使用制度来应对慕课等数字经济时代带来的版权问题。合理使用是侵犯版权的防御，在许多国家版权法中都存在，特别是美国。在澳大利亚现有法律基础上设立合理使用制度，允许为研究、学习和报告新闻的目的使用版权材料。负责调查专员，麦考夫教授（Professor Jill McKeough）说，“合理使用是灵活的例外条款，可以应用于新技术和服务，在数字经济中是至关重要的。”麦考夫教授

---

〔1〕 See Ch 2, framing principles 1 and 2.

〔2〕 王红珊：“数字经济下的版权改革与合理使用——以澳大利亚版权改革为例”，载《上海商学院学报》2014年第4期。

〔3〕 ALRC releases copyright report, http://www.alrc.gov.au/news-media/media-release/alrc-releases-copyright-report Published on 13 February 2014.

说："合理使用可以促进在访问材料，鼓励新生产使用，并刺激竞争和创新等公共利益。"但需要注意的是，在一个关于版权例外的调查中至关重要的是，我们不能忽视著作权法的目的。合理使用也保护作者的利益、音乐家、电影制作人、出版商和其他权利持有人。合理使用明确承认保护版权所有者的市场需要。在合理使用例外下，当确定是否一个特定的使用是合理使用时，必须考虑使用对版权材料潜在市场与价值的影响。考虑到这个因素将有助于确保创造者和其他版权所有者合法利益不会因合理使用的引入而受到损害。[1] 该报告还建议一些具体的版权例外，如图书馆和档案馆保存副本，司法程序和皇家委员会，对寄存于政府的某些文件的公共访问。

报告改革建议之二是，如果澳大利亚不引入灵活的合理使用例外，那么版权法案应该修改，使之包括一个为教育的法定目的的新的公平交易例外。[2] 一些人认为，现有的为研究和学习的公平交易的例外[3]应扩大解释以涵盖教育机构的复制。因澳大利亚现行版权法第八章中规定的例外的解释不扩展适用教育机构，只适用于私人的研究和学习。[4] 加拿大最高法院对加拿大的研究目的的公平交易条款已经采取一个更广泛的解释，裁决"老师/复印者……与学生、使用者为从事研究与私人学习分享一个共生的目的"。[5] 无论如何，加拿大已经引进了教育目的的公平交易的例外。[6] 故此，ALRC提出的另一个改革建议为"改革现有的公平交易例外"以涵盖教育目的。

公平交易例外与合理使用例外一样，通常比具体的规定更灵活，他们不需要局限于特定的技术，他们需要根据一组原则进行公平的考虑，但公平交易例外，包括澳大利亚《版权与数字经济报告》中建议的，作为合理使用的替代选择的新的公平交易例外被限于规定目的的版权材料的使用。但合理使用中列举出的目的是说明性的，没有限制例外，这一例外是灵活的，能够适

---

〔1〕 See Ch 2, second framing principle.

〔2〕 See Ch 6.

〔3〕 *Copyright Act* 1968 (Cth) ss 40, 103C, 248 (1) (aa).

〔4〕 See *Haines v Copyright Agency Ltd* (1982) 64 FLR 185, 191; *De Garis v Neville Jeffress Pidler Pty Ltd* (1990) 37 FCR 99, 105-6.

〔5〕 *Alberta (Education) v Canadian Copyright Licensing Agency (Access Copyright)* (2012) 37 SCC (Canada), [23].

〔6〕 "Fair dealing for the purpose of research, private study, education, parody or satire does not infringe copyright": *Copyright Modernization Act*, *C*-11 2012 (Canada), s. 29.

应新的技术和教学实践。合理使用通过“四要素”的综合判断，考虑使用是否是公平的，而不是自动禁止使用。相对于对现存的版权例外的修改，合理使用更可能会使教育机构利用数字技术和新机会。

2. 废除现有的例外

如果合理使用或改革的教育目的公平交易例外实施，现有版权法中的教育机构的特定例外 ss 28、44、200、200 aaa 和 200 ab 应该被取消。[1] ALRC 预计，原有例外范围内的许多使用都可能构成合理使用例外条款下的合理使用，虽然这取决在特定的情况下公平因素的考量。

ALRC 认为，为增加数字时代的创新和效率，版权例外应该是灵活和原则性的。因此，限定的和具体的例外规定，只有在为消除关于特别重要的公共利益使用的怀疑时，才是必要的。此部分最后建议 14-1 版权法中 ss 28、44、200、200 aaa 和 200 ab 中，教育使用的例外应该废除。当决定是否一个教育使用侵犯版权时，应该适用合理使用或新的公平交易例外进行判断。

3. 制定合理使用教师版权指南

一个反对教育目的的合理使用意见认为，教师没有时间也没有专业知识判断一个特定使用是否是合理使用。澳大利亚教育工会提出：不能简单地期望老师精通这一灵活而复杂的法律领域。这种灵活性和复杂性可能只会增加老师对使用受版权保护的材料怀疑和焦虑。[2] Allen & Unwin 出版商提出，老师可能错误地相信教育目的使用版权资料应该是免费的，因为教育具有公共价值，往往是非营利的。他们也怀疑老师“是否能对他们合理使用的复制件对市场造成影响进行可靠评估”。[3] ALRC 看来，版权指南应该在为教师提供必要的帮助和确定性方面发挥重要作用。[4] 教育部门表示，已经给老师和其他教育工作者提供版权指南，如果合理使用制度实施，将为合理使用制定新的版权指南。ALRC 认为，教师会发现，合理使用的适用比应用澳大利亚当前复杂的特定范围例外更容易。

网络时代，慕课版权问题涉及除了版权的私权属性及保护，还有大学、

---

〔1〕 The repeal of s 200AB is also recommended in Ch 12. Section 200AB also covers certain uses for people with disability.

〔2〕 Australian Education Union, *Submission* 722.

〔3〕 Allen & Unwin, *Submission* 582.

〔4〕 Fair use guidelines are discussed more generally in Ch 5.

文化传播等公共利益以及慕课发展的商业模式问题，故此慕课形态下的版权问题敏感而复杂，如上述讨论慕课中使用作品如何解决版权问题，是扩展现行合理使用制度抑或法定许可制度，支持慕课这一新的教学模式的大力发展，支持高等教育领域的创新，还是严格保护版权的私权，限缩合理使用、法定许可的著作权限制制度，基于大陆法系英美法系国家版权立法的理论基础的不同，专家学者对版权价值认识的不同观点一定会产生分歧，会引发版权领域内的激烈争论。报告中提出30个建议，目的是在版权法中让更多的以原则为基础方法和更少的规定性的方法。版权法直接影响广泛的文化活动，因没有好的政策的原因经常阻碍获取材料。ALRC的版权改革建议，从文化接触与交流而言，对澳大利亚是有利的。

（五）2017年澳大利亚《版权法修正案》简化教育法定许可的改革

在一个高度竞争激烈的领域，ALRC《版权与数字经济报告》建议改革，保护创作者和他们的市场，提供适当的材料，简化和现代化法律，为创新和经济发展创造更好的环境。在上述广泛调研与论证的基础上，2017年6月15日，澳大利亚议会两院通过了2017年《版权法修正案（障碍者获得和其他措施）》（下称《修正案》）。《修正案》是对1968年《澳大利亚版权法》的修正，旨在将《马拉喀什条约》对视障者和其他阅读障碍者规定的限制与例外落实到国内法中，并改善1968年《澳大利亚版权法》在数字环境下的运用，被视为澳大利亚在版权法现代化方面迈出的重要的一步。

《修正案》于2017年6月22日签署，大部分内容于2017年12月22日生效。修正案包括了四个方面内容：一是加强障碍者对版权材料的获取，使其与2015年12月10日澳大利亚批准的世界知识产权组织（WIPO）的《马拉喀什条约》相一致；二是创建一个新的、简化的例外，允许图书馆、档案馆和某些文化机构创建保存副本；三是更新和简化教育法定许可规定，使教育机构和集体管理组织更容易就有关版权材料的教育使用的许可达成协议；四是协调发表和未发表作品、电影和录音制品的版权保护期。

为适应数字技术的进步，促进慕课等在线课程的可持续发展，修正案简化教育性机构法定许可规定。可见，在澳大利亚关于教育性使用作品限制方面的广泛讨论的基础上，充分考虑教育方与版权人一方的意见，相对于ALRC《版权与数字经济报告》中提出的版权法改革建议，立法机构此次修法采取了一种比较折中的方案，即并未引入美国的“四要素”的灵活的合理使用制度，而是改革了原法定许可制度，扩大了法定许可使用作品的范围，以支持慕课等在线课程发展的同时，保护权利人创作的热情，保护出版商的资金投入与进行相关出版活动的热情，维护“公平、有序、健康”的版权市场。

《修正案》简化了法案中对教育性机构法定许可的规定，只要教育性机构同意向版权集体管理组织支付合理报酬，就可以复制或传播版权材料。根据《修正案》，在集体管理组织和教育性机构之间一定要有报酬通知。该通知必须规定，教育性机构同意就使用版权材料向集体管理组织支付合理报酬。集体管理组织和教育性机构可以就报酬协商确定合理的数额，如果无法达成协议，可以由版权法庭对此作出决定。

根据《修正案》，简化了“教育机构复制传播作品”和“教育机构复制传播广播信号”两种法定许可的规定。一是如果满足以下条件，教育性机构可以根据法定许可复制或传播作品：其一，在集体管理组织和教育性机构之间有适用于作品的报酬通知；其二，作品不是电脑程序、电脑程序的编译或包含于广播信号中的作品；其三，复制或传播作品的数量不会不合理地损害版权所有人的合法利益；其四，复制或传播符合集体管理组织和教育性机构之间的任何协议，及版权法庭作出的任何相关决定。二是如果满足以下条件，教育性机构也可以根据法定许可复制或传播广播信号：其一，在集体管理组织和教育性机构之间有适用于广播的报酬通知；其二，版权材料是广播或包含在广播中的作品、录音制品或电影；其三，复制或传播广播仅仅是为了机构的教育性目的；其四，复制或传播符合集体管理组织和教育性机构之间的任何协议，及版权法庭作出的任何相关决定。

版权所有人有直接许可教育性机构的权利，如果已经采取这种许可，则法定许可将不适用。然而，如果教育性机构选择通过法定许可机制获得许可，而不是从版权所有人那里直接获得许可，根据《修正案》，其不能阻止教育性机构获得法定许可。另外，与图书馆和档案馆法定许可的修正条款一样，《修正案》也废除了旧法第五部分对教育性机构的强制性记录要求。[1]

三、日本慕课（MOOCs）遭遇的版权问题及对策研究

随着慕课在世界各国的发展，日本的大学通过加盟 JOCW（Japan Open

---

〔1〕 国际视野下的澳大利亚版权法修正案-中国知识产权资讯网，http://www.cipnews.com.cn/Index_ NewsContent.aspx? NewsId=107337，2020 年 5 月 5 日访问。

Course Ware Consortium)，在 MIT OCW 的相关规约中公开网络课程。在慕课的发展过程中不可避免地遭遇了需要应对的法律、伦理等问题。

（一）慕课等网络课发展中遭遇的版权问题

在日本，关于大型开放在线课程（慕课）的版权问题的应对，仅仅探讨著作权法是不够的。因为日本于 2000 年 11 月制定关于规范著作权中介业务的团体的法律——《著作权等管理事业法》，2004 年 5 月制定《促进内容的创造、保护及有效利用的法律》（以下简称《内容促进法》）。《内容促进法》《日本著作权法》及《著作权等管理事业法》的权利管理的对象分别称为“著作权”“著作权和关联权”及“著作权等”。

网络课程含有著作者的权利（著作者人格权和著作权），网络课程的播放同样含有著作者权利的邻接权（表演者的人格权和著作邻接权），由出版社参与权利的归属问题。[1]

在法律应对措施上，不仅要保护著作权，还关系到著作权的限制问题。原则上，不以营利为目的时，公开的著作物，无需得到权利人的允许和支付使用费用。但日本在著作权的限制问题上[2]，有趋于向通知权利人并支付补偿金调整的倾向。这样的处理关系，同样涉及出版权的限制（《日本著作权法》第 86 条）[3] 和著作邻接权的限制（《日本著作权法》第 102 条）[4]。

在信息广播网和网页环境上，对于网络公开课程的相关著作物或传播著

〔1〕 児玉晴男：《オンライン講義の公開に関する知的財産权管理》（Intellectual Property Management regarding Publication of Online Courses），《情報通信学会誌》Vol. 32 No. 1 (2014).

〔2〕《日本著作权法》（2009 年修正版）第三节权利内容之第五小节权利的限制——第 30-50 条。

〔3〕《日本著作权法（2009 年修正版）》第 86 条出版权的限制：“第一款：第三十条第一款（第三项除外。第二款中的规定相同）第三十第一款、第三十二条，三十三条第一款（包括同条第四款中准用的情形）、第三十三条之二第一款、第三十四条第一款、第三十五条第一款、第三十六条第一款、第三十七条第一款以及第三款、第三十七条之二、第三十九条第一款。第四十条第一款和第二款、第四十一条至第四十二条之二、第四十六条至第四十七条之二的规定，准用于作为出版权标的的作品的复制。在此情况下，第三十五条第一款、第四十ニ条第一款以及第四十七条之二中‘著作权人’，改为‘出版权人’第二款在前款中准用的第三十条第一款、第三十一条第一款第一项、第三十三条之二第一款、第三十五条第一款、第三十七条第三款、第三十七条之二正文（属于同条第二项规定的情况时，指同项）、第四十一条至第四十二条之二、第四十七条之二规定的目的以外，发行适用这些规定制作的作品复制品，或者通过该复制品向公众提示该作品的人，视为从事了第八十条第一款规定的复制行为。”

〔4〕《日本著作权法》第 102 条。参见《十二国著作权法》翻译组译：《十二国著作权法》，清华大学出版社 2011 年版。

作物的行为，《内容促进法》《日本著作权法》《著作权等管理事业法》对权利管理的对象产生分歧。公开网络课程时，没有明确对著作权制度应对方式是由于在日本所谓著作权和 copyright 不是一对一的关系，而且，日本著作权制度中交错存在三种权利管理的看法。在此，三种法律所探讨的权利，必须整合“著作权”“著作权和关联权”和“著作权等”。[1] 同时，网络课程是由大学教师制作，并由大学公开，关于其公开的知识产权管理中，在著作物和发明上产生权利归属问题时，有必要明确大学教师和大学之间的权利关系。

可见，因日本版权相关法律制度的特殊性，慕课在日本发展遭遇的版权问题除了其他国家都会遭遇的版权归属，第三方版权资源使用问题外，还因其立法的重叠与权利的交叉处理起来更加的困难。

（二）慕课等网络课程版权问题法律对策

《著作权等管理事业法》的“著作权等”是指著作权和著作邻接权。这些都是指以著作权法的权利管理为对象的著作物以及传播著作物的行为中的经济权利。著作权等管理事业者可以管理的权利为著作权和著作邻接权。著作者人格权和表演者人格权不属于著作权等的管理对象。著作者的权利及著作邻接者的权利由权利者自身管理。但是，即使著作者是单独个人，管理团体等对著作权等进行管理时也具有实效性，这些都是著作权等管理事业者。著作权等管理事业是指依据管理委托合同，以对著作物等利用的许可及其他著作权等进行管理行为为事业。这里的著作权等管理事业者是指注册登记之后进行著作权等管理事业的人员。著作权等管理事业者对著作权等管理有助于著作物、演出、唱片、播放及有线广播利用的顺利进行。其中，可以认为出版者著作权管理机构是以出版者的权利为方针的权利管理。在通过设定出版权发行出版物的现状中，出版者依据著作权者的翻印权进行著作权等管理。《内容促进法》《日本著作权法》及《著作权等管理事业法》的权利管理的对象分别称为“著作权”“著作权和关联权”及“著作权等”。对于著作权法的权利管理，需要从著作权和关联权与 copyright 之间的相辅性的观点来进行整合。

可通过采取相关措施，将网络课程的电子书籍和学术内容的电子期刊杂

[1] 児玉晴男：《オンライン講義の公開に関する知的財産权管理》（Intellectual Property Management regarding Publication of Online Courses），《情報通信学会誌》Vol. 32 No. 1（2014）.

志相结合，但日本对于这两者的著作权和关联权的权利管理存在差异。网络课程是通过设定出版权，学术内容则是采用著作权的转让的方式。《内容促进法》《日本著作权法》及《著作权等管理事业法》之间在这方面也存在相互交错之处。在日本，除了著作权，还有必要综合著作者人格权、出版权、表演者人格权及著作邻接权等五种权利。可以通过综合五种权利的权利管理来促进网络课程的公开。中国和韩国的著作权法上也同样存在这种关系，但在中国，相当于出版权的权利以图书出版权的权利规定在著作邻接权当中。

在公开网络课程时，日本采取限制原则对著作权与关联权的保护进行权利管理。这里所说的权利管理是指整合 CC Lisence（遵循）和关于 fair use（合理使用）、fair dealing（公平对待）限制条款的权利管理。

1. 2018 年《日本著作权法》的修正

（1）教学性限制意见调查与改革方案的研讨。随着全球化和信息通信技术的发展，日本社会对人才培养的需求发生显著变化。如何综合运用现代信息技术手段开展以慕课为代表的新型远程教育，培养知识储备广博、思维能力灵活，既具备独立创新能力，又富有团队协作能力的多样化人才成为日本各阶段教育的重要目标。为促进信息通信技术在教育领域的深入应用，教学性权利限制规定的修订再次成为新一轮日本著作权法修法重点。[1] 日本国内对慕课所涉两大利益群体的利益诉求进行广泛调查，研究结果显示，相关团体的意见不一致：其一，希望将学校授课过程中对著作权作品的公共传播纳入广泛的权利限制对象；其二，对于权利补偿金，希望继续保留现行著作权法所规定的两类免费使用行为，对于其他公共传播行为收取尽可能低廉的费用；其三，为减轻补偿金支付相关手续负担，希望建立一个结构简单的补偿金征收分配体制；其四，各学校和教育委员会等都应当努力向教职员工普及著作权保护。与之 相对，著作权人群体的主要意见是：其一，从其他国家情况来看，在学校进行作品复制以及将复制内容进行公共传输都需要支付补偿金。返还创作对价对于促进创作周期循环非常重要，在考虑扩大权利限制范围之前，需重新修改现行著作权法，引入复制补偿金制度；其二，数字化环境下非法传播风险极高，侵犯著作权状况可能日趋严重令人担忧；其三，当

〔1〕 郑重：“慕课背景下日本教学性权利限制制度的改革及启示”，载《知识产权》2020 年第 3 期。

前突出问题是现行著作权法尚未得到教育机构及人员的正确理解与适用，因此教育机构及人员应当首先知晓著作权法。[1]

2014年至2016年间，日本文化审议会著作权分科会进一步听取著作权人、教育机构及人员意见，并进行详细审议。在审议过程中，出现教学性权利限制制度的三种改革方案：第一种方案是将公共传输纳入广泛的权利限制对象，但对复制、公共传输等行为全部征收补偿金；第二种方案是将公共传输纳入广泛的权利限制对象，但继续维持复制等无偿使用的现有规定，仅将新设的公共传输权利限制对象纳入补偿金支付范畴；第三种方案是将公共传输纳入广泛的权利限制对象，且对复制、公共传输等全部行为免费。[2]

在对多方情况综合考虑之下，日本文化审议会著作权分科会支持了第二种方案。2017年4月，日本《文化审议会著作权分科会报告书》指出，鉴于学校等教育的公益性，扩大公众传输的权利限制范围是适当的。根据当前复制设备普及状况推知教育机构对著作权作品利用，无论是复制还是公共传输都会给著作权人利益造成轻微损失，有必要对复制与公共传输予以补偿。但是，倘若将目前无偿使用行为也征收补偿金的话，恐怕招致教育机构与人员反对而增大改革阻力。对此，日本文化审议会著作权分科会建议，此次《日本著作权法》修改通过建立支付一元化等措施简化补偿金支付流程，减轻教育机构支付的手续负担，且仅对新型公共传输的权利限制对象征收补偿金，至于是否对目前无偿使用行为征收补偿金作为将来任务再行定夺。[3]

（2）教学性权利限制制度改革举措。2018年《日本著作权法》修订主要是为解决新技术背景下基于信息通信技术开展慕课等教学性公共传输使用作品问题。

第一，增加公共传输权利限制规定。2018年《日本著作权法修正案》采取将广泛公共传输从“使用许可+个别付费”更改为“权利限制 +补偿金支付”模式，在促进作品信息技术利用便利化同时，兼顾保护著作权人利益。具体而言，修订后《日本著作权法》第35条的教学性权利限制规定包括三个

〔1〕 2015年度文化審議会著作权分科会法制．基本問題小委員会（第4回），平成27年8月31日，資料2“教育の情報化の推進に関する これまでの議論等について”，第5~8页。

〔2〕 郑重：“慕课背景下日本教学性权利限制制度的改革及启示”，载《知识产权》2020年第3期。

〔3〕 日本文化審議会著作权分科会：“文化審議会著作权分科会報告書”（2017年），第91页。

方面内容。其一，在学校及其他教育机构（不包括为营利目的而设置的教育机构）中提供教育者和接受教育者，在授课过程中为授课使用目的，在必要限度范围内，可以将已发表作品进行复制或公共传输、或使用接收设备将公共传输的已发表作品再进行公共传输。但是，如果根据作品种类及用途，当复制数量以及复制、公共传输状态会对著作权人利益产生不当损害情形下，则不适用本规定。[1] 修改前，对于《日本著作权法》第 35 条所允许的“面对面授课”“面对面授课录制视频远程转播”这两类教学性使用情形以外的其他公共传输行为，教育机构必须针对各个不同的著作权人，包括企业、个人或集体管理组织，分别进行搜索、联络、申请使用许可。其结果可能出现因著作权人联系信息不明而无法取得联系，或虽取得联系但著作权人拒绝许可或许可手续繁杂无法在授课期间获得授权等。修订后，教学性权利限制范围扩大，尤其是将教学性公共传输纳入权利限制对象，不经著作权人许可即可进行，为学校等教育机构及人员将著作权作品进行慕课等新型教学性公共传输提供极大便利。与此同时，该条又从主体、目的、范围、但书四个方面设置适用条件，排除诸如向学生提供教材内容、报刊 杂志数据库，教员间共用教材等不符合条件的情形。其二，依照前项规定进行公共传输时，教育机构的设立者应当向著作权人支付相应数额的补偿金。[2] 这项规定是此次修订新增加的基于授课目的公共传输补偿金。其三，依据第（一）项所规定的教育机构在授课过程中，将已发表作品的原件或复制件向面对面接受教育者进行提供、或出示并利用、或属于第 38 条第（一）项规定的表演、演奏、放映或口述利用情形，或在授课场所以外的其他场所通过公共传输将录制的面对面授课内容提供给同时授课的接受教育者，不适用前项规定。[3] 由此规定可见，修订前的《日本著作权法》第 35 条所规定的“面对面授课”与“面对面授课录制视频远程转播”两种无偿使用行为仍然维持免费。

第二，建立一站式补偿金支付机制。针对此前教育机构必须分别与各个作品著作权人协商并支付使用费的不便，《日本著作权法》最新修订设立一站式补偿金支付机制，由于无需与各个著作权人商谈即可对作品进行自由利用，

[1] 《日本著作权法》第 35 条第（一）项。
[2] 《日本著作权法》第 35 条第（二）项。
[3] 《日本著作权法》第 35 条第（三）项。

且后续的支付手续简便，极大便利了教育机构合法运用信息通信技术在慕课等授课过程中对作品进行广泛利用。一站式补偿金支付制度核心内容包括：其一，设置指定管理团体制度，对授课目的公共传输补偿金实行强制集中管理，由指定管理团体统一进行收取和分发。《日本著作权法》第104条之11规定了补偿金收取权主体，即补偿金只能由文化厅长官指定的、全国范围内唯一一个享有收取授课目的公共传输补偿金权利的团体行使。在此基础之上，第（二）项又授权指定管理团体可以以自己的名义进行涉及授课目的公共传输补偿金收取权的相关司法或非司法行为。据此，无论各个著作权人是否委托授权行使权利，指定管理团体都可以行使该收取权，从而确保授课目的公共传输补偿金收取到位。其二，关于补偿金数额的确定，由补偿金指定管理团体在听取支付义务者即教育相关机构意见后，向文化厅长官提出拟收取补偿金数额的申请，文化厅长官向文化审议会咨询意见后决定是否予以批准。在判断补偿金额是否恰当时，通常考虑因素包括是否符合《日本著作权法》第35条旨在为非营利性教育机构利用作品提供便利的立法目的，以及是否符合公共传输通常使用费金额。其三，修订著作权人不明等作品的使用裁定制度。修订以前，由于著作权人身份不明等原因致使著作权人无法联系的情况下，作品使用人需首先经文化厅长官裁定批准，再支付相当于文化厅长官确定的著作权补偿金数额的通常使用费，并存入著作权人代管账户后，才可以对作品进行使用。此次修订旨在简化便利对著作权人身份不明作品的利用。对于预期可以获得补偿金的全国性、地方性公共团体以及其他内阁令指定的符合条件的法人等，可以不事先支付补偿金，当其与著作权人取得联系后，再按照规定数额向权利人支付补偿金。[1] 同样地，针对申请过程中使用作品需缴纳担保金的一般性规定，全国性、地方性公共团体以及其他内阁令指定的符合条件的法人予以免除，当其与著作权人取得联系后，可以直接向著作权人支付规定数额的补偿金。[2] 对著作权人不明作品的“先用后补”的补偿金支付方式，为作为公共团体的教育机构在开展慕课等授课活动中使用著作权人身份不明的作品提供了极大便利。[3]

---

〔1〕《日本著作权法》第67条第（二）项。

〔2〕《日本著作权法》第67条之2第（二）项、第（六）项。

〔3〕郑重：“慕课背景下日本教学性权利限制制度的改革及启示”，载《知识产权》2020年第3期。

（四）2020 年日本疫情期间版权法的决定

2018 年 5 月颁布的修订《日本著作权法》第 35 条中规定“授课目的的公共传输补偿金制度”，要求教育机构复印使用著作物之际，教育委员会或学校法人等教育机构设立者向“授课目的的公共传输补偿金等管理协会（SARTRAS）”支付相应金额的补偿金。新修订著作权法新设“授课目的的公开传输补偿金制度”的理由在于，允许不以营利为目的的教育机构在授课过程中，可以在一定范围内，不经著作权者的许可对著作物进行公开播放。以录课的远程教育，以及预习复习等播放著作物均为适用对象。但是规定不经许可利用的同时，教育机构应当支付著作权者补偿金。[1] 修订法颁布后，即自 2018 年 11 月起，在教育工作者、知识分子及权利者三方的协助下举办《关于教育相关者利用著作物的论坛》，在采纳文化厅、文部科学省建议的基础上，探讨该制度的指导方针及著作权的普及方法等。[2]

2018 年 5 月修订后的著作权法规定，只要向“授课目的的公共传输补偿金等管理协会（SARTRAS）”支付相应金额的补偿金，则可未经许可利用著作物。该制度原计划在 3 年内实施，关于补偿金的具体金额等事项尚在讨论之中。然而，因新冠肺炎肆虐，受疫情影响，各个学校无法在短期内复学，社会各界要求在 2020 年度无偿使用著作物的呼声高涨，日本文部科学省（相当于中国的教育部）为缩小地域教育差距，亦鼓励学校导入远程授课，SARTRAS 决定在 2020 年度导入不向学校收取补偿金的特别措施。[3] 日本内阁会议于 2020 年 4 月 10 日公布了政令（相当于中国的行政法规），决定于 4 月 28 日实施在网络等远程教育中未经许可使用教科书等著作物的著作权法。为此，由教育工作者、知识分子及权利者三方举办了《关于著作物的教育使用相关者》论坛，于 4 月 16 日公布了关于在教育现场使用著作物的指导方针，即《修订著作权法第 35 条使用方针［令和 2（2020）年度版］》（以下简称“令和 2 使用方针”）。[4] 也就是说，受新冠肺炎扩散之影响，2018 年 5 月

〔1〕 授業目的の著作物の公衆放送、4 月 28 日に開始、https://project.nikkeibp.co.jp/pc/atcl/19/06/21/00003/042000071/.

〔2〕「改正著作權法第 35 条運用指針（令和 2（2020）年度版）」を公表「授業目的公衆送信補償金制度」が28 日スタートhttps://forum.sartras.or.jp/info/004/.

〔3〕 https://www.nikkei.com/article/DGXMZO57900670Q0A410C2MM0000/.

〔4〕「改正著作権法第 35 条運用指針（令和 2（2020）年度版）」を公表「授業目的の公衆送信補償金制度」が28 日スタートhttps://forum.sartras.or.jp/info/004/.

修法中计划在三年内实施的“授课目的的公共传输补偿金制度”提前实施，教育机构在令和2（2020）年度可无偿使用著作物。

本次决定的“令和2使用方针”是为了应对新冠肺炎扩散感染而采用远程授课之需求，明确具体使用对象，以及如何使用该制度的相关事项。故本论坛制定了仅限定于令和2（2020）年度的使用方针。[1] 这是政府在发布紧急事态宣言后，为应对各大中小学及高校无法正常开学而采取的措施。不仅在网络及电话等远程授课中可以自由无偿使用教科书等著作物，教师也可以通过电子邮件等向学生发送预习或复习的教材，甚至允许与外部服务器共享上述学习资源。修改之前的著作权法规定教师面授中可以复制使用著作物，在网络等远程授课中发送著作物需经过著作权者的同意。

对于修订的《日本著作权法》第35条规定的关于“授课”和“学校等其他教育机构”专业术语内涵，该“使用方针”整理归纳并附上适用及不可适用的例子，以及依据著作权的种类及用途，将“不正当侵害著作权者利益”的情形排除在适用范围之外，重申了在利用著作物之际，应当遵从本次“使用方针”规定。

关于令和3（2021）年度之后的使用方针，《关于著作物的教育使用相关者》论坛声明：会根据现今为止的讨论进行详细整理后，将制定不同于“令和2（2020）使用方针”的内容。与“使用方针”同时公布的还有在令和2年度及令和3年度适用“关于今后以授课目的进行公开传输的补偿金制度的运用状况”。另外制定令和3年度的使用方针，明确申请有偿使用的许可，具体内容本论坛在充分讨论后予以确定。

（五）网络公开课程的伦理应对问题

伦理和法都与道德规范有关，伦理是内在规范，法律则是外在规范，有学者认为这些与人的意志无关，具有强制性色彩。但是日本的旧家族法就是道德规范，在伊斯兰法上，道德规范同样融入在所有日常生活当中，可以说法与伦理是相辅相成的关系。广播伦理一般参考日本广播协会（Nippon Hoso Kyokai，简称NHK）最新播放指导方针、BBC教育指南（Editorial Guidelines）或美国的公众广播服务（Public Broadcasting Service（PBS）），关于影像播放伦理，有播放伦理基本纲要，指出播放重视其公共性、遵守法律与秩序、尊

[1] 参见《改正著作権法第35条運用指針［令和2（2020）年度版］》。

重基本人权，为尊重国民的知情权，需要保护其言论和表现的自由。播放需正确使用适当的语言和影像的同时，还需要文雅的表达方式。原则上要求编辑时要尊重人权。关于播放伦理，播放后要进行视听检查，出版教科书时要标注伦理性的注意要点，这与编辑自由和出版自由有关。也就是说，慕课伦理问题的相关措施与编制权和编辑权有关。公开网络课程，视听范围就不再限于国内。播放伦理基本纲要指出伦理问题必须综合考虑各国的社会制度，这是因为网络课程含有多元的社会文化，与保持其同一性及是否公开有关。

在伦理问题中关于人权或人格权的内容，与著作权和隐私权的相关内容相互关联。宗教、法律、政治、经济、纠纷、裁判、社会生活、表达、广告、修订等广播大学校园播放节目的标准是以学问的自由、大学的自治和播放的公共性与公平性为基准的，并与其保持同一性。

综合考虑著作权法相关的权利限制，从信息公开法、个人情报保护法及著作权法的相抵触关系中引出著作权法和播放伦理。伦理问题的适当对策，是针对著作权法权利限制的对象，并综合考虑信息公开法和个人信息保护法的人格权之间的相互关系。这是考虑到网络课程人格权利和经济权利的权利保护和权利限制是相辅相成的。在日本社会制度中，著作权、隐私权及伦理问题的应对措施是相互重叠的关系。必须重新思考的是网络课程的权利保护和权利限制中人格权利和经济权利的各自对策。

第二节　国外慕课（MOOCs）版权问题解决方式评析

一、可以借鉴的经验

（一）积极进行版权法改革促进慕课发展

面对以物联网、大数据和人工智能等技术革新为代表的第四次工业革命，如何进行相关法律制度的变革创新，以灵活运用这些新技术促进教育模式的变革的同时激励作品在内的信息不断丰富与积累，推动社会的发展，是各国需要考虑解决的问题。面临慕课大规模发展所带来的版权法适用问题，各国立法机关、高校、慕课平台、出版商等相关部门和群体都积极关注，并研究思考应对之法。

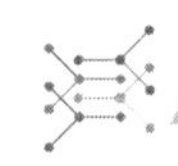

1. 美国的"禁止规避技术措施例外"的规定

美国慕课最为发达，关于慕课版权问题应对之策的发展也走在各国的前列，包括版权法的变革。如，2015 年 10 月，美国版权局、国会图书馆关于《DMCA 禁止规避技术措施之例外规定第六次修改》，在世界上首次明确了慕课中教育目的使用视听作品的版权例外，为慕课的发展壮大提供版权法保障。

2. 2017 年《澳大利亚版权法（修正案）》简化教育法定许可的改革

2017 年《澳大利亚版权法（修正案）》更新和简化教育法定许可规定，使教育机构和集体管理组织更容易就有关版权材料的教育使用的许可达成协议。通过简化法定许可程序，便利各大学利用丰富的著作物进行慕课课程建设，保证课程质量的提升，同时加速了作品的传播，在保证著作权人经济利益获取的同时促进整个社会科技文化事业的发展。

3. 日本 2018 年、2020 年的"授课目的的公共传输补偿金制度"法定许可制度改革

新技术背景下，为提升日本信息技术的国际竞争力，从法律层面为新技术发展利用作品提供便利，实现日本政府"文化艺术立国"及"知识产权立国"的战略目标，《日本著作权法》将此次修订的重点放在扩张著作权权利限制制度上。在与教学性使用相关领域，积极适应信息化技术带来的授课方式变化，在保留现有"面对面授课""面对面授课录制视频远程转播"这两类教学性使用情形继续免费的前提下，将慕课类新型教学性公共传输从"使用许可+个别付费"更改为"权利限制+一站式补偿金支付"模式，并允许作为公共团体的教育机构采取"先用后补"的补偿金灵活支付方式使用著作权人身份不明的作品，在促进作品信息技术利用便利化与保障著作权人合理利益分配之间保持平衡。

综观进行慕课版权制度改革的国家，均进行了著作权限制制度的改革以适应慕课等在线课程的发展需求。著作权权利限制制度作为一项平衡著作权人与社会公众利益、兼顾保护作品创作与促进作品利用的精巧设计，美国、澳大利亚以及日本相继进行了著作权限制制度的改革，进行了慕课版权制度的建设。

（二）充分发挥图书馆在慕课（MOOCs）发展中的作用

版权政策与图书馆息息相关，慕课的兴起促使教育界、法律界、图书界等各领域的人们对慕课遭遇的版权问题、现行法的适用问题重新思考。

慕课发展的实践证明，图书馆以版权处理专家及咨询专家的身份出现，丰富的版权服务经验也可使他们在版权政策的制定和改进方面提出更多的合理建议。[1] 慕课涉及的版权服务工作，性质十分复杂、工作量十分庞大，美国杜克大学图书馆由于人员、时间等方面的限制，并没有参与某一门具体慕课课程的版权清理工作，而是以整体的版权指导、版权教育工作为主，辅以具体的版权咨询、版权许可服务。这种模式让图书馆将精力聚焦在核心问题的解决上（包括宏观指导、整体把关等），而不是琐碎的版权清理工作，值得我们思考和借鉴。国外许多图书馆在刚刚开始提供版权服务时，参与具体的版权清理工作，费时费力，效果并不明显。而且由于在一门课程上花费的时间与精力过于集中，导致服务的覆盖面太小，无法形成规模效应。以斯坦福大学图书馆、宾夕法尼亚大学图书馆为代表的一些馆认识到了这一问题，纷纷学习杜克大学图书馆的“版权指导、版权教育”为主的服务模式，通过版权指南的制定、版权政策的培训等方式，开展版权服务工作，在其网站上发布了关于“慕课中的常见版权问题”的相关文件，供本校师生参考[2]。斯坦福大学图书馆高度重视师生的版权教育工作，并积极探讨适合慕课的教育段和教育方法。同时，图书馆在其主页上发布的 2013 年度、2014 年度的版权提示中，明确指出了慕课中的版权注意事项[3]。

（二）积极利用和建设开放存取资源

杜克大学图书馆版权和许可服务的主要目的，为慕课的参与者和教师提供最好的体验，减少因版权所产生的挫折感。与此同时，它提供了机会，以一种具体并且实用的方式来说明开放存取对于学术日益增长的价值。[4] 杜克大学慕课开展过程中，通过版权指导和版权教育工作展开，改变教师对开放存取的态度，提升他们对此的重视。杜克大学对开放获取资源的积极利用与推广，正如布兰登·巴特勒在他们的慕课“问题摘要”中所说：版权问题已

---

〔1〕 张丹、龚晓林：“大学图书馆参与 MOOC 版权服务的实践及启示——以杜克大学图书馆为例”，载《图书情报工作》2014 年第 10 期。

〔2〕 General copyright issues for Coursera /MOOC courses，http://guides. library. upenn. edu /content. php? pid=244413&sid=3375306).

〔3〕 Copyright reminder，https://library. stanford. edu/using/copyright-reminder /previous-copyright-reminders.

〔4〕 Lauren Fowler; Kevin Smith: Drawing the Blueprint As We Build: Setting Up a Library-based Copyright and Permissions Service for MOOCs July/August2013 Volume 19, Number 7/8 D-Lib Magazine.

经导致慕课教学教师的失望，这为开放存取的拥护者提供了一个契机。当教职员工在进行有版权障碍的材料的权利清理这项困难的或不可能完成的任务的时候，他们可能更愿意接受开放存取的的替代选择。在这个过程中，关于创造自己的作品的重要性方面，他们可能会接受一个更广泛的讨论，使自己的作品（特别为慕课教学所创作的新作品）可以在一个开放存取中获取，他们和他们的同事可以在各种情况下使用它，而不用担心版权问题。因此，图书馆应以慕课为契机，促进开放获取资源的利用及推广。更为重要的是，通过观念的转变，鼓励更多的教师将自己的学术成果向公众开放，从而创造一个更加开放的学术及教学环境。[1]

二、解决方式中存在的问题

慕课起源于美国的开放教育运动，2012 年之后在美国迅猛发展，美国也较世界上其他国家更先面临着慕课与版权冲突问题。一方面是慕课浪潮到来，慕课平台的纷纷涌现，一方面是版权制度，在信息网络时代，在开放共享的理念的引导下，两者必将遭遇并将一路同行。为应对慕课带来的版权问题，促进慕课的发展，国内外慕课平台都制定有相应的版权政策。在美国的慕课发展中，慕课平台和高校在积极的解决版权保护制度给慕课课程资源带来的限制问题，典型而卓有成效的实践是杜克大学的版权政策及其图书馆开展的版权服务，还有就是 Coursera 的版权指南。然而，不可否认的是，这些慕课版权问题的指南或政策在给慕课制作教师及其机构提供一定的版权问题的指导，解决一定范围的版权问题的同时，也存在进一步提升和改进的空间。

（一）未制定明确的慕课课程版权归属的政策

慕课课程本身的版权归属问题是慕课发展必须解决的先决问题。慕课课程作为文学艺术科学领域内的创造性智力成果，具有可版权性，但因慕课是一门资源不断生成的课程，课程的参与主体众多，各个作用不同，对此问题，国内外慕课平台大部分笼统指出慕课课程资源归教师或大学所有、归平台和参与机构所有，但同时通过慕课平台的版权政策，平台要求拥有对课程中资源、图片、文字、视频文件等的复制、表演等一系列权利。慕课平台如此通

〔1〕 张丹、龚晓林：“大学图书馆参与 MOOC 版权服务的实践及启示——以杜克大学图书馆为例”，载《图书情报工作》2014 年第 10 期。

过格式合同的方式获取慕课作品包括重新分配权、衍生权、鉴定权、重新销售权等非常宽泛的权利，对大学或教师等慕课课程的制作者权益保护不周全，随着慕课商业化运营的不断拓展，此种版权归属的确定方式和权利划分必将不利于慕课的发展。同时还有一些平台版权政策中并未明确慕课具体的权利划分占有平台的，这些都仍然是一个待研究解决的问题。

（二）削弱学生对于其生成性资源的版权

很多慕课平台的版权政策承认用户对其生成性内容享有知识产权，但因慕课用户生成内容及数据巨大的商业价值，几乎所有的慕课平台都作了相同的规定，即学生在注册成为慕课平台的用户时，都要签订这样一个协议，授予慕课平台非常宽泛的处理用户生成内容的权利。如 Coursera 的政策要求用户授予 Coursera 和参与机构完全可转让的在世界范围内永久的免版税和非独占性许可，用于使用、分发、再授权、复制、修改、改编、公开执行和公开显示用户内容。慕课中作为用户的学习者享有权利的不明确，加之慕课平台与学习者力量对比的失衡，慕课平台的版权政策对于具有巨大商业价值的学习者数据的广泛占有必然造成对学习者合法利益的侵害。

（三）版权许可中使用费无法预测

慕课这种有大规模的入学率和相对较少限制访问的课程中，为教育目的使用版权作品，处理这样的请求，对教育者，慕课平台及版权持有者来说都是相对较新的领域。在很多情况下，版权持有者对慕课制作者发出的使用请求根本没有回应。实践表明，无论是基于慕课的版权许可还是其他目的的许可，对于所有类型的许可请求来说都是一个问题，当收到一个慕课版权许可的响应，许可费的数额确实很难预测的，许可费的范围从一本书中 40 页节选部分的免费许可到一篇 2 页的文章要求 5000 美元的许可费。值得注意的是，美国版权税计算方法对于慕课中使用的资源的版权许可请求是一个不利的设计，它的“数学”的方法（简单的单页费用乘以页面的数量和学生的数量）导致难以置信的过高报价。[1]

（四）版权清理费时耗力

由于慕课涉及十分复杂的版权问题，版权服务的工作量十分惊人，OCLC

〔1〕 Lauren Fowler; Kevin Smith: Drawing the Blueprint As We Build: Setting Up a Library-based Copyright and Permissions Service for MOOCs July/August2013 Volume 19, Number 7/8 D-Lib Magazine.

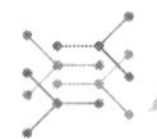

的相关报告曾指出，平均用于一门慕课版权清理的工作时间为380小时[1]，这项工作将给图书馆带来巨大的工作负担。凯文·史密斯对杜克大学慕课版权问题解决实践的描绘：当教师要为慕课学生提供阅读资料时，我们通常追求两个选择。要么我们与出版商谈判，他们慢慢地计算出通过允许对书籍与教科书一小部分的免费使用所获得的营销优势；要么我们寻找OA内容。不幸的是，谈判的选择是缓慢和劳动密集型的，通常我们必须向狡猾的裁判官团体一遍又一遍解释使用的目的和条件，我们才可以得到一个决定。[2] 慕课版权许可过程漫长，时间、是否获得许可以及许可费用的不确定等方面的问题极不好把握，使得图书馆花费大量时间和精力解决慕课中使用作品的版权许可问题，这一解决办法不是最好的，耗费的时间精力大，收益很小。针对以上问题，杜克大学的版权指南进行了改进，因为版权持有者对慕课的版权请求一般需要多长时间，从而创建了一个清晰的时间表，目的是避免这个许可的过程将不再那么沮丧。不幸的是，有些挫败感可能是不可避免的，极高的许可费或从版权所有者缺乏响应这些因素，这些不确定性因素都极有可能会迫使教师重新设计他们的讲座。[3]

（五）慕课平台对于版权责任的推脱

实践中，慕课平台基本不负责课程使用第三方版权资料所引发的版权纠纷。慕课平台像对一个出版商一样对待教师和大学。大学与平台提供者的协议正在使大学负责慕课课程内容的版权合规性和课程质量。比如Coursera平台版权指南规定：“大学和公司之间，对于大学或导师提供的内容涉及的任何第三方的权利大学负责审查和获得任何必要的许可，豁免或许可任何第三方权利。”[4] edX平台版权指南规定：“机构将负责确保由机构及其教师提供给edX使用或通过edX平台可获得的所有内容（包括包含在InstitutionX课程中

〔1〕 Proffitt M. MOOCs and libraries, an overview of the current landscape, http://www.oclc.org/content/dam/research/presentations/proffitt/moocs2013.pptx.

〔2〕 Peter Hirtle MOOCs, Copyright, and the Libraryhttp://blogs.cornell.edu/dsps/2013/06/19/moocs-copyright-and-the-library/.

〔3〕 auren Fowler; Kevin Smith: Drawing the Blueprint As We Build: Setting Up a Library-based Copyright and Permissions Service for MOOCs July/August2013 Volume 19, Number 7/8 D-Lib Magazine.

〔4〕 As between University and Company, University will be responsible for reviewing and obtaining any necessary licenses, waivers or permissions with respect to any third-party rights to Content provided by University or Instructors.

的第三方内容），包括但不限于 edX. org 网站没有侵犯或违反任何版权或其他任何第三方的知识产权。一旦遭遇内容面临第三方的实际或可能的预期的索赔，edX 可能移除相关内容，并且在适用法律允许的最大程度，机构将保护和支持任何这类的索赔将无害于 edX。[1]

从某种程度上来说，这也是 MOOCs 平台提供商推脱责任的一种方式。正因为这样，很多平台提供商实行“告知-删除”的政策来处理其平台所涉及的版权问题。国内外的慕课平台都会在版权政策或声明中对课程中使用第三方版权资源作了十分严格的要求，甚至直接提醒教师不要使用第三方的版权资源，除非经过授权许可。从这方面来看，慕课平台有推卸责任的嫌疑。

慕课课程是全球开放课程，其受众广泛，影响力大。各国在解决慕课版权问题时建议，使用版权作品，尤其是在使用国外的教材、文章、图片、数据、录音录像时要慎之又慎，最好能取得作者本人或出版社、杂志社的授权，如获得授权很难，可以进行其他选择，使用无版权纠纷的材料，如版权过期已进入公有领域（public domain）的作品，或者作者已声明使用创作共享协议（cc 协议）这类开放资源的作品。在提供相关文章链接时，可优先选择开放获取期刊（open access joural）上的文章。[2]

上述解决方法确实给慕课的制作者提供了选择，但我们看到的是，所有的解决对策都是在对现行版权制度的被动遵守。版权法是科技之法，是因应科学技术而生，随科学技术而变的法律，版权法从产生到发展的过程就是科学技术不断发展的过程。科学技术的发展是版权制度不断改革创新的推动力，云计算、新的社交媒体技术的出现带来了高等教育教学模式的颠覆性创新，各国慕课版权的对策应改被动适应为主动应对，更新版权制度理念，变革版权法的制度设计，为慕课发展提供法制保障。实现慕课引导数字信息时代版权制度的改革，变革后的版权制度助力慕课的进一步发展壮大，两者相辅相

[1] “Institution will be responsible for ensuring that all content (including third party content contained in Institution X Courses) provided by Institution or its instructors to edX may be used and made available via the Platform, including without limitation, the edX. org website without infringing or violating any copyright or other intellectual property rights of any third party. edX may take down content that is the subject of an actual or reasonably anticipated claim by a third party and, to the maximum extent permitted by applicable law, Institution will indemnify and hold edX harmless for any such claim.”

[2] 叶文芳、丁一：“MOOC 发展中的版权制度研究”，载《科技与出版》2014 年第 2 期。

成，互相促进。

本章小结

面临慕课发展中的版权问题，美国、澳大利亚、日本等国的立法机关、高校图书馆、慕课平台从各自的角度进行了慕课版权问题解决的探索，探索主要集中在慕课中使用第三方版权资源问题的解决，综观各国的做法，涉及慕课中使用版权资料问题的解决方案主要可以归纳为以下几种：①修改著作权限制制度以适应慕课中使用著作物的需求；②使用来自于他们创作的享有版权的版权材料；③从开放存取的资源库中获取资源；④使用无版权的资料（需要谨慎界定，在公开领域获得资源并非无版权保护）；⑤严格界定合理使用的标准，合理使用版权资料；⑥对于课程至关重要，并且开放存取中不能获取，不属于合理使用的资源通过版权许可的方式；⑦最后还有“通知+删除”避风港原则避免版权侵权。当然也可以考虑借鉴互动多媒体时期对于图片等的使用，通过在颜料盒中模糊有版权的图片。对于需要特别以版权许可的方式大量使用的文字作品、音乐、美术、戏剧作品等一般都需要通过与相关作品的代理机构谈判协商费用的方式解决。

慕课平台在考虑新兴的一种解决方法：一是课程是开发人员或者从内容提供商购买权利，或与内容提供商合并，或自己成为内容提供商；[1] 二是慕课平台与大的出版商、出版集团签订协议，争取获得这些出版商及出版集团出版的图书资源或期刊文章的慕课使用中的许可。以上关于慕课中使用第三方版权资源问题的解决方法一定程度上缓解了慕课版权侵权的风险，给慕课制作及管理方提供一定的指导，但这种解决方式仅是一种被动的应对，解决的措施也是“头痛医头、脚痛医脚”的一种碎片化、修补式的应对，这种无组织的、非结构化解决方法对于促进慕课教育事业和整个教育产业的发展是远远不够的。

在教育教学发展过程，经历着传统的面对面的课堂教学、远程教育课程再到大规模的开放在线课程的过程，体现着技术的发展对教育模式、教学方

〔1〕 See supra text accompanying notes 23-26 (discussing technology and potential monopolization of interactive multimedia industry).

式的创新与变革，其背后是教育理念的更新。随着教育方式的不断更新与变革，为实现版权私权的保护与社会公共利益的保护的平衡，必将要求版权法进行调整，甚至做较大的变革，以促进教育的数字化、信息化、现代化变革。

第六章 慕课（MOOCs）版权制度构建

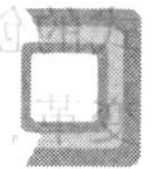

第一节 慕课（MOOCs）版权制度设计的时代背景与理念

一、慕课（MOOCs）形态下版权制度的创新要求

（一）“互联网+教育”促进教育信息化、现代化变革

教育是传播知识和文化的活动，是全球和平与可持续发展的关键。互联网给世界各国的人们生产方式与生活方式带来深刻的影响，信息技术、数字技术以及云计算等能够实现网络上教育信息及知识的互联互通，共同学习。为适应互联网时代的到来，促进教育的变革与创新，近两年国内外举行了相关的国际和国内会议。

1. 世界教育论坛——《仁川宣言》

2015 年 5 月 21 日，在韩国仁川举行的世界教育论坛上，制定了促进未来十五年全球教育发展的《仁川宣言》（Incheon Declaration）。该宣言鼓励政府为民众提供全面、公正、优质的教育和终身学习的机会，得到了来自 100 多个国家、非政府组织和青年组织的一致支持。2019 年 12 月 3 日，首届世界教育论坛（Forum for World Education，以下简称“FWE”）在巴黎经合组织会议中心拉开序幕。来自全球 10 多个国家和地区，超过 300 位全球政商领袖、各国教育部长、政府决策者和著名学者共同参与本次论坛，就全球教育的未来展开了一场雄心勃勃、意义深远的对话，提出“当今的教育体系与未来的全球劳动力之间出现断层，陈旧的教育模式不再适应数字时代的发展需求”。[1]

〔1〕“2019 国际教育信息化大会在青岛举行”，载 http://edu.dzwww.com/dzjyxw/sdjx/201910/d20191014_3822113.htm，2020 年 5 月 10 日访问。

未来的领袖现在虽仍在传统的学校和大学体系中，但对未来需要什么改变有着清醒的认识。通过详实的证据、鼓舞人心的故事、公开辩论和小组讨论，我们将为人们应该学习什么和如何学习打造新的愿景、确定未来教育系统的设计原则、制定强有力的行动号召、明确下一步的当务之急。

2. 国际教育信息化大会——《青岛宣言》

2015 年 5 月 23 日由我国教育部和联合国教科文组织合作举办的国际教育信息化大会在青岛召开，大会围绕“信息技术与未来教育变革”的主题，通过对信息技术的有效运用促进终身学习、提升学习效果等议题进行交流探讨，大会通过了《青岛宣言》，内容涵盖开放教育资源、终身学习、在线学习、质量保障、成果认证、国际合作等方面，致力于在教育信息化应用方面达到在韩国仁川召开的 2015 年世界教育论坛上提出的 2030 年教育目标。《青岛宣言》以“抓住数字化机遇、引领教育转型”为标题，提出信息技术可以改善学习途径并使之多元化，提高学习质量。《仁川宣言》和《青岛宣言》都鼓励各国政府积极利用现代信息技术，为儿童和青年提供学习机会，促进人们持续成长和发展，为信息数字时代各国包括我国教育数字化、信息化改革提供了指南，指明了方向。2019 年 10 月 12 日第五届国际教育信息化大会在青岛举行，大会围绕“技术赋能教育，创新引领未来”的主题，紧紧抓住当下教育改革发展和信息技术应用的热点问题，着重“人工智能时代的智慧教育”和“技术助力教育均衡发展”两个议题，将继续推进以人工智能、大数据、物联网等新兴信息技术与教育教学实践深度融合，利用现代技术开展优质教学资源研发，加快推动人才培养模式改革，实现规模化教育与个性化培养有机结合。大会旨在贯彻落实《中国教育现代化 2035》总体部署要求，推动《教育信息化 2.0 行动计划》的落地实施，促进教育信息化转化升级。[1]

3. “互联网+教育高峰论坛”

2015 年 5 月 22 日，由中国老教授协会、中国高等教育学会、中华职业教育社、北京市教育学会联合主办，北京竞业达数码科技有限公司承办的“互联网+教育高峰论坛”探讨互联网与教育教学深度融合，内容涉及“互联网+”国

---

[1] “2019 国际教育信息化大会在青岛举行”，载 http://edu.dzwww.com/dzjyxw/sdjx/201910/d20191014_3822113.htm，2020 年 5 月 10 日访问。

家战略下的教育变革、技术促进高等教育教学创新、在线教育与课堂教学、“互联网+”时代的基础教育均衡发展等多个方面。[1]

4. 世界互联网大会

2015年12月16日，第二届世界互联网大会召开，大会议“互联互通、共享共治——构建网络空间命运共同体”为主题。“十三五”时期，中国将大力实施网络强国战略、国家大数据战略、“互联网+”行动计划，发展积极向上的网络文化，拓展网络经济空间，促进互联网和经济社会融合发展。提出打造网上文化交流共享平台，促进交流互鉴。文化因交流而多彩，文明因互鉴而丰富。互联网是传播人类优秀文化、弘扬正能量的重要载体。中国愿通过互联网架设国际交流桥梁，推动世界优秀文化交流互鉴，推动各国人民情感交流、心灵沟通。发挥互联网传播平台优势，让各国人民了解中华优秀文化，让中国人民了解各国优秀文化，共同推动网络文化繁荣发展，丰富人们精神世界，促进人类文明进步。中国正在实施“互联网+”行动计划，推进“数字中国”建设，发展分享经济，支持基于互联网的各类创新，提高发展质量和效益。[2] “互联网+”时代，教育在数字技术、大数据、社交媒体等技术支撑下，更新教育理念，拓宽教育途径，变革教育模式，教育信息化、数字化、现代化的变革不可阻挡。今天变革版权制度，实现慕课发展与版权制度的相容共生、互相促进，是我们的明智选择，也是必然选择。

（二）著作权法——因技术变革之法

历史上，各国著作权法因应技术的进步不断发展，其内生于科学技术的发展进步之中，因科学技术而生，应科学的发展而变。

1. 美国

美国版权制度的发展就是最好的例证。美国宪法规定“为促进科学进步和实用艺术，作家和发明家对他们各自著作和发明有权在有限时间内获得专

[1] “互联网+教育高峰论坛探讨互联网与教育教学深度融合”，载 http://www.moe.gov.cn/jyb_xwfb/s5147/201505/t20150525_188465.html，2019年5月25日访问。

[2] 习近平“推动互联网全球治理体系变革”，载 http://www.guancha.cn：8080/economy/2015_12_16_344848_2.shtml，2019年1月20日访问。

有权利”。[1] 1787年，这一条款建立了美国知识产权制度，具有促进科学和艺术进步，并鼓励创造和向公众传播信息和知识的双重目的。[2] 知识产权制度最初旨在解决18世纪印刷术的发明所引发的问题。[3] 然而，随着在20世纪末和21世纪初快速的技术进步，过去的知识产权保护将越来越不适应发展的技术。[4]

美国国会颁布了第一个1790年联邦版权法案，该法案只保护地图、图表、书籍。[5] 并在1802年，国会将版权保护扩展到包括那些“发明和设计、雕刻、蚀刻或作品，任何历史或其他印刷或印刷品”。[6] 1831年版权条例修订，版权的范围扩展到包括乐曲。[7] 1870年版权法再一次修订，包括艺术作

---

〔1〕 U. S. CONST. art. I, § 8, cl. 8. This constitutional provision was modeled after the Statute of Anne, enacted in England in 1710, which provided authors with an exclusive ownership right and a mechanism for enforcing that right against those who attempted to reproduce the owner's work without authorization. ANTHONY L. CLAPES, SOFrWARE, COPYRIGHT, AND COMPETITION 14-15 (1989). For a comprehensive discussion of the history of the United States copyright system, see generally Burrow-Giles Lithographic Co. v. Sarony, 111 U. S. 53, 58 (1884); TradeMark Cases, 100 U. S. 82, 94 (1879); U. S. CONGRESS, OFFICE OF TECHNOLOGY ASSESSMENT, INTELLECTUAL PROPERTY RIGHTS IN AN AGE OF ELECTRONICS AND INFORMATION 19 (1986) [hereinafter OTA REPORT I]; James B. Gambrell, "Overview of Ownership Conflicts that Arise with Respect to Intellectual Property", in SORTING OUT THE OWNERSHIP RIGHTS IN INTELLECTUAL PROPERTY: A GUIDE TO PRACTICAL COUNSELING AND LEGAL REPRESENTATION, 9~16 (1980); ROBERT P. BENKO, PROTECTING INTELLECTUAL PROPERTY RIGHTS: ISSUES AND CONTROVERSIES (1987).

〔2〕 Intellectual property law covers copyright, patent, trademarks, the Semiconductor Chip Act, trade secrets, tort misappropriation, and unfair competition law. Interactive multimedia technology raises numerous issues under these areas of law. For example, an interesting question exists as to the patentability of multimedia software. Another question is how trademarks will be licensed for use and monitored in interactive multimedia works. Such questions are, however, beyond the scope of this Note.

〔3〕 OTA REPORT. https://www.ota.com/about-ota/annual-report.

〔4〕 See PETER MONK, TECHNOLOGICAL CHANGE IN THE INFORMATION ECONOMY 176-77 (1989). ("The legal environments of emerging information economies-in Europe, the United States and Japan-have yet to accommodate new economic activities centered on the production and distribution of information. Existing forms of patent and copyright law cover only part of the information produced and used in the economy. Even these laws fail to take adequate account of the variety of forms in which information can be embodied, accessed and implemented.")

〔5〕 Act of May 31, 1790, ch. 15, 1 Stat. 124; OTA REPORT II, at 59 (noting that this copyright act provided for protection of authors' rights).

〔6〕 CLAPES, *supra* note 68, at 15; ALAN LATMAN & ROBERT GORMAN, COPYRIGHT FOR THE EIGHTIES 5 (1981).

〔7〕 Act of Feb. 3, 1831, ch. 16, 4 Stat. 436; OTA REPORT II, at 60.

品，美国国会图书馆被指定为管理版权的场所。[1] 1909年版权法作了重要的修改，版权保护期从14延长至28年。[2] 1912年，国会扩展版权保护至电影作品。1971年为对录音制品进行说明对版权法修订。[3] 1976年版权法作了重大修改，通过编纂合理使用的普通法的原则，对版权持有人的独占性的权利进行限制。[4] 1976年法案包括有关电脑的技术、复印机、电影和视听作品，有线电视、作品的公共广播有关条款。[5] 1980年，随着版权作品新技术的使用，全国委员会（CONTU）提出建议，将计算机程序纳入著作权法第101条保护范围，并对其著作权规定了相应的限制。[6] 2015年10月28日美国版权局、国会图书馆关于《DMCA禁止规避技术措施之例外规定第六次修改》，提出“视听作品的教育性和衍生性的使用”“为残障人士修改电子发行的文字作品”“无线设备解锁”“移动设备越狱”“智能电视越狱”“汽车软件诊断、修理和改良”“软件安全研究”“过期游戏破解”“3D打印破解”“获取联网医疗设备上的病人数据”等九种技术保护措施的例外，由此，著作权法经历了最近的改变。[7] 通过这种历史演进，美国国会已经调整和扩大著作权法，以适应新技术。

---

〔1〕 Act of July 8, 1870, ch. 230, 16 Stat. 198; OTA REPORT II, at 60. (noting extension of copyright coverage to paintings, drawings, chromos, statuettes, statuary, and models or designs of fine art).

〔2〕 Act of March 4, 1909, ch. 320, 35 Stat. 1075, 1080; OTA REPORT II, ai 60, (discussing amendment adding copyright protection to cover certain types of unpublished works).

〔3〕 Act of Oct. 15, 1971, Pub. L. No. 92-140, 85 Stat. 391; OTA REPORT II, at 60 describing extension of copyright protection to certain sound recordings; explaining that technological developments in audio recordings prompted this amendment.

〔4〕 The Copyrights Act of Oct. 19, 1976, Pub. L. No. 94-553, 90 Stat. 2541 (codified at 17 U. S. C. § 107); OTA REPORT II, at 60. *See* OTA REPORT II, at 61-65 (discussing tensions between intellectual promotion and property rights in the 1976 Copyright Act and the Fair Use Doctrine). *See also* FAIR USE AND FREE INQUIRY: COPYRIGHT LAW AND THE NEW MEDIA (John S. Lawrence & Bernard Timberg eds., 2d ed. 1989); Wendy J. Gordon, "Fair Use as a Market Failure: A Structural and Economic Analysis of the Betamax Case and its Predecessors", 82 COLUM. L. REV. 1600 (1982).

〔5〕 noting that Congress recognized computer programs as copyrightable subject matter in its 1976 amendment.

〔6〕 OTA REPORT II, at 60. The 1980 amendments added "computer program" as a term in section 101 of the Copyright Act, and limited computer program copyright holders' exclusive rights by allowing copying or adaptation only if the copy is needed for specific or archival purposes.

〔7〕 2015年10月28日美国版权局，国会图书馆关于《DMCA禁止规避技术措施之例外规定第六次修改》一（1）（V）.

2. 英国

英国的版权法起源于著名的1710年的《安娜法案》，三百多年间，英国的版权法经历了1842年、1911年以及1965年的版权法案。现行英国版权法法律制度主要组成部分为1988年的《版权、设计及专利法案》，该法案自制定以来，因计算机软件、数据库保护等原因，历经多次修改。

3. 法国

回顾法国的著作权法立法史，立法者在制定《1971年表演权法》和《1973年复制权法》时将文学艺术产权称为“最神圣的所有权”，期间经历了1866年、1902年、1910年、1920年及1925年五次修改，到1957年著作权法全面提升了著作权的保护水平，实现了著作权法的现代化。到1985年著作权法的修改更上一层楼，将软件作为作品纳入著作权法保护并增加了对邻接权的保护，尤其是大量增加了著作权和邻接权集体管理方面的内容，1992年法国《知识产权法典》的出台，到2009年《关于在互联网上传播和保护创作》和《文学和艺术产权刑事保护》两部法律，通过这两部法律法国建立了新的“三振出局”的互联网著作权规则，个人对作品的利用和访问受到空前的管制。

4. 其他国家

德国著作权法自1965年9月9日制定，到2009年10月27日最后修订，四十几年间经历了34次修改，平均一年三个月修改一次。日本现行的著作权法自1971年实施以来至2020年止，为了因应科技、经济、社会的巨大变化，已经进行了大小28次的修改。韩国著作权法制定于1957年1月28日，并先后进行了18次的修改，现行著作权法是2009年7月31日以法律第9785号公布，2010年2月1日起施行。包括印度、意大利等国的著作权法从制定之日起都经历了频繁的修订。

一个国家的著作权法修订的频率远远高于国内的其他法律，原因固然很多，但最主要的应该是著作权法与科学技术发展的密切相关，新技术特别是信息技术和通讯技术的开发和应用，更加彻底改变了信息的传播方式，给人与人之间的社会关系，特别是财产关系带来挑战。各国版权法律制度发展变迁的历史亦是一部科学技术发展史，法律是为现实服务的，只要科学技术不断向前发展，版权制度必将在各方利益“平衡—失衡—再平衡”循环中前行。版权制度是一种开放动态的体系，以适应时代潮流发展的需要，制度的变革

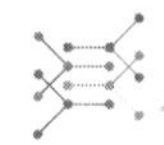

与创新随着时代的进步将不会停下步伐。

（三）发展慕课是“建设世界一流大学和一流学科”的重要途径

面临复杂的国内外的环境，在互联互通的“地球村”的时代，阻止慕课的进入并非明智之举，我们亦不应在慕课浪潮中被动裹挟前行，而应当主动积极地发展慕课，顺应教育信息化、现代化的趋势，积极开展慕课的研究与课程项目的建设。我国已经认识到发展慕课的重要性，2015 年 10 月 24 日，国务院《关于印发统筹推进世界一流大学和一流学科建设总体方案的通知》（以下简称《通知》）之（十三）“推进国际交流合作。加强与世界一流大学和学术机构的实质性合作，将国外优质教育资源有效融合到教学科研全过程，开展高水平人才联合培养和科学联合攻关”；（十六）“多元投入，合力支持。建设世界一流大学和一流学科是一项长期任务，需要各方共同努力，完善政府、社会、学校相结合的共建机制，形成多元化投入、合力支持的格局。鼓励有关部门和行业企业积极参与一流大学和一流学科建设。围绕培养所需人才、解决重大瓶颈等问题，加强与有关高校合作，通过共建、联合培养、科技合作攻关等方式支持一流大学和一流学科建设”。

近年来，在《仁川宣言》《青岛宣言》及“互联网+教育高峰论坛”所提出的“终身学习”“技术赋能教育，创新引领未来”主题的引领下，为贯彻落实《中国教育现代化 2035》总体部署要求，推动《加快推进教育现代化实施方案（2018-2022 年）》《教育信息化 2.0 行动计划》的落地实施，促进教育信息化转段升级。深化高校专业供给侧改革。按照专业建设“小逻辑”服从国家发展“大逻辑”的要求，通过加快构建自主性、灵活性与规范性、稳定性相统一的专业设置管理体系，深入实施“六卓越一拔尖”计划 2.0，全面实施国家级和省级一流本科专业建设“双万计划”，以新工科、新医科、新农科、新文科建设为引领，带动高校专业结构调整优化和内涵提升。

《中国教育现代化 2035》和《加快推进教育现代化实施方案（2018-2022 年）》指出：中国特色社会主义进入新时代，教育的基础性、先导性、全局性地位和作用更加凸显。加快向创新型国家迈进，建设现代化经济体系，建设富强民主文明和谐美丽的社会主义现代化强国，实现中华民族伟大复兴的中国梦，满足人民美好生活需要，必须加快教育现代化，把我国建设成为教育强国。从全球来看，当前新一轮科技革命和产业革命正在孕育兴起，重大科技创新正在引领社会生产新变革，互联网、人工智能等新技术的发展正在不断重塑教育形态，知识获取方式和传授方式、教和学关系正在发生深刻变革。人民群众对教育的需求更为多样，对更高质量、更加公平、更具个性的教育需求也更为迫切。必须抓住机遇，超前布局，以更高远的历史站位、更宽广的国际视野、更深邃的战略眼光对加快推进教育现代化、建设教育强国作出战略部署和总体设计，推动我国教育不断朝着更高质量、更有效率、更加公平、更可持续的方向前进。[1]

自2015年《仁川宣言》以来，国家相关部门陆续出台推进“互联网+教育”促进慕课等在线课程发展的政策文件，尤其是2019年教育部出台《关于一流本科课程建设的实施意见》（教高［2019］8号，以下简称《意见》），《意见》总体目标为：全面开展一流本科课程建设，树立课程建设新理念，推进课程改革创新，实施科学课程评价，严格课程管理，形成多类型、多样化的教学内容与课程体系。经过三年左右时间，建成万门左右国家级和万门左右省级一流本科课程（以下简称“一流本科课程双万计划”）。“一流本科课程双万计划”是指：“（一）认定万门左右国家级一流本科课程。注重创新型、复合型、应用型人才培养课程建设的创新性、示范引领性和推广性，在高校培育建设基础上，从2019年到2021年，完成4000门左右国家级线上一流课程（国家精品在线开放课程）、4000门左右国家级线下一流课程、6000门左右国家级线上线下混合式一流课程、1500门左右国家虚拟仿真实验教学一流课程、1000门左右国家级社会实践一流课程认定工作，具体推荐认定办法见附件。（二）认定万门左右省级一流本科课程。各省级教育行政部门根据区域高等教育改革发展需求，参照本实施意见要求，具体组织实施本地区一流本科课程建设计划。推荐国家级一流课程，注重解决本地区高校长期存在的教育教学问题，因地制宜、因校制宜、因课制宜建设省级一流本科课程，并报教育部备案。”[2]

为贯彻落实教育部《关于一流本科课程建设的实施意见》（教高［2019］8号），实施“一流本科课程双万计划”，教育部办公厅在先期启动2019年国

---

［1］ 教育部负责人就《中国教育现代化2035》和《加快推进教育现代化实施方案（2018-2022年）》答记者问－中华人民共和国教育部政府门户网站，载http://www.moe.gov.cn/jyb_xwfb/s271/201902/t20190223_370865.html，2020年5月10日访问。

［2］ 教育部《关于一流本科课程建设的实施意见》（教高［2019］8号），载http://www.moe.gov.cn/srcsite/A08/s7056/201910/t20191031_406269.html，2019年4月10日访问。

家精品在线开放课程（现国家级线上一流课程）和国家虚拟仿真实验教学项目（现国家级虚拟仿真实验教学一流课程）推荐认定工作后，决定开展2019年国家级线下一流课程、国家级线上线下混合式一流课程和国家级社会实践一流课程推荐认定工作，[1] 通过运用新技术提高教学效率、提升教学质量，创新教与学模式，因材施教，促进师生之间、学生之间的交流互动、资源共享、知识生成。2019年11月，为积极响应我国慕课建管用的规划，加强高校课堂教学方法改革，高校在线开放课程联盟联席会于北京召开首届“全国慕课教育创新大会暨高校在线开放课程联盟联席会年会”，该年会以“汇联盟众力　助慕课发展”为主题，深入研讨基于慕课的教育教学理念革新与行动变革。

在国家相关部门政策文件精神的指引与推动下，各部门、各机构举办各层面、不同范围的在线教育主题研讨会，共同探讨互联网与教育教学深度融合，内容涉及“互联网+”国家战略下的教育变革、技术促进高等教育教学创新、在线教育与课堂教学等内容，我国自2012年开始进行慕课建设以来，尤其是2016年之后，我国的慕课建设数量大幅提升，慕课平台在数量和质量方面都有显著的提升。而慕课是目前世界各国的大学尤其是一些顶尖级高校大力发展的一种教学模式，也因其开放性的特征成为目前各国大学间教学合作、协同创新的重要方式，故此，发展慕课是“推进世界一流大学和一流学科建设”目标的重要途径。

（四）发展慕课是提升中国文化软实力、维护国家文化安全的要求

教育是通过知识信息的传播、观点的灌输、意识的培养，形成一个国家特有的文化素养、思考方式、意识形态等。慕课发端于西方，在其课程传播过程中，必然裹挟着西方国家的政治意识形态、历史文化传统及国民教育立场。因此，这些国家特定的政治目的和文化诉求会不可避免地对包括我国在内其他国家的主流政治文化、民族文化、国民教育体系造成重大挑战。[2] 慕课是一种新的教育模式，从教育开展与实现的过程，意欲达到的目的看，从慕课的商业运营、文化意识形态传播、教育资源的开放等维度看，表面上看

---

〔1〕《教育部办公厅关于开展2019年线下、线上线下混合式、社会实践国家级一流本科课程认定工作的通知》。

〔2〕高地：“‘慕课’：核心理念、实践反思与文化安全”，载《东北师大学报（哲学社会科学版）》2014年第5期。

似“免费”的慕课，实质上课程背后蕴藏着教育主体不同的民主政治理念、人生价值导向、文化观念和意识形态等。

文化安全是国家安全的重要组成部分，相对于军事安全、社会安全、人民安全等国家安全事项，文化安全的作用最易被忽略，而且文化影响也最容易通过悄无声息的方式潜入。随着世界政治、经济的多极化发展，我国的主流政治文化面临着西方政治文化的严峻冲击和挑战，多元异质的政治文化间冲突不断。[1] 在这样一个特殊的时代，抓住机遇，迎接慕课的到来，通过政策支持、法律制度的保障、意识宣传等大力促进我国慕课的发展，开发高质量的慕课课程。通过在慕课大规模与开放性加速在世界范围内进行传播，让中国特定思维方式、宗教信仰、哲学智慧、民族特有品质等伴随着慕课传播出去，让世界上更多的人知道、了解，在满足人们课程学习、知识获取、文化需要的同时，大力传播中国文化，提升中国文化的知名度。通过这种循循善诱、润物细无声的过程，蕴涵在慕课作品中的意识形和价值取向潜移默化地浸润到人们的思想中，一旦被人们接受，就会对人们的价值诉求和行为选择产生深远影响，影响其他国家或民族的选择能力，吸引其他国家或民族产生仰慕之情并进行主动效仿，[2] 提升中华文化吸引力，强化中华文化的认同力进而提高中华文化的竞争力。

慕课具有开放性与大规模性，同时数量巨大的学习者互动性更强，文化多样性通过思想的自由交流得到加强，通过文化间的不断交流和互动得到滋养。[3] 通过大力发展慕课，促进各国学习者之间的互动与交流传播中华文化，有利于避免西方文化霸权主义形成，维护世界文化多样性。

随着数字传播技术的发展，慕课教育也将趋向广泛普及，慕课教育的核心是课程内容，丰富的慕课课程资源是高课程质量的保证，而课程资源内容的有效提供依赖于版权制度的保驾护航。[4] 版权是一种私权，慕课的开放性

[1] 高地：“‘慕课’：核心理念、实践反思与文化安全”，载《东北师大学报（哲学社会科学版）》2014年第5期。

[2] 安娜、林建成：“中国文化软实力的内容架构及提升路径探究”，载《学术论坛》2015年第10期。

[3] 胡开忠：“文化多样性的弘扬与知识产权的保护”，载《法律科学（西北政法大学学报）》2007年第3期。

[4] 黄吉瑾、张心全：“远程教育与版权制度的协调发展——谈美国《技术、教育和版权协调法案》及启示”，载《南京广播电视大学学报》2004年第2期。

与版权作品的私权属性、地域性之间产生一定的张力，慕课发展中遭遇到版权障碍。慕课版权问题的创新性解决是时代主题。对世界各国来说，版权问题已经成为慕课发展的瓶颈，各国都在积极地思考应对之策。

慕课形态下，正确进行版权制度的创新，进行权利义务法律内容的分配设计，关系到一个国家慕课的未来发展、文化软实力的提高，亦决定着信息技术时代，版权制度保持其生命力，继续发挥其促进科学文化发展的积极功能。

二、慕课（MOOCs）形态下版权制度的变革新理念

人类自进入信息技术革命以来，科学技术的发展日新月异，新的技术不断涌现，作为因科学技术而生，应科学技术而变的著作权法一直处于不断的变革与创新之中。在科学技术与著作权的关系中，科学技术的发展以及因此引发的商业模式的创新一直引领了著作权制度的发展与变革，在此过程中，著作权法表现的一直是比较被动地适应时代的变革要求。

（一）"主动适应、未雨绸缪"变革版权制度，释放慕课巨大教育能量

慕课产生于2008年的美国，经历2012年"慕课元年"的催发，引发席卷全球的慕课浪潮，慕课在繁荣发展、一路前行的过程中，遭遇的版权问题也是如影随形，慕课的开放性与潜在的商业价值使得该问题的解决更加复杂化。慕课发展至今，尚未出现幕课版权问题的纠纷，其原因有两点：一是，幕课商业性营利模式还处于探索之中，尚不是十分明朗，著作权权利人及律师还不能明确找到幕课营利的证据。[1] 二是，幕课是在现行的著作权法体系中发展起来的，课程的制作中要求严格遵守版权制度的要求，幕课制作传播者对幕课面临的版权问题十分谨慎和小心，同时，一旦幕课中有涉嫌侵权的资源，幕课平台提供者可以依据各国著作权法的网络服务提供者"避风港原则"，删除相关内容，而免于承担侵权责任。然而，撤销相关内容或课程是要付出代价的，有时使课程制作的成本都付之东流，造成社会资源的浪费，也十分不利于慕课的发展。

慕课使用作品的数量多，每门课程的版权清理工作需要花费大量的时间、

〔1〕 美国的coursera平台确立时，明确为商业性的幕课平台，因此，在其平台的知识产权政策中明确幕课中版权资料的使用要严格遵守版权法的规定，原则上是非公共领域或非版权资料一律授权许可，否则课程面临下架的可能。

精力、财力和人力资源，而结果却收效不大，“小打小闹”慢慢清理，是清理不完的，慕课的版权清理工作的成本与收益严重失衡。而且，慕课是开放性的课程，但著作权具有地域性，各国著作权法合理使用、法定许可等制度的规定亦有所不同，在一国辛勤版权清理通过的慕课课程可能面临着在其他国家的版权问题。故此，在大数据和云存储时代，随着互联网深度的发展及带来的教育事业的产业化发展，现有被动修补式的版权制度变革已经不能适应幕课的发展，是走不出版权的困境的。[1] 故此，随着教育方式的不断更新与变革，为实现版权私权的保护与社会公共利益保护的平衡，必将要求版权法变革从理念的变革开始，进行数字信息时代版权法制度设计。

大禹治水成功的原因不是堵，而是疏。慕课发展中遭遇版权问题的时候，我们不能“削足适履”，通过限制慕课使用的内容来避免版权侵权问题，这将不利于慕课课程内容的丰富，影响慕课课程质量的提高，会极大地阻碍慕课传播知识及教育功能的发挥。在著作权制度不断面临挑战的今天，我们应当改变其一直以来被动适应技术变革的理念。

（二）“事前许可、开放授权”模式应当成为数字信息时代的一种选择

慕课时代到来，在云计算、大数据时代，信息知识高速低成本的传播，各类数据的快速集聚分析应用，世界每个角落的互联互通，使得著作权制度再采取以往的制度层面简单修补已经不能适用信息知识高速互联时代的需求，著作权制度必须要从理念上彻底改变。正如著名的知识产权法学者北京大学的张平教授所言：“在大数据时代，知识产权制度如何去应对，它必须要从理念上彻底的改变，如果它不去改变事先获得许可的这件事情，未来人类就是作茧自缚，从这个制度里走不出去，有无穷无尽的诉讼，这种诉讼消耗的是社会管理的成本。行政执法、司法、律师，还有很多研究都是在这里转圈，走不出这样的困境。”[2] 张平教授认为，大数据时代，知识产权制度能不能采取一种开放授权的办法，以使著作权制度适应互联网的发展。

现行版权制度对慕课的进一步发展壮大带来的版权障碍已经显而易见，无需再被动地等到有了纠纷才去考虑版权制度的变革。我们应当主动地积极

---

〔1〕 张平：“如果知识产权仍需事先获得许可　人类将作茧自缚”，载 http://www.biopatent.cn/bbs/read.php? tid-443009.htm，2016年1月20日访问。

〔2〕 张平：“如果知识产权仍需事先获得许可　人类将作茧自缚”，载 http://www.biopatent.cn/bbs/read.php? tid-443009.htm，2016年1月20日访问。

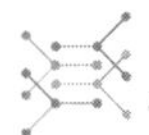

变革著作权制度，变慕课的版权障碍为慕课发展中的版权制度保障。通过版权制度之变革，实现版权制度与慕课之间合理的对接，引领慕课健康与可持续性的发展。法律是社会生活的反映，著作权制度也通过不断地变革而保持其制度的生命力。

第二节　慕课（MOOCs）版权制度的基本构造

慕课教育形式在共享优质教育资源、降低教育成本、扩大教育规模、促进教育公平、帮助人们实现终身学习、推动教育改革和教育现代化等方面，扮演着先导性甚至是“革命性”的角色。〔1〕慕课资源共建共享的制度性障碍中，版权问题已经作为一个瓶颈性问题深深地困扰着慕课课程开发人、教师、学生、慕课平台等相关主体。改革我国的版权法律制度，排除慕课课程发展遭遇的版权制度性障碍，解决慕课中使用第三方版权资源问题，丰富慕课课程内容，提升课程质量和水平促进高等教育的发展，弘扬中华民族文化，提升中华文化软实力，具有深远的意义。

慕课以大规模、免费课程的标签进入人们的视野，互联网、数字化信息、互动多媒体、数字传播技术等是其核心的技术支撑，所以，实际上慕课并不便宜，在其制作和传播过程中花费大量的人力、物力和时间，涉及教师、高校、慕课平台、学生等不同的主体。慕课高额的制作运行成本决定慕课运行的模式多样性，商业性慕课的存在使得版权问题更加复杂。慕课制作过程的多方参与、制作成本的巨大以及课程内容的时时生成性带来慕课作品类型定性、慕课共建共享中版权归属、慕课版权内容与保护、慕课中使用第三方版权资源等版权问题，慕课开放性的传播方式、大规模的课程学习者，与传统的对著作权私权限制的“有限性”相冲突。易言之，传统著作权法的合理使用、法定许可制度是对作为私权的版权进行有限的限制，这种“有限性”体现之一就是合理使用、法定许可方式使用作品限制在一个“有限的地域范围和人数范围内”，以保证著作权人的权利不被损害。传统的著作权法律，调整和规范着传统教育方式，依据现行版权法规制和调整围绕慕课所产生的版权

〔1〕郭锐林、张胜辉：“国外远程教育资源共建共享中著作权法律制度概述”，载《广东广播电视大学学报》2009 年第 1 期。

法律关系带来不确定性，也会导致版权持有者、作品使用者和社会公众之间利益的失衡。

现代的著作权法律，则应对慕课的发展进行版权制度的新设计，慕课版权制度的变革与新设计涉及著作权的对象、著作权归属、著作权内容及保护以及著作权权限制度等现行著作权制度的系统性变革，以“三维模式”为中心构建慕课版权制度，包括“大学+教师+学生”三位一体的版权归属模式，“内部法律+外部法律+版权服务”三位一体的慕课版权制度。

一、慕课（MOOCs）——一种新的综合性的作品

慕课是以课程的讲座视频为中心内容，同时进行线上互动交流、答疑、讨论的资源生成性的课程，课程内容包括：（1）录制的讲座本身，这通常会专注于老师，包括老师的头部特写，背景材料（如可视或可闻图像、音频、视频）；（2）在一个录制的讲座中，聚焦占领整个屏幕的完整的图像或视频，这样的材料可能被课程参与者下载；（3）被上传到课程网站的 ppt 演示文稿、图形程序和课堂讲稿，可能包含第三方等内容、图像、音频、视频等；（4）老师希望课程参与者阅读的阅读材料，如文章、图书章节，或其他内容；（5）线上作业的提交、讨论的内容等。

（一）现行著作权法规定的作品类型

我国现行《著作权法》规定：本法所称的作品，包括以下列形式创作的文学、艺术和自然科学、社会科学、工程技术等作品。以作品的构成符号媒介为依据，借鉴美学、兼顾法律的规范目进行作品类型的确定，规定有①文字作品；②口述作品；③音乐、戏剧、曲艺、舞蹈、杂技艺术作品；④美术、建筑作品；⑤摄影作品；⑥电影作品和以类似摄制电影的方法创作的作品；⑦工程设计图、产品设计图、地图、示意图等图形作品和模型作品；⑧计算机软件八大类作品，同时规定法律、行政法规规定的其他作品这一概括性规定。[1]

我国《著作权法实施条例》第 4 条对以上作品进行界定指出，著作权法和本条例中下列作品的含义：①文字作品，是指小说、诗词、散文、论文等以文字形式表现的作品；②口述作品，是指即兴的演说、授课、法庭辩论等

〔1〕《中华人民共和国著作权法》第 3 条。

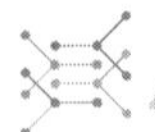

以口头语言形式表现的作品；③音乐作品，是指歌曲、交响乐等能够演唱或者演奏的带词或者不带词的作品；④戏剧作品，是指话剧、歌剧、地方戏等供舞台演出的作品；⑤曲艺作品，是指相声、快书、大鼓、评书等以说唱为主要形式表演的作品；⑥舞蹈作品，是指通过连续的动作、姿势、表情等表现思想情感的作品；⑦杂技艺术作品，是指杂技、魔术、马戏等通过形体动作和技巧表现的作品；⑧美术作品，是指绘画、书法、雕塑等以线条、色彩或者其他方式构成的有审美意义的平面或者立体的造型艺术作品；⑨建筑作品，是指以建筑物或者构筑物形式表现的有审美意义的作品；⑩摄影作品，是指借助器械在感光材料或者其他介质上记录客观物体形象的艺术作品；⑪电影作品和以类似摄制电影的方法创作的作品，是指摄制在一定介质上，由一系列有伴音或者无伴音的画面组成，并且借助适当装置放映或者以其他方式传播的作品；⑫图形作品，是指为施工、生产绘制的工程设计图、产品设计图，以及反映地理现象、说明事物原理或者结构的地图、示意图等作品；⑬模型作品，是指为展示、试验或者观测等用途，根据物体的形状和结构，按照一定比例制成的立体作品。

（二）2020 年 4 月《中华人民共和国著作权法（修正案草案）》中规定的“视听作品”

目前，我国著作权法正在进行第三次修订，日前，第十三届全国人大常委会第十七次会议对《中华人民共和国著作权法（修正案草案）》（以下简称《著作权法（修正案草案）》）进行了审议，2020 年 4 月 28 日《著作权法（修正案草案）》在中国人大网公布向社会各界征求意见，在《著作权法（修正案草案）》中第 3 条著作权的对象-作品部分，变化有两处，第一处变化是将原有的《著作权法（修正案草案）》第 3 条“本法所称的作品，包括以下列形式创作的文学、艺术和自然科学、社会科学、工程技术等作品”，修改为“是指文学、艺术和科学领域内具有独创性并能以某种有形形式复制的智力成果”；第二处变化为，为适应新技术高速发展和应用对著作权立法提出的新要求，解决现行著作权法部分规定难以涵盖新事物、无法适应新形势等问题，《著作权法（修正案草案）》将现行法的“电影作品和以类似摄制电影的方法创作的作品”修改为第 3 条（六）视听作品。所谓视听作品，《视听作品国际注册条约》第 2 条规定：“‘视听作品’意指由一系列相关的固定图像组成，带有或不带伴音，能够被看到的，并且带有伴音时，能够被听到的任何作品。”[1] 360百科对视听作品界定为：是指通过机械装置能直接为人的视觉和听觉所感知的作品。虽常表现音乐、戏剧、曲艺、舞蹈、美术、摄影、讲演和其他表演内容，但和这些作品不同，必须借助适当的装置才能反映作品形式和内容。视听作品包括有声电影、电视、录像作品和其他录制在磁带、唱片或类似这一方面上的配音图象作品等。视听作品也为受著作权法保护的一种作品形式。[2]随着网络科技的高速发展，微电影、微视频、网络直播等新型作品出现，“电影作品”不能涵盖新的作品形式，通过使用“视听作品”概念，以涵盖多元化的短视频类型等不断出现的新作品形式。为短视频创作提供了法律保障，此条内容的修正不仅适应新时代下短视频发展的新形势，同时与国际公约接轨，体现了我国著作权法制度的完善与进步。[3]

（三）现行版权法与《著作权法（修正案草案）》均无法涵盖慕课作品

无论是《著作权法》规定的八大类作品，还是2020年4月28日公布的《著作权法（修正案草案）》中的“视听作品”，没有一个现有的类别能够准确有效地描述慕课作品、能够涵盖慕课作品。原因有二：

1. 慕课发生在教育领域，以知识的传授与创造为目的

慕课为大规模开放在线课程的简称，是为实现教育家优质教育资源的共享，为实现教育平等而产生的，具有教育目的。作品的分类的目的是将随着科技发展不断丰富的、形式众多的智力型创作成果按照其构成符号媒介为依据，借鉴美学、兼顾法律的规范目的进行作品类型的确定，从而根据其不同的特点给予科学合理的保护。前述的“视听作品”与“慕课作品”虽然在视听的表现形式上有一部分的重合，但首先两者在作品实现的目的方面有很大的不同。如前所述，“视听作品”包括电影、电视剧、综艺节目以及微电影、微视频、网络直播等视听类的作品，其创作的直接目的更多是营利与娱乐，但慕课作品却不同，是将科学技术融合到教育中，产生的新型的教育模式，是一种知识传播方式和创造知识方式的创新，直接目的是教育，商业性的目

---

〔1〕《视听作品国际注册条约》，载 https://baike.baidu.com/item/%E8%A7%86%E5%90%AC%E4%BD%9C%E5%93%81%E5%9B%BD%E9%99%85%E6%B3%A8%E5%86%8C%E6%9D%A1%E7%BA%A6/22282082，2020年5月1日访问。

〔2〕视听作品，载 https://baike.so.com/doc/27385735-28792023.html，2020年5月5日访问。

〔3〕后浪里个浪：“《后浪》VS《非浪》，1:1反讽构成侵权吗?”，载 https://mp.weixin.qq.com/s/XbB8mAPXBifsxNO0WumkEQ，2020年5月12日访问。

的不是慕课最初产生的目的，现在慕课商业运营模式的探索很大一部分原因也是为了实现慕课制作运营过程中巨大成本的自我消解。从目前来看，完全营利性的模式运营的慕课数量较少，而且其也处于探索之中。

2. 慕课是文字、音乐、视听、摄影等多种形式有机统一的资源生成性课程

慕课作品中包含文字作品、音乐作品、视听作品、摄影作品等各种类型的作品，集合应用文字、符号、韵律、合声、线条、色彩、动作、表情等多种表现形式表达其思想、观点、情感与立场，但慕课作品不是这些作品简单的集合或结合，而是将这些作品或作品片段作为构成要素为表达某个主题思想，按照某种规则与顺序组合起来，是主题思想、综合理念与这些构成要素的有机结合，是由视听作品、文字、摄影、美术作品等多种元素组成的为单一形式的“作品”，是数字信息时代，数字技术与教育结合而产生的一种新的创造性的智力成果。同时，慕课作品从教师发布的慕课平台的视频、练习、讨论为起点，通过课程的不断展开，师生的互动过程，慕课课程作品的内容不断丰富，形式多种多样，在此过程中慕课作品资源不断生成，是一个会成长的作品，这一点和现有的“视听作品”创作完成时起作品内容即固定不同。

故此，我国应当在著作权法作品的类别中增加一种新的作品类型-慕课作品，慕课作品定义为“在大规模开放教育过程中产生的，为表达思想、情感、立场、观点等主体，实现教育目的，将文学作品、带词的音乐作品、图像和图形作品、电影和其他视听作品，或录音等作品或作品片段作为构成要素的有机组合的一种数字化存在”。慕课可版权性的认定，是确定慕课版权归属、确定慕课版权内容的前提，也是研究、讨论慕课中使用作品版权问题必须要解决的先决问题。可见，慕课版权性质的认定关系到慕课的可持续性的发展，同时也是版权制度在慕课时代自我创新的要求。

二、慕课（MOOCs）版权归属的三维构建

传统的高等教育领域里，教育是教师对学生传道、授业、解惑，学生一般都是被动地接受知识，故此，涉及版权关系的讨论更多是发生在教师和大学之间，即教师产生学术作品在教师与大学之间的版权归属问题，一般并不没有对学生的考虑。但慕课不同，它是资源生成式的课程，学生参与慕课课程内容的创作中，故此，慕课版权的归属问题必将是一个“大学+教师+学生”的三维的版权归属的讨论与制度构建的过程。

（一）慕课版权归属制度设计的指导思想

学生、教师、大学在线课程材料所有权是高度明确的事实，[1] 学生在在线课程材料中有相应的利益，确定所有权首先应该明确各自的权利，而不是首先考虑解决纠纷。

1. 以实现教育目的为首要

慕课具有经济属性，蕴含着巨大的商业价值，引发世界各国的风险投资者的关注与兴趣，但慕课本质上是一种教育，故此，慕课作品所有权的终极决定在教育目的而非利润获得。不同的学校服务于不同类型的学生，所以，工程和技术学校的知识产权政策将不同于国家一流大学，进而将不同于一个文理学院。[2] 所以，我们无需也无法对于学生作品应当要求多少权利进行明确的规定。相反，"大学应该为他们的教师，学生提供支持，并且确保教员与作品有关的包括在线课程中的人身权利（道德权利）"。[3] 教育领域中关于赚取利润的动机，是在在线课程发展起来之后，自从课程走出传统的课堂，翻越出大学的固有围墙，进入到了更广阔的市场中，课程作为信息资源就具有了市场价值，大学在做决定的时候就开始权衡大学的教育目的和财务收益的问题。

针对个人作品的财务价值，学生想保留他们论文中的权利，可以作为研究生写作样本，作为工作档案的一部分，并控制自己的论文在学术生涯中使用。学校控制学生为研究生教育或专业就业使用作品的权利的政策不符合大学的理想——大学把学生作为民主社会的积极公民进行培养，因此，学校使用学生的权利作品显然不符合大学准备把学生培养成为一个民主国家的积极公民的理想。[4] 这对于那些已经认识到版权问题的学生来说特别真实，博士

---

〔1〕 See Daniel C. Miller, Determining Ownership in Virtual Worlds: Copyright and License Agreements, 22 REV. LITIG. 458 (2003).

〔2〕 Gregory Kent Laughlin, Who Owns the Copyright to Faculty-Created Web Sites?: The Work for-Hire Doctrine's Applicability to Internet Resources Created for Distance Learning and Traditional Classroom Courses, 41 B. C. L. REV. 582 (2000). ("Policies, guidelines and other agreements naturally will vary from institution to institution and even within institutions.")

〔3〕 Roberta Rosenthal Kwall, Copyright Issues in Online Courses: Ownership, Authorship and Conflict, 18 SANTA CLARA COMPUTER & HIGH TECH. L. J. 32 (2001).

〔4〕 See Sweezy v. New Hampshire, 354 U. S. 234, 250 (1957) (stating that "[t] o impose any strait jacket upon the intellectual leaders in our colleges and universities would imperil the future of our Nation"); J. Peter Byrne, Academic Freedom: A "Special Concern" of the First Amendment, 99 YALE L. J. 251, 282-83 (1989) (discussing the tension between democratic values and academic freedom).

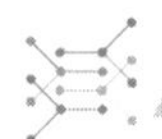

研究生，创造型作家，为研讨会写论文的法律学生，因为他们可能对于提交论文参与在线讨论会享有作品权利的不确定性而犹豫。

虽然利润驱动是调整大学知识产权政策的重点，而且，随着技术的进步，慕课潜在的利润可能增加，但是，慕课不是摇钱树。它们可能创造利润，但一些在线风险投资企业未能吸引学生或为机构创造利润。[1] 数十亿美元的在线教育市场的增长是在进行企业培训而不是大学的学术项目。[2] 任何围绕利润动机的知识产权政策的开发将降低大学的教育功能。我们不应该考虑如何实施 IT 计划，而是考虑 IT 计划如何能够实现我们的教育目标。[3] 当大学把自己从讨价还价的信息商场分离出来的时候，大学只能是的“思想市场”，允许“思想交换”[4] 因此，每个大学应该从头调整知识产权政策，以适应教育，而不是其金融使命。[5]

2. 制度设计实现资源的最优配置为目标

慕课具有经济属性。从产权经济学的角度来看，通过产权归属分配与确认可以激励所有人的积极性。产权实质上是一套激励与约束机制，影响和激励行为是产权的一个基本功能。产权的一个主要功能是导引人们实现将外部性较大地内在化的激励，产权安排直接影响资源配置效率，一个社会的经济绩效如何，最终取决于产权安排对个人行为所提供的激励。[6] 故此，慕课版权归属的制度设计应当以实现资源的最优配置为目标，以实现社会上文化资源的最大化利用。

---

〔1〕 Michael W. Klein, “ ‘The Equitable Rule’: Copyright Ownership of Distance-Education Courses”, 31 J. C. & U. L. 173-74 (2004); Columbia closed its for-profit distance learning venture Fathom after investing $14.9 million in 2001, and SUNYBuffalo's School of Management ended its eighteen-month-old web-based MBA program because of poor enrollment. Id. at 174.

〔2〕 Andrea L. Johnson, “Reconciling Copyright Ownership Policies for Faculty-Authors in Distance Education”, 33 J. L. & EDUC. 450 (2004).

〔3〕 Stanley N. Katz, Don't Confuse a Tool with a Goal: Making Information Technology Serve Higher Education, Rather than the Other Way Around, 4 J. Assoc. HISTORY & TECH. No. 2, Aug., 2001 § 1, available at http://mcel. pacificu. edu/jahc/JAHCIV2/ARTICLES/katz/.

〔4〕 Keyishian v. Bd. Of Regents, 385 U. S. 589, 603 (1967).

〔5〕 Michael W. Klein, “ ‘The Equitable Rule’: Copyright Ownership of Distance-Education Courses”, 31 J. C. & U. L. 177 (2004) (stating that it is better to draft a new policy than to follow an existing one).

〔6〕 莫翔：“新制度经济学与马克思主义经济学的比较分析”，载《甘肃行政学院学报》2010 年第 6 期。

（二）改革职务作品制度

我国现行法中的职务作品制度，看重著作权中的财产权，因此设计了是否“对作品开发制作作出实质性贡献”，确立了以投资确定版权归属的原则，同时附带也提到了大陆法系作者权传统所尊重的精神权利归属问题，赋予职务作品中自然人署名权，如《著作权法》第16条规定：“……（一）主要是利用法人或者其他组织的物质技术条件创作，并由法人或者其他组织承担责任的工程设计图、产品设计图、地图、计算机软件等职务作品；……”，作者享有署名权，著作权的其他权利由法人或者其他组织享有，法人或者其他组织可以给予作者奖励。[1]

慕课课程的内容由教师自己创作的作品以及其他的有版权或无版权的第三方资料汇集编排有机结合而成，蕴含着教师的智力创造和时间、精力、体力等方面的付出，慕课教师希望自己在将来的课堂授课、著作出版、科学研究中使用慕课课程内容。而对于大学而言，课程体系的完整性和课程长期有效性是其必然的要求，加之大学对于慕课开发中人力、资源、技术的付出，使得依据我国现行《著作权法》的职务作品制度归属原则，进行版权权利义务的分配，会产生利益失衡。也就是说，现行的职务作品制度版权归属的分配不能同时满足高校和教师对于课程版权的需求。

同时，慕课主要制作者教师作为人力资源具有流动性，慕课制作的高成本性需要高校大量人力、物力资源的付出，现行《著作权法》职务作品中这种“全有或全无”（all-or-nothing）的归属制度要么损害教师的创作热情，要么打消大学的积极性，[2] 不适用于慕课版权归属的认定及相关利益的分配。

2012年《著作权法（修改草案第二稿）》与《著作权法（修正案草案）》，两个文稿对职务作品的规定差别较大。

---

〔1〕《中华人民共和国著作权法》第16条：“公民为完成法人或者其他组织工作任务所创作的作品是职务作品，除本条第二款的规定以外，著作权由作者享有，但法人或者其他组织有权在其业务范围内优先使用。作品完成两年内，未经单位同意，作者不得许可第三人以与单位使用的相同方式使用该作品。有下列情形之一的职务作品，作者享有署名权，著作权的其他权利由法人或者其他组织享有，法人或者其他组织可以给予作者奖励：（一）主要是利用法人或者其他组织的物质技术条件创作，并由法人或者其他组织承担责任的工程设计图、产品设计图、地图、计算机软件等职务作品；（二）法律、行政法规规定或者合同约定著作权由法人或者其他组织享有的职务作品。”

〔2〕叶文芳、丁一：“MOOC发展中的版权制度研究”，载《科技与出版》2014年第2期。

1. 2012 年《著作权法（修改草案第二稿）》的规定

在 2012 年《著作权法（修改草案第二稿）》第 18 条对职务作品的规定相对于现行法作了比较大的修订：职务作品的著作权归属由当事人约定；当事人没有约定或者约定不明的，职务作品的著作权由职工享有；但工程设计图、产品设计图、地图、计算机程序以及受聘于报刊社或者通讯社的记者为完成报道任务创作的作品的著作权由单位享有，作者享有署名权；职务作品的著作权由职工享有的，单位可以在其业务范围内免费使用该作品。应该说这一修订在版权立法中是一个很大的进步，完善了职务作品权利的归属与利益分配制度。

依照 2012 年《著作权法（修改草案第二稿）》关于职务作品的规定分析慕课的版权归属，那么就体现为慕课的版权归属由高校或课程讲授者采取合同的形式确立版权归属，在合同中可以明确约定版权归个人所有、单位所有或者单位与个人共同拥有。表面上看，这种约定版权归属的方式是对慕课制作中教师高校意志的尊重，是私权自治领域里意思自治原则的体现。然而，这种职务作品的版权归属的确定却不一定适用于慕课作品。原因有三：

其一，约定中教师与高校地位不对等。教师作为高校的教师与高校存在劳动合同关系，高校对教师行使管理的职责，在这种关系中进行的约定，版权归属于高校的可能性更大。

其二，慕课的制作过程相较于一般的职务作品更加复杂，更加需要高校基础设施、人力、物力等资源的支持，甚至这种支持是至关重要的。正因如此，现实中慕课的制作基本都是由高校组织开展，所以，约定慕课版权归属的时候，高校是不会轻易放弃慕课版权的，而仅仅享有慕课的使用权。

其三，慕课是一种在线课程，课程以一种数字化的形式长期存在。随着科学技术日新月异的发展，慕课课程需要不断的更新，内容也需要与时俱进。慕课课程从内容更新到互动交流的形式需要数字技术、云技术、社交媒体软件等等技术的支持，而具有这种慕课系统管理和维护能力的只能是高校或专业的慕课平台这类网络运营公司。

2. 2020 年《著作权法（修正案草案）》关于职务作品的规定

2020 年《著作权法（修正案草案）》第 16 条规定：“自然人为完成法人或者非法人组织工作任务所创作的作品是职务作品，除本条第二款的规定以外，著作权由作者享有，但法人或者非法人组织有权在其业务范围内优先使用。作品完成两年内，未经单位同意，作者不 得许可第三人以与单位使用的相同方式使用该作品。有下列情形之一的职务作品，作者享有署名权，著作权的其他权 利由法人或者非法人组织享有，法人 或者非法人组织可以给予作者奖励：（一） 主要是利用法人或者非法人组织的物质技术条件创作，并 由法人或者非法人组织承担责任 的工程设计图、产品设计图、地图、计算机软件等职务作品；（二） 报社、期刊社、通讯社、广播电台、电视台及所属媒体的工作人员创作的职务作品；（三） 法律、行政法规规定或者合同约定著作权由法人或者非法人组织享有的职务作品。”从上述规定可见此规定内容与现行法规定相比第 16 条第二款增加一项，作为第二项：“报社、期刊社、通讯社、广播电台、电视台及所属媒体的工作人员创作的职务作品”〔1〕，因此，像现行法职务作品适用慕课产生的问题并没有在 2020 年《著作权法（修正案草案）》规定中得到解决。

笔者认为，基于慕课的特点，版权法增加一种职务作品的类型——慕课一类新型作品的版权归属。因著作权是包括人身权与财产权的复合权利，故此，在进行慕课版权归属问题的制度设计时应当规定，由制作者、投资者共同拥有慕课版权，职务慕课的版权归属实行法定共有，慕课制作者享有慕课的署名权及对于商业性慕课享有获得收益权，其他的慕课作品的著作权由高校享有，这样既能保护职务作品中职工的人身和财产利益，更有利于慕课的可持续性发展。对于非职务性质的慕课作品，如慕课平台直接与教师合作制作的慕课，可以依据合作作品或委托作品确定慕课的版权归属。一方面是对于内容创造实质性的机构投资的需求，另一方面是慕课参与者对未来收入的愿望，通过一个合理和公平的制度设计解决版权和收入分配问题，降低风险，〔2〕 节约社会资源。

另外需要注意的是，我们前面讨论的是慕课课程整体上著作权的归属，慕课是一部综合性的作品，其中包含着可以作为独立作品进行保护的讲义、视频、图片等构成元素，这些如果是由教师独立创作的，那么依照版权法的规定，其版权应当由作品的创作者所有——基于这一作品的使用而单独享有

〔1〕 另外一个变化就是与《民法典》相一致，将条文中的“其他组织”修改为“非法人组织”。

〔2〕 *Copyright Challenges in a MOOC Environment EDUCAUSE*，2013 EDUCAUSE，The text of this EDUCAUSE brief is licensed under the Creative Commons ttribution -Non Commercial-No Derivatives license.

和行使著作权。应该说，这里的版权法律关系与现行版权法中电影作品与其中构成要素的音乐作品、文字作品、美术作品的法律关系类似，版权人可以单独使用，但不能影响到整体作品的使用。[1]

（三）慕课（MOOCs）生成性资源的版权归属创作者

慕课课程是一门资源动态生成的过程，课程内容具有集成性的特点，是由视频课程内容、师生互动内容等集聚而成，事实上，学生通过完成他们注册课程的作业参与在线课程资料的发展和建设，所以，在慕课师生互动过程中的讨论、学生提交的作业、学生在学习论坛基于学习问题发帖等构成的作品版权归属问题亦是慕课版权归属讨论的范围。

依据著作权领域国际通用的原则——著作权自动产生的原则，学生用户在慕课使用中所创作的作品，从作品完成时起著作权自动产生，著作权属于作者，是著作权归属的一般原则，那么著作权属于创作的学生用户。2013年1月，美国发布《数字时代学习原则和权利法案》[2] 是应慕课等在线教育的发展，专门围绕学生的权利和责任所制定的法案。[3] 该法案明确在线课程中课程学习者对于创造内容所享有的知识产权，确立了慕课中学生在线课程产生作品的版权归属，以及鼓励创造性学习成果的共享，确立了"创作者所有+鼓励共享"慕课生成性资源归属原则，一方面维护了学生的知识产权，同时适应慕课开放在线的特点鼓励共享，实现了尊重私权与知识共享双重目标。

慕课是一种教育方式，具有公益性，同时具有经济属性，可进行商业化运营。目前慕课的运营公益性与营利性双轨制并存。对于公益性的慕课，教育是其唯一的目的，而教育关系着一个国家文化、科学事业的进步，关系着经济的发展，民族的振兴，故此，学生用户创造的内容的知识产权受到一定的限制，属于"为课堂教学与科学研究"使用已发表作品的合理使用行为，故此，公益性慕课平台可以享用对用户内容的"引用、发布、转载"等方面

---

[1] 《著作权法》第15条："电影作品和以类似摄制电影的方法创作的作品的著作权由制片者享有，但编剧、导演、摄影、作词、作曲等作者享有署名权，并有权按照与制片者签订的合同获得报酬。电影作品和以类似摄制电影的方法创作的作品中的剧本、音乐等可以单独使用的作品的作者有权单独行使其著作权。"

[2] A Bill of Rights and Principles for learning in the Digital Age, http://chronicle.com/article/The-Document -A -Bill -of/136781/.

[3] 叶兰、易晓娥："图书馆视角下的MOOCs版权问题研究"，载《大学图书馆学报》2014年第5期。

的权利。然而，对于商业化运营的慕课，纯粹营利性的慕课平台而言，知识产权政策中的这种格式条款的内容没有版权法上的依据，[1] 但考虑到用户内容的产生是基于课程学习思考与讨论的结果，从慕课课程资源充分利用的角度出发，营利性的慕课平台可以法定许可使用用户生成的内容，比如 Coursera 慕课平台可以未经许可使用用户内容，但应当支付适当的费用。当然慕课课程时代，这种支付方式并非一定是许可费用的支付，方式可以多种多样。

三、构建慕课（MOOCs）版权保护制度

（一）慕课（MOOCs）版权内容

慕课是著作权法保护的对象，与一般作品一致，慕课作品的版权内容包括了著作权人身权和著作权财产权。但慕课作品具有开放性、集成性的特点，在慕课作品的权项内容设计具有自身特点，其著作权人身权应包括：(1) 发表权。慕课作为著作权法保护的作品，首先版权人享有发表权，只不过慕课本身属于大规模开放在线课程，在权利人以此种方式完成作品时，意味着发表权已经行使；(2) 署名权，即表明作者身份的权利；(3) 修改权。慕课作为信息时代的综合性作品，是基于新技术的产生而产生的，随着技术的进步，制作人认识水平的提高、法律的修改、社会的发展，为保持慕课作品的质量，使其与时俱进，发挥知识、信息传播的功能，慕课作品权利人享有修改权，不断提高完善慕课的质量。修改权对于慕课作品的版权人来讲具有重要意义。(4) 保护作品的完整权，即保护其不受歪曲、篡改和滥用的权利，维护其真

---

〔1〕 Coursera 慕课使用条款中对于用户内容规定：“通过服务您能够与 Coursera、授课老师和/或其他用户分享您的内容，如作业、测验、考试、项目、您提交的其他工作、您在论坛发的帖子等（用户内容）。您保留所有的知识产权并负责您分享的用户内容”，但紧接着在下一条“Coursera 和其他机构如何使用用户内容”中指出“即便您提供用户内容，您也可以授予 Coursera 基于公开表演、公开展示或使用用户内容完全转让、免版税、永久、再授权、非独占、世界范围内可用的许可以复制、分发、修改、创建衍生作品。这些条款内容均不限制 Coursera 可能对用户内容享有的其他法律权利，如根据其他许可证。我们可以以任何理由保留移除或修改用户内容，包括们认为违反这些条款。国外其他的慕课平台也规定了类似的条款。国内如智慧树平台版权声明“本公司网站有权在本网站范围内引用、发布、转载用户在本公司网站社区发布的内容。本公司网站对于用户发布的内容所引发的版权、署名权的异议、纠纷不承担任何责任”。大数据时代，国内外的慕课平台认识到慕课大规模的用户数据及用户内容的巨大的商业价值，为了方便平台使用用户内容，在平台的知识产权协议或签订的用户协议中加入了上述条款，这些条款赋予 Coursera 等慕课平台对于用户创造内容非常宽泛、多种方式（只要平台需要用到的）使用作品的权利。

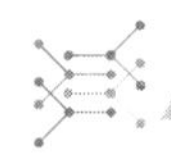

实性。慕课财产性权利主要有复制、发行、网络传播、改编、翻译、汇编等权利，商业性使用慕课作品时，权利主体有权获取一定的报酬。易言之，这些基于互联网、数字技术、流媒体等技术发展而产生于网络上的新型的作品，自身具有不同于传统作品的特点，其产生本身依附于网络，也因此其所享有的著作财产权具有不同于一般作品的特点。

（二）慕课（MOOCs）版权侵权行为的界定

国内外的慕课平台在其知识产权政策中执行严格的课程资源使用条款，都非常严格地限制用户的使用权限，对课程资源的使用仅允许在选修的情况下内部使用。不过各平台的使用限制程度有所不同。edX 试图将课程以开放许可协议发布，是三大平台中最为宽松的使用政策，Coursera 和 Udacity 则不允许学生的复制、分享等行为。国内主要平台也都不允许以商业目的使用课程资源。〔1〕比如爱课程网的知识产权声明：“爱课程（www. icourses. edu. cn）为‘中国大学精品开放课程’的唯一官方网站，高等教育出版社独立拥有或与相关内容提供者共同拥有‘课程’网站内相关内容（包括但不限于文字、图片、音视频资料及页面设计、编排、软件等）的版权和其他相关知识产权。未经高等教育出版社书面许可，对于高等教育出版社拥有版权和其他知识产权的任何内容，任何人或单位不得以复制、镜像或其他任何方式进行使用。违反上述声明，高等教育出版社有权依法追究其法律责任。”智慧树平台版权说明：“本公司系该网站上所有页面设计、页面内容的著作权人，对该网站所载、凡本网站未注明来源的作品，包括但不限于网站所载的文字、数据、图形、照片、有声文件、动画文件、音视频资料等拥有完整的版权，受著作权法保护。严禁任何媒体、网站、个人或组织以任何形式或出于任何目的在未经本公司书面授权的情况下抄袭、转载、摘编、修改本网站内容，或链接、转贴或以其他方式复制用于商业目的或发行，或稍作修改后在其他网站上使用，前述行为均将构成对本网站版权之侵犯，本网站将依法追究其法律责任。”

慕课版权侵权行为的界定必须依据慕课保护范围确定。慕课课程的版权保护问题涉及两个方面的问题：一是慕课课程的整体上的版权保护，即作为课程最核心内容的课程视频，讲义资料等著作权法的保护；二是课程中教师

---

〔1〕叶兰、易晓娥：“图书馆视角下的 MOOCs 版权问题研究”，载《大学图书馆学报》2014 年第 5 期。

为授课目的所创造的文字作品、图片、图标以及视听作品等构成要素的著作权法保护。对于第一个方面，慕课课程整体上作为一个作品，参与课程制作的人（高校、教师或者平台）享有著作权，按照现行著作权法的规定，没有法律的特殊规定或版权人的授权，对慕课课程的复制、转载或者提供镜像等行为即构成侵权，同时这种行为也同时侵犯了慕课中形成独立作品的构成要素。对于第二个方面，未经授权许可，对课程讲义的大量复制、转载、翻译、改编的行为，对教师提出的创新性的观点作为自己发表文章的核心观点等行为都属于版权侵权行为。慕课课程的开发过程面临很多版权授权许可问题，课程本身以及课程所产生的资源也要受到全面的版权保护，这两者是相辅相成的，只有这样才能激发教师的热情，保护文化作品和资源，促进知识的传播和普及。〔1〕

四、慕课（MOOCs）形态下的合理使用制度变革

著作权权利限制制度作为一项平衡著作权私权人与社会公众利益、兼顾保护作品创作与促进作品传播利用的精巧的制度设计，一直以来承担着利益调节器的作用。在以物联网、大数据和人工智能等技术革新为代表的第四次工业革命背景下，如何保护著作权私权的同时，灵活运用这些新技术，对包括受著作权保护作品在内的信息进行积累、组合与分析，从而创造出高附加值的创新，实现创新型国家建设，这都涉及著作权区域限制制度的适用条件、适用范围等具体制度设计与变革问题。

版权一直关注促进公共利益。第一部版权法规《安娜法案》，鼓励学习……和鼓励有学问的人构思和进行创作，授予的垄断不仅是保护出版商的财产权，也是确保作品创作供公众阅读。合理使用是版权法利益平衡机制的核心组成，限于版权专有权妨碍了公共安全、文化发展、残疾人接触、公共信息传播安全等公共利益，阻碍了社会发展进步时，法律给予专有权以限制。合理使用制度的价值目标，在于通过均衡保护的途径，促进科学、文化事业的发展。〔2〕

（一）合理使用的立法价值

版权法通过对版权私权适当的限制，能够平衡著作权人、作品的传播者

〔1〕叶文芳、丁一：“MOOC 发展中的版权制度研究”，载《科技与出版》2014 年第 2 期。

〔2〕吴汉东：“合理使用制度的法律价值分析”，载《法律科学（西北政法大学学报）》1996 年第 3 期。

和社会公众三者之间的利益关系。利益平衡机制是合理使用制度的本质。合理使用是对要求任何特定使用的版权侵权的一个防御。实践证明这一制度具有功能强大和灵活性的特征，表现在以下几个方面：

1. 合理使用有利于创新与经济发展

合理使用有利于对资料的访问，促进公共利益，鼓励新的高效的使用，刺激竞争和创新。它可以允许为批评和评论、滑稽和讽刺、报道新闻目的，对版权材料未经授权的使用。许多这样的使用不仅有益于公共利益，而且他们通常不损害原作品权利持有人的市场，有时甚至会放大其市场。在评估未经允许的其他转换性使用，如数据挖掘、文本挖掘、缓存、索引和其他技术功能，和其他一系列的创新使用，是否被允许时，合理使用四要素也是一个适当的判断工具。“在美国，合理使用例外的灵活性实际上是作为版权制度执行的创新政策，因为它创造了构建创新产品的激励，产生互补技术以提升版权作品的价值。”〔1〕ACCC 认为，灵活规定可以帮助避免不必要的“新的版权材料的创新和创造的减少”。〔2〕现实证据已经证明合理使用对经济发展是有利的。〔3〕在美国，版权产业处于领先地位，目前没有比肩者。这些行业在国内合理使用防御的背景下，实现了在全球主导地位，合理使用是美国健康的互联网生态圈的支柱，同时，包括以色列、新加坡和韩国采用了合理使用技术。〔4〕

2. 合理使用是灵活的

合理使用技术是中立的，它并不局限于特定类型的版权材料，也没有特定的权利。然而，当它应用时，合理使用要对技术、适用类型、版权资料的类型进行区别。一些技术条件下的使用可能是合理使用，然而其他技术条件下的使用可能因不合理地侵犯了著作权人的版权市场而不被允许。这是合理使用的优势之一。合理使用是一个通用的、万能的工具，它是灵活的，而不是生硬的、僵化的。

---

〔1〕 Copyright Advisory Group—Schools, Submission 231 citing Fred von Lohmann, “Fair Use as Innovation Policy”, (2008) 23 *Berkeley Technology Law Journal* 289.

〔2〕 ACCC, Submission 165.

〔3〕 R Burrell, M Handler, E Hudson, and K Weather all, Submission 716.

〔4〕 I Hargreaves and B Hugenholtz, “Copyright Reform for Growth and Jobs: Modernising the European Copyright Framework”, (2013) 13 *Lisbon Council Policy Brief* 1, 4.

3. 合理使用更好地符合消费者的合理期望

合理使用将意味着，社会公众可以以对版权人市场完全无害的方式，甚至有益的方式使用受版权保护的材料的时候，不侵犯版权，这将更好符合消费者的期望。

4. 合理使用是完全足够可预测的

许多人担心，合理使用可能会损害版权所有者，因为它是不确定的。ALRC 认可有确定范围的版权例外的重要性。这对版权持有者来说，是重要的，在他们的作为激励创造的基础的权利被利用的时候保持信心。合理使用范围的确定性对用户来说也是很重要的，他们能够确保在合适的领域没有许可也可以对版权材料进行新的和有益的使用。对合理使用的不确定性的担忧来自其重要和积极的功能-合理使用的灵活性。故此，合理使用全面、完善的制度设计至关重要。

一个科学的合理使用的制度设计应该是是一个以组合原则为核心的广泛标准，而不是一个详细的法定规则。法律包含原则或标准通常比规定更灵活，并能适应新的技术和服务。比如，一个合理使用例外不需要修改能够适应以下事实，消费者在云环境中的个人数字储物柜使用平板电脑商店购买版权材料的副本。虽然一般来说，在适用范围方面，标准不如详细的法定规则更有确定性，但是，一个清晰的原则标准（clear principled standard）比一个不清晰的复杂的规则（unclear complex rule）更有确定性。这一合理使用的制度设计不是虚构的或未经检验的，它已经被美国法庭应用几十年，并且它被确定为普通法版权原则可以追溯到 18 世纪。如果合理使用是不确定的，这似乎并没有大大抑制世界上最大的文化商品出口国美国电影、音乐、书籍和其他材料的创造。故此，一个具有清晰标准和判断因素的合理使用原则即具有适应新技术的灵活性，同时又能满足版权人及消费者确定性、可预测性的要求。

5. 合理使用有助于保护版权所有者的市场

合理使用的一个重要特性是它明确地认识到需要保护的权利持有人的市场。合理使用的第四个考虑因素是使用对版权材料潜在的市场或价值的影响。考虑到这因素将有助于确保合理使用的例外不会对创造者和其他版权所有者的合法权益带来伤害。

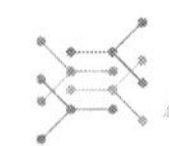

6. 合理使用有利于公众对版权的理解和尊重

合理使用并不是“打开闸门”、鼓励不尊重和不遵守版权法律。[1] 相反，合理使用将会更吸引消费者，说服他们为版权内容付费，特别是当与创新的商业模型相结合的时候。[2] 相较于现行复杂具体的例外的集合，公众更容易理解合理使用的四要素，这样的合理使用的例外看起来更合理。

在传统的面对面课堂教学中，各个国家都规定了教学、科研目的的合理使用，这一制度在扩大作品传播、促进教育发展以及版权人权利保护方面发挥了巨大的作用。慕课本质上也是一种教育，慕课课程中对作品的使用是基于教育目的的使用，如果将慕课中作品的使用完全排除到合理使用之外，教育领域已经形成的版权人、教育者和学习者三者之间的均衡保护会因此受阻，进而导致利益的失衡，在信息技术环境下，创新合理使用制度以实现的慕课形态下合理使用的上述立法价值。

（二）慕课合理使用的正当性分析

1. 国际条约的规定给慕课中版权限制制度创新提供了空间

教育被称为“限制版权保护的强大的公众利益的一个最为明显的例子”。[3]《世界知识产权组织版权条约》序言引用“为保持作者利益和最广大的公众利益之间平衡的需要，特别是教育、研究和获取信息，正如《伯尔尼公约》所反映出来的”。[4] 版权材料的教育目的的合理使用一直被国际法作为合法的例外认可。

《伯尔尼公约》第10条（2）规定：本同盟成员国法律以及成员国之间现有或将要签订的特别协议得规定，可以合法地通过出版物、无线电广播或录

---

〔1〕 Australian Research Council Centre of Excellence for Creative Industries and Innovation, Submission 208 relying on H Varian, “Copying and Copyright”, (2005) 19 *Journal of Economic Perspectives* 136; and J Karaganis, “Media Piracy in Developing Countries”, (2011), *Social Science Research Council*. Hal Leonard Australia suggested that in the context of print music “copyright law has had zero impact on the introduction of new and innovative business models”: Hal Leonard Australia Pty Ltd, Submission 202.

〔2〕 Cyberspace Law and Policy Centre, Submission 640, citing D Vaile “Shifting Sands? The moderate impact of Australia's 2006 copyright exceptions”, in J Malcolm, *A2K for Consumers: Reports of Campaigns and Research* 2008-2010 (2010).

〔3〕 K Garnett, G Davies and G Harbottle, Copinger and Skone James on Copyright (16th ed, 2011), [9-96].

〔4〕 World Intellectual Property Organization Copyright Treaty, opened for signature 20 December 1996, ATS 26 (entered into force on 6 March 2002), preamble.

音录像使用文学艺术作品作为教学解说的权利，只要是在为达到目的的正当需要范围内使用，并符合合理使用。[1] 1996 年《世界知识产权组织版权条约》（WCT）第 10 条的“限制与例外”：（1）缔约各方在某些不与作品的正常利用相抵触，也不无理地损害作者合法利益的特殊情况下，可在其国内立法中对依本条约授予文学和艺术作品作者的权利规定限制或例外。（2）缔约各方在适用《伯尔尼公约》时，应将对该公约所规定权利的任何限制或例外限于某些不与作品的正常利用相抵触，也不无理地损害作者合法利益的特殊情况。需要注意的是，WCT 文本中对第 10 条作了一个详尽的议定声明。[2] 即“不言而喻，第 10 条的规定允许缔约各方将其国内法中依《伯尔尼公约》被认为可接受的限制与例外继续适用并适当地延伸到数字环境中。同样，这些规定应被理解为允许缔约方制定对数字网络环境适宜的新的例外和限制。”

由此可知，其一，被《伯尔尼公约》所接收和认可的限制和例外（包括法定许可）可以延伸到网络环境下；其二，如果 WCT 的成员国针对网络环境制定超出《伯尔尼公约》范围以外的新的例外与限制，同样也可以接受和认可。这既没有违背《伯尔尼公约》的精神，也没有逾越 WCT 所允许的界限。

新技术的不断发展和互联网世界范围内的应用，著作权相关各方的平衡需要重新调整。著作权的限制制度成为世界知识产权组织（WIPO）版权及相关权常设委员会（Standing Committee for Copyright and Related Rights，简称 SCCR）经常关注的议题。2010 年 12 月，SCCR 发布的《WIPO 关于残障人士、教育和研究机构、图书馆和档案中心的限制与例外条约草案》，在前言中，草案明确提到 16 条共识，其中特别规定“考虑到平等接触的教育、文化、信息和交流是公共政策（Public Polity）下的一项基本权利”，“认识到政府（authorities）当局在保障平等接触教育、文化和信息机会中扮演的重要角色”，“认识到著作权国际法律体系正面临着巨大的挑战，需要立即建立起全球化的著作权限制与例外的规则”，上述共识透露出一个信号，即鼓励政府当局利用

---

〔1〕 Berne Convention for the Protection of Literary and Artistic Works (Paris Act), opened for signature 24 July 1971, [1978] ATS 5 (entered into force on 15 December 1972).

〔2〕 An Agreed Statement relative to Article 10 that was adopted by the 1996 Diplomatic Conference provides: It is understood that the provisions of Article 10 permit Contracting Parties to carry forward and appropriately extend into the digital environment limitations and exceptions in their national law which have been considered acceptable under the Berne Convention. Similarly, these provisions should be understood to permit Contracting Parties to devise new Exceptions and limitations that are appropriate in the digital network environment.

公共政策方式调整著作权利益相关方之间的平衡，并在适当时机根据需要保留甚至扩大某些特殊情形的著作权的限制与例外，以保障公众能够平等接触教育、文化和信息的机会。

2. 著作私权与受教育权的价值博弈

庞德说：“法律应以付出最小的代价为条件而尽可能地满足社会需求，法律要尽可能保护所有社会利益、并维持这些社会利益之间的某种平衡或协调。”[1]版权法授予版权人对作品一段时间的“垄断实施”的权利，在这一特定的时期内权利人可以排斥未经许可的让人使用，以维护其版权利益。另一方面，教育是人类最伟大的事业，受教育权是人类的最基本的权利，是人类从蒙昧时期进入文明社会最重要的途径。教育目的实现的最主要的方式之一就是教学，教学就需要使用前人以及现代人的著作权成果。版权法从利益平衡原则出发，以及为促进文化、科技发展的需要，通过限制版权人私权的方式满足人类受教育的要求。基于此，各国的版权法中都有关于教育目的合理使用的规定。

合理的教育使用，首先来自于美国的合理使用条款。美国合理使用例外两次明确谈到教育。序言，包括作为一个说明性的目的，“教学（包括教室使用多份复制）、奖学金或研究”。此外，美国合理使用条款中四个公平考量因素中的第一个因素，“使用的目的与特征，包括这样的使用是否是商业性质或非营利性教育目的的使用”。[2] 美国一些版权学者提出：我们已经看到，在美国，教育目的的重要性作为值得认可的目标，在合理使用分析中已经相沿成习（well established），这一事实促使历史悠久的教育实践更加繁荣，有利于其他的教育方式的出现。也就是说，重要的是要强调，教育合理使用并没有覆盖或取代了美国教育材料的销售和许可。教材出版，无论是纸质版还是数字格式，继续茁壮成长。各级学校继续许可为课堂和教育支持的其他内容的使用，以及为数字图书馆购买专著和期刊。美国教育的合理使用提供了一些教学创新的余地，但对于受版权法保护材料的规模性的使用并没有预留余地。[3] 英国政府引入的为教学目的的公平交易条款，使教师合理利用版权材

[1] Roscoe Pound, *Introduction to the Philosophy of Law*. Rev. ed. New Haven, 1954, p. 47.

[2] Copyright Act 1976 (US) s 107 (emphasis added).

[3] G Hinze, P Jaszi and M Sag, Submission 483.

料没有侵犯版权，只要这样的使用是少量的、非商业，才对版权所有者就是公平的。[1] 英国的公平交易条款也是对于版权私权进行限制的制度，但其比合理使用有更多的限制，例如，非商业性是一个条件，而不是如美国作为一个考虑因素。但两者相同点在于，两个版权例外都不是过于死板，而是需要一个公平的考虑。澳大利亚法律改革委员会（ALRC）建议，"教育"是合理使用条款中说明性的目的之一。澳大利亚的合理使用条款中包含为教育目的的说明性的使用，将释放一个信号，教育目的的使用比非教育目的的使用更可能是公平的使用，换句话说，一个教育目的将更有利于合理使用的认定。

"权利人因慕课的开放性引起的对教育性质的担忧是不必要的，因为教育目的的实现与学员的身份、教学方式无关。"[2] 中华人民共和国成立后一直很低的高等教育升学率说明我国高等教育提倡"精英教育"，能够进入高等学府接收高等教育的人是很小的一部分，虽然近年来，我国高考的升学率一路走高，但是能够接受高等教育的人数与同龄的人数比率还是非常低。究其原因主要有两点，一是高等教育入学考试的门槛，二是高额的学费也是很多困难人群的很大的负担。那么这些未能接受高等教育的人群成为社会的"弱势群体"。慕课实行开放性教学，入学进行课程的学习没有任何的门槛和限制，应该说，它是我国的高等教育从过去的"精英化教育"向"大众化教育"转型的不二选择。我国应当以慕课为契机进行高等教育领域的改革，充分认识慕课发展对培养我国国民的人文精神，提升职业素养的重要性。如果忽视慕课对社会发展的重要性，而限制慕课课程中对作品的使用，必将影响我国学习型社会的建设，更无法实现教育现代化的目标。

北京大学慕课授课教师李晓明是我国慕课的先行者，他认为在传统课堂中被认为是"正当使用"的情形也应当适用于在线课堂上。"法律不应当只是单纯强调对原作者著作权的保护，它应当在保护著作权与让社会高效利用以实现创新之间寻找一个平衡。如果这个问题解决了，慕课的发展将顺畅得多。"[3] 慕课是当代实现公众对教育、文化信息平等接触权的重要方式，政

---

〔1〕 Intellectual Property Office（UK）, Technical Review of Draft Legislation on Copyright Exceptions—Education（2013）.

〔2〕 邹琳、陈基晶："慕课教育的合理使用问题研究"，载《知识产权》2015 年第 1 期。

〔3〕 北京大学国内慕课先行者李晓明教授曾提交过一个提案：我国《著作权法》第 22 条需要修改以适应慕课时代的到来。

府制定慕课合理使用制度是为保证公众教育信息文化的平等接触权，是基于公共政策考量，是公众知识获取权的重要制度保证。在世界上绝大多数国家，公民尤其是未受教育人群的知识获取权及享受科技进步成果的权利大于少数个人和企业的著作权私权。

3. 慕课开放性与作品营销的契合

慕课虽是一种教育模式，却因其开放性、大规模的特征以及潜在的商业性无法纳入现行版权法规定合理使用的情形中。2012 年开始的《著作权法（修改草案第三稿）》中改变合理使用现行法封闭式的立法模式，采用概括和列举相结合的开放式立法模式。第 42 条规定："除了列举的十二种合理使用的情形，增加（十三）其他情形。只要这种方式使用作品，不得影响作品的正常使用，也不得不合理地损害著作权人的合法利益即可。"故此，慕课中对于版权资料的使用不会仅仅因为其开放性而被排除到合理使用的范围之外。"开放性"与"给版权人造成损害"是两个概念，不能混淆。"开放性"使用版权资料未必一定会给著作权人带来损害，相反，实践证明，慕课中使用了第三方的版权作品，因慕课的开放性的特征，扩大了对作品的传播，对作品起到了宣传作用。易言之，这种使用类似于对版权作品的营销（许多人已经承认），当慕课中使用了作品的剪短摘录部分后，意味着整个作品已经推荐给数量庞大的慕课参与者。

正如"谷歌数字图书馆计划"，谷歌未获得版权人的许可扫描他们的书，没有权利持有人的许可，让这些书可以在其网站上搜索获得。在谷歌图书上搜索返回的图书列表，搜索词出现书的"片段"（八分之一页）的书，并且链接到书籍的卖家和图书馆。实践证明"谷歌数字图书馆计划"中谷歌数字图书馆不仅没有取代原来书本的市场，相反却起到辅助宣传的作用，是世界上更多的人知晓这本书，并为接触和购买本书提供了便利和帮助，因为谷歌公司提供了书本的购买链接。阅读者可以通过链接进行网上下单购买，十分便利，可见，"谷歌数字图书馆计划"促进了书本的销售，而使版权人获利。正如该案件的判决中，对谷歌图书的好处表述为："一个为读者和研究者找到书的新的和有效的方式，便利的数据和文本挖掘、保护老的和绝版的书籍，增加了作者和出版商的销售（因为搜索结果中包含的链接书卖家）。[1] 因此，

〔1〕 The Authors Guild, Inc. v Google, Inc., (SDNY, Civ 8136, 14 November 2013).

法院得出结论，这种使用属于转换性使用，服务于教育的目的，不仅没有成为该书的市场替代，而且实际上提高了书籍的销售，因此是合理使用。慕课中使用的作品会产生同样的营销效果。慕课教育目的，对版权材料的合理使用，不仅有利于教育的公共利益，而且实践表明，不会对著作权人的合法利益造成损害，亦不会降低创作作品的激励。事实已经证明。如美国杜克大学图书馆进行慕课使用作品授权许可的版权服务时，当材料，特别是短阅读材料，直接提供给慕课参与者时，向出版者市场销售部门解释和用文件证明通常发生的促进销售情形，[1] 以争取能够使用或合理使用作品。

版权人对于慕课中合理使用作品的担忧主要源于慕课的开放性、大规模性以及商业性的特征。慕课的全球开放性特征，著作权人和出版商可能不愿意（回避）授予他们的资源一种全球性的权利，机构和教员对于慕课课程中的合理使用问题一般应更加的谨慎小心。慕课在线传播课程，复制的低成本，高效的传播也让版权人产生作品脱离控制、利益受损的担忧，慕课的商业属性更是慕课中合理使用作品的障碍。在传统的合理使用的判断因素中，使用的商业性与否是判断是否构成合理使用的非常重要甚至一度是决定性的因素，有学者认为，一旦使用行为具有营利性，就基本上排除了该行为适用合理使用的可能性。”[2]因为，如果是具有商业性质的教学活动，版权人没有义务为他人的商业利益牺牲自己的利益。[3] 基于上述的原因，版权人对于慕课中合理使用其作品从维护其作品权益财产权益角度来说是反对和担忧的，而慕课的制作者、开发者对于课程中能否合理使用第三方版权资源是纠结的，产生这一问题的原因在于我国目前采用了封闭式的合理使用立法模式。法律是社会现实生活的反映，随着现实生活的变化，法律制度也只有与时俱进才能保持其生命力。

慕课是信息时代产生的一种新的教学模式，是教育现代化的重要举措。从合理使用制度的立法价值及其背后的法理以及我国教育的现状及要实现的教育目标的角度，合理使用制度适用于慕课有其现实意义和必要性。当我们

---

〔1〕 Lauren Fowler; Kevin Smith: Drawing the Blueprint As We Build: Setting Up a Library-based Copyright and Permissions Service for MOOCs July/August2013 Volume 19, Number 7/8 D-Lib Magazine.

〔2〕 刘志刚：《电子版权的合理使用》，社会科学文献出版社 2007 年版，第 133 页。

〔3〕 邹琳、陈基晶：“慕课教育的合理使用问题研究”，载《知识产权》2015 年第 1 期。

进入数字时代，合理使用的原则应更广泛，而不是更狭窄。[1]

（三）慕课合理使用制度的构建

如前所述，现行《著作权法》第22条用列举的方式规定了十二种合理使用的情形，同时配套的《著作权法实施条例》第21条规定，依照著作权法有关规定，使用可以不经著作权人许可的已经发表的作品的，不得影响该作品的正常使用，也不得不合理地损害著作权人的合法利益。其后，在《著作权法》第三次修改过程中，2012年公布的《著作权法（修改草案第三稿）》中改变合理使用现行法封闭式的立法模式，采用概括和列举相结合的开放式立法模式。第42条规定："除了列举的十二种合理使用的情形，增加（十三）其他情形。只要这种方式使用作品，不得影响作品的正常使用，也不得不合理地损害著作权人的合法利益即可。"此种修改体现了著作权法合理使用制度适用科技文化技术发现的创新性立法理念，用弹性的合理使用制度以涵盖科技发展中不断涌现的新的作品类型的出现、新的作品使用方式。

然而，在2020年4月发布的《著作权法修正案（草案）征求意见稿》第22条规定："在下列情况下使用作品，可以不经著作权人许可，不向其支付报酬，但应当指明作者姓名、作品名称，并且不得影响该作品的正常使用，也不得不合理地损害著作权人的合法权益：（一）为个人学习、研究或者欣赏，使用他人已经发表的作品；（二）为介绍、评论某一作品或者说明某一问题，在作品中适当引用他人已经发表的作品；（三）为报道新闻，在报纸、期刊、广播电台、电视台等媒体中不可避免地再现或者引用已经发表 的作品；（四）报纸、期刊、广播电台、电视台等媒体刊登或者播放其他报纸、期刊、广播电台、电视台等媒体已经发表的关于政治、经济、宗教问题的时事性文章，但作者声明不许刊登、播放的除外；（五）报纸、期刊、广播电台、电视台等媒体刊登或者播放在公众集会上发表的讲话，但作者声明不许刊登、播放的除外；（六）为学校课堂教学或者科学研究，翻译、播放或者少量复制已经发表的作品，供教学或者科研人员使用，但不得出版发行；（七）国家机关为执行公务在合理范围内使用已经发表的作品；（八）图书馆、档案馆、纪念

[1] Joseph J. Raffetto * DEFINING FAIR USE IN THE DIGITAL ERA Citation: 15 U. Balt. Intell. Prop. L. J. 77 2006-2007 Content downloaded/printed from Hein Online (http://heinonline.org) Fri Jun 12 10: 31: 49 2015.

馆、博物馆、美术馆等为陈列或者保存版本的需要，复制本馆收藏的作品；（九）免费表演已经发表的作品，该表演未向公众收取费用，也未向表演者支付报酬；（十）对设置或者陈列在公共场所的艺术作品进行临摹、绘画、摄影、录像；（十一）将中国自然人、法人或者非法人组织已经发表的以汉语言文字创作的作品翻译成少数民族语言文字作品在国内出版发行；（十二）以阅读障碍者能够感知的独特方式其提供已经发表的作品。前款规定适用于对出版者、表演者、录音录像制作者、广播电台、电视台的权利的限制。”按照最新公布的《著作权法修正案（草案）征求意见稿》关于合理使用的规定的内容，与我国现行的著作权法规定在立法技术上并无不同，均为采取封闭列举式的方式进行合理使用的范围划定，那么作为其配套的行政法规《著作权法实施条例》以及《信息网络传播权保护条例》从立法位阶上看，无法突破《著作权法》的规定，因此，如此这般的修改看似将著作权人的私权放在了立法将价值目标的首位，但其最终也是限制了作品的广泛传播与利用，本质上既不利于著作权人私权的维护，同时更不利于信息技术与文学、教育等领域的创新性结合，不利于信息产业的发展。

肩负着实现著作权私权与公共利益平衡功能，实现激励全社会创新创作热情与促进文学艺术科学作品广泛传播的目的精妙设计的合理使用制度，在科学技术日新月异的社会里，其立法理念也需要不断的创新、与时俱进。当下，我们应当关注的问题并非合理使用制度对私权的限制与不利方面，而是如何进行科学的制度设计，保存该制度的精妙内核，保护全社会对知识产权保护的支持与信心，培育全社会尊重知识产权的文化。反之，过于狭窄的合理使用范围，会造成社会公众对知识产权保护的抵触心理，客观上也会出现大量侵权行为发生而未被追究侵权责任的现象，如此反而会降低公众关于知识产权保护的认同。因此，进行慕课合理使用制度的科学设计，不仅关涉慕课的可持续性发展，也关涉社会文化的繁荣与信息产业的发展。

1. 非营利性慕课合理使用制度的构建

（1）非营利性慕课的界定。有些慕课平台确实会收取费用，但是这些费用都是基于相应的附加服务的，比如 Courser 平台中学员要求获得课程认证或者要求获得学分而缴纳的费用。这种收益基本能够与慕课课程开发成本相抵。故此，这类慕课实质可归类为非营利性慕课的一类。正如《欧盟版权指令》的规定：“适用于非商业性教育和科学研究的目的的限制时，相关的非商业性活动的性质应该由该活动本身来决定。”[1] 美国2015年10月28日出台了规定，美国版权局、国会图书馆关于《DMCA禁止规避技术措施之例外规定第六次修改》第1（v）条中规定了，为了教育目的，获得认可的非营利教育机构通过网络平台，基于批评或评论的目的，可以使用视听作品的片段，这里的“获得认可的非营利教育机构”在本法案中，明确为除了完全免费的慕课平台外，还包括该平台本身可以是营利性的慕课平台。如前文所述，慕课平台的性质目前来看分为三类：公益性慕课平台、半营利性的慕课平台，营利性的慕课平台，其中半营利性的慕课平台收益一般与慕课制作开发、运行成本相抵，一般应当归为非营利性的慕课平台。故此，此处的非营利性慕课平台是指公益性慕课平台和半营利性的慕课平台。

版权材料最终的教育目的使用的事实并不必然意味着这种使用是合理使用，特别是一个商业实体使用的情况下。两个美国的案例说明了这一点。在Basic Books v Kinko's Graphics Corp（Kinko图形公司）案件中[2]，为形成课程包对版权材料的复制由美国州地方认定不构成合理使用。这种文本摘录的使用被发现破坏了整个文本的市场。法院把重点放在对被告营利动机上——商业影印业务。[3] 另一个类似的结果出现在普林斯顿大学出版社诉密歇根文档服务公司（Princeton University Press v Michigan Document Services Inc）案件中。[4] 密歇根文档复印店是一个商业服务商店，未经许可，复制受版权保护的作品的大量片段，将资料绑定课程包出售给学生。金斯伯格和戈尔曼教授（Professors Ginsburg and Gorman）解释说，大多数法院认为，《美国版权法》第107条对于“课堂使用的多个副本”并没有一个完全的豁免。对原告出版书籍的大部分和整章的逐字复制的行为“大大不利于合理使用的认定”，“复印不仅对图书的销售带来不利影响，也不利于原告通过集体管理组织和当时繁荣的许可而获取的复制版税收入”。[5] 这些案例与商业性复制有关。

非营利性教育机构复制和其他使用更可能是合理使用，尽管公平的因素

---

〔1〕 刘志刚：《电子版权的合理使用》，社会科学文献出版社2007年版，第83页。

〔2〕 Basic Books v. Kinko's Graphics Corp 758 F Supp 1522（SNDY，1991）.

〔3〕 J Ginsburg and R Gorman，*Copyright Law*（2012），194.

〔4〕 PrinceJ Ginsburg and R Gorman，*Copyright Law*（2012），194ton University Press v Michigan Document Services，Inc，99 F 3d 1381（6th Cir，1996）.

〔5〕 J Ginsburg and R Gorman，*Copyright Law*（2012），194.

需要被考虑。2012 年，Cambridge University Press v Becker 案件，美国地方法院认为，案件是为教学目的对版权作品的摘录复制，与不构成合理使用的商业复制不同，是“纯粹的非营利的教育目的”。[1]

随着慕课浪潮的到来，慕课中合理使用作品种类及行为方式的确定成为各国著作权法关注的焦点，各国都在积极地研究相应的对策。历来走在数字版权立法前沿的美国率先进行了慕课版权的立法，2015 年 10 月 28 日，美国版权局、国会图书馆关于《DMCA 禁止规避技术措施之例外规定第六次修改》规定了“视听作品的教育性、衍生性使用”禁止规避技术措施的例外情形，明确规定（1）“对于《美国版权法》第 101 条所界定的电影（包括电视节目和视频），为了批判或评论之目的，且仅仅为了使用前述电影之片段，可以在下列情形下实施规避行为‘（v）为了教育目的，获得认可的非营利教育机构通过网络平台（该平台本身可以是营利性的）向正式注册的学生提供的大型公开在线课程（MOOC）的教师，可以实施规避行为。’”按此规定，教师为了批评、评论之教育目的，可以无需许可，无需支付报酬，破解视听作品的技术保护措施，将该作品（仅仅限于前述电影之片段）使用在慕课课程中，此即为对作品的合理使用。美国关于“非营利教育机构“的界定为其他国家慕课版权制度建设提供有益镜鉴。

（2）“原则+要素+规则”三位一体的合理使用制度的构建。美国为解决远程教育与版权人利益矛盾而颁布的 Teach 法案，以及《DMCA 禁止规避技术措施之例外规定第六次修改》规定了“视听作品的教育性、衍生性使用”禁止技术措施例外的立法对我国慕课教育发展和立法具有借鉴价值。同时澳大利亚版权法改革，日本 2108 年及 2020 年初对其著作权法改革的举措对我国慕课形态下版权变革具有极大的启示意义：通过研究合理使用的精神，识别数字环境下合理使用新形式，注入版权发展新生机。[2]

如上所述，如果依照我国《著作权法（修改草案第三稿）》开放式的合理使用制度的规定，慕课课程中使用的一部分作品可以纳入合理使用的范畴，立法模式的变化应当说是合理使用制度的一大进步。然而，按《著作权法

---

〔1〕 Cambridge University Press v Becker (Georgia State University) (District Court for North District of Georgia, 11 May 2012), 49.

〔2〕 王红珊：“数字经济下的版权改革与合理使用——以澳大利亚版权改革为例”，载《上海商学院学报》2014 年第 4 期。

（修改草案第三稿）》第42条之（十三）的规定为慕课合理使用作品打开缺口，但该规定比较原则，慕课中使用作品是否属于合理使用的判断标准还是过于抽象，也就是说，目前，我国修改的著作权法和《信息网络传播权保护条例》的相关规定不能适应数字信息时代新商业模式的出现以及对作品的新的使用方式，无法实现新时期版权人的私权与教育等公共利益的平衡。尤其是慕课的出现，如何在慕课教育中实现权利人的利益保护与慕课教育目的的实现的双赢，是著作权法需要作出的一项重大制度设计。慕课时代，应当对合理使用有进一步完善之必要，以应对新技术的发展和新的商业模式的出现，实现新时期合理使用制度的立法价值。

我国目前正在进行著作权法的第三次的修订，我国应当以此为契机，以著作权制度引领慕课发展，运用引领教育产业发展的先进的版权法立法理念，对合理使用制度进行重构。我们认为，合理使用制度的结构设计包括以下四个不可分割部分：合理使用他人的版权材料不侵犯版权的一个明确表达；构成合理使用的原则性的标准；在决定版权材料使用是否是合理使用时，一个非穷尽的四公平因素的列表（公平的因素）；说明使用或目的的非穷尽的列表（列举的目的）。[1] 以上四个方面有机结合形成数字信息时代合理使用制度。其中四个公平因素部分，四个要素都需要考虑和平衡，并且依据所有的因素作平衡。在美国，没有一个因素比另一个更重要。公平因素和列举的说明的目的为版权材料的用户和法院提供足够的指导。合理使用例外应该包含一个使用的目的的非穷尽的列表。在美国或其他国家颁布的合理使用例外和开放性的公平交易的例外中，都包括作为说明的使用目的或例证。[2] 列表中列举的目的是说明性例证，不是穷尽的。以原有的规则立法为基础，增设合理使用的原则性规定与判断要素，形成“原则+要素+规则”的合理使用的制度模型。这个模型的合理使用完成了从现有的“规则性”法律向原则或标准为基础的方法的转换的挑战。合理使用是建立在对现有关键概念的理解的基础上，不是从零开始，为行业的参与者提供了确定性和稳定性指示，也为法庭提供了指导。

---

〔1〕 The ALRC considers, Copyright and the Digital Economy (Final Report) ALRC Report, This Final Report reflects the law as at 30 November 2013, 124.

〔2〕 Copyright and the Digital Economy (Final Report) ALRC Report 2013年11月30日, This Final Report reflects the law as at 30 November 2013, 144.

第一，原则的确立——三步检测法确立合理使用抽象判定标准。我国合理使用列举式的立法模式虽然能够在司法实践上较为明确、便于操作，但是列举的方式难以穷尽所有，并且没有采用兜底条款。在现有的封闭列举式的合理使用的制度下，缺乏合理使用的原则性的标准，意味着提供搜索工具的数字平台无法提供受到法律保护的实时高质量的沟通、分析和搜索服务，层出不穷的新问题将在《著作权法》相关规定的空白地带得到逃避，危害网络环境下科学知识和文化信息的传播与利用。《著作权法》第 22 条第 2 款第 6 项规定与《信息网络传播权保护条例》第 6 条第 2 款第 3 项规定，这两条规定是教学目的合理使用作品的依据。但这两条规定限制条件较多，无论从作品的利用方式还是适用范围都无法适应信息技术的发展，无法满足现代教育的需求。可见，现行的僵化的合理使用制度已难以应对数字网络环境下作品利用方式的多元化，版权的立法已经落后于现实社会的发展、教育模式的变革。因此，为实现教育的现代化，有必要对教学科研领域的合理使用制度进行调整。[1]《著作权法实施条例》第 21 条规定，依照著作权法有关规定，使用可以不经著作权人许可的已经发表的作品的，不得影响该作品的正常使用，也不得不合理地损害著作权人的合法利益。该条即为《伯尔尼公约》第 9（2）条规定合理使用“三步检测法”[2]，TRIPS 也有规定“三步测试法”。《著作权法（修改草案第三稿）》第 42 条规定：除了列举的十二种合理使用的情形，增加（十三）其他情形。只要这种方式使用作品，不影响作品的正常使用，也没有不合理地损害著作权人的合法利益即可。这一概括性的判断标准，即意图将著作权法实施条例的“三步检测法”规定上升为法律，为适应日新月异的数字经济发展，此举乃明智之举。然而，我们不无遗憾地看到，《著作权法修正案（草案）征求意见稿》却与现行著作权法[3]采用了一样的列举式的立法方式，规定了封闭式的合理使用制度，将合理使用限定在一个比较狭窄的范围内。

第二，要素的确定——合理使用四要素。“三步检测法”的合理使用的判

---

〔1〕 邹琳、陈基晶：“慕课教育的合理使用问题研究”，载《知识产权》2015 年第 1 期。

〔2〕 本同盟成员国法律得允许在某些特殊情况下复制上述作品，只要这种复制不损害作品的正常使用也不致无故侵害作者的合法利益。

〔3〕《中华人民共和国著作权法》（2010 年修正）与《中华人民共和国著作权法实施条例》（2013 年修正）。

断标准能够适应日新月异的科技发展和版权保护的现实需求，但仅有此原则性规定确实过于抽象，从而会导致司法机关以此标准判断时不好把握，在个案审查上付出的司法成本不断增加。美国是合理使用制度的集大成者，其相关立法技术与学说理论对其他国家产生了广泛的影响。[1] 尤其是其合理使用制度因其灵活性与科学的制度设计更成为各个国家效仿的典范。我国最高人民法院在 2011 年颁布的《关于充分发挥知识产权审判职能作用　推动社会主义文化大发展大繁荣和促进经济自主协调发展若干问题的意见》第 8 条规定："妥当运用著作权的限制和例外规定，……在促进技术创新和商业发展确有必要的特殊情形下，考虑作品使用行为的性质和目的、被使用作品的性质、被使用部分的数量和质量、使用对作品潜在市场或价值的影响等因素，如果该使用行为既不与作品的正常使用相冲突，也不至于不合理地损害作者的正当利益，可以认定为合理使用。"该《意见》中将美国的合理使用四要素[2]与《伯尔尼公约》中的"三步检测法"相结合，构建了"原则+要素相结合"的合理使用概括性的判断标准。这一标准一方面避免了现行著作权法列举式的合理使用标准的过于僵化的弊端，另外也弥补了《著作权法（修改草案第三稿）》中"三步检测法"过于抽象的不足。

综上，我国的著作权法应当确立"原则+要素相结合"的合理使用概括性的判断标准。运用合理使用概括性的原则+要素相结合的判断标准对慕课使用版权资源进行分析：①使用的目的和性质；②被使用作品的性质；③同被使用的版权作品相比，所使用部分的比重和使用内容的实质性；④这种使用对被使用作品的潜在市场或价值所产生的影响。通过这四要件的衡量，一般认为合理使用与慕课并不是完全互相排斥的事物，合理使用在慕课环境下是可以适用的。

第三，规则-合理使用列举的法定例外。现行著作权法列举十二种合理使用的情形，包括个人使用、教育、慈善等公益事业、公共利益、残障人士、

---

〔1〕 梁健惠："中外网络环境下著作权限制制度的比较及启示"，载《广州大学学报（社会科学版）》2009 年第 7 期。

〔2〕 美国合理使用四要素包括使用的目的，是教育和商业目的的使用？所使用作品的性质—这是一个事实抑或是创造性的作品吗？所使用的数量和内容的一部分与作品作为一个整体的比例。使用对作品潜在价值和市场价值的影响。四要素作为判断的标准和依据，是否构成合理使用需要通过案件，具体的评价。

少数民族等对作品的使用几大类的情形，《著作权法（修改草案第三稿）》中依然是这几大类十二种情形。[1]列举式的法定例外为合理使用的强制性规定，禁止著作权规则任意排除，[2] 增加了法律的确定性。为了适应数字经济时代版权制度变革的要求，解除慕课发展中版权的障碍，2015 年美国版权局，国会图书馆为适应数字经济，促进慕课的发展，在其《DMCA 禁止规避技术措施之例外规定第六次修改》中明确规定非营利性慕课对视听作品教育目的的合理使用制度，扩大课堂范围包括慕课教育“虚拟课堂”教学。我国应当借鉴美国版权局、国会图书馆进行法律修订的做法，明确规定慕课中使用作品的合理使用情形及适用的条件。在著作权法中明确规定为批评、评论的目的慕课中使用第三方的文学作品片段，短小的文字作品、音乐作品、图形、图画作品，视听作品等多种类作品的片段等为合理使用。同时，为适应慕课数字多媒体技术进行课程的展示的特征，应当增加合理使用作品的方式。著作权法赋予教研“翻译”“少量复制”的方式使用作品的权利，这在慕课教学中显然是狭窄的。仅仅就教学而言，各类教学资料上传、下载、表演、播放，学员终端也会涉及临时复制问题，这些都在传统合理使用的条件之外，但是如果不这样做就无法实现教学的目的。因此，在作品使用方面应当赋予慕课教育更为丰富的权利，当然这也意味着要以慕课平台承担相应的义务为条件。[3]，而且，从善良管理人的角度要求，一般是将版权内容嵌入在一个讲座视频中，而不是放置在让学生轻松地复制受版权保护的内容的幻灯片中。

但需要注意的是，合理使用的列举式的规定，因立法语言表述的局限性以及社会现实的多样性与易变性，这样的表述很难确定一个特定的使用是否属于指定的情形之一。现实生活中，一个特定的使用行为落入了合理使用说明列表的范围，这样的事实只能倾向于合理使用的认定，但这并非意味着这样的使用就是合理使用，这一事实甚至不会提供合理使用的假设。是否认定为合理使用，公平的因素的考虑是至关重要的。[4] 也就是说，一个特定使用

---

〔1〕 但送审稿中一、二种合理使用的条件和使用方式有所要求和变化。

〔2〕 王红珊：“数字经济下的版权改革与合理使用——以澳大利亚版权改革为例”，载《上海商学院学报》2014 年第 4 期。

〔3〕 邹琳、陈基晶：“慕课教育的合理使用问题研究”，载《知识产权》2015 年第 1 期。

〔4〕 The ALRC considers, Copyright and the Digital Economy（Final Report）ALRC Report 2013 年 11 月 30 日，This Final Report reflects the law as at 30 November 2013，145.

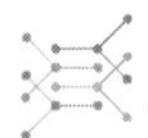

即使没有落入列表的范围，也可能因满足其他标准而构成合理使用。易言之，一种特定行为是否构成合理使用并非仅仅依据列举列表即可单独判断，无论何种情况下，是否构成合理使用要进行原则、要素、列表三个方面的综合判断，才能最终确定。

“原则+要素+规则”的合理使用模式相较于现行版权法的列举的合理使用模式更有确定性与可预测性，同时又具有灵活性，更有利于高校使用慕课等现代的教育方式。一般情况下，决策者无法事前对每种适用例外的情形精确地进行识别与界定，也就是说，没有哪个立法机关能够预测未来。正如谷歌指出的，“创新和文化本质上是动态的，你不能用详细的法律规则规范动态情况，你只能提出指导原则”。[1]通过合理使用标准，创新和其他新目的表达不需要等待立法机关重新考虑版权例外适当的范围。合理使用制度将把立法机构为适应新技术使用的“迎头赶上”的立法改革中拯救出来，虽然，立法仍然需要应对特定的发展采取行动。

合理使用的灵活性很大程度上来自这样一个事实：它是一种标准，而不是一个规则。规则和标准之间通常在法律理论的区别，规则是更具体的规定，标准更加灵活，允许对应一组具体的事实，在应用的时候作出决定。[2]规则“不是无限的精确”，标准“不是无限模糊”。[3] 法哲学家哈特（H. L. A. Hart）写道：规则是“核心的确定性和半影怀疑的”。[4] 不过，这种区别是有益的。[5] 未来总是开放性的，没有一个人能够精确地预见未来的发展，无论立法者思维如何缜密，也无法为未来的案件提供全部的解决方案。因此，允许限制与例外的开放性与灵活性是一种相对优越的选择。

---

〔1〕 Google, *Submission* 217. See also Yahoo! 7, *Submission* 276. Copyright and the Digital Economy (Final Report) ALRC Report 2013 年 11 月 30 日, This Final Report reflects the law as at 30 November 2013.

〔2〕 F Schauer, “The Convergence of Rules and Standards”, (2003) (3) *New Zealand Law Review* 303.

〔3〕 F Schauer, “The Convergence of Rules and Standards”, (2003) (3) *New Zealand Law Review* 303, 309.

〔4〕 H Hart, *The Concept of Law* (3rd ed, 2012) 123.

〔5〕 See also E Hudson, “Implementing Fair Use in Copyright Law”, (2013) 25 *Intellectual Property Journal*. 201 who uses a standards and rules analysis to revisit some of the claims about the merits of different styles of drafting of copyright exceptions.

2. 商业性慕课合理使用适用性分析

关于营利性使用是否可以构成合理使用，基于每个国家合理使用制度规定的不同，结果不同。目前来看，主要存在两种情况。一是将使用的非营利性作为合理使用适用的前提条件，比如说英国。按照这一规定，只要是营利性使用作品就否定其合理使用的可能性，其他的要素无需进行考虑。另一种是商业性的使用是判断是否构成合理使用的一个因素，如美国。易言之，商业性使用并非一定不会构成合理使用作品，关键看合理使用的其他几个因素的判断：被使用作品的性质、使用的部分、被使用部分的数量和质量以及对被使用作品潜在市场是否构成影响，以上四个因素进行综合判断。故此，商业性使用在美国不会一票否决合理使用的适用，但确实不利于对合理使用的判断。

在美国以及采纳美国式合理使用制度的国家，对于合理使用的判断，商业性使用不太可能是合理使用，但是这并不意味着所有的商业使用都将不是合理的。并不是所有的商业使用都不能是合理使用，许多公司依靠新闻报道的公平交易例外和其他例外，在适当的情况下可以依赖合理使用。一些最终为教育目的的商业使用最终也被证明是合理使用。例如，第三方数字应用程序，尽管被商业化，在某些情况下可能构成合理使用。这样的使用被认定为合理使用可能部分是因为这种使用促进了构成合理使用的其他的使用，或者因为使用是“纯技术”的。[1] 近些年来，在美国突破合理使用的非商业性使用的理由是“转换性使用”，即使是商业性的使用，但只要使用的目的是“转换性使用”，如果同时满足合理使用的其他三个要素的检验，即为合理使用行为。

转换性使用首先必须是生产性的使用，必须是以与原有材料的不同方式和目的，如果是对版权材料的引用仅仅是对原有材料的重新包装或翻版的方式，不构成转换性使用，因为这种使用产生的作品只会取代原始的对象。另一方面，转换性使用这种二次使用会增加原创价值，引用的材料只是作为原材料使用，但在新的信息、新的美学、新的洞见和理解的过程中被改造，因为这种使用恰恰是合理使用条款为社会的丰富而意图保护的活动。转换性使

---

〔1〕 Copyright and the Digital Economy（Final Report）ALRC Report 2013 年 11 月 30 日，This Final Report reflects the law as at 30 November 2013.

用包括对引用作品的批评、证明一个事实，为了对原作的保护或反驳概括一个观点，他们还可能包括拙劣模仿、象征意义、审美声明和无数的其他的使用。[1] 当然转换性使用不应被视为合理使用判断的决定性因素，应该与其他因素一起衡量判断。一个使用被认定为合理使用，转换性使用不是必然的要求，反之，一个转换性使用并非一定是合理使用。

（1）商业性使用行为并不意味着一定有市场损害。在美国，合理使用与商业性使用的关系经历着一个绝对相互排斥到可以相对相互包容的过程。绝对相互排斥的最典型的案例是 1984 年的 Sony Corp. of Am. v. Universal City Studios. 案，1985 年 Harper & Row，Publishers，Inc. v. Nation Enters 案以及 Basic-Book，Inc. v. Kinkos Graphics Corp. 案，三个案件中无一例外地认为商业性使用不符合合理使用四要素中的第四个要素，构成了对被使用作品潜在市场和价值的影响，每一个商业性的使用都因此推定为不合理。这一情形的改变始于 1994 年的 Campbell v. Acuff-Rose 案[2]，该案后转换性使用原则逐渐成为第一个因素“使用的目的和性质”乃至合理使用成立与否的关键性因素。1984 年 Sony 案确立的非商业性标准早已被 1994 年 Campbell v Acuff-Rose 案推翻。[3] 在 Campbell 案中，法官认为，对过往合理使用纠纷的案件中，对于作品的商业性使用过于重视，导致商业性使用一票否决合理使用，这与现实情况是不符合的，不是所有的商业使用都会带来商业损害，相反，很多情况下，如 Campbell v Acuff-Rose 案件中，这种使用不仅不会带来商业性损害，相反对原作品进行了宣传，提升了原作的知名度，甚至增加了其销量，这种使用是使其受益而非受损的。

在适用合理使用四要素，判断对著作权人合法利益的损害时，避免用商业使用代替商业损害。[4] 因为不是所有的商业使用都必然导致商业损害。相反，同样道理，慕课对于作品或作品片段的使用使全世界的人们知道该作品的存在，起到了作品营销的作用。[5] 即虽然是营利性的使用作品，但这种使

---

[1] P Leval，“Toward a Fair Use Standard”（1989-1990）103 *Harvard Law Review* 1105，1111.

[2] Campbell v. Acuff - Rose Music Inc. 510 U. S. 569（1994），https://en. wikipedia. org/wiki/Campbell_ v. _ Acuff-Rose_ Music，_ Inc. 2015 年 11 月 30 日访问。

[3] 邵燕：“‘转换性使用’规则对我国数字图书馆建设的启示”，载《图书馆论坛》2015 年第 2 期。

[4] 邵燕：“‘转换性使用’规则对我国数字图书馆建设的启示”，载《图书馆论坛》2015 年第 2 期。

[5] Lauren Fowler，Kevin Smith，“Drawing the Blueprint As We Build：Setting Up a Library-based copyright and Permissions Service for MOOCs”，July/August2013 Volume 19，Number 7/8 D-Lib Magazine.

用增加了原作的价值，创造新的信息、新的审美价值或新的观点和理解，“转换性使用规则”的出现模糊了合理使用非商业性与商业性使用之间曾经似乎清晰的界限，使一部分商业性使用作品的情形可以纳入合理使用的范畴。

（2）商业性慕课合理使用的分析。商业性慕课对于作品的使用，不会仅仅因为使用的商业性而被排除到合理使用范围之外。但商业性慕课合理使用作品的范围要严格限定，限定于“（一）为介绍、评论某一作品或者说明某一问题，在向公众提供的作品中适当引用已经发表的作品”，“（三）为学校课堂教学或者科学研究，向少数教学、科研人员提供少量已经发表的作品”[1]两种情形。作品使用的比例不能超过必要的范围。从使用的目的上看属于转换性使用，易言之，这个使用必须是创造性的，必须以与原作不同的方式或者不同的目的使用所引用的内容。它能通过批评、评论、揭示前一个作品并在这个过程中创作出一个新的作品而产生社会利益。[2]

教育使用更可能是公平的，当这种使用是转换性使用的时候，也不太可能损害权利持有人有权开发的市场。慕课中使用的版权资源，以创作目的为标准进行分类，主要分为专门为教育目的创造的资料与一般的非教育目的创造的资源。对那些事实上不是专门为教育目的创造的版权材料教育目的的使用，更可能是转换性使用，并且远不太可能干扰原始资料的市场。教育资料的出版商所担忧的许多的使用一般为其出版的专门教育目的创造的教育资源，这种资源的使用一般是非转换性使用（non-transformative），比如教育资料的出版商专门制作的用于出售的教育资料，或者专门通过数字网络传播的为教学指导活动而制作的用于销售的作品，这类作品专门用于销售，如这类教育资源的影印或数字复制，将被用作替代购买或许可原始材料，这种未经许可的使用会破坏其形成的专门的市场，破坏教育资源市场供求的平衡，不利于商业性教育资料的生产。

例如，一部专门为教育目的制作的电影，未经许可在学校和大学对学生进行播放，可能会损害该电影市场。出资人已经对电影的制作进行投资，期待从对大学和学校的电影的销售中获得一些回报。为教育目的复制这部电影

---

〔1〕《信息网络传播权保护条例》第6条第（一）（三）项。

〔2〕 Campbell v. Acuff- Rose Music Inc. 510 U. S. 569（1994），http://www. law. cornell. edu/supct/html/92-1292. ZO. html.

可能不构成转换性使用，也不是合理使用。然而，晚间新闻不是为教育目的制作。电视网络不会是希望从学校第二天对新闻节目的记录和播放中获取许可费用，才在新闻节目上投资的。他们可能不反对通过集体组织向学校基于此种使用收取的费用，但是，新闻节目的制作并不取决于学校是否为复制节目而付费。因此，新闻节目的教育目的的使用更可能是转换性使用和合理使用。[1]

通常通过转换性作品的创造促进了科学和艺术的版权目标的实现。新作品转换性使用越多，其他因素的参考价值越少，比如商业化使用，是不利于合理使用认定的。[2] Professor Neil Weinstock Netanal 经过实证研究和分析美国判例法，使他得出这样的结论：2005 年以来，转换性使用范式已经主导了合理使用判例法，市场中心的范式很大程度上消退为历史，今天，司法认定合理使用的关键问题不是版权人是否同意这种使用，而是被告对于版权资料的使用是否是基于与原作有不同的表达目的。[3]

注意“不同的表达目的”这一短语，是非常重要的。2013 年 11 月 14 日，美国法院发现对整本书的数字扫描，通过显示书的片段，可以方便书的搜索，这种使用是高度转换性的。法院认为，谷歌图书对这个词（图书片段）使用与原作相比是基于不同的目的，使用文本片段作为指针指示用户对于书籍进行更广泛的选择。[4] “谷歌图书”案件于 2005 年美国作家协会起诉谷歌图书项目侵犯版权开始，经美国巡回法庭、美国联邦第二巡回上诉法庭，以及 2016 年 4 月美国最高法院拒绝谷歌案的重审请求，历时 11 年，几级法院一致认为，为给版权材料的创作、出版和传播提供一个激励，赋予创作者版权是重要的和必要的，但这不应该超出必要的范围。版权持有者不应享有从他们作品而来的所有可能的价值。基于与原作版权材料不同目的，并且与版权人不存在市场竞争，那么对其未经授权使用不会消弱创造的激励，相反，这样的使用将进一步激发创造力、增加竞争。故此，谷歌图书馆的行为属于对图

---

〔1〕 Copyright and the Digital Economy (Final Reportt) ALRC Report, This Final Report reflects the law as at 30 November 2013.

〔2〕 *Campbell v Acuff-Rose Music Inc* (1994) 510 US 569, 579 (citations omitted).

〔3〕 N Weinstock Netanel, “Making Sense of Fair Use”, (2011) 15 *Lewis and Clark Law Review* 715, 768.

〔4〕 *The Authors Guild, Inc. v Google, Inc.*, (SDNY, Civ 8136, 14 November 2013).

书的转换性使用，为合理使用，并不会因其商业用途而构成对版权的侵害。

综上所述，通过“原则+要素+规则”三位一体的开放式的合理使用制度，可以解决一部分慕课课程建设中使用第三方版权作品资源的问题。

五、慕课（MOOCs）形态下的法定许可制度的变革

“法定许可”是指著作权法明确规定实施某种原本受“专有权利”控制的行为无须经过著作权人许可，但应向著作权人支付报酬的制度。换言之，在符合法定条件的情况下，法律代替著作权人自动向行为人“发放”了使用作品的许可。我国《著作权法》《信息网络传播权保护条例》一共规定了五种“法定许可”，分别为报刊转载摘编的法定许可、制作录音制品的法定许可、播放作品和播放录音制品的法定许可、编写出版教科书的法定许可、制作和提供课件的法定许可以及通过网络向农村地区提供特定作品的准法定许可。“法定许可”条款没有明确要求“指明作者姓名、作品名称，并且不得侵犯著作权人依照本法享有的其他权利”，但既然对著作权限制程度更大的“合理使用”都有此要求，对“法定许可”当然也应有同样的要求。[1]

（一）非营利性慕课中使用他人作品“法定许可”正当性分析

毫无疑问，慕课是一门课程，其具体表现特征包括向学习者提供学习社区、自动化自我测试、同伴互评等内容。除此之外，慕课不同于静态的在线文本，幕课是基于视频的讲座加上课程互动以及讨论的课程。慕课是科学技术与教育深度融合的产物，是一种互联网信息时代一种新的教育模式，是实现教育资源共享，具有实现教育平等的公益性目的，具有纳入著作权权利限制范围的正当性基础。如上所述，通过“原则+要素+规则”三位一体的开放式的合理使用制度，可以解决一部分慕课课程建设中使用第三方版权作品资源的问题。但慕课所具有的大规模公共传输的授课特点，以及慕课建设需要大量资金持续投入的现实考虑，慕课类教学性公共传输不适宜全部纳入无偿使用的合理使用范畴。从慕课授课特点来看，大规模公共传输传播范围广，影响范围大，无可否认会对著作权人利益产生一定不利影响；从慕课建设来看，借助适当商业运营模式有利于在政府扶持、教育机构投入之外拓宽其经费来源渠道，为慕课发展奠定坚实物质基础。因此，解决慕课等新型信息化

〔1〕 王迁：《知识产权法教程》，中国人民大学出版社 2016 年版。

教育使用作品问题的关键，并不是一味通过否定商业性运营而享受无偿使用，而是如何解决使用合法化以及更大程度便利作品使用。[1]

如上文所述，面对慕课的迅速发展，各国开始进行慕课中使用第三方作品资源著作权问题的思考与相应的立法改革，目前进行立法改革的国家有美国、澳大利亚和日本，美国 2015 年的版权法变革主要是特定情况下慕课使用第三方作品的合理使用行为的规定，而澳大利亚与日本的修订主要是慕课使用作品的法定许可制度的变革。

2017 年 6 月 15 日，澳大利亚议会两院通过了 2017 年《版权法修正案（障碍者获得和其他措施）》，其中一项内容即为为适应数字技术的进步，促进慕课等在线课程的可持续发展，该《修正案》简化教育性机构法定许可规订，通过更新和简化教育法定许可规定，使教育机构和集体管理组织更容易就有关版权材料的教育使用的许可达成协议。规定版权所有人有直接许可教育性机构的权利，如果已经采取这种许可，则法定许可将不适用。然而，如果教育性机构选择通过法定许可机制获得许可，而不是从版权所有人那里直接获得许可，根据该《修正案》，其不能阻止教育性机构获得法定许可。可见，澳大利亚的此项改革实质上赋予慕课开发者在授权许可与法定许可中选择的权利，此种制度设计更为灵活，有利于慕课开发者根据自己开设慕课的特点以及使用作品资源的情况采用不同的方式进行方便快捷的许可，保证开发慕课的课程质量与建设慕课课程的高效。

该制度原计划在 3 年内实施，关于补偿金的具体金额等事项上日本为适应与推定本国慕课等在线课程的发展，于 2018 年对著作权法进行了修正，此次修订在修订前的《日本著作权法》第 35 条所规定的“面对面授课”“面对面授课录制视频远程转播”两种无偿使用行为仍然维持免费的基础上，增加了在线课程公共传输教学性权利限制制度，以解决新技术背景下基于信息通信技术开展慕课等教学性公共传输使用作品问题。《日本著作权法修正案》采取将广泛公共传输从传统的“使用许可+个别付费”更改为“权利限制 +补偿金支付”模式。此次修订后《日本著作权法》第 35 条教学性权利限制制度改革包括三个方面内容。第一，在学校及其他教育机构（不包括为营利目的而

---

〔1〕 郑重：“慕课背景下日本教学性权利限制制度的改革及启示”，载《知识产权》2020 年第 3 期。

设置的教育机构）中提供教育者和接受教育者，在授课过程中为授课使用目的，在必要限度范围内，可以将已发表作品进行复制或公共传输，或使用接收设备将公共传输的已发表作品再进行公共传输。但是，如果根据作品种类及用途，当复制数量以及复制、公共传输状态会对著作权人利益产生不当损害的情形下，则不适用本规定。[1] 第二，依照前项规定进行公共传输时，教育机构的设立者应当向著作权人支付相应数额的补偿金。[2] 这项规定是此次修订新增加的基于授课目的公共传输补偿金。第三，不适用上述教学性限制制度的例外情况，该制度设计在促进作品信息技术利用便利化同时，兼顾保护著作权人利益。

然而，2020 年初，因新冠肺炎肆虐，受疫情影响，日本内阁会议于 2020 年 4 月 10 日公布了政令（相当于中国的行政法规），决定于 4 月 28 日实施在网络等远程教育中未经许可使用教科书等著作物的著作权法。也就是说，受新冠肺炎扩散之影响，2018 年 5 月修法中计划在三年内实施的“授课目的的公共传输补偿金制度”提前实施，教育机构在令和 2（2020）年度可无偿使用著作物。

澳大利亚与日本针对慕课所进行的传统法定许可制度的变革更有利于在兼顾慕课教育提供者与著作权人双方利益的前提下，实现慕课教育服务产业化与市场化良性循环。对此，笔者建议，我国在《著作权法》第三次修改之际，应当更加积极、主动地应对新技术发展背景下慕课等新型信息化教育对作品使用的新需求，从立法层面为作品利用提供更大便利，具体建议如下：

第一，改革教学性法定许可规定，在教科书法定许可之外增加慕课等教学性公共传输法定许可。我国现行《著作权法》第 23 条第 1 款所规定的教学性法定许可范围过窄，仅限于教科书法定许可。《著作权法（修改草案第三稿）》又将重心放在强化著作权人利益保护上，对教科书法定许可从教科书范围与作品使用范围两方面对现行权利限制规定适用范围进一步缩限。2020 年《著作权法修正案（草案）征求意见稿》第 23 条规定，为实施义务教育和国家教育规划而编写出版教科书，可以不经著作权人许可，在教科书中汇编已经发表的作品片段或者短小的文字作品、音乐作品或者单幅的美术作品、

〔1〕《日本著作权法》第 35 条第（一）项。
〔2〕《日本著作权法》第 35 条第（二）项。

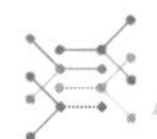

摄影作品、图形作品，但应当按照规定支付报酬，指明作者姓名、作品名称，并且不得侵犯著作权人依照本法享有的其他权利。前款规定适用于对出版者、表演者、录音录像制作者、广播电台、电视台的权利的限制。该规定与现行法规定相比删除了“九年制”与“除作者事先声明不许使用的外”的内容，从而避免作者同时事先声明不许使用的方式而虚化该法定许可制度的适用效力。《著作权法修正案（草案）征求意见稿》中教育目的的法定许可并未扩展到慕课等在线课程中，同时与现行著作权法规定的法定许可类型也并没有变化，而现行《信息网络传播权保护条例》第8条所规定的远程教育课件法定许可又将远程教育局限于“九年制义务教育或者国家教育规划”，将提供对象局限于“注册学生”，将提供手段局限于“课件”，无法满足慕课所具有的“虚拟课堂教学”与“开放课堂教学”使用需求。[1]

笔者认为，在《著作权法》第三次修改时应在第23条教科书法定许可之后，单独增加一个条文，规定教学性公共传输法定许可制度，该制度应当为一个完整的制度设计，主要包括四个条款：

第1款规定：“为通过信息网络实施信息化教育，可以不经著作权人许可，在授课过程中为授课使用目的，在必要限度范围内将已经发表的作品进行复制或公共传输，但应当向著作权人支付报酬。”[2]

第2款为借鉴澳大利亚的选择式的立法制度设计，明确规定：“教育性机构对慕课等在线课程中使用的作品，亦可以直接由版权所有人授权许可使用，如果已经采取这种许可，则法定许可将不适用。然而，如果教育性机构选择通过法定许可机制获得许可，而不是从版权所有人那里直接获得许可，版权所有人不能阻止教育性机构获得法定许可。”

第3款规定教学性公共传输不适用该法定许可的例外情况，即明确哪些情形下根据作品种类及用途，复制数量以及复制、公共传输会对著作权人利益产生不当损害，从而将其排除出该条款的适用范围。

第4款规定对著作权人身份不明或者著作权人身份确定但无法联系的可以在向国务院著作权行政管理部门指定的机构申请并提存使用费后以数字化形式使用，此款借鉴2012年《著作权法（修改草案第三稿）》第51条的规

〔1〕 郑重：“慕课背景下日本教学性权利限制制度的改革及启示”，《知识产权》2020年第3期。
〔2〕 郑重：“慕课背景下日本教学性权利限制制度的改革及启示”，《知识产权》2020年第3期。

定："著作权保护期未届满的已发表作品，使用者尽力查找其权利人无果，符合下列条件之一的，可以在向国务院著作权行政管理部门指定的机构申请并提存使用费后以数字化形式使用：（一）著作权人身份不明的；（二）著作权人身份确定但无法联系的。前款具体实施办法，由国务院著作权行政管理部门另行规定。"这一点与2018年日本著作权法关于著作权人身份不明的作品的利用法定许可规定不同，日本2018年著作权法修订的做法，明确规定"对著作权人身份不明作品的利用，可以不事先支付补偿金，当其与著作权人取得联系后，再按照规定数额向权利人支付补偿金。"[1]。笔者认为，通过相应机构对此种情况下事先费用提存，符合法定许可不需许可，支付报酬的法理，同时对权利人经济利益有所保障。

（二）营利性慕课"选择退出"默示法定许可

营利性慕课使用第三方版权资料，除了一部分依据上述的转换性使用概括性标准判断为合理使用外，笔者认为，商业性慕课中对于作品的其他使用应引入"选择退出默示许可"制度。默示许可是指权利人没有明确作出许可的意思表示，但其行为或者特定情形下的沉默足以使相对人认为权利人已经进行了许可。所谓"选择退出"默示许可是指当事人之间并不存在许可合同，法律规定在特定的情形下，如果权利人未声明不得使用，即视为许可他人使用的许可形式。[2]"选择退出"是与著作权法一般的授权许可制度相对应的制度。传统的授权许可制度是指，除非有法律的特殊规定，否则使用他人的作品必须取得版权人的许可，否则即构成对于版权的侵权，这种模式即为"选择进入"的模式。"选择退出"许可模式实质上是一种法定许可，法定许可是对版权人权利进行限制，以维持版权人与公共利益的平衡，故此"选择退出"模式是将事件的注意义务分配给版权人承担，如果版权人在发表作品时"未声明不得使用"，即推定其许可未经授权的使用。而"选择进入"模式是授权许可，是将使用作品申请许可的义务分配给作品的使用者。在一个版权法律关系中，"选择退出"许可模式与"选择进入"许可模式的设计实质上体现了其中所代表的价值选择。

---

〔1〕《日本著作权法》第67条第（二）项。

〔2〕王国柱："著作权'选择退出'默示许可的制度解析与立法构造"，载《当代法学》2015年第3期。

商业性慕课中"选择退出"默示许可制度设计以平衡信息技术社会版权人与慕课使用者之间的利益平衡，充分释放互联网传播知识、信息的巨大能量，同时尊重版权人的意愿，保护其财产权益的实现。

1. 营利性慕课"选择退出"默示法定许可之正当性分析

（1）"选择退出"默示法定许可兼顾了权利与效率的价值。"选择进入"的授权许可背后的法理是财产规则，强调的是对版权权利的保护。"强制许可"的背后是责任规则，强调的是对版权私权的限制，追求交易的效率。财产规则（property rule）是权利人享有对财产的排他权利，如果没有权利人的同意，任何人不得使用该财产。责任规则（liability rule）与财产规则相比，并不排除他人对某项财产的使用权，而仅仅是就对财产的毁损、灭失或所失利益，提出赔偿要求。[1] 著作权法以财产规则作为制度设计的基础，"先授权，后使用"是基本的许可原则。责任规则是作为制度设计的例外而存在的，以"先使用，再付费"为特征。[2] 法定许可制度经历了从产生之初的反垄断经济政策理论到目前的交易成本理论的演变。在涉及的主体较少，寻找交易方与进行交易中成本较低的情况下，一般选择先授权后许可的财产规则。在交易的环节增多，交易主体难以寻找、合同的谈判费用等交易成本过高的情况下，由交易双方自主协商的方式会影响双方预期利益的实现，这时选择责任规则更为合理。[3] "选择退出默示许可"介于财产规则和责任规则之间。慕课制作和运营过程中涉及的主体众多，慕课课程内容中使用的作品类型众多，而且每种作品都是小比例或小片段的使用，如果按照"先授权，再使用"的财产规则进行操作，很难想像一个慕课课程要花费多少的精力。如在美国等国家开发的慕课平台中，为避免版权侵权，教师、高校，尤其是其图书馆以及慕课平台采取相应的应对版权的对策，花费巨大但却收效甚微，授权许可花费的时间成本与物质成本不可预估，版权交易成本过高，使慕课的开发制作者疲于应付，十分不利于慕课的发展。

---

〔1〕 刘孔中："论智慧财产权之一般理论：有效促进公私资源交换与相互增益"，载吴敬琏、江平主编：《洪范评论》（第 14 辑），生活·读书·新知三联书店 2012 年版，第 17 页；魏建、宋微："财产规则与责任规则的选择——产权保护理论的法经济学进展"，《中国政法大学学报》2008 年第 5 期。

〔2〕 王国柱："著作权'选择退出'默示许可的制度解析与立法构造"，载《当代法学》2015 年第 3 期。

〔3〕 熊琦：《著作权激励机制的法律构造》，中国人民大学出版社 2011 年版，第 15 页。

“选择退出”的责任规则机制以“权利人未明确拒绝授权”作为前提条件，允许双方事先不进行交易，依照法律的规定先行使用，再支付报酬。该机制介于财产规则和责任规则之间，既是附条件的财产规则，又是附条件的责任规则，既保护了版权人财产收益，又方便了慕课平台对于作品的使用，避免了大量的交易成本。兼具了财产规则和责任规则的优势，兼顾了保护权利与提高效率的价值。

（2）“选择退出”默示许可实现权利人负担与作品使用者负担的平衡。在著作权法律关系中，围绕着作品版权人与使用者之间达成的是双向的权利义务关系，在传统的“选择进入”财产规则模式下，版权人负有交付作品义务，享有获取报酬的权利，使用人负有检索版权人、支付报酬的义务，享有使用作品的权利。易言之，在这种授权许可的模式下，版权人并不负有特别的义务，体现立法价值选择更倾向于版权人私权的保护。而在“选择退出”的责任规则下，使用人不再负有检索版权人的义务，仅仅负有支付报酬的义务，而版权人应当忍受使用人未经许可使用其作品，从而版权人的财产权中的许可权受到了限制。同时“选择退出”机制将“声明不得使用作品”的义务配置给著作权人，也就是将预防侵权行为的负担转移给著作权人，[1]如果版权人未事作做出“不得使用作品”的声明，则推定其许可作品未经许可的使用；而作品的使用者要负担明确版权人是否作出“不得使用作品”这一声明的义务，如果因自己的疏忽而未能尽到此义务，就要承担侵权的后果。

可见，“选择退出”机制在版权人和作品使用者之间通过权利义务的重新配置，实现信息技术时代的版权许可制度的创新。这种双向性的义务配置相较于原有的使用人单向的义务承担，更有利于慕课充分利用当今丰富的信息资源，提高课程质量，推动慕课进一步发展壮大。此外，通过在线性课程慕课，最大程度释放开放、在线的传播知识的潜力，加速知识、信息的集聚、积累和提升。

（3）“选择退出”默示许可是商业模式倒逼法律改革。技术、法律和商业模式（行业惯例）都是“选择退出”默示许可规则出现和应用的推动因

〔1〕郭威：《版权默示许可制度研究》，中国法制出版社 2014 年版，第 70 页。

素。〔1〕互联网思维是一种用户导向的思维，网络用户对于作品的数量和种类永远有着更高的需求，互联网的便捷又刺激了这种需求。但是，诞生于印刷时代的著作权制度并没有为网络世界准备好合适的许可规则，传统的“一对一”“先授权，后使用”的许可规则不能满足海量作品的授权需要，从事作品传播的商业组织既要从海量作品的传播当中获得商业利益，又不得不考虑未经授权的侵权风险，以谷歌为代表的商业组织在财产规则和责任规则之外，找了第三条道路——“未明确表示拒绝即视为同意”。尽管“选择退出”机制的适用前提和适用范围尚需探讨，但这种在制度夹缝中生长出来的规则，无疑是市场中自生自发的交易秩序的体现，至少代表了某一方主体强烈的利益诉求。“在技术进步和社会发展中发挥桥梁作用的并非科学家、技术专家，而是商人、企业家。”〔2〕至少在搜索引擎领域，“选择退出”机制已经得到法律的实质承认。商业性慕课是互联网时代，在信息技术、云计算等支撑下教育事业产业化的一种方式，是教育产业化的开端，成为当今时代一种教育商业化模式。“选择退出”机制凭借商业组织的推动，得以在市场上先行应用，在引发争议甚至诉讼的同时，也给著作权制度的改革带来有益的启示。相对于传统的“先授权，再使用”的“选择进入”模式，“先使用，再付费”的“选择退出”模式在知识快速数字化交流的信息社会，更具有现实合理性，而经历实践验证的这一商业规则也应当得到法律的尊重而为法律所采纳，是典型的商业模式倒逼法律改革。

作品是文学艺术科学领域内的创造性的智力成果，是创作者个性化的思想与经验的智慧凝结。从心理学上讲，人们都希望自己创造的作品能够被更多的人看到、听到，广泛地传播。虽然著作权自动产生，但在转化之前，只是期待权，只有通过使用才能成为实实在在的既得权，著作权人才能实现因作品而带来的较高的名誉地位与财产收益。正如有人所指出的那样：“锁住数字内容不一定是最佳的选择方案。说真的，一个组织得很好的许可市场，可使使用者从中不费力地和迅速地获得他们所需要的作品（在合理的限度内和尊重道德权利的范围内），这是一个远远好于将所有东西锁住的解

〔1〕 See John S. Sieman, “Using the Implied License To Inject Common Sense into Digital Copyright”, 85 North Carolina Law Review 889~891 (2007).

〔2〕 熊文聪：“技术、商业模式与版权法的未来”，载《中国社会科学报》2010年7月29日。

决方案。"[1]版权制度是架设在版权人与作品使用人之间的桥梁，版权人创作作品并希望传播出去，社会公众有获取文学艺术作品丰富精神文化生活的需求，慕课的出现，其开放性、大规模、在线的特征，为作品的世界范围内的、高质量的、迅速的传播提供了途径，从而一方面满足了版权人大力传播其作品的需求，同时也使世界各地的使用人能够更加方便、快捷获取大量、丰富作品。慕课时代，版权制度必须与时俱进，通过版权限制制度的变革与创新，变慕课发展的版权障碍为慕课发展的制度保障，从而实现大数据时代慕课与版权制度的相容共生。

2. 慕课"选择退出"默示法定许可制度类型

慕课作为一种信息技术时代的教育模式，与传统课程一样，课程内容与教材是教育开展过程中必不可少的，故此，为了教育目的的实现，各国著作权法规定课件制作以及教材使用作品的法定许可制度。法定许可制度在打破版权滥用和垄断、方便使用者大量使用版权材料方面有独特的优点，针对慕课大规模、开放性的特征，"选择退出默示许可"在著作权人的利益与慕课发展之间找到利益平衡点。

（1）慕课中制作课件的默示法定许可。《信息网络传播权保护条例》第8条规定了远程教育中制作课件的法定许可。慕课中使用作品制作慕课课程是数字技术和信息交流技术发展中对远程教育制作课件法定许可的延伸。但因慕课开放性的特征，作品的著作权人对作品非法复制与传播存在忧虑，故此与远程教育不同的是，著作权法赋予著作权人"声明不得使用"的权利。通过这种"选择退出"的默示许可，既尊重了著作权人的主观意志，同时又有利于慕课中使用丰富的课程资源，实现著作权人权利与慕课发展的双赢。

（2）慕课教材的默示法定许可。《著作权法》第23条规定编写教科书的默示法定许可，我国慕课还处于起步阶段，相对于美国、英国等国家而言，我国还没有有名的慕课平台，本土化的慕课发展模式尚处于摸索阶段，具有世界影响力、运营规范，有潜力的慕课平台尚不存在。而慕课作为一种教育方式，随着课程的开展带来的蕴藏在课程背后的一国的教育理念、人文素养、

---

[1] ［美］丹尼尔·热尔韦："为加拿大遗产部准备的报告"，转引自冉从敬："美国《技术、教育与版权协调法案》立法及其对信息公共获取豁免制度的启示"，载《图书情报知识》2006年第2期。

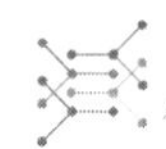

道德信仰等，在今天世界文化舞台上，大力发展慕课对于宣传中华文化、中华文明意义重大而且形势紧迫。故此，我国目前进行政策制定、法律制度的修订应该以促进慕课教育的大力发展为目标。基于以上考虑，应把我国现行著作权法关于制作教材使用作品的法定许可规定延伸到慕课课程开发之中，原因如下：其一，慕课使用是教育目的使用，即使其具有营利的目的，不能否认慕课在实现全民学习社会中所担负的重要角色，相较于费用昂贵的高等教育，慕课是最方便、最便宜、最灵活的一种受教育方式。其二，授权许可达成协议的交易费用很高昂，耗费时间和精力，成为慕课的巨大负担，影响慕课的教育效果，不利于教育目的的实现。其三，法定许可使用限制的是版权中的许可权，版权人的财产权益是同样要保护的，使用人要向版权人支付报酬，故此，版权的财产利益不会受到损害。当然，为确保著作权人默示法定许可模式下经济利益的实现，需要完善著作权集体管理组织、版权服务中介组织等机构的建设。

从实践需求看，“选择退出”默示许可具有授权便捷、适用方便的特点，适合网络时代大规模授权的需要，在技术成熟和商业模式稳定的前提下，在某些领域适用“选择退出”默示许可能够有效解决网络著作权的授权难题。〔1〕

慕课是信息技术、大数据时代的产物，技术的发展日新月异，慕课的发展不可阻挡，针对慕课的特点，构建版权法中慕课“选择退出默示法定许可”制度，形成“合理使用-默示法定许可-法定许可-强制许可”的版权限制制度，进行版权人、使用者之间合理的权利义务的配置，使得慕课课程中作品的使用有法可依，形成一个版权人权利的保护与作品的传播之间共生共荣的良性关系，很好地推动互联网产业、教育产业的发展，更好的实现产业利益、权利人利益、公众利益之间的平衡。

综上可见，慕课中使用的版权作品大体上包含两种情况：一是慕课课程互动多媒体中直接使用的作品；二是是指定的一些与课程有关的课外阅读资料，期刊文章，书籍、教科书等。对于慕课中使用作品版权问题的解决思路是，根据使用资料的目的，场合不同采取不同的版权制度：对非营利的教育

〔1〕 王国柱：“著作权‘选择退出’默示许可的制度解析与立法构造”，载《当代法学》2015年第3期。

目的的慕课，使用的版权资料依据“原则+要素+规则”的合理使用制度进行判断是否为合理使用。但要注意对于慕课发布后，其中版权资料的保护与控制的技术保护措施的运用。对于具有营利目的的慕课中使用的版权资源，一部分满足合理使用的判断标准的，可归入合理使用，另一部分改革法定许可制度，引入“选择退出”默示许可制度适用于慕课中使用的版权资源。同时，建议在高校图书馆购买数据库时增加一种慕课使用的权利（这种方法中关于资源使用费用的计算标准问题需要进一步研究），从而走出高校慕课制作过程中“守着粮仓无米下锅”的困境。

（四）法定许可付酬机制的完善

法定许可中付酬机制的完善是著作权法法定许可制度有效实施的核心内容，是实现促进包括著作权人私权与社会使用者利益在内的多元利益平衡、促进民主文化发展等制度功能的关键，故此法定许可付酬机制的完善包括以下三方面的内容：一是法定许可付酬标准的确立；二是简便快捷的法定许可费用支付流程；三是，针对不依法支付报酬行为的制裁措施三个方面。

1. 法定许可付酬标准的确立

为适应社会生活的丰富多彩、行为方式的复杂多样性，适应文化的多元化发展，法定许可的付酬标准的确立应当采用统一的付酬标准与例外协商付酬相结合的方式进行。

（1）关于统一的付酬标准的确立。在相关的国际条约中都有规定，同时各个国家也存在相应的立法实践。

第一，国际条约中付酬标准的规定。《伯尔尼公约》中就有对报酬支付标准的确定。使用者就其使用行为向著作权人支付报酬是《伯尔尼公约》立此文本修订中值得关注的一个问题。《伯尔尼公约》第 11 条之（二）2 规定：“行使以上第一款所指的权利的条件由本同盟成员国的法律规定，但这些条件的效力严格限于对此作出规定的国家。在任何情况下，这些条件均不应有损于作者的精神权利，也不应有损于作者获得合理报酬的权利，该报酬在没有协议情况下应由主管当局规定。”[1] 其次，WIPO 对法定许可报酬支付标准的

---

〔1〕《保护文学艺术作品伯尔尼公约》1986 年 9 月 9 日，1886 年 9 月 9 日签订，1896 年 5 月 4 日在巴黎补充完备，1908 年 11 月 13 日在柏林修订，1914 年 3 月 20 日在伯尔尼补充完备，1928 年 6 月 2 日在罗马修订，1948 年 6 月 26 日在布鲁塞尔修订，1967 年 7 月 14 日在斯德哥尔摩修订，1971 年 7 月 24 日在巴黎修订，1979 年 9 月 28 日更改。

新近发展。2010 年 12 月，SCCR 第 21 次会议发布了《WIPO 关于残障人士、教育和研究机构、图书馆和档案中心的限制与例外条约草案》（以下简称“草案”）第 5 条 C 款第 3 项指出在有营利性机构开发可接触格式及其复制品的时候，只要满足三个条件，这样的行为既不需要权利人同意，也不违背草案精神。三个条件之一就是要营利性机构向权利人支付足够的报酬。对于何为足够，草案在随后的条款中专门列明一条，即第 18 条（营利性开发作品的报酬）来作进一步说明。第 18 条的内容具体为：“（a）在实施第 5 条 C 款第 3 项时，签署国必须确保存在一项机制用以判断在缺乏自愿协议的情形下支付给权利人足够报酬的水平。在判断第 5 条 C 款第 3 项的足够报酬时，下列原则应得到遵守：（b）著作权权利人有权获得一笔相对作品正常商业许可也是合理的报酬，鉴于事关该作品使用的国家一般通行的术语、人群和目的，需要满足下一条（c）项的要求；（c）在发展中国家，报酬应该考虑确保作品在价格上可让购买者支付得起的需要，还要考虑到这些限制与例外的受益人群在收入水平上的差异；（d）由签署国国内自行决定在该例外之下（a）项所涵盖的作品报酬是否可以免除；（e）如果相关报酬机制符合本条约要求并且从透明度方面承认著作权权利人的合法权益，那么将作品传播跨越国界的个人可以选择将报酬登记在该国国内；报酬或者从作品全球范围内传播的全球许可方面，或者从作品在某些特定国家内的许可、多国的标准许可和作品传播者及其目的方面认为是合理的。”[1] 相对而言，草案第 18 条从四个方面细化了“足够”报酬的判断标准，相比较《伯尔尼公约》要求当事人参照自思条件下达成的协议而言，草案对报酬的规定更为详细，也更具操作性。

第二，各国关于法定许可付酬的实践 在国家条约相关的规定的指引下，各国也开始法定许可付酬标准的实践，著作权法定许可报酬支付标准的国内立法实践主要分为以下两个方面：一是一般法定许可报酬支付标准。这一标准又可以细分为法律法规直接规定和著作权集体管理组织统一规定两种；二是私人复制和公共图书馆借阅制度中的报酬支付标准。“私人复制和公共图书馆借阅”这两种比较特殊的法定许可报酬支付方式一般都在著作权法中给予了明确规定。

一是一般法定许可支付标准确定。一般法定许可支付标准由法律直接规

[1] 转引自张曼：《著作权法定许可制度研究》，厦门大学出版社 2013 年版。

定或者由著作权集体管理组织统一规定。法律法规直接规定的付酬参考标准通常是依据市场原则（market principle）来确定的；由著作权集体管理组织统一规定。从最初的著作权集体管理组织起源的角度分析，著作权集体管理组织的职能之一即为，在获得著作权人的授权后，会与各方使用者签订许可使用合同，发放授权，同时依照约定收取相应的著作权使用费，转付使用费给著作权人。然而，当该集体管理组织与法定许可制度相结合的情况下，各国家规定两种情况：一是通过法定许可制度的规定，使用者与著作权人之间恰恰省略了谈判付酬标准的这一过程（已由法律直接规定），这时，著作权集体管理组织更多承担的作品使用费的收转职能；二是，有些国家依然规定法定许可使用者向著作权人支付报酬事宜依然由集体管理组织行使，而且只能通过集体管理组织行使。比如，《德国著作权法》（2009 年）第 54h 条规定著作权人因法定许可所获得的报酬权只能通过著作权集体管理组织主张。[1] 然而，著作权集体管理组织是以著作权人的代言人身份而出现的，在进行使用者与代表权利人进行付酬标准的协商或规定时，立场的公正性未免会受到质疑。尤其是当集体管理组织具有垄断性时这个问题应当更加引起注意。否则法定许可制度设计实现的社会多元利益平衡的目标实现极有可能在这个环节而被无形化解。

我国《著作权集体管理条例》（2013 年 3 月 1 日施行）[2] 明确规定著作权集体管理组织，是指为权利人的利益依法设立，根据权利人授权、对权利人的著作权或者与著作权有关的权利进行集体管理的社会团体。[3] 同时规定经国务院著作权管理部门批准设立的集体管理组织“不与已经依法登记的著作权集体管理组织的业务范围交叉、重合”；“能在全国范围代表相关权利人的利益”[4]，因此，我国的集体管理组织是经过审批，以保护著作权人权利为宗旨设立，并且具有垄断地位，因此，为确保付酬标注的公平公正性，关于法定许可使用费付酬标准的确定，我国立法上未采取由集体管理组织规定

[1] 张曼：《著作权法定许可制度研究》，厦门大学出版社 2013 年版。

[2] 《著作权集体管理条例》：2004 年 12 月 28 日中华人民共和国国务院令第 429 号公布；根据 2011 年 1 月 8 日国务院令第 588 号《国务院关于废止和修改部分行政法规的决定》第一次修订；根据 2013 年 12 月 7 日国务院令第 645 号《国务院关于修改部分行政法规的决定》第二次修订。

[3] 《著作权集体管理条例》第 3 条。

[4] 《著作权集体管理条例》第 7 条之（二）（三）。

的方式，《著作权法实施条例》第22条规定，依照《著作权法》第23条、第33条第2款、第40条第3款的规定使用作品的付酬标准，由国务院著作权行政管理部门会同国务院价格主管部门制定、公布。我国国务院、版权局先后颁布了《广播电台电视台播放录音制品支付报酬暂行办法》（2010年）、《教科书法定许可使用作品支付报酬办法》（2013年）、《使用文字作品支付报酬办法》（2014年）[1]、《录音法定许可付酬标准暂行规定》（1993年）、《报刊转载、摘编法定许可付酬标准暂行规定》（1993年）。从上述立法实践看，我国是依据法定许可使用作品类型不同，分别制定了作品使用费支付的标准。慕课中对于作品有其自身的特点，体现为多类型、小数量的使用，因此慕课的法定许可使用是一种全新的作品法定许可的方式，具有与其他使用作品的法定许可不同的特点。故此，我国相关部门应当出台《慕课使用作品法定许可支付报酬办法》，以针对慕课中使用作品的特点确定付酬标准与计算方法。

二是私人复制和公共图书馆借阅制度中的报酬支付标准确定。相对于其他法定许可的报酬支付，私人复制以及公共图书馆借阅中报酬的支付因私人复制空间的私密性、使用的普遍性及公共图书馆借阅中使用数量的巨大等特点，在报酬的支付标注的设定上各国都进行了专门的规定。

《德国著作权法》（2009年9月1日）的规定：第54条付酬义务（本条于2008年1月1日新制定）规定："1. 根据本法第53条第1款至第3款，从著作种类可以推定其著作被复制，对于从类型看完全用于复制，或者与其他设备、存储介质或者配件结合优先用于复制的设备和存储介质的生产人，著作人享有获得适当报酬的要求。2. 如果根据情况可推定，设备或者存储介质在本法适用范围内不被用于复制，本条第1款之要求归于消灭。"第54a条报酬数额（本条于2008年1月1日新制定）规定："1. 根据本法第53条第1款至第3款，设备和存储介质的各种类型在多大程度上用于实际复制，是计算稿酬数额的标准。对此应当考虑根据本法第95a条为相关著作采取的技术措施的范围。2. 为制定设备的报酬数额，应当根据该设备包含的存储介质，或者与之共生效应的其他设备，或者存储介质的付酬义务总体计算用复制。3. 为确定报酬数额，应当考虑设备和存储介质的特性，特别是设备的生产能力，

[1] 中华人民共和国国家版权局、中华人民共和国国家发展和改革委员会令（第11号）2014年9月23日发布《使用文字作品支付报酬办法》，2014年11月1日起施行。

以及存储介质的存储能力和多次刻录性。4. 报酬数额不得对设备和存储介质生产人造成不合理的影响；应当与设备3款第或者存储介质的价格水平处于合理的经济关系。”第54c条影印设备经营人的付酬义务复制（本条于2008年1月1日新制定）规定：“1. 本法第54条第1款所称设备在学校、大学，以及职业教育机构，或者其他培训和进修教育机构（教育机构）、科研机构、公共图书馆或者其他机构中经营，并且准备用于有偿影印制作的，著作人享有向设备经营人提出支付适当报酬的权利。2. 经营人应付总报酬的数额，根据设备利用的方式和范围，特别是根据利用的地点和通常应用的情况之可能计算。”[1]

《法国知识产权法典》的规定：法国《知识产权法典》[2] L. 133-1条（2003年6月18日2003-517法律）当作品成为以书籍形式出版发行为目的的出版合同标的时，作者不能阻止向公共开放的图书馆向外借阅该版本的作品。作者将根据L. 133-4规定的方式获取借阅报酬。L133-3（2003年6月18日2003-517法律）L. 133-1条规定的报酬由两部分组成。第一部分，由政府负责，以对公众开放借阅的图书馆的定额注册费为基础，但学校图书馆除外。法规确定该注册费的数额，以及为计算该部分而确定注册用户数量的方式，高等教育机构图书馆之间的注册费数额可以有所差异。第二部分，以1981年8月10日有关书籍价格的81-766法第3条第3款（2）规定的法人为其对公众开放借阅的图书馆所购书籍的税前对外销售价为基础；该部分由实现销售的供应商支付。该报酬的比率为对外销售价的6%。L. 133-4条（2003年6月18日2003-517法律）图书馆借阅报酬根据以下条件分配：第一部分，根据前述1981年8月10日有关书籍价格的81-766法律第3条第3款（2）规定的法人为其对公众开放借阅的图书馆每年购买书籍的，并在这些法人及其供应商提供给L. 133-2规定的公司的信息基础上确定的数量，在作者和出版商之间等额分配；第二部分，不能超过总额的一半，用以冲抵社会保障法典L、382-12条第3款和第4款规定的补充养老金应缴份额的一部分。

韩国《著作权法》（2009年）规定[3]。韩国《著作权法》第31条为关

〔1〕《德国著作权法》（2009年9月1日）第54、54a、54c条。

〔2〕《法国知识产权法典》第L. 133-1、L. 133-3、L. 133-4条。

〔3〕《韩国著作权法》（2010年2月1日）第31条。

于“图书馆等的复制等”的规定：①依照《图书馆法》而设立的图书馆，或者是以供公众利用图书、文档、记录或其他资料（以下称“图书等”）为目的并由大总统令规定的设施（包括该设施的负责人，以下称“图书馆等”），如果有下列情形之一时，可以使用图书等的复制作品。（如是第1项，则包括该图书馆根据第③款的规定所进行图书的复制或接收交互传输）。——1. 应用户的请求或以调查、研究为目的的图书馆等，复制一份已公开发表作品的一部分。……③为了用户能在其他图书馆等利用计算机进行阅览，图书馆等可复制或交互传输图书。但如果图书等的全部或部分是以销售为目的而出版且发行未满五年 。……⑤图书馆等依照第①款第1项的规定以数字化形式复制图书等，或者依照第③款的规定复制或交互传送图书等以供用户在其他图书馆等内的阅览时，应当以文化体育观光部长官所决定、发布的标准向著作财产权人支付补偿金。但是，不适用于国家、地方政府或者是《高等教育法》第2条的规定的学校享有著作财产权的图书等（但不包括那些全部或部分以销售为目的而出版的图书）（2008年2月29日修正）。

综上可见，关于私人复制与公共图书馆法定许可使用费付酬标准，德国、法国、韩国等很多国家规定得更为具体，更具有操作性。我们可以借鉴上述国家的做法，将这类事关个人自由、公共文化发展以及私权保护平衡的特殊情况进行特殊对待，这种立法上根据不同情况区别对待的细致处理体现随着知识产权保护意识的提高，著作权立法的精细化水平不断提升。

（2）建立例外协商付酬制度。所谓例外协商付酬制度，是指“在法定许可使用的场合，由于特殊情形致使按照统一的付酬标准支付报酬将会导致显失公平的结果，当事人不再适用统一付酬标准而另行协商付酬的一种制度”。[1] 例外协商付酬制度的提出，正是为了弥补现实中法律法规和集体管理组织在确立法定许可报酬标准方面的不足。[2] 科学技术的发展对著作权法律关系影响很大，在国家相关法律对法定许可情形的付酬标准进行规定的情况下为未来适应科学技术日新月异的发展，为应对新出现的作品形式与新的作品使用行为，在法定许可适用范围内，允许在特殊情况下，如针对慕课多

〔1〕 于定明、杨静：“论著作权法定许可使用制度的保障措施”，载《云南大学学报（法学版）》2007年第5期。

〔2〕 张曼：《著作权法定许可制度研究》，厦门大学出版社2013年版。

类型小比例使用作品的特点，可以由著作权人与使用者根据实际情况协商确定作品使用的付酬标准，从而不受相关规定的制约。通过例外协商付酬制度的建立以解决立法滞后性问题，以缓冲技术的快速发展对版权法律制度的冲击。

2. 简便快捷的法定许可费用支付流程

确立科学合理的法定许可付出标准是完善法定许可付酬制度的第一步，方便快捷的使用费收取转付流程的环环相扣是法定许可制度的应有之意。法定许可制度是通过限制著作权私权的许可权保障其财产性权利的获取实现著作权私权与社会公共利益的平衡，其中私权意义上财产权利的获取应该是首要的，否则会伤害文学艺术工作者的创作热情。作品的法定许可方式的利用首先剥夺了作者保障自己财产性收益权的第一道屏障，故此，这道屏障需要著作权法以法律明确规定的方式进行保障。然我国现行《著作权法》《著作权法实施条例》对此均未明确规定。在法定许可使用作品的具体的规范性文件中有些相应支付程序上的规定，如《使用文字作品支付报酬办法》（2014 年 11 月 1 日）第 13 条规定："报刊依照《中华人民共和国著作权法》的相关规定转载、摘编其他报刊已发表的作品，应当自报刊出版之日起 2 个月内，按每千字 100 元的付酬标准向著作权人支付报酬，不足五百字的按千字作半计算，超过五百字不足千字的按千字计算。报刊出版者未按前款规定向著作权人支付报酬的，应当将报酬连同邮资以及转载、摘编作品的有关情况送交中国文字著作权协会代为收转。中国文字著作权协会收到相关报酬后，应当按相关规定及时向著作权人转付，并编制报酬收转记录。"《教科书法定许可使用作品支付报酬办法》（2013 年 12 月 1 日）第 6 条规定，教科书出版发行存续期间，教科书汇编者应当按照本办法每年向著作权人支付一次报酬。报酬自教科书出版之日起 2 个月内向著作权人支付。教科书汇编者未按照前款规定向著作权人支付报酬，应当在每学期开学第一个月内将其应当支付的报酬连同邮资以及使用作品的有关情况交给相关的著作权集体管理组织。教科书汇编者支付的报酬到账后，著作权集体管理组织应当及时按相关规定向著作权人转付，并及时在其网站上公告教科书汇编者使用作品的有关情况。著作权集体管理组织收转报酬，应当编制报酬收转记录。使用作品的有关情况包括使用作品的名称、作者（包括原作者和改编者）姓名、作品字数、出版时间等。

在以上两个规范性文件中，对法定许可使用费支付的时间、支付的机构等进行了相应的规定，一定程度上完善了法定许可付酬机制，但相对于其他国家的规定，还是有进一步提升的空间，主要体现在以下三个方面：

第一，建立法定许可作品使用“备案通知”制度。如在《著作权法（草案）建议稿（2012）》第50条关于法定许可费用的支付方面首先规定的程序为“备案制度”，即“（一）在首次使用前向相应的著作权集体管理组织申请备案”。现实中，备案通知制度可以让作品的使用情况为权利人第一时间知晓，弥补了法定许可中著作权人对于作品如何使用，使用数量、时间等方面不知情的担忧。故此我国的著作权法及相关的配套法规及规范性文件中，应当明确规定使用时第一时间的备案通知制度。

第二，设立一站式使用费支付流程。2018年，日本为适应慕课等在线课程的发展，修订了其著作权法，扩大了法定许可使用作品的适用范围，同时为保证著作权人使用费的获取，设立一站式补偿金支付机制简化备案付酬流程，保证权利人更加方便快捷地获取作品使用费。我国可以设立一站式的会用费支付流程，释放数字信息时代法定许可制度的促进技术发展与保障权利人财产获益的巨大的制度功能。

第三，设立专门的慕课使用费收取机构。慕课等信息化教育依托大数据、人工智能、虚拟现实等诸现代信息技术，在教育教学环节将可能使用但不限于文字作品、音乐作品、美术作品、摄影作品、电影作品、图形作品、模型作品等各类作品，因此，我国目前按照作品类型设立的集体管理组织，备案、付酬以及转交都将涉及不同著作权集体管理组织，无法实现一站式的使用费支付。为进一步简化备案、付酬流程，未来我国可以参考《日本著作权法》设立一站式补偿金支付机制[1]，设立专门的慕课等在线课程教育目的使用作品的集体管理组织。由国务院著作权行政管理部门指定的、全国范围内唯一一个行使信息化教育使用目的法定许可使用费收取职能的团体行使。[2]

3. 针对不依法支付报酬行为的制裁措施

如上所述，慕课法定许可制度根据慕课的性质不同，分为营利性慕课的

〔1〕郑重：“慕课背景下日本教学性权利限制制度的改革及启示”，载《知识产权》2020年第3期。

〔2〕慕课的集体管理组织的设立将在下文中专门论述。

法定许可制度以及营利性慕课的“默示”法定许可制度，如此的制度构建，大大扩展了数字信息时代法定许可制度的适用范围，而且，随着慕课的进一步普及与升级，慕课中使用第三方作品的情况必将数量巨大，因此，慕课法定许可制度涉及使用作品的范围必将不断扩大，在此种情况下，慕课法定许可使用费用的有效收取至关重要，决定于该制度设计实施的效果，决定着成败。如上所述，慕课法定许可制度完善包括科学合理的付酬标准的研究确立，方便快捷的一站式使用费收取流程，同时还要有罚则，针对未按照规定及时足量支付报酬的法律责任的承担。著作权法定许可制度，限制了著作权法人的许可权，从性质上看，相比较使用者与著作权人签订自愿许可中使用者付酬的约定义务、法定许可中使用者向著作权人支付报酬的义务应是一种法定义务。从公平原则出发，该付酬义务也应当是一种积极的作为义务，因此，使用者必须就其使用行为主动与著作权人取得联系并支付报酬，而不能消极懈怠，如果使用者不履行或不完全履行这一法定义务，就应承担相成的法律责任。一般而言报酬，使用者付酬义务的不履行表现在：其一，完全不支付报酬；其二，不充分支付报酬；其三，延迟支付，或者在告知支付义务后依然拖延支付，无论是哪一种情形，使用者不履行义务的行为均构成侵权。[1]

我国现行法关于法定许可报酬支付的罚则规定主要体现在《著作权集体管理条例》第40条规定“……（三）违反本条例第二十八条规定提取管理费的；（四）违反本条例第二十九条规定转付使用费的”，“由国务院著作权管理部门责令限期改正；逾期不改正的，责令会员大会或者理事会根据本条例规定的权限罢免或者解聘直接负责的主管人员”。《教科书法定许可使用作品支付报酬办法》第9条：“教科书汇编者未按照本办法规定支付报酬的，应当承担停止侵权、消除影响、赔礼道歉、赔偿损失等民事责任。”从上述规定可见，对法定许可费用未及时支付的法律责任《著作权集体管理条例》中对未按照要求收取及转付使用费给著作权人的行为责任承担仅仅为“逾期改正”及“逾期不改的罢免或者解聘直接负责的主管人员”，或者如《教科书法定许可使用作品支付报酬办法》中规定比较笼统的法律责任，法律的操作性不强。现行的《著作权法实施条例》第32条规定“……应当自使用该作品之日起2个月内向著作权人支付报酬”，仅规定了支付的时间，而未对没有按期足额支

〔1〕张曼：《著作权法定许可制度研究》，厦门大学出版社2013年版，第165页。

付应当承担何种法律责任进行规定。同时在现行有效的《使用文字作品支付报酬办法》中也没有关于未及时足额支付法定许可使用费应承担的法律责任规定。这方面的立法缺陷无疑会降低法定许可付费机制的完善，降低法律威慑力。相比较而言，这方面国外的著作权法规定得比较完善。《德国著作权法》（2009 年）第 54e 条（账单对著作权报酬的说明义务）第 1 款规定：在根据本法第 54a 条第 1 款销售设备或其他将设备投入市场的结算账单中，分摊到该设备商的作者报酬应被说明，从而有助于各方明确各自的权利义务。进而该法第 54f 条规定，如果作品使用者不履行、不完全履行或者其他不正常履行报酬支付和相关告知义务的，权利人可要求其加倍支付报酬。《意大利著作权法》（2010 年）第 71 条第 7 附条第 3 款规定，未能支付相应报酬的，复制设备或者载体的经销商负有支付报酬的连带责任。同时，第 71 条第 7 附条第 4 款规定，对于不支付报酬的，还应当被处以应付报酬 2 倍的行政罚款，情节较为严重或者多次违法的，还应当暂停其从事商业或工业活动的可证线者授权书 15 天至 3 个月，或者撤销其许可证或者授权书。[1] 除此之外，意大利《著作权法》（2010 年）第 1683 条规定，一旦权利人提起司法程序，并且证实使用者未支付相关报酬（第 73 条和第 73 条第 2 附条所规定的权利相关报酬），在要求使用者支付报酬的同时，还应当对其处以 15 天至 180 天的禁止使用录音制品的期限，同时，如果权利人证实使用者的行为对其造成损害，在禁止使用者使用录音制品的同时还可以处以 260 欧元至 5200 欧元的行政罚款。[2]

由此可见，针对使用者不依法支付报酬的制裁制度，国外立法分别从侵权责任和行政责任作了详细规定。双倍的应付报酬侵权处罚、数额不等的行政罚款和关于营业执照的处罚都在一定程度上威慑了作品使用者，其目的在于促使使用者恪守法定许可使用义务。我国可以借鉴德国、意大利等国家的相关规定，在《著作权集体管理组织条例》及相应作品的法定许可使用支付报酬办法中明确规定不支付、不完全支付、延迟支付使用费情况、应当承担的侵权责任及行政责任。通过不断完善法定许可使用费支付罚则制度，从微

---

〔1〕《十二国著作权法》翻译组译：《十二国著作权法》，清华大学出版社 2011 年版，第 71、301 页。

〔2〕《十二国著作权法》翻译组译：《十二国著作权法》，清华大学出版社 2011 年版，第 163、329 页。

观层面看，更充分保护著作权人的财产权；从中观层面看，有利于法定许可制度功能作用的释放；从宏观层面看，推动慕课的发展及我国文化事业的发展。

正如艾伦巴洛勋爵所言："尽管我坚信每个人都应该享有自己的著作权，但是人们不可以给科学戴上脚铐。"合理使用制度应适应科学技术的发展，回应社会对于文化多元化发展的需求，制度设计应契合著作权法的立法宗旨。通过上述的合理使用、法定许可制度变革以推动慕课等在线课程的发展，实现立法效果与司法效果的统一，实现著作权私权的保护与社会公共文化发展效果的统一。

六、慕课（MOOCs）参与者的课程控制义务

为避免慕课的开放性给作品著作权人带来侵害，规定教师，高校、慕课平台和学生、技术人员等承担相应的责任和义务：（1）该网络平台在技术可行的范围内限制向正式注册的学生以外的人传输相关内容。慕课平台应当积极运用技术手段、采取技术措施保证慕课课程中使用的作品不被超时间、超范围地复制、传播；（2）制定版权政策，为制作慕课的教师及相关工作人员、慕课学生提供版权指导。随着版权法律制度的日益复杂化，依靠教师、学生等慕课参与者自身的学习而准确地理解版权法并不现实。高校或慕课平台通过制定详细的版权政策指南，运用实际的例子进行讲解，有利于慕课制作者对于相关的版权法的理解与运用，不仅避免了慕课中使用作品侵权的情况，而且有利于提高慕课课程质量。此外，"法律还进一步明确教育机构有义务通知学生，与课程有关的材料可能受版权保护"。[1]（3）慕课制作过程中应当负有善良使用人的义务。应当采取技术措施合理防止进一步向他人非法传播相关作品；课程资料的使用尽可能在教师的指导和监督下进行，课程中对于第三方版权资源的使用在现有的技术条件下，尽可能地为版权资源的所有人利益考虑，例如美国杜克大学图书馆进行慕课使用作品授权许可的版权服务时，对大多数版权持有者来说，将内容嵌入在一个讲座视频似乎很重要，而不是放置在让学生轻松地复制受版权保护的内容的幻灯片中；（4）防止通过该平台接收作品的人在课程结束之后依然保留相关作品；（5）慕课参与者应

---

〔1〕［美］Kennech D. Crews："美国远程教育的新法律——Teach 法案的重要性及其意义"，张慧霞、甄玉译，载《知识产权》2007 年第 1 期。

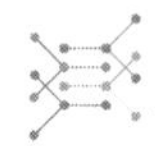

当严格遵守慕课中合理使用的作品不包括这两类作品：一是为教育目的专门创作的作品，即“主要通过数字化网络传输，作为媒体辅助教学活动的一部分表演或展出而销售的作品”；二是非法获取的作品，即“以违反版权法非法制作和获取的复制品表演或展出，且提供传输的政府机构或经认证的非营利性教育机构知道或有理由知道该复制品或录制品不是合法制作和获取的”。[1]

第三节 构建慕课（MOOCs）版权服务体系

面临慕课时代的来临，版权制度需要进行创新以应对教育模式变化。同时为保证法律的实施效果，保证对慕课中相关方利益的保护，需要进行版权制度的相关配套制度的制定，以保证实现版权制度变革的目的。慕课版权制度配套的制度主要包括几下几个方面：（1）制定高校版权政策；（2）完善慕课形态下著作权集体管理组织。

一、高校制定全面详细的慕课（MOOCs）版权政策与指南

高校的版权政策主要解释法律、明确权利义务关系、细化法律、补充法律的作用。面对日新月异的技术变化和教师身份的不确定性状态，学者建议大学建立明确的版权政策。虽然它不是“放之四海而皆准”的万全之策，[2]但是，政策不仅必须清楚地描绘教师创作的各种作品的所有权，而且必须列出作品的具体权利和使用方法。他们还应该提供内部纠纷解决常务委员会和仲裁等机制避免昂贵和耗时的诉讼。[3] 大学应该明确将这些政策纳入就业合同，或在必要时有双方共同签署的独立的合同，[4] 提供任期限制内的许可协

---

〔1〕 前提是 MOOC 提供者在同美国版权法第 110（2）条之规定相一致的范围内。美国版权法第 110（2），美国版权局，国会图书馆《DMCA 禁止规避技术措施之例外规定第六次修改》。

〔2〕 Gregory Kent Laughlin，“Who Owns the Copyright to Faculty-Created Web Sites?：The Workfor-Hire Doctrine's Applicability to Internet Resources Created for Distance Learning and Traditional Classroom Courses”，41 B. C. L. REV. 581（2000）.

〔3〕 Michael W. Klein，“ ‘Sovereignty of Reason：’ An Approach to Sovereign Immunity and Copyright Ownership of Distance-Education Courses at Public Colleges and Universities”，34 J. L. & EDUC. 199，248，250，252（2005）[hereinafter “Sovereignty”].

〔4〕 Gregory Kent Laughlin，“Who Owns the Copyright to Faculty-Created Web Sites?：The Workfor-Hire Doctrine's Applicability to Internet Resources Created for Distance Learning and Traditional Classroom Courses”，41 B. C. L. REV. 583（2000）.

议，[1] 提供共享的所有权的教师和大学合作的政策，避免“全有或全无”的倾向，同时允许双方为他们自身利益使用在线材料。[2]

慕课法律关系复杂，涉及主体众多，使用作品的类型众多。慕课形态下变革后的版权制度专业性更强，对于一般的非知识产权专业的教师及慕课相关人员来说，正确地理解及使用有相当的难度。为此，各个高校非常有必要制定一个全面、详细的慕课版权政策或版权指南。在美国，提供慕课课程的教育机构都制定了详细的版权政策。完备详细的版权保护政策可以明确法律关于慕课版权问题的规定，例如解释法律规定的慕课课程中合理使用的原则，利用他人作品时如何避免侵权纠纷；何种情况可以适用选择退出默示法定许可，许可费用如何支付；何种情形应当进行授权许可，教师应当怎么做；学生使用慕课课程时应注意的事项，保证课程内容不非法外溢；他人如果打算利用本慕课课程进行二次创作，应该确定什么权利声明；教师使用慕课课程开展教学，应该遵循什么规定等。[3] 通过详细的慕课版权指南，让慕课的参与者明确版权法的相关规定，避免慕课中第三方版权资源的使用侵犯版权人的权利，从而防止侵权行为的反生。版权指南也补充了法律规定的不足，通过为教师提供非常清晰的指导与帮助，节省教师解决版权困扰问题的时间，使之有更多的时间、精力投入慕课的制作中。

高校图书馆与慕课具有天然的亲和关系。慕课是学习方式的变革，高校图书馆是为教师和学习者服务而存在，面临慕课的兴起，面对新的知识传播方式、教学方式，高校图书馆在角色定位、服务模式、技术应用和教育产业化生态环境等方面面临诸多挑战。挑战亦是机遇，慕课所塑造的新的学习关系给高校图书馆带来了全新的发展机遇。故此，高校慕课版权政策的制定与实施都离不开高校图书馆。慕课形态下图书馆在著作权的咨询、学习管理、版权问题以及开放资源建设等方面都具有优势。

---

〔1〕 Michael W. Klein, “‘The Equitable Rule’: Copyright Ownership of Distance-Education Courses”, 31 J. C. & U. L. 177, 186-91 (2004).

〔2〕 Michael W. Klein, “‘The Equitable Rule’: Copyright Ownership of Distance-Education Courses”, 31 J. C. & U. L. 177, 192 (2004); Andrea L. Johnson, Reconciling Copyright Ownership Policies for Faculty-Authors in Distance Education, 33 J. L. & EDUC. 451 (2004).

〔3〕 刘建银、陈翁翔：“网络课程著作权：问题、成因与对策——以完善著作权法为中心”，载《远程教育杂志》2004 年第 5 期。

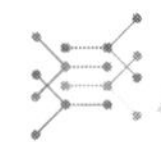

（一）版权政策中对教师、大学、学生三方所有权的关注

首先，大学知识产权政策（内部法律）除了关注传统高校领域学术作品教师与高校之间的版权归属问题外，还必须关注解决学生的权利，这些内部的法律在决定教师与学生权利方面比版权法更有效。[1]"技术发展超越法律的变化速度，带来知识产权的一个特殊问题——法律总是落后于技术。[2] 大学必须使他们的版权政策出现在学生的课程目录或大学网站的网络服务区域，使学生可以接触到。大学的慕课版权政策不能在二元关系中解决所有权问题，他们必须解释学生、教师和大学之间彼此相关的权利。因为很多慕课平台可能有一个关于平台资源的所有权声明，这些声明有些与法律规定不符，容易引发在学院和大学之间、学生和大学之间、教师和学生之间的争端，版权政策必须对版权法的慕课版权归属进行进一步明确的解释，厘清其间的版权归属法律关系。

（二）协助教师与学生寻求版权范围内的合理使用

合理使用是用来作为解决慕课课程使用第三方版权资料的法律依据。寻求合理使用规则的确定性的其他方式，是开发行业行为守则和指南。一些利益相关者，包括美国电影协会（MPAA），支持这个想法。一些美国版权学者观察到：美国的 1976 年版权法案下的经验表明：资源的指南文件是一个方法，通过它能获得更大程度的确定性，向用户提供可预测性和规范性指导。[3]

无论是公益性的慕课还是营利性质的慕课，因其传播知识信息的教育目的与性质，在课程中对第三方的版权资料进行批评、评论等转换性使用时，合理使用的制度具有适用性。然而，因慕课课程形式具有综合性，包括文字作品、音乐作品、视听作品、图形图标等各种类型作品，以及慕课的开放性的特征和商业性的潜力，都使得慕课中版权制度合理使用的界限界定变得精细与复杂，导致慕课中的合理使用制度设计专业化程度更高，制度设计更为巧妙与精细。因此，高校图书馆在引导教师、学生等了解开发、使用的慕课

---

〔1〕 Gregory Kent Laughlin, "Who Owns the Copyright to Faculty-Created Web Sites?: The Work for-Hire Doctrine's Applicability to Internet Resources Created for Distance Learning and Traditional Classroom Courses", 41 B. C. L. REV. 581-82 (2000).

〔2〕 oel R. Reidenberg, "Lex Informatica: The Formulation of Information Policy Rules Through Technology", 76 TEX. L. REV. 553, 566 (1998).

〔3〕 G Hinze, P Jaszi and M Sag, Submission 483.

中的合理使用相关规定非常重要。

高校版权政策越详细越有利于教师及学生参考。我国高校可以借鉴美国的 edX、Udicity 以及 Coursera 制定慕课版权政策，参考美国出版商协会发布的课堂教学中合理使用图书章节或期刊文章的“课堂教学指南”，进行高校版权政策的制定。尤其是 Coursera，因其具有营利性的目的，为避免课程中使用的第三方资料侵权，规定了非常详细的课程中合理使用细则。合理使用的判断的四因素中最难判定的是使用多寡和传播数量。因为这个美国版权法中没有特别的硬性规定，Coursera 规定一般基本原则是不超过作品的 10%，〔1〕如视频控制在 3 分钟以内，音乐、歌词等不超过 30 秒等。〔2〕高校版权政策要用实例以及简单明了的语言解释“转换性使用”以及“选择退出默示法定许可”等术语。图书馆可以开设慕课版权课程，对于慕课课程制作设计中涉及的版权问题进行系统的讲解，提高教师等慕课参与者的版权素养。图书馆负责版权咨询的馆员对于开设慕课的老师进行版权政策的指导，协助教师进行课程的版权清理，解决第三方版权资源使用付费问题。

（三）建设高校开放资源库

在合理使用尚不能满足教师对版权资源的需求，而第三方许可内容的获取花费巨大的情况下，图书馆积极促进开放获取资源的建设对慕课发展具有重要意义。比如，开放存取（Open Acess，OA）期刊、OA 库，以及其他按照“知识共享许可协议”（CC 协议）授权的资源。Coursera 和牛津大学出版社、麦克米兰高等教育出版社合作提供开放资源等，这些拓展开放资源使用的方法及开放资源库的建设对我国高校进行开放资源的建设具有借鉴意义。我国开放存取的理念尚未确立，开放资源的建设尚刚刚开始，图书馆应当开办讲座积极宣传开放资源对于教育的发展、教师的课程的重要性，提高教师对于开放资源重要性的认识。高校开放资源库的建设应当努力获得教师的支持，因为教师是许可学术资源的作者，开放资源库的建设如果能得到教师的支持，将使教师的学术作品成为资源库的“源头活水”，将极大丰富资源库建设。高

---

〔1〕 汪琼：“美国开放教育资源建设中的知识产权保护”，载 http://fdc.zust.edu.cn/upload/news/month-1305/20130510163025983 8.pdf. 转引自：叶兰、易晓娥：“图书馆视角下的 MOOCs 版权问题研究”，载《大学图书馆学报》2014 年第 5 期。

〔2〕 叶兰、易晓娥：“图书馆视角下的 MOOCs 版权问题研究”，载《大学图书馆学报》2014 年第 5 期。

校应当为开放资源的建设制定激励政策，那么，在大学激励政策的推动下，许多教师将自己创造的版权资源放到公共平台，供开放获取，这方面如杜克大学的“杜克空间”、德克萨斯州赖斯大学的“联通库”[1]等做法都值得我国高校借鉴。图书馆还应当积极进行开放资源的搜集、整理、筛选、分门别类，为慕课提供系统化的开放资源。

二、完善慕课（MOOCs）形态下的著作权集体管理组织

非商业慕课法定许可使用作品以及商业性慕课“选择退出”默示许可使用作品的模式解决了慕课制作人对于使用作品的授权许可的问题，但同样面临着使用费的支付问题。一个交互式的多媒体的慕课课程是大量的数字化文本、声音和图像版权作品有机组合而成的，故此，没有集体组织机构的帮助，为一个互动多媒体慕课作品逐一查找著作权人以及进行使用费支付，将是一个艰巨的和非常复杂的任务，缺乏有组织的授权支付机构会产生巨大的行政成本，并且经济效率低下。所以，版权集体组织应该利用在交互式多媒体慕课中，会带来更高的经济效率、更低的管理成本。

现存的版权集体管理组织的模型有两种：一个模型中，版权所有者合作管理自己的权利，然而保留各自协商许可费的权利。[2] 由于一个慕课课程可能需要成千上万的单独定价许可，需要记录和计算许多单独的价格，造成过于繁重的谈判负担，带来很大的行政成本，可能的结果是会导致这些模型当中的成本超过了收益。[3]慕课在国外进行的实践也已经证明这一慕课许可模式的成本巨大而效率低下，故此这个非合作定价模式在慕课中不会成功。另一个模型包括合作定价，版权所有者将相同的价格许可使用给指定作品。这个系统简化了价格结构组织，然而，因消除了作品间的一些价格差异可能会牺牲大量的利润。[4] 这个“统一定价”的模型与慕课的多媒体技术不兼容，

[1] 陈勇：“基于 MOOC 的版权管理和版权保护问题研究”，载《科技与出版》2015 年第 2 期。

[2] The Copyright Clearance Center is an example of this model.

[3] JnniferD.， “Choe Interactive Multimedia：A New Technology Tests the Limits of Copyright Law Content downloaded/printed from Hein Online” （http://heinonline.org） Thu Apr 23 22：02：27 2015，https://www.copyright.com/ccc/basicSearch.do? &operation = go&searchType = 0 &lastSearch = simple&all = on&titleOrStdNo = 0036-0465.

[4] The Copyright Licensing Agency employs this cooperative pricing model in its photocopying arrangements. Licensees may photocopy all works in CLA's repertory by paying on a price-per-page basis.

因为交互式多媒体多方面的包容性的需要包括音乐、图形和图表、视听资料等作品，那么为所有的许可的作品设置的相同的价格否定了各种不同作品间价值的差异，因此，对营利没有任何好处。[1] 综上分析，集体管理组织的“合作管理、各自定价”以及“统一定价”的收费管理模式均不适应慕课的特点，不能作为慕课中使用作品的收费模式。

慕课课程中使用作品的版权问题的解决是现行版权制度中面临的复杂而敏感的问题。慕课是以课程视频为核心内容的资源动态生成性课程，以声音、图像、图片、文字、视频等多种互动多媒体的方式呈现，使用作品的类型众多，故此，目前我国传统的以单一作品类型的集体管理组织及定价模式均无法满足慕课的法定许可的管理。而该问题的解决关系到丰富慕课课程内容资源，提高慕课课程质量问题，更关系到改革后版权制度的实施效果。

（一）成立慕课集体管理组织（MOOCs collective management）

慕课作品具有综合性，包括各种图片、声音、动画、视频，文字资料等，使用作品的类型众多，而目前各国成立集体管理组织的主要依据是作品类型标准，如美国的作曲家、作家与出版商协会、广播音乐联合会（BMI）、表演权协会（SESAC）版权集体组织，我国的音乐著作权协会、文字作品著作权协会、摄影著作权协会、电影著作权协会等。这些单一作品类型的协会不能支持慕课作品综合性使用的独特要求。如音乐集体组织，这些组织不能适应多媒体中数码图形和文本这些额外部分。慕课中对作品只是“少部分、大量”的使用，比如慕课中使用的音乐，使用数以百计歌曲的一小部分，传统的音乐著作权协会对于音乐作品一般都是对完整作品的授权使用，如卡拉 OK、机场、商场等的播放，没有考虑到这种“小部分、大量”的独特的使用。所以，现存的以作品类型为标准成立的著作权集体管理组织无法解决与应对慕课中对第三方版权资源“小部分、大量、多类型作品”的使用需求。

当年，美国互动多媒体出现，因为强制许可结构和现有私人集体 ASCAP（美国作曲家、作家与出版商协会）和 BMI（广播音乐联盟）对适应独特的错综复杂的互动多媒体产业来说，是不适当的，为适应其独特性，美国成立互

〔1〕 JnniferD.，“Choe Interactive Multimedia：A New Technology Tests the Limits of Copyright Law Content downloaded/printed from Hein Online”（http://heinonline.org）Thu Apr 23 22：02：27 2015，https://www.copyright.com/ccc/basicSearch.do? &operation=go&searchType=0 &lastSearch=simple&all=on&titleOrStdNo=0036-0465.

动多媒体集体管理（Interactive multimedia collective management，简称 IMC）。IMC 在美国国内市场与在国际市场上提供一个交互式多媒体行业的通用标准。这个组织的目的是提供作品许可和收取专利使用费，和艺术家、行业开发人员和消费者之间谈判。这个新的集体有效地解决了书面和视觉作品集体管理的缺乏问题，并通过有效地谈判妥善保护艺术家的权利。IMC 成员将包括音乐作曲家、艺术家、作家、视频制作人以及参与互动多媒体制作其他的贡献者、参与者。[1]美国 IMC 的成立为我国慕课集体管理组织的设立提供借鉴。我国应当成立慕课的集体管理组织（MOOCs collective management 简称 MCM)，管理的作品涵盖文字、音乐、美术、电影等类型，集体管理组织的成员将包括音乐作曲家、艺术家、作家、视频制作人以及参与慕课制作的其他的贡献者、参与者。MCM 的成立以适应慕课中使用作品的“小部分、大量、多类型”的特点。

《著作权法（修改草案第三稿）》第 49 条对法定许可的使用备案及使用费的支付进行了细化的规定：“根据本法第四十六条、第四十七条、第四十八条的规定，不经著作权人许可使用其已发表的作品，必须符合下列条件：（一）在首次使用前向相应的著作权集体管理组织申请备案；（二）在使用作品时指明作者姓名或者名称、作品名称和作品出处，但由于技术原因无法指明的除外；（三）在使用作品后一个月内按照国务院著作权行政管理部门制定的标准直接向权利人或者通过著作权集体管理组织向权利人支付使用费，同时提供使用作品的作品名称、作者姓名或者名称和作品出处等相关信息。”著作权集体管理组织应当及时公告前款规定的备案信息，并建立作品使用情况查询系统供权利人免费查询作品使用情况和使用费支付情况。著作权集体管理组织应当在合理时间内及时向权利人转付作品使用费。依此规定，慕课中法定许可使用作品的，使用人应当首先向 MCM 申请备案，使用后一个月内按照国务院著作权行政管理部门制定的标准直接向权利人或者通过著作权集体管理组织向权利人支付使用费。著作权集体管理组织应当即转付使用费给著作权人，并将作品使用情况提供免费查询。

---

〔1〕 Jnnifer D.，“Choe Interactive Multimedia：A New Technology Tests the Limits of Copyright Law Content downloaded/printed from Hein Online”（http://heinonline.org）Thu Apr 23 22：02：27 2015，https://www.copyright.com/ccc/basicSearch.do? &operation = go&searchType = 0 &lastSearch = simple&all = on&titleOrStdNo = 0036-0465.

（二）慕课法定许可的捆绑定价模式

慕课中作品类型的多样性及每项慕课课程组合的不同，导致慕课法定学科的付费标准的确定及计算方法不同于一般的单一作品的法定许可使用费的计算，会更加复杂。美国 IMC 遵循捆绑定价模型是在互动多媒体中基于使用作品类型的多样及不同的组合而设计的定价方式。慕课作为课程核心内容的也是互动多媒体的课程视频，故此，慕课中作品法定许可使用可借鉴 IMC 的定价模式。捆绑定价模型提供一个合作价格结构和作品之间的价格区分。这种模型允许集团的成员有更大的利润，因为作品将以竞争性价值定价。慕课使用的多种类型的作品，也因此形成不同的组合，音乐、图形和文本每个都进行竞争性的定价，然后将结合为捆绑式的单一的价格。为适应各种各样的用户，MCM 可以提供几个不同的“数据包”的作品，不同的规模和组合。例如，可以组织安排包括音乐视频生产商之一、音乐作曲家、原文作者、图形艺术家以及营销组合作为一个交互式多媒体音乐视频包。这种定价模式与一般的“分别定价”模式相比节约定价成本，“合作管理、统一定价”模式相比，能灵活适应不同的作品类型与不同作品间的组合，尊重了不同类型作品之间价值的差异，更加科学合理。

（三）慕课集体管理组织加强利用“区块链”技术进行数字化管理

知识产权立法是科技之法、商品经济之法，会随着科技发展、商品经济发展，制度设计处于变动之中，以实现新的社会背景下的利益平衡，因此，无论制度设计如何变革，各方权利义务的配置要符合利益平衡原则。而如前所述，慕课中法定许可方式使用作品，无论是非营利慕课的法定许可使用，还是营利性慕课的“默示”法定许可使用均以保证著作权人财产权中获酬权为基础，因此其作品使用费的成功收取是这个制度设计成功的关键，亦是保证著作权私权保护和慕课等在线课程持续性发展的关键。慕课对作品数量大、类型多、互联网上的使用，如果许可程序被限制，也就是说当在使用前无需著作权人事前许可的情况下，基于作品使用的大量和网络化的发生，权利人很难知晓，或知晓得并不全面，这十分不利于权利人获酬权的实现，因此，慕课著作权集体管理组织应当充分以科学技术为支撑，加强对著作权人使用费方便、快捷、全面地获取方面的管理，主要体现在两个方面：一是集体管理组织应积极研究开发数字化的使用费的计费软件，进行使用费的自动核算及网上支付。可以采用计算机检索系统对其版权作品的个人使用监视和获得

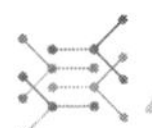

赔偿……潜在用户可以从数据库调用一条摘要，确定他是否想复制它。摘要中出现的信息可以帮助作出这一决定，摘要会显示是否版权所有者希望许可复制作品、著作权人愿意许可复制的条款和适当的计费信息。因此，如果用户选择按照提供的条款进行复制，用户可以进入相关的数据库中，系统会自动安排计费账单。[1] 二是充分利用“区块链”信息服务技术保证法定许可使用费的准确与全额发放。区块链（Blockchain），是比特币的一个重要概念，它本质上是一个去中心化的数据库，狭义来讲，区块链是一种按照时间顺序将数据区块以顺序相连的方式组合成的一种链式数据结构，并以密码学方式保证不可篡改和不可伪造的分布式账本。广义来讲，区块链技术是利用块链式数据结构来验证与存储数据、利用分布式节点共识算法来生成和更新数据、利用密码学的方式保证数据传输和访问的安全、利用由自动化脚本代码组成的智能合约来编程和操作数据的一种全新的分布式基础架构与计算方式。[2] 所谓区块链信息服务，是指基于区块链技术或者系统，通过互联网站、应用程序等形式，向社会公众提供信息服务。[3] 区块链技术可以给每个数据块都加盖时间戳，时间戳可以准确记录著作权的产生时间、交易时间等，时间戳的唯一性以及区块链技术的不易篡改性，既保证了作品使用信息的真实性，基于区块链的真实性与公开透明性，该技术可以用在著作权的确权登记上，改进原有传统的著作权登记方式，同时基于使用作品信息的不可更改性，保证使用作品情况的准确记录和保存相应数据，为慕课法定许可使用作品报酬的支付提供技术支持。

本章小结

慕课是在现行版权制度框架内发展起来的一种全新的教育模式，其开放性、共享性、资源生成性与内容集成性的特点与版权制度的私权性与地域性

---

〔1〕 STANLEY M. BESEN & SHEILA N. KIRBY, COMPENSATING CREATORS OF INTELLECTUAL PROPERTY: COLLECTIVES THAT COLLECT 3 n. 8. (1989). At This system raises the question of enforce ability of “shrink-wrap” licenses, in which the user effectively must accept the license terms determined by the program developer since no negotiations are available.

〔2〕 区块链，载 https://baike. so. com/doc/7904080-8178175. html，2020 年 5 月 20 日访问。

〔3〕 国家互联网信息办公室 3 号令发布（2019 年 1 月 10 日），《区块链信息服务管理规定》2019 年 2 月 15 日起施行。

之间存在着矛盾和张力，导致慕课发展过程中遭遇版权问题，不利于释放慕课传播知识信息的巨大能量。今天，数字技术、云计算、社交媒体技术及大数据技术的快速发展，作为科学技术之法的版权法需要进行版权理念的更新及版权制度的变革，以适应新技术及其引发的新的商业模式及教育模式对版权制度的挑战。本部分在前文分析论证的基础上，从慕课版权制度构建的理念、版权制度的设计以及慕课版权制度配套服务体系建设等三个方面进行慕课版权制度的构建。最终实现慕课版权制度的三个"三位一体"制度构建："原则+要素+规则"三位一体的合理使用制度；"教师+高校+学生"三位一体的慕课版权归属制度；"内部法律（高校慕课版权政策）+外部法律（版权法）+版权服务体系"三位一体的慕课版权制度，以实现信息时代版权制度与慕课发展的互相促进、共荣共生。

结 语
慕课的发展与版权法的未来

目前我国正在"坚持以中国特色、世界一流为核心，以立德树人为根本，以支撑创新驱动发展战略、服务经济社会发展为导向，加快建成一批世界一流大学和一流学科，提升我国高等教育综合实力和国际竞争力"。[1]信息数字技术进入教育领域，引发教学效率、资格证书、教学质量等方方面面的挑战，但同时也给高等教育现代化提供了契机。实践证明，那些设计良好的慕课，对于在校大学生，对于世界各地爱好学习的人们，对于整个社会文化的传播、科技的进步都是十分有益的。慕课是我国"建设世界一流大学、一流学科"的有效途径，是实现人们的教育平等，建设学习型社会的重要举措，是维护国家文化安全的必然要求。政府应当顺应慕课发展的潮流，转变观念，从政策制定、财政支持、法律改革等各个方面支持慕课的发展。

一、慕课的发展

2012 年美国《时代周刊》对慕课的专题报道："大学已死，大学永存"，意味着从教育理念、教学模式等方面讲，慕课是高等教育领域的"颠覆性创新"，这种"颠覆性创新"体现在三个方面：一是"开放共享"的教育理念。传统的高等教育以大学围墙彼此隔开，在围墙内各自开展教育，教育资源的共享面临着重重的障碍和困难。而慕课在信息技术、社交媒体等技术的支持下，奉行"资源开放共享"的理念，使得慕课课程资源可以翻越大学围墙，跨越国别地域，辐射到全世界。二是教育事业的产业化。在世界各国，因教育权基本人权的属性，各国政府都将教育作为政府负责支持的事业进行建设。慕课的发展，使知识信息这些教育资源可以规模性地进入市场，产生商业价值，也引起很多公司和风险投资者对慕课的投资。三是教学模式的变化，教

〔1〕《国务院关于印发统筹推进世界一流大学和一流学科建设总体方案的通知》。

学效果的提升。慕课形式的多样性带来高等教育教学模式的多样化，完全的网络化课程、翻转课堂等各种各样的形式，学生们有更多可选择的课程学习模式，激发学生学习的积极性，提升学习效果。教与学模式的创新是慕课发展的主流和生命线。

慕课模式极具发展前景，但随着慕课的不断发展壮大，其中存在的问题逐渐显露出来。慕课在发展初期以其大规模和开放性赢得了全世界的关注，但这两点尚不足以构成慕课可持续发展的强大动力。[1]慕课的可持续性大力发展必须解决三个方面的问题：（1）现行的教育体制的问题，学分互认，开放高等教育市场，引入企业对高等教育进行商业化模式运营，与事业单位的高等院校进行竞争。（我国鼓励民间资本进入高校领域，信息时代，吸引大量的企业投资慕课平台。）（2）如果高等教育领域能够放开并且逐步市场化，加之学分互认问题的解决，随之而来的是慕课商业模式的创新。目前的慕课运作程序和环节主要是教师、高校及慕课平台三方主体，将来随着学分互认，（能够脱离高校）由教授和慕课平台直接签约，委托或者合作创作慕课。（3）慕课面临的法律问题，涉及知识产权问题与隐私法律问题。其中慕课发展中的版权问题是应当解决的核心问题。

慕课作为一种新兴的教育模式，为大家的学习提供了一个相较更公平的环境和平台，对于推动教育事业的发展，提升世界范围人类知识水平，具有无与伦比的积极作用。因此，在慕课的发展过程中，除了科技进步的影响之外，最重要的是保证它能够健康有序地发展下去。[2]近年来，慕课逐渐受到我国教育主管部门的重视，尤其是2016年以来，在政府相关部分的支持与推动下，我国慕课平台和课程数量迅速发展，质量不断提高，基本形成较为良好的慕课平台运行秩序。政府、高校、企业等在慕课平台的开发、运营及市场化运作方面不断探索，取得一定的成效。尤其是2020年春节前后发生的新冠肺炎全球疫情，给我国的教育事业带来很大冲击，此时，以慕课为主的在线课程发挥了大规模在线授课、选课的巨大优势，在“停课不停学，停课不停教”目标的指引下，保证了我国在疫情期间学校教学任务的正常完成，保

---

〔1〕 王颖、张金磊、张宝辉：“大规模网络开放课程（MOOC）典型项目特征分析及启示”，载《远程教育杂志》2013年第4期。

〔2〕 周艳敏、浦凯迪：“国内MOOC版权研究综述”，载《科技传播》2015年第3期。

证了学生学习任务的完成，同时，慕课等在线课程相关主体在数据处理能力、平台运行管理能力应急处理能力等方面也获得大幅的提升。

公共政策的制定除了要解决公众所面临的问题之外，还应为社会的发展确立方向，引导人们的思想和行动[1]。政府应当积极应对慕课发展带来的问题，把握高等教育发展的机遇，转变观念，出台相关政策促进慕课的发展。首先，政府应当尽快进行相关政策的制定，法规的制定与修改，尤其是版权法的修改，为慕课的发展创造良好的政策法制环境。其次，关于资源共享方面。慕课作为一种在线学习方式，其优势就在于学习者之间互联互通、资源的共享，而目前我国现存的很多慕课平台之间存在隔阂，网络资源无法实现共享，相关部门应当出台政策促进各慕课平台的合作，构建真正意义上的大规模开放在线课程。再次，相关部门应当为高校慕课平台的建设提供资金、技术与人员的支持；最后，教育部应当进一步出台相关的政策，保障慕课课程所修学分互认，社会相关部门、企业对于慕课课程修业证书的认可，从而提升慕课在生产、工作、就业中的分量，更好促进慕课的发展壮大。

慕课的发展不可阻挡，限制慕课的发展，阻止信息、知识的传播是逆历史潮流而为。比如发生在很多年前的“红旗法案”颁布——当出现第一辆汽车时，为保护四轮马车而出台的法案。[2] 现在为了避免犯过去同样的错误，必须学会吸取教训，保护慕课未来发展。慕课未来发展的道路上，有很长的一段路要走。正如比尔·盖茨在评论慕课项目时说：“现在，我们才刚刚开始。10年之后，我们会真正理解如何利用慕课，用技术创造一个推动全球教育进步的平台，以拥有一个更好的世界教育系统。”[3]

二、版权法的未来

在知识经济时代，慕课以其能够充分有效地利用互联网传播优势进行资

---

〔1〕 陈刚编著：《公共政策学》，武汉大学出版社 2011 年版，第 14 页。

〔2〕 After the first recognized automobiles became commonplace, in England the carriage industry promoted some untenable acts (the 1865 “Red Flag Act,” or “Locomotives on Highways Act”) stipulating that all motorized vehicles be preceded by an ambulating man bearing a red flag in the day, and a lantern at night. ANTHONY BIRD, ROADS AND VEHICLES 41-42 (1969) . This actrestricted the maximum speed of motor cars to 2 miles per hour in urban area and 4 mph in countryside. This was not welcomed by many, and protests were organized. The act was modified in 1878.

〔3〕 转引自吴明华：“‘大规模开放在线课程’的兴起”，载《世界知识》2013 年第 14 期。

源、信息的传播，引发教育领域里的教育模式的创新，毫无疑问，慕课在今天的高等教育领域起着举足轻重的作用。回顾美国教育版权法的历史，美国在发展现代远程教育时，遭遇1976年版权法的制度性阻碍，引发修改版权法促进教育发展的讨论，并最终通过了Teach法案。今天，美国在慕课发展中遭遇到了版权障碍，经过慕课平台等相关的实践与经验的积累，2015年10月28日美国版权局、国会图书馆关于《DMCA禁止规避技术措施之例外规定第六次修改》，出台了非营利性的慕课使用视听作品的合理使用的规定。澳大利亚2013年发布《版权与数字经济报告》，关于数字经济对于版权的挑战以及如何应对进行大规模的实证调研，建议改革澳大利亚版权法的“公平交易”例外条款或引进美国灵活的“合理使用”规则，以适应和推动本国慕课的发展。2017年6月15日，澳大利亚议会两院通过了《版权法修正案（障碍者获得和其他措施）》，《修正案》内容之一即为“更新和简化教育法定许可规定，使教育机构和集体管理组织更容易就有关版权材料的教育使用的许可达成协议”，即为适应数字技术的进步，促进慕课等在线课程的可持续发展，《修正案》简化教育性机构法定许可规定。2018年《日本著作权法》修订，增加公共传输权利限制规定以及建立一站式补偿金支付机制（计划三年内实施），主要是为解决新技术背景下基于信息通信技术开展慕课等教学性公共传输使用作品问题。采取将广泛公共传输从“使用许可+个别付费”更改为“权利限制+补偿金支付”模式，在促进作品信息技术利用便利化同时，兼顾保护著作权人利益。2020年，因新冠肺炎肆虐，受疫情影响，大城市中各个学校无法在短期内复学，日本内阁会议应社会各界要求在2020年度无偿使用著作物的呼声，于2020年4月10日公布了政令（相当于中国的行政法规），决定于4月28日实施在网络等远程教育中未经许可使用教科书等著作物的著作权法。也就是说，受新冠肺炎扩散之影响，2018年5月修法中计划在三年内实施的“授课目的的公共传输补偿金制度”提前实施，教育机构在令和2（2020）年度可无偿使用著作物。

目前，我国现行的2010年修订的《著作权法》对慕课版权问题尚未有相关的规定，因为法律对于是否适用于慕课也不够明确，使得慕课制作过程中教师、高校、慕课平台如履薄冰。而2020年2月发布的《中华人民共和国著作权法草案建议稿》中也未有此方面的相应规定。

慕课利用现代的信息技术、数字技术、计算机以及社交媒体技术极大地扩展了知识、信息传播的速度、时间范围与地理范围，现代信息技术进入到高等教育领域，促进其改革也是社会发展的必然趋势。网络和远程学习已经存在了数年，但慕课的规模性与知识信息交付方式引发新的版权法的挑战。慕课教育的版权问题本质是信息技术时代的版权制度如何调整自己以适应全球日益重视的教育、知识传播等公共利益保护，以及如何变革以适应新技术的变化速度。

面临慕课的版权障碍，我们可以假设一个成功解决问题的不同角度，尝试向一些传统媒体经验学习。在技术进步的发展演化过程中，我们经常会看到这样一种情况，老技术的所有者试图阻止通向他们看作是一种威胁的道路，人们总是错误地认为新技术会直接取代老技术，然而，正如最近的和过往的商业经验都表明，新技术不会破坏当前的架构，而是创造新的贸易机会。[1]当然，一如既往地，在技术进步的历史中，发展新的模型意味着最初的一些行业收入的损失。但是，从长远来看，这种发展促使开放新的市场，确保新的商业利用的机会。我们不应固执于落后的技术与旧的模式，应该勇敢地迎接新技术与新的教育模式的出现，看到其中蕴藏的推动教育进步、社会发展的巨大力量，睿智地发现慕课的巨大商业潜力和机会。今天，慕课遭遇的版权问题已经成为慕课发展中的瓶颈，问题解决没有现成的答案，各个国家需要在慕课发展实践中不断摸索。对于政府来说，需要齐聚版权专家、教育专家、出版商、高校、风险投资商等共同探讨复杂的版权问题。慕课的大规模性以及慕课版权问题的复杂性，促使人们思考应当以最深思熟虑的和创造性的方式解决相关法律问题。[2]通过版权制度的创新顺应技术的发展、适应教育公共利益的保护，为慕课的发展壮大提供制度保障，同时实现版权制度在信息技术时代的自身蜕变。

---

〔1〕 For example the videocassette recorder (VCR) at first was perceived as a threat for the content distribution system. In fact, the VCR offered home tapers the ability to decide when they wanted to watch particular programs. Taking some scheduling control out of the hands of broadcasters. Television program producers also feared losing income from advertisers as home tapers deleted or fast-forwarded through commercials. The apparent threat of this new technology caused the filmed entertainment industry to seek to protect its markets through judicial and legislative action. However, when the dust settled, the VCR, like television and cable television before it, ha [d] become yet another ancillary market for the major filmed entertainment companies. BETTIG.

〔2〕 Kenneth Crews: MOOCs, Distance Education, and Copyright: Two Wrong Questions to Ask, on November 9, 2012.

知识经济社会，知识产权与国家利益、企业和各类组织的利益以及全球公民的利益息息相关，社会对知识创造、信息传播、公众健康、教育、环保等公共利益问题将更加关注，将使知识产权制度包括版权法的制度设计也更加关注公共利益。知识创造的速度与技术更新的高频率与知识产权体系运转的效率与质量的矛盾日益突出，文化和经济进步是思想和知识的自由流通的结果，继续走限制和阻碍的道路，是一种回到过去的错误的做法。故此，知识产权制度必须顺应新技术的变化速度、跨学科的特点和复杂的技术本质，采取新的措施，包括扩大保护范围，采用新的分类法等，提高知识产权制度运转的效率与质量，才能真正起到激励创新的保障作用。〔1〕

〔1〕 欧洲专利局编著：《未来知识产权制度的愿景》，郭民生、杜建慧、刘卫红译，知识产权出版社 2008 年版，序。

参考文献

一、中文著作类

[1] [日] 北川善太郎:《著作权交易市场——信息社会的法律基础》，郭慧琴译，华中科技大学出版社 2011 年版。

[2] [美] 安·赛德曼、罗伯特·B. 赛德曼:《法律秩序与社会改革》，时宜人译，中国政法大学出版社 1992 年版。

[3] [英] 边沁:《道德与立法原理导论》，时殷弘译，商务印书馆 2000 年版。

[4] 王泽鉴:《民法学说与判例研究）（重排合订本），北京大学出版社 2015 年版。

[5] [日] 田村善之:《日本现代知识产权法理论》，李扬等译，法律出版社 2010 年版。

[6] [匈] 米哈伊·菲彻尔:《版权法与因特网》（下），郭寿康、万勇、相靖译，中国大百科全书出版社 2009 年版。

[7] [澳] 布拉德·谢尔曼、[英] 莱昂内尔·本特利:《现代知识产权法的演进：英国的历程（1760-1911）》，金海军译，北京大学出版社 2006 年版。

[8] [英] 维克托·迈尔·舍恩伯格、肯尼斯·库克耶:《大数据时代》，盛杨燕、周涛译，浙江人民出版社 2013 年版。

[9] [英] 维克托·迈尔·舍恩伯格 :《与大数据同行：学习和教育的未来 》，赵中建、张燕南译，华东师范大学出版社 2005 年版。

[10] [美] 汤姆·齐格弗里德:《纳什均衡与博弈论》，洪雷、陈玮、彭工译，化学工业出版社 2011 年版。

[11] [美] 罗伯特·P . 墨杰斯等:《新技术时代的知识产权法》（中），齐筠等译，中国政法大学出版社 2003 年版。

[12] [美] 保罗·戈斯汀:《著作权之道：从古登堡到数字点播机》，金海军译，北京大学出版社 2008 年版。

[13] [德] M. 雷炳德:《著作权法》，张恩民译，法律出版社 2005 年版。

[14] 吴汉东:《知识产权基本问题研究》，中国人民大学出版社 2004 年版。

[15] 吴汉东主编:《知识产权法》，法律出版社 2014 年版。

[16] 吴汉东:《知识产权总论》，中国人民大学出版社 2013 年版.
[17] 吴汉东:《著作权合理使用制度研究》，中国人民大学出版社 2013 年版。
[18] 郑成思:《版权法》，中国人民大学出版社 2009 年版。
[19] 黄茂荣:《法学方法与现代民法》（第 5 版），法律出版社 2007 年版。
[20] 曹新明、张建华主编:《知识产权制度法典化问题研究》，北京大学出版社 2010 年版。
[21] 王景川、胡开忠主编:《知识产权制度现代化问题研究》，北京大学出版社 2010 年版。
[22] 欧洲专利局编著:《未来知识产权制度的愿景》，郭民生、杜建慧、刘卫红译，知识产权出版社 2008 年版。
[23] 张玉敏、张今、张平:《知识产权法》，中国人民大学出版社 2009 年版。
[24] 王迁:《网络环境中的著作权保护研究》，法律出版社 2011 年版。
[25] 李琛:《著作权基本理论的批判》，知识产权出版社 2013 年版。
[26] 赖文智、王文君:《数位著作权法》，翰芦图书出版有限公司 2007 年版。
[27] 蔡慧如:《著作权之未来展望：论合理使用之价值创新》，元照出版公司 2007 年版。
[28] 易健雄:《技术发展与版权扩张》，法律出版社 2009 年版。
[29] 于玉:《著作权合理使用制度研究：应对数字网络环境的挑战》，知识产权出版社 2012 年版。
[30] 朱理:《著作权的边界：信息社会著作权限制与例外研究》，北京大学出版社 2011 年版。
[31] 熊琦:《著作权激励机制的法律构造》，中国人民大学出版社 2011 年版。
[32] 费安玲:《著作权权利体系研究——以原始性利益人为主线的利益探讨》，华中科技大学出版社 2011 年版。
[33] 李扬:《日本著作权法》，知识产权出版社 2011 年版。
[34]《十二国著作权法》编译组译:《十二国著作权法》，清华大学出版社 2011 年版。
[35] 全红曼:《网络环境下著作权限制的新发展》，吉林大学出版社 2010 年版。
[36] 王清:《著作权限制制度比较研究》，人民出版社 2007 年版。
[37] 马海群:《面向数字图书馆的著作权制度创新》，知识产权出版社 2011 年版。
[38] 张曼:《著作权法定许可制度研究》，厦门大学出版社 2013 年版。
[39] 刘志刚:《电子版权的合理使用》，社会科学文献出版社 2007 年版。
[40] 郭威:《版权默示许可制度研究》，中国法制出版社 2014 年版。
[41] 曾棕根:《慕课（MOOCs）开源平台建设与应用——Moodle 2 大规模在线考试研究与实践》，人民邮电出版社 2014 年版。
[42] 陈刚编著:《公共政策学》，武汉大学出版社 2011 年版。

[43] 林世员、郑勤华：《教育信息化与慕课发展战略研究》，北京师范大学出版社 2020 年版。

[44] [美] Curtis J. Bonk 等主编：《慕课和全球开放教育》，焦建利等译，华东师范大学出版社 2018 年版。

二、中文论文类

[1] 习近平：“坚持总体国家安全观走中国特色国家安全道路”，载《人民日报》2014 年 4 月 16 日。

[2] 吴汉东：“合理使用制度的法律价值分析”，载《法律科学》1996 年第 3 期。

[3] 吴汉东：“知识产权的多元属性及研究范式”，载《中国社会科学》2011 年第 5 期。

[4] 邹琳、陈基晶：“慕课教育的合理使用问题研究”，载《知识产权》2015 年第 1 期。

[5] 周艳敏、浦凯迪：“国内 MOOC 版权研究综述”，载《科技传播》2015 年第 3 期。

[6] 王红珊：“数字经济下的版权改革与合理使用——以澳大利亚版权改革为例”，载《上海商学院学报》2014 年第 4 期。

[7] 曹新明：“我国著作权归属模式的立法完善”，载《法学》2011 年第 6 期

[8] 向凌：“著作权合理使用制度的人权法反思——基于必要性的考量”，载《知识产权》2012 年第 4 期。

[9] 熊琦：“论著作权合理使用制度的适用范围”，载《法学家》2011 年第 1 期。

[10] 陈传夫等：“美国《技术、教育和版权协调法案》的意义及其影响”，载《电子知识产权》2009 年第 9 期。

[11] [美] Kennech D. Crews：“美国远程教育的新法律——Teach 法案的重要性及其意义》，张慧霞、甄玉译，载《知识产权》2007 年第 1 期。

[12] 王国柱：“著作权‘选择退出’默示许可的制度解析与立法构造”，载《当代法学》2015 年第 3 期。

[13] 刘孔中：“论智慧财产权之一般理论：有效促进公私资源交换与相互增益”，载吴敬琏、江平主编：《洪范评论》（第 14 辑），生活·读书·新知三联书店 2012 年版。

[14] 魏建、宋微：“财产规则与责任规则的选择——产权保护理论的法经济学进展”，载《中国政法大学学报》2008 年第 5 期。

[15] 熊文聪：“技术、商业模式与版权法的未来”，载《中国社会科学报》2010 年 7 月 29 日。

[16] 管会生、高青松、张明洁：“MOOC 浪潮下的高校课程联盟”，载《高等理科教育》2014 年第 1 期。

[17] 李明华：“MOOCs 革命：独立课程市场形成和高等教育世界市场新格局”，载《开放教育研究》2013 年第 3 期。

[18] 张振虹、刘文、韩智："从 OCW 课堂到 MOOC 学堂：学习本源的回归"，载《现代远程教育研究》2013 年第 3 期。
[19] 郑金秋："大规模开放在线课程研究议题及其进展"，载《现代教育技术》2013 年第 12 期。
[20] 王颖、张金磊、张宝辉："大规模网络开放课程（MOOC）典型项目特征分析及启示"，载《远程教育杂志》2013 年第 4 期。
[21] 王萍：《大规模在线开放课程的新发展与应用：从 cMOOC 到 xMOOC "，载《现代远程教育研究》2013 年第 3 期。
[22] 李明华："开放教育的本性：教育家的解放与学习者的自由"，载《开放教育研究》2011 年第 5 期。
[23] 姚媛等："MOOCs 与远程教育运行机制的比较研究"，载《远程教育杂志》2013 年第 6 期。
[24] 叶文芳、丁一："MOOC 发展中的版权制度研究"，载《科技与出版》2014 年第 2 期。
[25] 王莉方："大规模在线开放课程（MOOC）版权特征探析"，载《科技与出版》2014 年第 7 期。
[26] 张丹、龚晓林："大学图书馆参与 MOOC 版权服务的实践及启示——以 杜克大学图书馆为例"，载《图书情报工作》2014 年第 10 期。
[27] 陈勇："基于 MOOC 的版权管理和版权保护问题研究"，载《科技与出版》2015 年第 2 期。
[28] 叶兰、易晓娥："图书馆视角下的 MOOCs 版权问题研究"，载《大学图书馆学报》2014 年第 5 期。
[29] 刘建银、陈翁翔："网络课程著作权：问题、成因与对策——以完善著作权法为中心"，载《远程教育杂志》2004 年第 5 期。
[30] 刘建银："网络课程的著作权归属"，载《开放教育研究》2004 年第 2 期。
[31] 陈正、尤岚岚："德国高校 MOOCs 教育利弊得失的经验与启示"，载《高校教育管理》2015 年第 3 期。
[32] 王海波："慕课——继续教育机构的新机遇"，载《教育探索》2015 年第 4 期。
[33] 王应解、冯策、聂芸婧："我国高校慕课教育中的问题分析与对策"，载《中国电化教育》2015 年第 6 期。
[34] 郭锐林、张胜辉："国外远程教育资源共建共享中著作权法律制度概述"，载《广东广播电视大学学报》2009 年第 1 期。
[35] 周路菡："MOOC 如何市场化运作"，载《新经济导刊》2014 年第 10 期。
[36] 王莉方："MOOC 与出版商合作模式探析"，载《科技与出版》2014 年第 4 期。
[37] 秦鸿："MOOCs 的兴起及图书馆的角色"，载《中国图书馆学报》2014 年第 3 期。

[38] 陈传夫等：“美国《技术、教育和版权协调法案》的意义及其影响”，载《电子知识产权》2003年第9期。
[39] 冉从敬：“美国《技术、教育与版权协调法案》立法及其对信息公共获取豁免制度的启示”，载《图书情报知识》2006年第2期。
[40] 黄吉瑾、张心全：“远程教育与版权制度的协调发展——谈美国《技术、教育和版权协调法案》及启示”，载《南京广播电视大学学报》2004年第2期。
[41] 邵燕：“‘转换性使用’规则对我国数字图书馆建设的启示”，载《图书馆论坛》2015年第2期。
[42] 顾小清、胡艺龄、蔡慧英：“MOOCs的本土化诉求及其应对”，载《远程教育杂志》2013年第5期。
[43] 张振虹、刘文、韩智：“从OCW课堂到MOOC学堂：学习本源的回归”，载《现代远程教育研究》2013年第3期。
[44] 王颖、张金磊、张宝辉：“大规模网络开放课程（MOOC）典型项目特征分析及启示”，载《远程教育杂志》2013年第4期。
[45] 林沛等：“MOOCs下一种高校信息化教学平台的改进建设方案”，载《兰州文理学院学报（自然科学版）》2014年第1期。
[46] 思柯：“ MOOC引领新学习时代”，载《世界科学》2013年第9期。
[47] 李青、王涛：“MOOC：一种基于联通主义的巨型开放课程模式”，载《中国远程教育》2012年第3期。
[48] 方静：“MOOC的发展及其对传统教育的挑战”，载《华北科技学院学报》2014年第5期。
[49] 赵文平：“生成性课程：一种基于生成性思维的课程形态”，载《全球教育展望》2009年第12期。
[50] 李曼丽：“MOOCSs的特征及其教学设计原理初探”，载《清华大学教育研究》2013年第8期。
[51] 刘建银、龙柚杉：“美国对数字远程教育的版权立法”，载《电化教育研究》2004年第2期。
[52] 安宝珍：“我国教育目的价值取向的分析思考”，载《中北大学学报（社会科学版）》2006年第6期。
[53] ［瑞］博瑞·霍姆伯格：“远程教育在世纪之交遇到的认同危机”，丁兴富译，载《展望》1999年。
[54] 孙晓红、王红：“高校图书馆参与MOOC版权服务的路径研究”，载《高校图书馆工作》2015年第1期。
[55] 傅天珍、郑江平：“高校图书馆应对MOOC挑战的策略探讨”，载《大学图书馆学

报》2014 年第 1 期。
[56] 陆美:“美国图书馆应对 MOOC 的策略及启示”,载《图书馆》2015 年第 3 期。
[57] 韩炜:“面向 MOOC 的高校图书馆发展战略”,载《图书馆学刊》2014 年第 9 期。
[58] [日] 阿部浩二:“各国著作权法的异同及其原因”,朱根全译,载《法学译丛》1992 年第 1 期。
[59] 王鉴、安富海、李泽林:“‘互联网+’背景下课程与教学论研究的进展与反思”,载《教育研究》2017 年第 11 期。
[60] 张岩:“‘互联网+教育’理念及模式探析”,载《中国高教研究》2016 年第 2 期。
[61] 彭静雯、许祥云:“‘碎片化学习’问题修复:基于 MOOC 学习支持的反思”,载《江苏高教》2017 年第 5 期。
[62] 王宇等:“2017 全球慕课发展回顾”,载《中国远程教育(综合版)》2018 年第 9 期。
[63] 纪九梅等:“2018 慕课发展概要与未来趋势:以 Coursera、edX、学堂在线、Udacity 和 FutureLearn 为例”,载《中国远程教育》2019 年第 9 期。
[64] 王梦倩等:“MOOC 学习者特征聚类分析研究综述”,载《中国远程教育》2018 年第 7 期。
[65] 姚凯等:“MOOC 评价模型研究”,载《复旦教育论坛》2017 年第 3 期。
[66] 赵磊:“MOOC 创新扩散的本质特征及分析框架研究”,载《中国远程教育(综合版)》2018 年第 3 期。
[67] 赵洱岽等:“从理念到行动:在线开放课程教学模式的构建与实践——以中国大学 MOOC‘管理沟通’为例”,载《中国大学教学》2017 年第 3 期。
[68] 王文礼:“从慕课 1.0 到慕课 4.0:创新和颠覆”,载《现代教育技术》2018 年第 7 期。
[69] 赵映川:“大学生慕课满意度及其影响因素的调查研究”,载《高等教育研究》2018 年第 2 期。
[70] 吴林静等:“大数据视角下的慕课评论语义分析模型及应用研究”,载《电化教育研究》2017 年第 11 期。
[71] 马爽、胡凡刚:“从知识汲取到‘转识成智’:智能化时代慕课(MOOCs)的价值走向”,载《远程教育杂志》2018 年第 6 期。
[72] 张小锋、王湘宁:“从意识形态安全的高度加强慕课建设”,载《中国高等教育》2016 年第 21 期。
[73] 孙忠梅:“地方高校慕课共建共享学分互认的探索与实践”,载《中国大学教学》2018 年第 2 期。
[74] 邱伟华:“高等教育慕课的价值创造与营利模式”,载《现代远程教育研究》2017 年

第4期。
[75] 冯瑞：“高校教师开展慕课的行动意向及其动因研究——基于扩展的技术接受模型”，载《江苏高教》2017年第7期。
[76] 李歆、饶振辉：“高校慕课教学的实践反思与图景展望”，载《江西社会科学》2017年第1期。
[77] 李静、李新房：“国内MOOC研究的回顾与展望——2012—2016年CSSCI与中文核心期刊文献数据分析”，载《出版广角》2017年第12期。
[78] 陈吉荣：“国外慕课研究最新发展述评”，载《外语教学与研究》2016年第1期。
[79] 唐红晶、董金权：“国内慕课（MOOC）研究现状分析——基于2011年~2016年CNKI核心期刊论文和国内外会议的文献计量分析”，载《高校图书馆工作》2017年第6期。
[80] 李良华：“教育供给侧改革视角下的慕课建设与发展策略”，载《西藏大学学报（社会科学版）》2018年第3期。
[81] 饶爱京、万昆、郑碧慧：“路径依赖视角下高校慕课的可持续发展策略”，载《现代教育技术》2018年第9期。
[82] 张继明、宋尚桂：“论我国慕课的转型发展及其未来建构”，载《高教探索》2017年第7期。
[83] 梁林梅、夏颖越：“美国高校在线教育：现状、阻碍、动因与启示——基于斯隆联盟十二年调查报告的分析”，载《开放教育研究》2016年第1期。
[84] 许涛：“美国慕课发展的创新模式研究”，载《比较教育研究》2017年第8期。
[85] 吕宗澄、徐成：“美国慕课例外的立法考察”，载《图书馆论坛》2017年第9期。
[86] 李京、刘玉清：“美国教育出版社的慕课转向及启示”，载《编辑学刊》2017年第6期。
[87] 汪琼：“美国慕课评优原则分析”，载《现代远程教育研究》2017年第3期。
[88] 刘俊学：“慕课背景下高等教育的生态格局”，载《现代大学教育》2017年第6期。
[89] 单迎杰、傅钢善、张颖：“慕课学习中信息技术工具使用的学习体验分析”，载《中国远程教育》2019年第12期。
[90] 钱小龙：“慕课商业模式的伙伴关系研究——以美国加州大学欧文分校为例”，载《南通大学学报（社会科学版）》2018年第4期。
[91] [英] 杰里米·诺克斯、肖俊洪：“慕课革命进展如何：慕课的三大变化主题”，载《中国远程教育》2018年第1期。
[92] 许亚锋、叶新东：“慕课促进教育公平：事实还是假象?”，载《现代远程教育研究》2018年第3期。
[93] 张瑜：“西方慕课对我国意识形态安全的挑战及其应对”，载《思想理论教育》2017

年第 9 期。
[94] 张志新等："我国慕课研究的现状与问题分析"，载《现代教育技术》2017 年第 12 期。
[95] 李秀丽："我国高校慕课建设及课程利用情况调查分析——以中国大学 MOOC 等四大平台为例"，载《图书馆学研究》2017 年第 10 期。
[96] 聂竹明、刘钊颖："微课与慕课：基于信息技术的教育供给方式变革"，载《电化教育研究》2018 年第 4 期。
[97] 赵建华、李铭、王雷岩："抓住数字机遇，实现联合国第四个可持续发展目标——2018 年联合国教科文组织亚太地区高等教育慕课研讨会综述"，载《现代远程教育研究》2018 年第 4 期。
[98] 赵磊等："中国慕课项目实践现状探析——基于 12 家中文慕课平台的比较研究"，载《电化教育研究》2017 年第 9 期。
[99] 赵磊、朱泓、吴卓平："中国高校 MOOC 建设情况及制度环境研究"，载《中国远程教育》2019 年第 10 期。
[100] 逯行、陈丽："知识生产与进化："互联网+" 时代在线课程形态表征与演化研究"，载《中国远程教育》2019 年第 9 期。
[101] 殷悦、李勇："MOOCs 教育模式下的合理使用制度研究"，载《山东科技大学学报（社会科学版）》2016 年第 4 期。
[102] 梁九业："MOOC 教育模式下著作权合理使用问题研究"，载《电子知识产权》2019 年第 9 期。
[103] 吉宇宽："高校图书馆慕课服务的著作权侵权风险及其应对"，载《大学图书馆学报》2018 年第 4 期。
[104] 刘彩霞："国外慕课版权研究综述"，载《图书馆建设》2016 年第 9 期。
[105] 王丽霞："摭谈慕课教育版权合理使用制度的建构"，载《图书馆工作与研究》2017 年第 5 期。
[106] 张颖星、费先宏："从 MOOC 到 SPOC：实践任职培训与军事类研究生教育融合式培养的新途径"，载《继续教育》2015 年第 2 期。
[107] 陈湛绮："版权清理：基于 MOOC 的图书馆版权管理新功能"，载《图书馆学刊》2015 年第 7 期。
[108] 方章伟："版权视野下 MOOC 与传统课堂教学的比较与法律规制"，载《出版广角》2016 年第 10 期。
[109] 肖冬梅："谷歌数字图书馆计划之版权壁垒透视"，载《图书馆论坛》2011 年第 6 期。
[110] 鄂丽君："加拿大大学图书馆的版权信息服务"，载《图书馆论坛》2014 年第 8 期。

[111] 肖冬梅、吴秀文、刘芳：“教育资源配置视角下的慕课现象解构”，载《图书馆》2015 年第 5 期。

[112] 贺斌：“慕课：本质、现状及其展望”，载《江苏教育研究》2014 年第 1 期。

[113] 肖冬梅、方舟之：“美国禁止规避技术措施例外制度的缘起、演进与启示”，载《图书馆论坛》2016 年第 6 期。

[114] 张立彬、吴嘉敏：“慕课环境下美国高校图书馆的 MOOC 版权指南文件探赜”，载《图书馆学研究》2019 年第 14 期。

[115] 张立彬：“慕课环境中图书馆版权服务的内容与思考”，载《图书馆工作与研究》2016 年第 3 期。

[116] 张冬、郑晓欣：“慕课教育模式的著作权风险探究”，载《贵州师范大学学报（社会科学版）》2016 年第 1 期。

[117] 焦微玲、裴雷：“数字产品‘免费’的原因、模式及营利对策研究”，载《现代情报》2017 年第 8 期。

[118] 丁遒劲、周杰：“图书馆文献传递服务中的版权结算问题研究”，载《情报杂志》2013 年第 2 期。

[119] 胡玲：“摭谈慕课的版权保护及高校图书馆的应对策略”，载《呼伦贝尔学院学报》2018 年第 3 期。

[120] 贾开、徐婷婷、江鹏：“知识产权与创新：制度失衡与‘互联网+’战略下的再平衡”，载《中国行政管理》2016 年第 11 期。

[121] 蔡卓衡、丁志亚：“我国 MOOC 发展中的版权问题研究”，载《河北法学》2017 年第 7 期。

[122] 刘晓燕等：“‘慕课’的在高校中的发展及其面临的问题”，载《教育现代化》2018 年第 12 期。

[123] 陈森、燕良轼：“‘慕课’的知识传播模式及其发展”，载《湖南师范大学教育科学学报》2019 年第 2 期。

[124] 陶颖：“‘慕课’对我国远程教育变革发展的启示”，载《学周刊》2018 年第 28 期。

[125] 石亮、束鑫：“‘慕课’在高等教育教学中的发展现状与问题研究”，载《科学大众（科学教育）》2017 年第 12 期。

[126] 郭英剑：“‘慕课’在全球的现状、困境与未来”，载《高校教育管理》2014 年第 4 期。

[127] 陈肖庚、王顶明：“MOOC 的发展历程与主要特征分析”，载《现代教育技术》2013 年第 11 期。

[128] 刘畅、王祎、李东辉：“从慕课到微课——网络视频教学发展的问题及对策”，载《中国中医药现代远程教育》2018 年第 5 期。

[129] 陈正:“德国慕课发展特点与挑战”，载《世界教育信息》2015年第9期。
[130] 徐晓飞、李廉、傅育熙:“发展中国特色的慕课模式 提升教改创新与人才培养质量”，载《中国大学教学》2018年第1期。
[131] 程瑛、赵婉君:“大数据驱动高等教育创新的变革路向”，载《湖南师范大学教育科学学报》2017年第6期。
[132] 朱圆、陈月琴:“法学慕课的社会价值与发展路径”，载《福建行政学院学报》2018年第2期。
[133] 牛妍懿、张建:“高校慕课的发展、优势及建设探索”，载《华夏教师》2018年第3期。
[134] 廖宏建、刘外喜:“高校SPOC有效学习影响因素实证分析”，载《电化教育研究》2017年第5期。
[135] 王慧玲:“高校慕课建设的现状分析与发展对策研究”，载《宁波工程学院学报》2018年第3期。
[136] 周丹丹:“高校慕课教学管理问题及发展策略”，载《传播力研究》2019年第27期。
[137] 齐贤:“理解慕课——发展中国家决策指南（六）”，载《世界教育信息》2017年第14期。
[138] 谢琳:“论著作权合理使用的扩展适用——回归以市场为中心的判定路径”，载《中山大学学报（社会科学版）》2017年第4期。
[139] 高地、吴桐:“美国‘慕课’理论研究与实践的若干前沿问题”，载《高校教育管理》2014年第4期。
[140] 秦晓惠、张敬源:“慕课发展十周年综述”，载《高等理科教育》2018年期第6期。
[141] 李晓明、张绒:“慕课：理想性、现实性及其对高等教育的潜在影响”，载《电化教育研究》2017年第2期。
[142] 毛海涛:“慕课教育发展研究”，载《才智》2017年第16期。
[143] 商庆龙等:“慕课模式的特点及目前的困境与机遇”，载《中国高等医学教育》2015年第8期。
[144] [爱尔兰] 梅雷亚德·尼克·朱拉·梅西尔、马克·布朗:“慕课同心圈式发展：从高等教育破坏性创新向持续性创新模式的转变”，肖俊洪译，载《中国远程教育》2019年第3期。
[145] 吴敏、李慧:“慕课研究综述”，载《中国教育技术装备》2015年第12期。
[146] 郑淑芳:“慕课在高等教育发展中的优劣势研究”，载《学周刊》2019年第4期。
[147] 王鹏、柯文丽:“慕课在国内外的发展与运行现状”，载《教育教学论坛》2019年第13期。

［148］常敬：“慕课在中国高校中的现状及发展趋势探究”，载《文化创新比较研究》2018年第13期。

［149］吴琪：“欧洲慕课发展的现状与趋势”，载《新课程研究（上旬刊）》2014年第9期。

［150］邓莉：“欧洲高等教育政策研讨会：慕课对大学不构成威胁”，载《世界教育信息》2013年第22期。

［151］魏英玲、何高大：“欧盟高校‘慕课’（MOOCs）的现状与发展及对我国高校‘慕课’的启示”，载《远程教育杂志》2015年第5期。

［152］朱敬、蔡建东：“欧洲慕课利益相关者峰会系列报告的技术文化分析及其对我国大学慕课的启示”，载《现代大学教育》2020年第1期。

［153］孙敏、沈阳：“欧洲学分互认体系或为慕课发展提供新机遇”，载《世界教育信息》2014年第6期。

［154］卢晨：“日本慕课课程以及平台建设对我国的借鉴意义”，载《教育现代化》2018年第29期。

［155］武紫微：“我国慕课发展本土化的现状、挑战及其对策”，载《才智》2018年第23期。

［156］杨海涛：“我国‘慕课’内生化发展的阻滞因素及发展路向分析”，载《吉林广播电视大学学报》2018年第10期。

［157］朱骏锋、许仁红：“我国慕课建设工作现状、存在问题及建议”，载《河北联合大学学报（社会科学版）》2015年第1期。

［158］田生湖、姚建峰、崔同宜：“我国慕课研究现状、热点聚焦与发展建议——基于知识图谱的可视化分析”，载《成人教育》2019年第1期。

［159］汪琼等：“亚洲地区慕课发展五年回顾：从2013年至2017年”，载《中国远程教育》2019年第4期。

［160］邹润民、马燕生：“法国慕课发展情况”，载《世界教育信息》2015年第9期。

［161］任博洋：“英国‘慕课’的支持策略和学习方式研究”，载《北京广播电视大学学报》2015年第1期。

［162］郑重：“慕课背景下日本教学性权利限制制度的改革及启示”，载《知识产权》2020年第3期。

［163］黄毅、闫宇家：“中国式慕课的困境与未来——以人文类课程为例研究慕课教学模式的改进方案”，载《计算机教育》2015年第24期。

［164］邓东元、王庆奖、段虹：“中美高等教育慕课（MOOC）发展的国际化审思”，载《昆明理工大学学报（社会科学版）》2018年第2期。

［165］李慧迎：“战后英国大学开放教育资源研究”，湖南师范大学2019年博士学位论文。

三、中文电子文献类

[1] 习近平“推动互联网全球治理体系变革”，载 http://www. guancha. cn：8080/economy/2015_ 12_ 16_ 344848_ 2. shtml.

[2]《MOOC 国际大规模网络开放课程教育平台专题调研报告》，载 http://www. aufe. edu. cn/s/106/t/120/a/27260/info. jspy.

[3]《知乎·果壳：两枚知识型社区的生存样本解剖》，载 http://www. huxiu. com/article/36261/1. html.

[4] “澳大利亚大学寻求版权法改革以启用大规模网络开放课程 ”，载 http://www. ipr. gov. cn/guojiiprarticle/guojiipr/201301/17224.

[5] “英国牛津大学出版社提供免费公开课程（MOOC）教材”，载 http://edu. cnr. cn/list/201306/t20130602：512725730. shtml.

[6]《美国版权法最新修订文本翻译稿》，载 http://mp. weixin. qq. com/s? _ _ biz=MjM5OTE0ODA2MQ==&mid=400448222&idx=1&sn=927c16377f42dfa28372132b49e22577&3rd=MzA3MDU4NTYzMw==&scene=6#rd.

[7] “互联网+教育高峰论坛探讨互联网与教育教学深度融合”，载 http://www. moe. gov. cn/jyb_ xwfb/s5147/201505/t20150525_ 188465. html.

[8] 张平：“如果知识产权仍需事先获得许可 人类将作茧自缚”，载 http://www. biopatent. cn/bbs/read. php? tid：443009. htm.

[9]《青岛宣言》，载 http://www. wei. moe. edu. cn/zh/? p=7488.

[10] 中华人民共和国国家版权局：《2017 最值得讨论的版权话题》，载 http://www. ncac. gov. cn/chinacopyright/contents/4509/355992. html.

[11] “慕课也要过版权这道坎儿”，载 https://www. sogou. com/link? url=58p16RfDRLvqfABpOci717X2dg0f8GDSFpLaeNZrBwuE：C1BD9Wrpuobg0638pt29Lzd09：yVYTTO13urmeXqg。

四、外文类

[1] Lauren Fowler，Kevin Smith，“Drawing the Blueprint As We Build：Setting Up a Library：based Copyright and Permissions Service for MOOCs”，July/August2013 Volume 19，Number 7/8 D：Lib Magazine.

[2] Kenneth Crew，“MOOCs，Distance Education，and Copyright：Two Wrong Questions to Ask”，on November 9，2012.

[3] Luke Padgett，“Understanding open educational resource licensing in Australia”.

[4] Li Yuan，Stephen Powell，JISC CETIS，“MOOCs and Open Education：Implications for

Higher Education ", http://publications. cetis. ac. uk/2013/667.

[5] Colleen Williams, "Massive Open Online Courses - One participant's perspective Content downloaded/printed from HeinOnline", (http://heinonline. org) Thu Apr 23 21: 36: 47 2015.

[6] Stephen Colbran, Anthony Gilding, "MOOCs, and the Rise of Online Legal Education Citation", 63 J. Legal Educ. 405 2013: 2014 (*Journal of Legal Education February*, 2014).

[7] Philip G. Schrag: MOOCs and Legal Education: Valuable Innovation or Looming Disaster? Villanova Law Review 2014 59 Vill. L. Rev. 83.

[8] Robert C. Denicola, "Copyright and Open Access: Reconsidering University Ownership of Faculty Research", *Nebraska Law Review*, Vol. 85: 351.

[9] Citation: 85 Neb. L. Rev. 351 2006: 2007.

[10] Andrea L. Johnson, "Reconciling Copyright Ownership Policies for Faculty: Authors in Distance Education", *Journal of Law & Education*, Vol. 33, No. 4Citation: 33 J. L. & Educ. 431 2004.

[11] Nicola Lucchi, "Intellectual Property Rights in Digital Media: A Comparative Analysis of Legal Protection, Technological Measures, and New Business Models under EU and U. S. ", *Law BUFFALO LAW REVIEW*, Vol. 53 Citation: 53 Buff. L. Rev. 1111 2005: 2006.

[12] Sara Sampson and Leslie Street, "MOOCs and the role of law librarians Citation", 18 AALL Spectrum 9 2013: 2014 https://www. copyright. com/ccc/basicSearch. do? operation=go&searchType=0 &lastSearch=simple&all=on&titleOrStdNo=1089: 8689.

[13] JenniferD. Choe, "Interactive Multimedia: A New Technology Tests the Limits of Copyright", *Law RUTGERS LAW REVIEW*, Vol. 46: 929 Citation: 46 Rutgers L. Rev. 929 1993: 1994.

[14] MichaelJ. Remington, "The Ever: Whirling Cycle of Change: Copyright and Cyberspace", *North Carolina Journal of Law & Technology Volume 3*, Issue 2: Spring 2002.

[15] Molly Shaffer Van Houweling, "Author Autonomy and Atomism", in *Copyright Law Virginia Law Review*, Vol. 96: 549 Citation: 96 Va. L. Rev. 549 2010.

[16] Mark A. Lemley, "Beyond Preemption: The Law and Policy of Intellectual Property Licensing", *California Law Review*, Vol. 87: 111; Citation: 87 Cal L. Rev. 111 1999.

[17] Barton Beebe, "An Empirical Study of U. S. Copyright Fair Use Opinions", 1978: 2005 *University of Pnnsylvania Lwreview*, Vol. 156: 549 Citation: 156 U. Pa. L. Rev. 549 2007: 2008.

[18] Wlliam M Lndes and Richard A. Posner, "An Economic Analysis of Copyright Law The", *Journal of Legal Studies Citation*: 18 J. Legal Stud. 325 1989.

[19] David Nimmer: " 'Fairest of Them All' and Other Fairy Tales of Fair Use Law and Contemporary Problems", Vol. 66: 263 Citation: 66 *Law & Contemp. Probs*, 263 2003.

[20] Robert P. Merges, "One Hundred Years of Solicitude: Intellectual Property Law", 1900: 2000 *CALIFORNIA LAWREVIEW*, Vol. 88: 2187 Citation: 88 Cal. L. Rev. 2187 2000.

[21] Audrey W. Latourette, J. D.: Copyright Implications for Online Distance Education Journal of College and University Law, Vol. 32, No. 3 Content downloaded/ printed from HeinOnline (http://heinonline. org) Thu Apr 23 21: 38: 43 2015.

[22] Jacques de Werra: Moving Beyond the Conflict Between Freedom of Contract and Copyright Policies: In Search of a New Global Policy for OnLine Information Licensing Transactions.

[23] A Comparative Analysis Between U. S. Law and European Law Columbia, *Journal of Law & the Arts*, 25: 4 Citation: 25 Colum. J. L. & Arts 239 2001: 2002.

[24] Michael W. klein, ESQ.: "'The Equitable Rule': Copyright Ownership of Distance education Courses", *Journal of College and University Law*, Vol. 31, No. I Citation: 31 J. C. & U. L. 143 2004: 2005.

[25] Copyright Ownership, A Fundamental of "Academic Freedom" Citation: 12 Alb. L. J. Sci. & Tech. 231 2001: 2002 ALB. L. J. SC. & TECH [Vol. 12 Content downloaded/printed from HeinOnline (http://heinonline. org) Sun Mar 15 22: 53: 36 2015.

[26] Laura N. Gasaway, Copyright Ownership & The Impact on Academic LibrariesCitation: 13DePaul: LCAJ. Art&Ent. L. 2772003, https://www. copyright. com/ccc/basicSearch. do? operation = go&searchType = 0 &lastSearch = simple&all = on&titleOrStdNo = 1061: 0553.

[27] Jonathan Haber, *MOOCs MIT Press Essential Knowledge*, MIT Press, October 17, 2014.

[28] Curtis Jay Bonk, Mimi M. Lee, Thomas C. Reeves, Thomas H. Reynolds: MOOCs and Open Education Around the World, Routledge On July 6, 2015.

[29] Kyle K. Courtney, Ellyssa Kroski: Moocs and Libraries October 1, 2015, http://www. ipr. gov. cn/guojiiprarticle/guojiipr/201301/17224.

[30] ALRC releases copyright report, http://www. alrc. gov. au/news: media/media: release/ alrc: releases: copyright: report Published on 13 February 2014. Media release.

[31] Stephen Haggard: The Coming Copyright Problem And Its Impact on Students and University, http://moocnewsandreviews. com/the: coming: mooc: copyright: battle: and: its: impact: on: student: and: university/, 2015/11/9.

[32] Copyright Challenges in a MOOC Environment EDUCAUSE, 2013 EDUCAUSE. The text of this EDUCAUSE brief is licensed under the Creative Commons Attribution: NonCommercial: NoDerivatives license, http://net. educause. edu/ir/library/pdf/PUB9014. pdf.

[33] A Bill of Rights and Principles for learning in the Digital Age, http://chronicle. com/article/The: Document: A: Bill: of/136781/.

[34] The ALRC: Copyright and the Digital Economy (Final Report) ALRC Report 2013.

[35] World Intellectual Property Organization Copyright Treaty, opened for signature 20 December 1996, ATS 26 (entered into force on 6 March 2002).

[36] Berne Convention for the Protection of Literary and Artistic Works (Paris Act), opened for signature 24 July 1971, [1978] ATS 5 (entered into force on 15 December 1972).

[37] I Hargreaves and B Hugenholtz: "Copyright Reform for Growth and Jobs: Modernising the European Copyright Framework", (2013) 13 *Lisbon Council Policy Brief*1, 4.

[38] Roscoe Pound., *Introduction to the Philosophy of Law*, Rev. ed. New Haven, 1954, p. 47.

[39] Joseph J. Raffetto: DEFINING FAIR USE IN THE DIGITAL ERA Citation: 15 U. Balt. Intell. Prop. L. J. 77 2006: 2007 Content downloaded/printed from HeinOnline (http://heinonline.org) Fri Jun 12 10: 31: 49 2015.

[40] Proffitt M: MOOCs and libraries, an overview of the current landscape, http://www.oclc.org /content /dam /research /presentations /proffitt /moocs2013. pptx.).

[41] Mahraj K., "Using information expertise to enhance massive open online courses", *Public Services Quarterly*, 2012, 8 (4): 359: 368.

[42] Elissa Korn and Jennifer Levitz, "Online Courses Look for a Business Model", *Wall Street Journal*, January 2, 2013; "What You Need to Know about MOOCs", *The Chronicle of Higher Education*, available July 2013.

[43] Kevin L. Smith, "Making MOOCs Easier", *Library Journal*, January 24, 2013; Brandon Butler, "Issue Brief: Massive Open Online Courses: Legal and Policy Issues for Research Libraries", *Association of Research Libraries*.

[44] Copyright Resources to Support Publishing andTeaching, http://guides. library. upenn. edu/contrnt. php ? pid=244413&sid=3375306.

[45] Domohell K. Who Owns Intellectual Property in the Brave New World of MOOCs.

[46] AUDREY W. LATOURETTE, J. D. COPYRIGHT IMPLICATIONS FOR ONLINE DISTANCE EDUCATION Content downloaded/printed from HeinOnline (http://heinonline. org) Thu Apr 23 21: 38: 43 2015.

[47] MOOCs: An Opportunity for Professors, or Grave Threat, http://www. ecampusnews. com/top: news/moocs: professors: threat: 399/.

[48] OFFICE OF THE VICE PROVOST AND DEAN OF RESEARCH AND GRADUATE POLICY, STANFORD UNIV., RESEARCH POLICY HANDBOOK: COPYRIGHT POLICY, at § F, available at http://www. stanford. edu/dept/DoR/rphI5: 2. html (last visited Sept. 29, 2006).

[49] AM. ASS'N OF UNIV. PROFESSORS, STATEMENT ON COPYRIGHT (1999), availableat www. aaup2. org/statements/Redbook/Spccopyr. htm.

[50] Robert C. Denicola, "Copyright and Open Access: Reconsidering University Ownership of Faculty Research", *Nebraska Law Review*, Vol. 85: 351Citation: 85 Neb. L. Rev. 351 2006: 2007.

[51] CORNELL UNIV. BD. OF TRS. EXECUTIVE COMM, CORNELL UNIV., CORNELL UNIVERSITY COPYRIGHT POLICY, available at http://www. policy. comell. edu/cmimages/uploads/polUCopyright. html (last visited Sept. 29, 2006).

[52] Bates A W T, Sangra A., *Managing technology in higher education: Strategies for transformingTeaching and learning*, Jossey: Bass press, 2011.

[53] Ken Masters, "A Brief Guide To Understanding MOOCs", *The Internet Journal Of Medical Education* 11, 2 (2011).

[54] Butler B. Massive open online courses: Legal and policy Issues for research libraries, http://www. arl. org /storage /documents /publications /issue brief: mooc-22oct12. pdf.

[55] Domonell K. Who Owns Intellectual Property in the Brave New World of MOOCs, http://www. university: business. com/MOOC: IP.

[56] Massive Open OnlineCourses: Legal and Policy Issues for Re: search LIBRARIES, http://www. arl. org/stor: age/documents/publications/issuebrief: mooc: 22oct12. pdf.

[57] Straumsheim C. When MOOC Profs Move, http://www. insidehighered. com/news/2014/03/18/if: mooc: instructor: moves: who: keeps: intellectual: property: rights.

[58] Educational Multimedia Fair Use Guidlines Development C ommittee, "Fair Use Guidlines For Educational Multimedia", Washington D C. July 17, 1996, § 1. 2.

[59] Andre Hampton, Legal Obstacles to Bringing the Twenty: First Century into the Law Classroom: Stop Being Creative, You May Already be in Trouble, 28 OKLA. CITY U. L. REV. 223, 231 (2003).

[60] JOHN VAUGHN ET. AL., ASS'N OF AM. UNIVS., CAMPUS COPYRIGHT RIGHTS AND RESPONSIBILITIES: A BASIC GUIDE TO POLICY CONSIDERATIONS (2005), available at http://www. aaupnet. org/aboutup/issues/CampusCopyright. pdf.

[61] AUDREY W. LATOURETTE, J. D. COPYRIGHT IMPLICATIONS FOR ONLINE DISTANCE EDUCATION Content downloaded/printed from HeinOnline (http://heinonline. org) Thu Apr 23 21: 38: 43 2015.

[62] KENNETH D. CREWS, AM. LIBRARY ASS'N, THETeach ACT AND SOME FREQUENTLY ASKED QUESTIONS (2006), http://www. ala. org/ala/washoff, WOissues/copyrightb/distanceed/teachfaq. htm [hereinafter AM. LIBRARY Ass'N, FAQS].

[63] P Leval, "Toward a Fair Use Standard" (1989-1990) 103 *Harvard Law Review* 1105, 1111.

[64] N Weinstock Netanel, "Making Sense of Fair Use" (2011) 15 *Lewis and Clark Law Review*

715, 768.

[65] John S. Sieman, “Using the Implied License To Inject Common Sense into Digital Copyright”, 85 *North Carolina Law Review* 889-891 (2007).

[66] NniferD. Choe, Interactive Multimedia: A New Technology Tests the Limits of Copyright Law Content downloaded/printed from HeinOnline (http://heinonline.org) Thu Apr 23 22: 02: 27 2015.

[67] JeffTodd, STUDENT RIGHTS IN ONLINE COURSE MATERIALS: RETHINKING THE FACULTY/UNIVERSITY DYNAMIC, Content downloaded/printed from HeinOnline (http://heinonline.org) Thu Apr 23 21: 46: 05 2015.

[68] ERE M. WEBB, UCLA ONLINE INST. FOR CYBERSPACE LAW AND POLICY, TRADEMARKS, CYBERSPACE, AND THE INTERNET (1996), http://www.gseis.ucla.eduIiclp/jmwebb.html.

[69] Gregory Kent Laughlin, Who Owns the Copyright to Faculty: CreatedWeb Sites? The Work-for: Hire Doctrine's Applicability to Internet Resources Created for Distance Learningand-dTraditionalClassroomCourses, 41 B. C. L. REV. 549, 550 (2000).

[70] E. g., Elizabeth Townsend, Legal and Policy Responses to the Disappearing “TeacherException,” or Copyright Ownership in the 21st Century University, 4 MINN. INTELL. PROP. REV. 209, 210 (2003).

[71] JOHN D. MCMILLEN, INTELLECTUAL PROPERTY: COPYRIGHT OWNERSHIP IN HIGHER EDUCATION: UNIVERSITY, FACULTY, & STUDENT RIGHTS 42 (Donald D. Gehring & D. Parker Young eds., 2001).

[72] Georgia Holmes & Daniel A. Levin, Who Owns CourseMaterialsPreparedby aTeacher or Professor? The Application of Copyright Law toTeaching Materialsin the InternetAge, 2000 BYU EDUC. & L. J. 165 (2000).

[73] Roberta Rosenthal Kwall, CopyrightIssues in Online Courses: Ownership, Authorship and Conflict, 18 SANTA CLARA COMPUTER & HIGH TECH. L. J. 1, 2 (2001).

[74] Stanley N. Katz, Don't Confuse a Tool with a Goal: Making Information Technology Serve HigherEducation, Rather than the Other Way Around, 4 J. Assoc. HISTORY & TECH. No. 2, Aug., 2001 § 3: 2, availableat http://mcel.pacificu.edu/jahc/JAHCIV2/ARTICLES/katz/KATZ.pdf.

[75] Sandip H. Patel, Note, GraduateStudents' Ownershipand Attribution Rights in Intellectual Property, 71 IND. L. J. 481, 491 (1996).

[76] generally G. Kenneth Smith, Faculty and GraduateStudent Generated Inventions: Is University Ownership a Legal Certainty?, 1 VA. J. L. & TECH. 4 (1997).

[77] K. J. Nordheden &M. H. Hoeflich, Under graduate Research & Intellectual Property Rights, 6 KAN. J. L. & PUB. POLY 34, (1997).

[78] Ann Springer, Court Ruling Favors Faculty Rights, ACADEME, Jan. : Feb. 2006,

[79] Risa L. Lieberwitz, Confronting the Privatizationand Commercialization of Academic Research: An Analysis of Social Implications at the Local, National, and Global Levels, 12 IND. J. GLOBAL LEGAL STUD. 109, 116 (2005).

[80] Daniel C. Miller, DeterminingOwnership in Virtual Worlds: Copyright and License Agreements, 22 REV. LITIG. 435, 446 (2003).

[81] Univ. of Tex. Sys. , Administrative Policy: Regarding Creation, Use and Distribution of Telecourse Materials, http://www. utsystem. edu/OGC/IntellectualProperty/telecrs. htm (last visited Nov. 5, 2006).

[82] Univ. Of Tex. Sys. , Who Owns What?, http://www. utsystem. edu/OGC/IntellectualProperty/whowns. htm (last visited Nov. 5, 2006).

[83] U. S. COPYRIGHT OFFICE, REPORT ON COPYRIGHT AND DIGITAL DISTANCE EDUCATION 100 (1999).

[84] Michael W. Klein, "Sovereignty of Reason:" An Approach to Sovereign Immunity and Copyright Ownership of Distance: EducationCourses at Public Colleges and Universities, 34 J. L. & EDUC. 199, 222: 23 (2005).

[85] Scott Carlson, Students Oppose Ohio State's Plan to Put DissertationsOnline, CHRON. HIGHER EDUC. , May 30, 2003, at 33.

[86] generally Univ. of Tex. , Blackboard: What Faculty Can Expect, http://www. utexas. edu/academic/blackboard/about/atut/faculty. html (explaining that online courses can include student submissions with assignments and chat rooms) (last visited Nov. 5, 2006).

[87] Sherri L. Burr, A Critical Assessment of Reid's Work: for: hire Framework and Its Potential Impact on the Market place for Scholarly Works, 24 J. MARSHALL L. REV. 119, 137 (1990).

[88] ROBERT M. HENDRICKSON, THE COLLEGES, THEIR CONSTITUENCIES AND THE COURTS 211 (2d ed. 1999).

[89] Jane C. Ginsburg, The Concept ofAuthorship in Comparative Copyright Law, 52 DEPAUL L. REV. 1063, 1072, 1074 (2003).

[90] Duke Space, http: / dukespace. lib. duke. edu /dspace /.

[91] Peter Hirtle, MOOCs, Copyright, and the Library http://blog. cornell. edu/dsps/2013/06/19/moocs: copyright: and: the: library/.

[92] Copyright Advisory Group—Schools, Submission 707. Copyright Agency submitted that it had

never sought payment for this use, even if the use could be measured: Copyright Agency, Submission 727.

[93] Lisa M. Lane. Three Kinds of MOOCs, http://lisahistory. net/wordpress/2012/08/three: kinds: of: moocs/.

[94] Stephen Colbran and Anthony Gilding: MOOCs, and the Rise of Online Legal Education Citation: 63 J. Legal Educ. 405 2013: 2014 (Journal of Legal Education February, 2014) .

[95] Raquel Xalabarder, Copyright and Digital Distance Education: The Use of Pre: Existing-Works in DistanceEducation Through the Internet, 26 COLUM. J. L. & ARTS 101, 105 n. 6 (2003).

[96] Poznak Law Firm, Making Contracts in Cyberspace, http://www. poznaklaw. com/articles/multio. htm (last visited Nov. 5, 2006).

[97] Siemens G. What is the Theory that Underpins Our MOOCs, http://www. e: learn space. org.

[98] MOOCeine Bildungsrevolution? Interviewzu Mas: sive Open On Online Coursesmit Prof. Dr. Rolf Schulmeister undDr. Frank Hoffmann, http://www. uni: hamburg. de/.

[99] Social Learing: Systeme: Leuphana University Lneburg On line: Hochs, http://hochschul marketing: magazine. de.

[100] Andone, Diana, and V. Mihaescu, "Blending MOOCs into Higher Education Courses: A Case Study", *Learning with Moocs* 2018.

[101] Swinnerton, B. , S. Hotchkiss, and N. P. Morris, "Comments in MOOCs: who is doing the talking and does it help?", *Journal of Computer Assisted Learning* 33. 1 (2017): 51: 64.

[102] Tong, L. I. , and N. Yang, "Comparing MOOCs with Traditional Courses for QualityTeaching in Higher Education," (2019).

[103] Tulsi, P. K. , "Design of MOOC on Research in Technical Education," *Learning with Moocs* 2018.

[104] Munoz: Merino, Pedro J, et al. , "Flipping the Classroom to Improve Learning With MOOCs Technology", *Computer applications in engineering education* 25. 1 (2017): 15: 25.

[105] Wang, Kai, and C. Zhu, "MOOC: based flipped learning in higher education: students' participation, experience and learning performance", *International Journal of Educational Technology in Higher Education* 16. 1 (2019): 33.

[106] Tawfik, Andrew A. , et al. , "The nature and level of learner-learner interaction in a chemistry massive open online course (MOOC) ", *Journal of Computing in Higher Education* (2017).

五、案例文献

[1] Compare Hays v. Sony Corp. Of America, 847 F. 2d 412, 416 (7th Cir. 1988).

[2] Campbell v. Acuff: Rose Music Inc. 510 U. S. 569 (1994) .

[3] Cambridge University Press v Becker (Georgia State University) (District Court for North District of Georgia, 11 May 2012), 49. 3.

[4] Basic Books v. Kinko's Graphics Corp758 F Supp 1522 (SNDY, 1991).

[5] sony Corp. of Am. v. Universal City Studios. Inc. 464 U. S. 417, (1984).

[6] Miller v. CP Chemicals, Inc. , 808 F. Supp. 1238, 1243 (D. S. C. 1992).

[7] Sweezy v. New Hampshire, 354 U. S. 234, 250 (1957).

[8] Keyishian v. Bd. Of Regents, 385 U. S. 589, 603 (1967).

[9] Williams v. Weisser, 78 Cal. Rptr. 542, 546 (Cal. Ct. App. 1969).

[10] Patrick v. Francis, 887 F. Supp. 481, 486 (W. D. N. Y. 1995).

[11] Compare Rainey v. Wayne State Univ. , 26 F. Supp. 2d 963, 973 (E. D. Mich. 1998).

[12] Aalmuhammed v. Lee, 202 F. 3d 1227, 1229: 31 (9th Cir. 2000).

[13] generally N. Y. Times Co. v. Tasini, 533 U. S. 483 (2001).

[14] De Garis v Neville Jeffress Pidler Pty Ltd (1990) 37 FCR 99.

[15] Haines v Copyright Agency Ltd (1982) 64 FLR 185, 191.

[16] De Garis v Neville Jeffress Pidler Pty Ltd (1990) 37 FCR 99, 105-6.

[17] Alberta (Education) v Canadian Copyright Licensing Agency (Access Copyright) (2012) 37 SCC (Canada), 2126.

[18] Harper & Row, Publishers, Inc. v. Nation Enters. 471U. S. 539, (1985).

附件

文中缩略语释义

MOOCs：大规模开放在线课程（Massive Open Online Courses，简称“MOOCs”），中文简称“慕课”

ALRC：澳大利亚法律改革委员会（Australian Law Reform Commission）

SCCR：世界知识产权组织版权及相关权常设委员会（Standing Committee for Copyright and Related Right）

IMC：美国互动多媒体集体管理（Interactive multimedia collective management）

MIT OCW：麻省理工学院开放式课程（MIT Open Course Ware）

NHK：日本广播协会（Nippon Hoso Kyokai）

SARTRAS：日本授课目的的公共传输补偿金等管理协会

PBS：美国的公众广播服务（Public Broadcasting Service）

CC：知识共享（Creative Commons），非营利组织名

CORE：中国开放教育资源协会（China Open Resources for Education）

AAU：美国大学协会（Association of American Universities）

ACE：美国教育委员会（The American CouncilonEducation）

AAUP：美国大学教授协会（American Association of University Professors）

USC：美国南加州大学，（University of Southern California）

ARL：美国研究图书馆协会（Association of Research Libraries）

OCSC：杜克大学的版权与学术交流办公室（Office of Copyright and Scholarly Communication）

OCLC：美国联机计算机图书馆中心（Online Computer Library Center）

CCC：美国的版权税计算中心（Copyright Clearance Center）

ALPSP：国际学术出版者学会，（Association of Learned and Professional Social Publishers）

OA：开放存取（Open access）

OTA：有机产品贸易协会（organic trade association）

RSS：是 Real Simple Syndication 的简写，也叫聚合内容，是一种描述和同步网站内容

的格式，是目前使用最广泛的资源共享应用。可以被称为资源共享模式的延伸。

UGC：互联网术语，全称为UserGeneratedContent，也就是用户生成内容的意思。UGC的概念最早起源于互联网领域，即用户将自己原创的内容通过互联网平台进行展示或者提供给其他用户。UGC是伴随着以提倡个性化为主要特点的Web2.0概念兴起的。

TED：由“科技”“娱乐”以及“设计”三个英文单词首字母组成，是美国的一家私有非营利机构，该机构以它组织的TED大会著称，这个会议的宗旨是“用思想的力量来改变世界”。每年3月，TED大会在美国召集众多科学、设计、文学、音乐等领域的杰出人物，分享他们关于技术、社会、人的思考和探索。TED于1984年由里查德·沃曼和哈里·马克思共同创办，从1990年开始每年在美国加州的蒙特利举办一次，而如今，在世界的其他城市也会每半年举办一次。它邀请世界上的思想领袖与实干家来分享他们最热衷从事的事业。

Flickr：雅虎旗下图片分享网站，一家提供免费或付费数位照片存储、分享之线上服务，也提供网络社群服务的平台。期重要特点就是基于社会网络人际关系的拓展与内容组织。这个网站功能之强大。已经超出一般的图片服务，比如除了图片服务，还提供联系人服务和组群服务。

Vimeo：是一个高清视频播客网站，与大多数类似的视频分享网站不同，Vimeo允许上传1280X700的高清视频，上传后Vimeo会自动转码为高清视频，源视频文件可以自由下载，它达到了真正的高清视频标准。Vimeo允许每月上传500MB的高清或普通视频，用户可以定制视频的显示尺寸。

URL：统一资源定位符是对可以从互联网上得到的资源的位置和访问方法的一种简洁的表示，是互联网上标准资源的地址。互联网上的每个文件都有一个唯一的URL，它包含的信息指出文件的位置以及浏览器应该怎么处理它。

Blackboard：是一个由美国Blackboard公司开发数位教学平台。数位教学意指数字化教学，老师和学生可以在多媒体、网络组成的平台内进行各种课程方面的交流。Blackboard在线教学管理系统，正是以课程为中心集成网络“教”“学”的环境。教师可以在平台上开设网络课程，学习者可以自主选择要学习的课程并自主进行课程内容学习。不同学习者之间以及教师和学习者之间可以根据教学的需要进行讨论、交流。“Blackboard”为教师、学生提供了强大的施教和学习的网上虚拟环境，成为师生沟通的桥梁。

PearsonVUE：美国PearsonVUE考试公司，是信息技术、学术、政府和专业客户的电子化考试服务的全球领先者，总部位于美国明尼苏达州的明尼阿波利斯市。PearsonVUE致力于Pearson集团的计算机化考试业务，将目标定位于信息技术行业以及职业资格证书和认证市场。PearsonVUE在美国、澳大利亚、日本、英国、印度和中国都设立了运营中心，考试网络目前已经涵盖了145个国家，在全球拥有近4000个授权考试中心和230多个Pearson专业考试中心。